T0239165

SQL- & NoSQL-Datenbanken

Michael Kaufmann · Andreas Meier

SQL- & NoSQL-Datenbanken

9. erweiterte und aktualisierte Auflage

Michael Kaufmann
Departement für Informatik
Hochschule Luzern
Rotkreuz, Schweiz

Andreas Meier
Departement für Informatik
Universität Fribourg
Fribourg, Schweiz

ISBN 978-3-662-67091-0   ISBN 978-3-662-67092-7   (eBook)
https://doi.org/10.1007/978-3-662-67092-7

Die Deutsche Nationalbibliothek verzeichnet diese Publikation in der Deutschen Nationalbibliografie; detaillierte bibliografische Daten sind im Internet über http://dnb.d-nb.de abrufbar.

Ursprünglich erschienen unter dem Titel: Relationale und postrelationale Datenbanken

© Der/die Herausgeber bzw. der/die Autor(en), exklusiv lizenziert an Springer-Verlag GmbH, DE, ein Teil von Springer Nature 1992, 1995, 1998, 2001, 2004, 2007, 2010, 2016, 2023

Das Werk einschließlich aller seiner Teile ist urheberrechtlich geschützt. Jede Verwertung, die nicht ausdrücklich vom Urheberrechtsgesetz zugelassen ist, bedarf der vorherigen Zustimmung des Verlags. Das gilt insbesondere für Vervielfältigungen, Bearbeitungen, Mikroverfilmungen und die Einspeicherung und Verarbeitung in elektronischen Systemen.
Die Wiedergabe von allgemein beschreibenden Bezeichnungen, Marken, Unternehmensnamen etc. in diesem Werk bedeutet nicht, dass diese frei durch jedermann benutzt werden dürfen. Die Berechtigung zur Benutzung unterliegt, auch ohne gesonderten Hinweis hierzu, den Regeln des Markenrechts. Die Rechte des jeweiligen Zeicheninhabers sind zu beachten.
Der Verlag, die Autoren und die Herausgeber gehen davon aus, dass die Angaben und Informationen in diesem Werk zum Zeitpunkt der Veröffentlichung vollständig und korrekt sind. Weder der Verlag, noch die Autoren oder die Herausgeber übernehmen, ausdrücklich oder implizit, Gewähr für den Inhalt des Werkes, etwaige Fehler oder Äußerungen. Der Verlag bleibt im Hinblick auf geografische Zuordnungen und Gebietsbezeichnungen in veröffentlichten Karten und Institutionsadressen neutral.

Planung/Lektorat: Leonardo Milla
Springer Vieweg ist ein Imprint der eingetragenen Gesellschaft Springer-Verlag GmbH, DE und ist ein Teil von Springer Nature.
Die Anschrift der Gesellschaft ist: Heidelberger Platz 3, 14197 Berlin, Germany

Geleitwort

Der Begriff der Datenbank gehört längst zum Alltagswortschatz. Manager und Verwaltungsangestellte, aber auch Studierende fast aller Fachrichtungen verwenden ihn häufig. Sie verstehen darunter eine sinnvoll organisierte Sammlung von computergespeicherten Datensätzen, in denen gezielt Daten gesucht und eingesehen werden können. Wie und warum das möglich ist, überlassen sie gerne den Datenbankspezialisten.

Datenbanknutzer scheren sich meist wenig darum, welche immateriellen und wirtschaftlichen Werte in jeder einzelnen Datenbank stecken. Das gilt sowohl für das Ersatzteillagersystem eines Autoimporteurs, für die Computerlösung mit den Kundendepots einer Bank als auch für das Patienteninformationssystem eines Krankenhauses. Allerdings können ein Zusammenbruch solcher Systeme oder nur schon gehäufte Fehler das betroffene Unternehmen oder die involvierte Organisation existenziell bedrohen. In all diesen Betrieben lohnt es sich daher für einen Personenkreis, der weit über die Datenbankspezialist*innen hinausreicht, genauer hinzusehen. Sie alle sollten verstehen, was Datenbanken effektiv leisten können und welche Rahmenbedingungen dafür geschaffen und unterhalten werden müssen.

Die wohl wichtigste Überlegung im Zusammenhang mit Datenbanken überhaupt betrifft einerseits die Unterscheidung zwischen den darin gespeicherten Daten (Benutzerdaten) und andererseits deren Verwaltung sowie das wirtschaftliche Gewicht dieser zwei Bereiche. Zur Verwaltung gehören vielfältige technische und administrative Einrichtungen und Dienste, namentlich Computer, Datenbanksysteme und zusätzliche Speicher, aber auch Fachleute für die Bereitstellung und den sicheren Betrieb all dieser Komponenten – eben die Datenbankspezialisten. Und nun das Wichtigste: Der Aufwand für die Datenverwaltung ist im betrieblichen Alltag einer Datenbank meist viel kleiner als der Aufwand für die Benutzerdaten selber; die Daumenregel besagt hier etwa ein Viertel.

Der Großteil des Aufwands bei Datenbanken stammt von Beschaffung, Betreuung und Nutzung der Benutzerdaten. Dazu gehören namentlich die Personalkosten all jener Mitarbeiterinnen und Mitarbeiter, welche Daten in die Datenbank eingeben, bereinigen und daraus Antworten abrufen und Unterlagen erstellen. In den oben genannten

Beispielen sind dies Lagermitarbeitende, Bankangestellte und Spitalpersonal in verschiedensten Funktionen – und das meist über viele Jahre.

Nur wer diese übergeordnete Aufwandverteilung zwischen Datenpflege und -nutzung einerseits und Datenbankbetreuung anderseits verstanden und verinnerlicht hat, wird die Bedeutung der damit verbundenen Arbeiten angemessen einschätzen können. Die Datenbankbetreuung beginnt mit dem Datenbankentwurf, der bereits eine Vielzahl von Fachthemen miteinschließt, etwa die Festlegung der Konsistenzprüfungen bei Datenmanipulationen sowie die Regelung von Datenredundanzen, welche auf logischer Ebene unerwünscht, auf Speicherebene absolut unverzichtbar sind. Immer ist die Entwicklung von Datenbanklösungen auf die spätere Nutzung ausgerichtet. Ungeschickte Entwicklungsentscheide belasten den späteren Betrieb auf Dauer. Es braucht daher einige Erfahrung, um bei der Festlegung von Konsistenzbedingungen den guten Mittelweg etwa zwischen allzu strengen und allzu lockeren Regeln zu finden. Allzu strenge Bedingungen behindern den Betrieb, zu lockere tolerieren Datenfehler und führen immer wieder zu teuren nachträglichen Datenreparaturen.

Es lohnt sich somit für alle, welche mit Datenbankentwicklung und -betrieb auf Führungsebene oder als Datenbankfachleute zu tun haben, diesen Informatikbereich systematisch kennenzulernen. Das Inhaltsverzeichnis dieses Buchs zeigt die Breite der Themen. Bereits sein Titel weist darauf hin, dass das Buch nicht nur die klassische Datenbankwelt (Relationenmodell, SQL) in ihrer ganzen Tiefe darstellt, sondern zusätzlich fundierte Ausblicke auf aktuelle Weiterentwicklungen und Nachbargebiete vermittelt. Stichworte dazu sind namentlich NoSQL und Big Data. Ich wünsche dem Buch auch in seiner neuesten Auflage eine gute Aufnahme bei Studierenden und Praktikern; dessen Verfasser kennen beide Seiten bestens.

Carl August Zehnder

Vorwort

Es ist bemerkenswert, wie stabil manche Konzepte im Bereich der Datenbanken sind. Es ist allgemein bekannt, dass die Informationstechnologie einer rasanten Entwicklung unterliegt und in einem unglaublichen Tempo neue Technologien hervorbringt. Dies ist jedoch nur oberflächlich betrachtet der Fall. Viele Aspekte der Informatik ändern sich im Grunde kaum oder nur langsam. Dazu gehören nicht nur die Grundlagen, wie die Funktionsprinzipien von universellen Rechenmaschinen, Prozessoren, Compilern, Betriebssystemen, Datenbanken und Informationssystemen sowie verteilten Systemen, sondern auch Computersprachen wie C, TCP/IP oder HTML, die zwar jahrzehntealt sind, aber in vielerlei Hinsicht ein stabiles Fundament des globalen, weltumspannenden Informationssystems, das als World Wide Web bekannt ist, bilden. Auch die SQL-Sprache (Structured Query Language) ist seit bald fünf Jahrzehnten im Einsatz und wird dies auch in absehbarer Zukunft bleiben. Die Theorie der relationalen Datenbanksysteme wurde in den 1970er-Jahren von Codd (Relationenmodell) und Chamberlin & Boyce (SEQUEL) entwickelt. Diese Technologien haben nach wie vor einen großen Einfluss auf die Praxis der Datenverwaltung. Vor allem mit der Big-Data-Revolution und dem weit verbreiteten Einsatz von Data-Science-Methoden zur Entscheidungsunterstützung gewinnen relationale Datenbanken und die Verwendung von SQL für die Datenanalyse an Bedeutung. Obwohl ausgefeilte Statistiken und maschinelles Lernen die Möglichkeiten der Wissensextraktion aus Daten verbessern, stützen sich viele, wenn nicht sogar die meisten Datenanalysen zur Entscheidungsunterstützung auf deskriptive Statistiken unter Verwendung von SQL für gruppierte Aggregationen. SQL wird zudem im Bereich von Big Data mit der Map-Reduce-Technologie eingesetzt. In diesem Sinne ist die SQL-Datenbanktechnologie, obwohl sie schon recht ausgereift ist, heute wichtiger denn je.

Dennoch haben die Entwicklungen im Big-Data-Ökosystem neue Technologien in die Welt der Datenbanken gebracht, denen wir genügend Aufmerksamkeit schenken. Nicht-relationale Datenbanktechnologien, die unter dem Oberbegriff NoSQL immer mehr Anwendungsbereiche finden, unterscheiden sich nicht nur oberflächlich von den klassischen relationalen Datenbanken, sondern auch in den zugrunde liegenden Prinzipien. Relationale Datenbanken wurden im zwanzigsten Jahrhundert mit dem Ziel entwickelt, straff organisierte, operative Formen der Datenverwaltung zu schaffen, die zwar Stabilität, aber nur begrenzte Flexibilität bieten. Im Gegensatz dazu entstand zu Beginn des neuen Jahrhunderts die NoSQL-Datenbankbewegung, die sich auf horizontale Partitionierung, Schemaflexibilität und indexfreie Nachbarschaft konzentriert, um die Big-Data-Probleme in Bezug auf Volumen, Vielfalt und Geschwindigkeit zu lösen. Dies hat weitreichende Konsequenzen und führt zu einem neuen Ansatz im Datenmanagement, der sich deutlich von den bisherigen Theorien über das Grundkonzept von Datenbanken unterscheidet: die Art und Weise, wie Daten modelliert werden, wie Daten abgefragt und manipuliert werden, wie die Datenkonsistenz gehandhabt wird und wie Daten gespeichert und zugänglich gemacht werden. Aus diesem Grund vergleichen wir in allen Kapiteln diese beiden Welten, SQL- und NoSQL-Datenbanken.

In den ersten fünf Kapiteln analysieren wir Management, Modellierung, Sprachen, Sicherheit und Architektur von SQL-Datenbanken, Graphdatenbanken und in der 9. Auflage neu Dokumentdatenbanken im Detail. In Kap. 6 und 7 geben wir einen Überblick auf weitere SQL- und NoSQL-basierte Datenbankansätze.

Neben klassischen Konzepten wie dem Entitäts- und Beziehungsmodell und dessen Abbildung in SQL- oder NoSQL-Datenbankschemas, Abfragesprachen oder dem Transaktionsmanagement erläutern wir Aspekte für NoSQL-Datenbanken, wie das Verfahren Map/Reduce, Verteilungsoptionen (Fragmente, Replikation) oder das CAP-Theorem (Consistency, Availability, Partition Tolerance).

In der 9. Auflage bieten wir neu eine vertiefte Einführung in Dokumentdatenbanken mit einer Methode zur Modellierung von Dokumentstrukturen, einen Überblick auf die Datenbanksprache MQL sowie Sicherheits- und Architekturaspekte. Die neue Auflage berücksichtigt neue Entwicklungen der Sprache Cypher. Das Thema Datenbanksicherheit wird neu als eigenes Kapitel eingeführt und im Detail bezüglich Datenschutz, Integrität und Transaktionen analysiert. Texte zum Datenmanagement, zur Datenbankprogrammierung und zum Data Warehouse wurden aktualisiert. Zudem erklärt die 9. Auflage die Konzepte JSON, JSON-Schema, BSON, indexfreie Nachbarschaft, Clouddatenbanken, Suchmaschinen und Zeitreihendatenbanken.

Wir haben eine Website mit dem Namen sql-nosql.org eingerichtet, auf der wir Lehr- und Lernmaterialien wie Folien, Tutorien für SQL und Cypher, Fallstudien und eine Workbench für MySQL und Neo4j bereitstellen, sodass das Sprachtraining entweder mit SQL oder mit Cypher, der graphenorientierten Abfragesprache der NoSQL-Datenbank Neo4j, durchgeführt werden kann.

Wir danken Alexander Denzler und Marcel Wehrle für die Entwicklung der Workbench für relationale und graphorientierte Datenbanken. Für die Neugestaltung der Grafiken konnten wir Thomas Riediker gewinnen. Wir danken ihm für seinen unermüdlichen Einsatz. Es ist ihm gelungen, den Bildern einen modernen Stil und eine individuelle Note zu geben. In der 9. Auflage haben wir versucht, seinen Stil bei unseren neuen Grafiken beizubehalten. Für die Weiterentwicklung der Tutorials und Fallstudien, die auf der Website sql-nosql.org verfügbar sind, danken wir den Informatikstudent*innen Andreas Waldis, Bettina Willi, Markus Ineichen und Simon Studer für ihre Beiträge zum Tutorial in Cypher bzw. zur Fallstudie Travelblitz mit OpenOffice Base und mit Neo4J. Für das Feedback zum Manuskript danken wir Alexander Denzler, Daniel Fasel, Konrad Marfurt, Thomas Olnhoff und Stefan Edlich für ihre Bereitschaft, mit ihren Hinweisen zur Qualität unserer Arbeit beizutragen. Ein großer Dank geht an Leonardo Milla, der uns mit Geduld und Sachverstand unterstützt hat.

Luzern   Andreas Meier
September 2022   Michael Kaufmann

Inhaltsverzeichnis

Datenbankmanagement

1

1.1 Informationssysteme und Datenbanken

Der Wandel von der Industrie- über die Dienstleistungs- zur Informations- und Wissensgesellschaft spiegelt sich in der Bewertung der Information als Produktionsfaktor. *Information* (engl. „information") hat im Gegensatz zu materiellen Wirtschaftsgütern folgende Eigenschaften:

- **Darstellung:** Information wird durch Daten (Zeichen, Signale, Nachrichten oder Sprachelemente) spezifiziert.
- **Verarbeitung:** Information kann mithilfe von Algorithmen (Berechnungsvorschriften) und Datenstrukturen übermittelt, gespeichert, klassifiziert, aufgefunden und in andere Darstellungsformen transformiert werden.
- **Kombination:** Information ist beliebig kombinierbar. Die Herkunft einzelner Teile ist nicht nachweisbar. Manipulationen sind jederzeit möglich.
- **Alter:** Information unterliegt keinem physikalischen Alterungsprozess.
- **Original:** Information ist beliebig kopierbar und kennt keine Originale.
- **Vagheit:** Information kann unpräzis sein und hat unterschiedliche Aussagekraft (Qualität).
- **Träger:** Information benötigt keinen fixierten Träger, d. h., sie ist unabhängig vom Ort.

Diese Eigenschaften belegen, dass sich digitale Güter (Informationen, Software, Multimedia etc.), sprich Daten, in der Handhabung sowie in der ökonomischen und rechtlichen Wertung von materiellen Gütern stark unterscheiden. Beispielsweise verlieren physische Produkte durch die Nutzung meistens an Wert, gegenseitige Nutzung von Informationen hingegen kann einem Wertzuwachs dienen. Ein weiterer Unterschied

© Der/die Autor(en), exklusiv lizenziert an Springer-Verlag GmbH, DE, ein Teil von Springer Nature 2023
M. Kaufmann und A. Meier, *SQL- & NoSQL-Datenbanken*, https://doi.org/10.1007/978-3-662-67092-7_1

besteht darin, dass materielle Güter mit mehr oder weniger hohen Kosten hergestellt werden, die Vervielfältigung von Informationen jedoch einfach und kostengünstig ist (Rechenaufwand, Material des Informationsträgers). Dies wiederum führt dazu, dass die Eigentumsrechte und Besitzverhältnisse schwer zu bestimmen sind, obwohl man digitale Wasserzeichen und andere Datenschutz- und Sicherheitsmechanismen zur Verfügung hat.

Fasst man die *Daten als Grundlage von Information als Produktionsfaktor* im Unternehmen auf, so hat das wichtige Konsequenzen:

- **Entscheidungsgrundlage:** Daten bilden Entscheidungsgrundlagen und sind somit in allen Organisationsfunktionen von Bedeutung.
- **Qualitätsanspruch:** Daten können aus unterschiedlichen Quellen zugänglich gemacht werden; die Qualität der Information ist von der Verfügbarkeit, Korrektheit und Vollständigkeit der Daten abhängig.
- **Investitionsbedarf:** Durch das Sammeln, Speichern und Verarbeiten von Daten fallen Aufwand und Kosten an.
- **Integrationsgrad:** Aufgabengebiete und -träger jeder Organisation sind durch Informationsbeziehungen miteinander verknüpft, die Erfüllung ist damit in hohem Maße vom Integrationsgrad der Daten abhängig.

Ist man bereit, die Daten als Produktionsfaktor zu betrachten, muss diese Ressource geplant, gesteuert, überwacht und kontrolliert werden. Damit ergibt sich die Notwendigkeit, das Datenmanagement auch als Führungsaufgabe wahrzunehmen. Dies bedeutet einen grundlegenden Wechsel im Unternehmen: Neben einer technisch orientierten Funktion wie Betrieb der Informations- und Kommunikationsinfrastruktur (Produktion) muss die Planung und Gestaltung der Datenflüsse (Anwendungsportfolio) ebenso wahrgenommen werden.

Ein *Informationssystem* (engl. „information system") erlaubt den Anwendenden gemäß Abb. 1.1, interaktiv Informationen zu speichern und zu verknüpfen, Fragen zu stellen und Antworten zu erhalten. Je nach Art des Informationssystems sind hier Fragen zu einem begrenzten Anwendungsbereich zulässig. Darüber hinaus existieren offene Informationssysteme und Webplattformen im World Wide Web, die beliebige Anfragen mit der Hilfe einer Suchmaschine bearbeiten.

In Abb. 1.1 ist das rechnergestützte Informationssystem mit einem Kommunikationsnetz resp. mit dem Internet verbunden, um neben unternehmensspezifischen Auswertungen webbasierte Interaktion sowie Informationsaustausch weltweit zu ermöglichen. Jedes umfangreichere Informationssystem nutzt Datenbanksysteme, um die Verwaltung und Auswertung der Daten nicht jedes Mal von Grund auf neu entwickeln zu müssen.

Ein *Datenbanksystem* (engl. „database management system") ist eine Software zur applikationsunabhängigen Beschreibung, Speicherung und Abfrage von Daten. Jedes Datenbanksystem besteht aus einer Speicherungs- und einer Verwaltungskomponente. Die Speicherungskomponente umfasst alle Daten, welche in einer organisierten Form

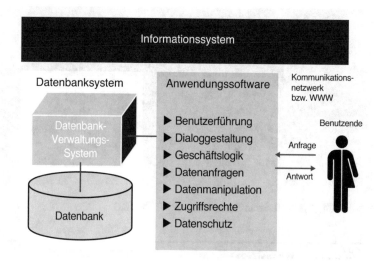

Abb. 1.1 Architektur und Komponenten eines Informationssystems

abgespeichert werden, sowie deren Beschreibung. Die Verwaltungskomponente enthält eine Abfrage- und Manipulationssprache, um die Daten und Informationen auswerten und verändern zu können. Die Verwaltungskomponente bedient nicht nur die Benutzerschnittstelle, sondern verwaltet auch Zugriffs- und Bearbeitungsrechte von Benutzenden und Anwendungen.

In der Praxis sind häufig SQL-Datenbanken (SQL steht für Structured Query Language, siehe Abschn. 1.2) im Einsatz. Eine besondere Herausforderung stellt sich, wenn webbasierte Dienstleistungen mit heterogenen Datenbeständen in Echtzeit bewältigt werden müssen (Abschn. 1.3 über Big Data). Aus diesem Grund kommen vermehrt NoSQL-Ansätze zur Anwendung (siehe Abschn. 1.4 und 1.5).

Für den Einsatz relationaler wie nicht-relationaler Technologien müssen die Vor- und Nachteile gegeneinander abgewogen werden; ev. drängt sich die Kombination unterschiedlicher Technologien für ein Anwendungsfeld auf (vgl. Betrieb eines Webshops in Abschn. 5.6). Moderne hybride DBMS-Ansätze kombinieren SQL mit nicht-relationalen Aspekten, indem sie entweder NoSQL-Funktionen in relationalen Datenbanken bereitstellen oder eine SQL-Abfrageschnittstelle für nicht-relationale Datenbanken anbietet. Abhängig von der gewählten Datenbankarchitektur muss das Datenmanagement im Unternehmen etabliert und mit geeigneten Fachkräften entwickelt werden (Abschn. 1.6).

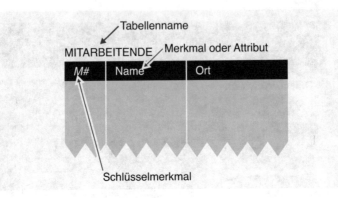

Abb. 1.2 Tabellengerüst für eine Tabelle MITARBEITENDE

1.2   SQL-Datenbanken

1.2.1   Relationenmodell

Eine einfache und anschauliche Form, Daten oder Informationen zu sammeln oder darzustellen, ist die der Tabelle. Von jeher sind wir es gewohnt, tabellarische Datensammlungen ohne Interpretationshilfen zu lesen und zu verstehen.

Möchten wir Informationen über Mitarbeitende sammeln, so können wir ein Tabellengerüst gemäß Abb. 1.2 entwerfen. Der in Großbuchstaben geschriebene Tabellenname MITARBEITENDE bezeichnet die Tabelle selbst. Die einzelnen Tabellenspalten werden mit den gewünschten Merkmal- oder Attributnamen überschrieben; in unserem Beispiel sind dies die Mitarbeiternummer „M#", der Name des Mitarbeitenden „Name" und dessen Wohnort „Ort".

Ein *Merkmal* oder *Attribut* (engl. „attribute") ordnet jedem Eintrag in der Tabelle einen bestimmten Datenwert aus einem vordefinierten *Wertebereich* (engl. „domain") als Eigenschaft zu. In der Tabelle MITARBEITENDE ermöglicht das Merkmal M# das eindeutige Identifizieren der Mitarbeitenden. Aufgrund dieser Eigenschaft erklären wir die Mitarbeitendennummer zum Schlüssel. Zur Verdeutlichung der Schlüsseleigenschaft werden die Schlüsselmerkmale im Folgenden kursiv im Tabellenkopf[1] angeschrieben. Mit dem Merkmal Ort werden die dazugehörenden Ortsnamen, mit dem Merkmal Name die entsprechenden Namen der Mitarbeitenden bezeichnet.

Ohne Weiteres lassen sich nun die gewünschten Daten der Mitarbeitenden in die Tabelle MITARBEITENDE zeilenweise eintragen (vgl. Abb. 1.3). Dabei können einzelne Datenwerte mehrfach in den Spalten erscheinen. So bemerken wir in der

---

[1] In einigen Standardwerken der Datenbankliteratur werden die Schlüsselmerkmale durch Unterstreichung kenntlich gemacht.

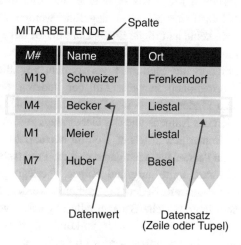

Abb. 1.3 Tabelle MITARBEITENDE mit Ausprägungen

Tabelle MITARBEITENDE, dass der Wohnort Liestal zweimal vorkommt. Dieser Sach-verhalt ist wesentlich und sagt aus, dass sowohl der Mitarbeiter Becker als auch Mit-arbeiterin Meier in Liestal wohnen. In der Tabelle MITARBEITENDE können nicht nur Ortsbezeichnungen mehrfach vorkommen, sondern auch die Namen der Mitarbeitenden. Aus diesen Gründen ist das bereits erwähnte Schlüsselmerkmal M# notwendig, das jeden Mitarbeitenden in der Tabelle eindeutig bestimmt.

Identifikationsschlüssel

Ein *Identifikationsschlüssel* (engl. „identification key") oder einfach *Schlüssel* einer Tabelle ist ein Merkmal oder eine minimale Merkmalskombination, wobei innerhalb der Tabelle die Schlüsselwerte die Datensätze (genannt *Zeilen* oder *Tupel*) eindeutig identi-fizieren.

Aus dieser Kurzdefinition lassen sich zwei wichtige *Schlüsseleigenschaften* herleiten:

- **Eindeutigkeit:** Jeder Schlüsselwert identifiziert eindeutig einen Datensatz innerhalb der Tabelle, d. h., verschiedene Tupel dürfen keine identischen Schlüssel aufweisen.
- **Minimalität:** Falls der Schlüssel eine Kombination von Merkmalen darstellt, muss diese minimal sein. Kein Merkmal der Kombination kann gestrichen werden, ohne dass die Eindeutigkeit der Identifikation verlorengeht.

Mit den beiden Forderungen nach Eindeutigkeit und Minimalität ist ein Schlüssel voll-ständig charakterisiert. Schlüssel werden aber auch häufig verwendet, um Tabellen unter-einander zu referenzieren.

Anstelle eines natürlichen Merkmals oder einer natürlichen Merkmalskombination kann ein Schlüssel als künstliches Merkmal eingeführt werden. Die Mitarbeiternummer M# ist künstlich, weil sie keine natürliche Eigenschaft der Mitarbeitenden darstellt.

Aus ideellen Gründen sträuben wir uns dagegen, *künstliche Schlüssel* oder „Nummern" als identifizierende Merkmale vorzusehen, vor allem wenn es sich um personenbezogene Informationen handelt. Auf der anderen Seite führen natürliche Schlüssel nicht selten zu Eindeutigkeits- und Datenschutzproblemen: Falls ein Schlüssel beispielsweise aus Teilen des Namens und des Geburtstags zusammengesetzt wird, so ist die Eindeutigkeit nicht immer gewährleistet. Kommt hinzu, dass „sprechende" Schlüssel etwas über die betroffene Person aussagen und damit die Privatsphäre tangieren.

Ein künstlicher Schlüssel sollte aufgrund obiger Überlegungen anwendungsneutral und ohne Semantik (Aussagekraft, Bedeutung) definiert werden. Sobald aus den Datenwerten eines Schlüssels irgendwelche Sachverhalte abgeleitet werden können, besteht ein Interpretationsspielraum. Zudem kann es vorkommen, dass sich die ursprünglich wohldefinierte Bedeutung eines Schlüsselwertes im Laufe der Zeit ändert oder verlorengeht.

Tabellendefinition

Zusammenfassend lässt sich sagen, dass eine Tabelle eine Menge von Zeilen ist, die in Tabellenform dargestellt werden. Die in den Tabellenzeilen gespeicherten Datensätze, auch Tupel genannt, stellen eine Relation zwischen einzelnen Datenwerten her. Nach dieser Definition betrachtet das relationale Modell jede Tabelle als eine Menge von ungeordneten Tupeln. Tabellen in diesem Sinne erfüllen die folgenden Anforderungen:

- **Tabellenname:** Eine Tabelle besitzt einen eindeutigen Tabellennamen.
- **Merkmalsname:** Innerhalb der Tabelle ist jeder Merkmalsname eindeutig und bezeichnet eine bestimmte Spalte mit der gewünschten Eigenschaft.
- **Keine Spaltenordnung:** Die Anzahl der Merkmale ist beliebig, die Ordnung der Spalten innerhalb der Tabelle ist bedeutungslos.
- **Keine Zeilenordnung:** Die Anzahl der Tupel einer Tabelle ist beliebig, die Ordnung der Tupel innerhalb der Tabelle ist bedeutungslos.
- **Identifikationsschlüssel:** Eines der Merkmale oder eine Merkmalskombination identifiziert eindeutig die Tupel innerhalb der Tabelle und wird als Identifikationsschlüssel deklariert.

1.2.2   Strukturierte Abfragesprache SQL

Wie erwähnt, stellt das Relationenmodell Informationen in Form von Tabellen dar. Dabei entspricht jede Tabelle einer Menge von Tupeln oder Datensätzen desselben Typs. Dieses Mengenkonzept erlaubt grundsätzlich, *Abfrage- und Manipulationsmöglichkeiten mengenorientiert* anzubieten.

MITARBEITENDE

M#	Name	Ort
M19	Schweizer	Frenkendorf
M4	Becker	Liestal
M1	Meier	Liestal
M7	Huber	Basel

Beispiel einer Abfrage:
«Selektiere den Namen der Mitarbeitenden, welche in Liestal wohnen»

Formulierung in SQL:

```
SELECT   Name
FROM     MITARBEITENDE
WHERE    Ort = 'Liestal'
```

Resultattabelle:

Name
Becker
Meier

Abb. 1.4 Formulierung einer Abfrage mit SQL

Zum Beispiel ist das Resultat einer Selektionsoperation eine Menge, d. h., jedes Ergebnis eines Suchvorgangs wird vom Datenbanksystem als Tabelle zurückgegeben. Falls keine Tupel der durchsuchten Tabelle die geforderten Eigenschaften erfüllen, erhalten die Anwendenden eine leere Resultattabelle. Änderungsoperationen sind ebenfalls mengenorientiert und wirken auf eine Tabelle oder auf einzelne Tabellenbereiche.

Die wichtigste Abfrage- und Manipulationssprache für Tabellen heißt *Structured Query Language* oder abgekürzt SQL (vgl. Abb. 1.4). Diese Sprache wurde durch das ANSI (American National Standards Institute) und durch die ISO (International Organization for Standardization) genormt.[2]

Die Sprache SQL ist deskriptiv, denn die Ausdrücke beschreiben das gewünschte Resultat, und nicht die dafür erforderlichen Rechenschritte. Ein SQL-Ausdruck genügt einem allgemeinen Grundmuster, das wir anhand der in Abb. 1.5 aufgeführten Abfrage illustrieren:

„Selektiere (SELECT) das Merkmal Name aus (FROM) der Tabelle MITARBEITENDE, wobei (WHERE) der Wohnort Liestal ist!"

---

[2]Das ANSI ist der nationale Normenausschuss der USA und entspricht dem DIN (Deutsches Institut für Normierung) in Deutschland. Der ISO gehören die nationalen Normenausschüsse an.

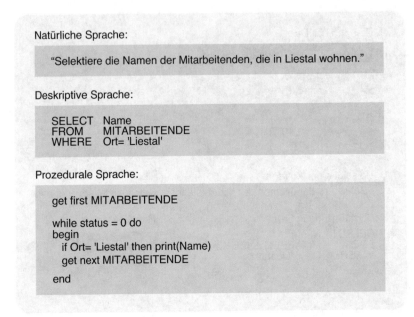

Natürliche Sprache:

"Selektiere die Namen der Mitarbeitenden, die in Liestal wohnen."

Deskriptive Sprache:

```
SELECT   Name
FROM     MITARBEITENDE
WHERE    Ort= 'Liestal'
```

Prozedurale Sprache:

```
get first MITARBEITENDE

while status = 0 do
begin
   if Ort= 'Liestal' then print(Name)
   get next MITARBEITENDE

end
```

Abb. 1.5 Unterschied zwischen deskriptiven und prozeduralen Sprachen

Der Ausdruck SELECT-FROM-WHERE wirkt auf eine oder mehrere Tabellen und erzeugt als Resultat immer eine Tabelle. Auf unser Beispiel bezogen erhalten wir für obige Abfrage eine Resultattabelle mit den gewünschten Namen Becker und Meier.

In der mengenorientierten Arbeitsweise liegt ein wesentlicher Vorteil für die Anwendenden, da eine einzige SQL-Abfrage eine ganze Reihe von Aktionen im Datenbanksystem auslösen kann. *Relationale Abfrage- und Manipulationssprachen sind deskriptiv,* also beschreibend. Allein durch das Festlegen der gesuchten Eigenschaften im Selektionsprädikat erhalten die Anwendenden die gewünschten Informationen. Eine Anleitung zur Berechnung der resultierenden Datensätze muss von ihnen nicht vorgenommen werden. Das Datenbanksystem übernimmt diese Aufgabe, bearbeitet die Abfrage oder die Manipulation mit eigenen Such- und Zugriffsmethoden und erstellt die gewünschte Resultattabelle.

Im Gegensatz zu den deskriptiven Abfrage- und Manipulationssprachen müssen die Abläufe zur Bereitstellung der gesuchten Information bei den herkömmlichen *prozeduralen Datenbanksprachen* durch die Anwendenden selbst ausprogrammiert werden. Dabei ist das Ergebnis jeder Abfrageoperation ein einzelner Datensatz und nicht eine Menge von Tupeln.

Bei der deskriptiven Formulierung einer Abfrage beschränkt sich SQL auf die Angabe der gewünschten Selektionsbedingung in der WHERE-Klausel, bei den prozeduralen Sprachen hingegen muss ein Algorithmus zum Auffinden der einzelnen Datensätze von

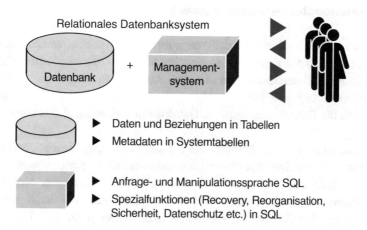

Abb. 1.6 Grundstruktur eines relationalen Datenbanksystems

den Anwendenden spezifiziert werden. Betrachten wir als Beispiel eine Abfragesprache für hierarchische Datenbanken, so suchen wir gemäß Abb. 1.5 zuerst mit GET FIRST einen ersten Datensatz, der das gewünschte Suchkriterium erfüllt. Anschließend lesen wir sämtliche Datensätze durch GET-NEXT-Befehle, bis wir das Ende der Datei oder eine nächste Hierarchiestufe innerhalb der Datenbank erreichen.

Bei den prozeduralen Datenbanksprachen stellen wir zusammenfassend fest, dass sie satzorientierte oder navigierende Befehle für das Bearbeiten von Datensammlungen verlangen. Diessetzt von den Anwendungsentwicklern einigen Sachverstand und Kenntnis der inneren Struktur der Datenbank voraus. Zudem kann ein gelegentlicher Benutzer eine Datenbank nicht selbstständig auswerten. Im Gegensatz zu den prozeduralen Sprachen müssen bei relationalen Abfrage- und Manipulationssprachen keine Zugriffspfade, Verarbeitungsabläufe oder Navigationswege spezifiziert werden. Dadurch wird der Entwicklungsaufwand für Datenbankauswertungen wesentlich reduziert.

Möchte man Datenbankabfragen und -auswertungen von den Fachabteilungen oder von den Endbenutzern selbst durchführen lassen, so kommt dem deskriptiven Ansatz eine große Bedeutung zu. Untersuchungen deskriptiver Datenbankschnittstellen haben offengelegt, dass ein *gelegentlicher Benutzer eine echte Chance* hat, mithilfe deskriptiver Sprachelemente seine gewünschten Auswertungen selbstständig durchführen zu können. Aus Abb. 1.5 ist zudem ersichtlich, dass die Sprache SQL der natürlichen Sprache nahesteht. So existieren heute relationale Datenbanksysteme, die über einen natürlichsprachlichen Zugang verfügen.

1.2.3 Relationales Datenbanksystem

Für die Entwicklung und den Betrieb von Informationssystemen werden Datenbanken eingesetzt, um die Daten zentral, strukturiert und persistent (dauerhaft) zu speichern.

Ein relationales Datenbanksystem ist gemäß Abb. 1.6 ein integriertes System zur einheitlichen Verwaltung von Tabellen. Neben Dienstfunktionen stellt es die deskriptive Sprache SQL für Datenbeschreibungen, Datenmanipulationen und Selektionen zur Verfügung.

Jedes relationale Datenbanksystem besteht aus einer Speicherungs- und einer Verwaltungskomponente: Die Speicherungskomponente dient dazu, sowohl Daten als auch Beziehungen zwischen ihnen lückenlos in Tabellen abzulegen. Neben Tabellen mit Benutzerdaten aus unterschiedlichen Anwendungen existieren vordefinierte Systemtabellen, die beim Betrieb der Datenbanken benötigt werden. Diese enthalten Beschreibungsinformationen und lassen sich durch die Anwendenden jederzeit abfragen, nicht aber verändern.

Die Verwaltungskomponente enthält als wichtigsten Bestandteil die Sprache SQL für relationale Datendefinition, Datenselektion und Datenmanipulation. Zudem umfasst diese Sprache Dienstfunktionen für die Wiederherstellung von Datenbeständen nach einem Fehlerfall, zum Datenschutz und zur Datensicherung.

Relationale Datenbanksysteme bilden oft die Grundlage betrieblicher Informationssysteme und lassen sich wie folgt definieren:

Relationales Datenbanksystem

Ein *relationales Datenbanksystem* (engl. „relational database system") ist durch folgende Eigenschaften charakterisiert:

- **Modell:** Das Datenbankmodell unterliegt dem Relationenmodell, d. h., alle Daten und Datenbeziehungen werden in Form von Tabellen ausgedrückt. Abhängigkeiten zwischen den Merkmalswerten von Tupeln oder mehrfach vorkommende Sachverhalte können aufgedeckt werden (vgl. Normalformen in Abschn. 2.3.1).
- **Schema:** Die Definition der Tabellen und der Merkmale werden im relationalen Datenbankschema abgelegt. Dieses enthält zudem die Definition der Identifikationsschlüssel sowie Regeln zur Gewährung der Integrität.
- **Sprache:** Das Datenbanksystem umfasst SQL für Datendefinition, -selektion und -manipulation. Die Sprachkomponente ist deskriptiv und entlastet die Anwendenden bei Auswertungen oder bei Programmiertätigkeiten.
- **Architektur:** Das System gewährleistet eine große *Datenunabhängigkeit*, d. h., Daten und Anwendungsprogramme bleiben weitgehend voneinander getrennt. Diese Unabhängigkeit ergibt sich aus der Tatsache, dass die eigentliche Speicherungskomponente auf Seite der Anwendenden durch eine Verwaltungskomponente entkoppelt ist. Im Idealfall können physische Änderungen in den relationalen Daten-

banken vorgenommen werden, ohne dass die entsprechenden Anwendungsprogramme anzupassen sind.

- **Mehrbenutzerbetrieb:** Das System unterstützt den Mehrbenutzerbetrieb, d. h., es können mehrere Benutzer gleichzeitig ein und dieselbe Datenbank abfragen oder bearbeiten. Das relationale Datenbanksystem sorgt dafür, dass parallel ablaufende Transaktionen auf einer Datenbank sich nicht gegenseitig behindern oder gar die Korrektheit der Daten beeinträchtigen.
- **Konsistenzgewährung:** Das Datenbanksystem stellt Hilfsmittel zur Gewährleistung der Datenintegrität bereit. Unter Datenintegrität versteht man die fehlerfreie und korrekte Speicherung der Daten.
- **Datensicherheit und Datenschutz:** Das Datenbanksystem bietet Mechanismen für den Schutz der Daten vor Zerstörung, vor Verlust und vor unbefugtem Zugriff.

NoSQL-Datenbanksysteme erfüllen obige Eigenschaften nur teilweise (siehe Kap. 4 und 7). Aus diesem Grund sind die relationalen Datenbanksysteme in den meisten Unternehmen, Organisationen und vor allem in KMUs (kleinere und mittlere Unternehmen) nicht mehr wegzudenken. Bei massiv verteilten Anwendungen im Web hingegen oder bei sogenannten Big-Data-Anwendungen muss die relationale Datenbanktechnologie mit NoSQL-Technologien ergänzt werden, um Webdienste rund um die Uhr und weltweit anbieten zu können.

1.3 Big Data und NoSQL-Datenbanken

Mit dem Schlagwort „Big Data" werden umfangreiche Datenbestände bezeichnet, die mit herkömmlichen Softwarewerkzeugen kaum mehr zu bewältigen sind. Die Daten sind meistens unstrukturiert (siehe Abschn. 5.1) und stammen aus den unterschiedlichsten Quellen: Mitteilungen (Postings) aus sozialen Netzwerken, E-Mails, elektronischen Archiven mit Multimediainhalten, Anfragen aus Suchmaschinen, Dokumentsammlungen von Content-Management-Systemen, Sensordaten beliebiger Art, Kursentwicklungen von Börsenplätzen, Daten aus Verkehrsströmen und Satellitenbildern, Messdaten von Geräten des Haushalts (Smart Meter); Bestell-, Kauf- und Bezahlvorgängen elektronischer Shops, Daten aus E-Health-Anwendungen, Aufzeichnungen von Monitoringsystemen etc.

Für den Begriff Big Data gibt es noch keine verbindliche Definition, doch die meisten Datenspezialist*innen berufen sich auf mindestens drei Vs: *Volume* (umfangreicher Datenbestand), *Variety* (Vielfalt von Datenformaten; strukturierte, semi-strukturierte und unstrukturierte Daten), und *Velocity* (hohe Verarbeitungsgeschwindigkeit und Echtzeitverarbeitung). Im IT-Glossar der Gartner Group findet sich folgende Definition:

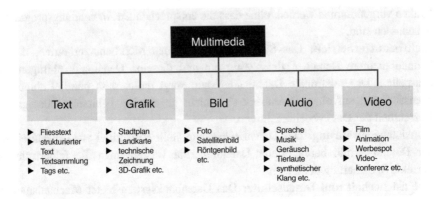

Abb. 1.7 Vielfalt der Quellen bei Big Data

Big Data

„Big data is high-volume, high-velocity and high-variety information assets that demand cost-effective, innovative forms of information processing for enhanced insight and decision making."

Also: Big Data ist ein umfangreiches, schnell zu verarbeitendes und vielfältiges Informationskapital, das nach kosteneffektiven und innovativen Formen der Informationsverarbeitung verlangt, um einen besseren Einblick und eine bessere Grundlage für Entscheidungsfindungen zu ermöglichen.

Tatsächlich müssen Unternehmen und Organisationen entscheidungsrelevantes Wissen generieren, um überleben zu können. Dabei setzen sie neben den eigenen Informationssystemen vermehrt auf die Vielfalt der Ressourcen im Web, um ökonomische, ökologische und gesellschaftliche Entwicklungen im Markt besser antizipieren zu können.

Big Data ist nicht nur eine Herausforderung für profitorientierte Unternehmen im elektronischen Geschäft, sondern auch für das Aufgabenspektrum von Regierungen, öffentlichen Verwaltungen, NGOs (Non Governmental Organizations) und NPOs (Non Profit Organizations).

Als Beispiel seien die Programme für Smart City erwähnt, d. h. die Nutzung von Big-Data-Technologien in Städten und Agglomerationen. Ziel dabei ist, den sozialen und ökologischen Lebensraum nachhaltig zu entwickeln. Dazu zählen beispielsweise Projekte zur Verbesserung der Mobilität, Nutzung intelligenter Systeme für Wasser- und Energieversorgung, Förderung sozialer Netzwerke, Erweiterung politischer Partizipation, Ausbau von Entrepreneurship, Schutz der Umwelt oder Erhöhung von Sicherheit und Lebensqualität.

Zusammengefasst geht es bei Big-Data-Anwendungen um die Beherrschung der folgenden drei Vs:

- **Volume:** Der Datenbestand ist umfangreich und liegt im Giga- bis Zettabytebereich (Megabyte $= 10^6$ Byte, Gigabyte $= 10^9$ Byte, Terabyte $= 10^{12}$ Byte, Petabyte $= 10^{15}$ Byte, Exabyte $= 10^{18}$ Byte, Zettabyte $= 10^{21}$ Byte).
- **Variety:** Unter Vielfalt versteht man bei Big Data die Speicherung von strukturierten, semistrukturierten und unstrukturierten Multimediadaten (Text, Grafik, Bilder, Audio und Video; vgl. Abb. 1.7).
- **Velocity:** Der Begriff bedeutet Geschwindigkeit und verlangt, dass *Datenströme* (engl. „data streams") in Echtzeit ausgewertet und analysiert werden können.

In der Definition der Gartner Group wird von Informationskapital oder Vermögenswert gesprochen. Aus diesem Grund fügen einige Experten ein weiteres V hinzu:

- **Value:** Big-Data-Anwendungen sollen den Unternehmenswert steigern. Investitionen in Personal und technische Infrastruktur werden dort gemacht, wo eine Hebelwirkung besteht resp. ein Mehrwert generiert werden kann.

Ein letztes V soll die Diskussion zur Begriffsbildung von Big Data abrunden:

- **Veracity:** Da viele Daten vage oder ungenau sind, müssen spezifische Algorithmen zur Bewertung der Aussagekraft resp. zur Qualitätseinschätzung der Resultate verwendet werden. Umfangreiche Datenbestände garantieren nicht per se bessere Auswertungsqualität.

Veracity bedeutet in der deutschen Übersetzung Aufrichtigkeit oder Wahrhaftigkeit. Im Zusammenhang mit Big Data wird damit ausgedrückt, dass Datenbestände in unterschiedlicher Datenqualität vorliegen und dass dies bei Auswertungen berücksichtigt werden muss. Neben statistischen Verfahren existieren unscharfe Methoden des Soft Computings, die einem Resultat oder einer Aussage einen Wahrheitswert zwischen 0 (falsch) und 1 (wahr) zuordnen.

1.3.1 NoSQL-Datenbanksysteme

Nicht-relationale Datenbanken gab es vor der Entdeckung des Relationenmodells durch Ted Codd in der Form von hierarchischen oder netzwerkartigen Datenbanken. Nach dem Aufkommen von relationalen Datenbanksystemen wurden nicht-relationale Ansätze weiterhin für technische oder wissenschaftliche Anwendungen genutzt. Beispielsweise war es schwierig, ein CAD-System (CAD $=$ Computer Aided Design) für Bau- oder Maschinenteile mit relationaler Technologie zu betreiben. Das Aufteilen technischer Objekte in eine Vielzahl von Tabellen war für CAD-Systeme problematisch, da geometrische, topologische und grafische Manipulationen in Echtzeit durchgeführt werden mussten.

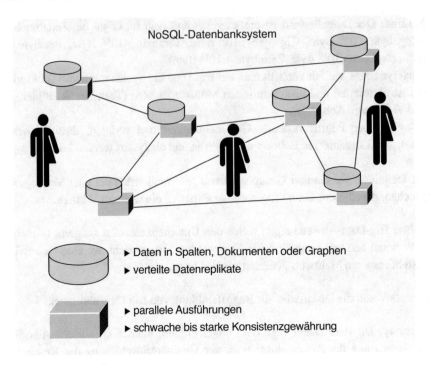

Abb. 1.8 Grundstruktur eine NoSQL-Datenbanksystems

Mit der Omnipräsenz des Internets und einer Vielzahl von webbasierten und mobilen Anwendungen haben nicht-relationale Datenkonzepte gegenüber relationalen an Gewicht gewonnen. Es ist schwierig oder teilweise unmöglich, Big-Data-Anwendungen mit relationaler Datenbanktechnologie zu bewältigen.

Die Bezeichnung „nicht-relational" wäre besser geeignet als NoSQL, doch hat sich der Begriff in den letzten Jahren bei Datenbankforschenden wie bei Anbietern im Markt etabliert.

NoSQL

Der Begriff NoSQL wird heute für *nicht-relationale Ansätze im Datenmanagement* verwendet, die mindestens eine der folgenden zwei Bedingungen erfüllen:

- Die Speicherung der Daten erfolgt nicht in Tabellen.
- Die Datenbanksprache ist nicht SQL.

Vor allem dort, wo die von Applikationen im Rahmen für Big Data (Geschwindigkeit, Volumen, Vielfalt) im Vordergrund steht, sind NoSQL-Technologien gefragt, weil nicht-relationale Strukturen dafür oft besser geeignet sind. Manchmal wird der Ausdruck NoSQL durch „Not only SQL" übersetzt. Damit soll ausgedrückt werden, dass bei einer

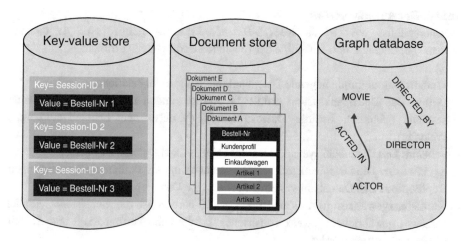

Abb. 1.9 Drei unterschiedliche NoSQL-Datenbanken

Anwendung neben SQL auch nicht-relationale Funktionen zum Einsatz gelangen. So gibt es z. B. SQL-Sprachschnittstellen für nicht-relationale Systeme, entweder nativ oder als Middleware; und auch relationale Datenbanken bieten heute NoSQL-Funktionen an, z. B. Dokumentdatentypen oder Graphanalysen.

Die Grundstruktur eines NoSQL-Datenbanksystems ist in Abb. 1.8 skizziert. Meistens unterliegt ein NoSQL-Datenbanksystem einer massiv verteilten Datenhaltungsarchitektur. Die Daten werden in alternativen, nicht-tabellarischen Strukturen je nach Typ der NoSQL-Datenbank gespeichert. Als Beispiel zeigt Abb. 1.9 *Schlüssel-Wert-Datenbanken* (engl. „key/value store"), *Dokumentdatenbanken* (engl. „document databases") und *Graphdatenbanken* (engl. „graph databases"). Um hohe Verfügbarkeit zu gewähren und das NoSQL-Datenbanksystem gegen Ausfälle zu schützen, werden unterschiedliche Replikationskonzepte unterstützt. Bei einer massiv verteilten und replizierten Rechnerarchitektur können parallele Auswertungsverfahren genutzt werden. Die Analyse umfangreicher Datenvolumen oder das Suchen nach bestimmten Sachverhalten kann mit verteilten Berechnungsvorgängen beschleunigt werden. Beim Map/Reduce-Verfahren werden Teilaufgaben an diverse Rechnerknoten verteilt und einfache Schlüssel-Wert-Paare extrahiert (Map), bevor die Teilresultate zusammengefasst und ausgegeben werden (Reduce).

In massiv verteilten Rechnernetzen werden zudem differenzierte Konsistenzkonzepte angeboten. Unter *starker Konsistenz* (engl. „strong consistency") wird verstanden, dass das NoSQL-Datenbanksystem die Konsistenz jederzeit gewährleistet. Bei der *schwachen Konsistenzforderung* (engl. „weak consistency") wird toleriert, dass Änderungen auf replizierten Knoten verzögert durchgeführt und zu kurzfristigen Inkonsistenzen führen können.

NoSQL-Datenbanksystem

Speichersysteme werden als *NoSQL-Datenbanksysteme* (engl. „NoSQL database systems") bezeichnet, falls sie einige der folgenden Bedingungen erfüllen:

- **Modell:** Das zugrunde liegende Datenbankmodell ist nicht-relational.
- **Daten:** Das Datenbanksystem erfüllt die Anforderungen für umfangreiche Datenbestände (Volume), flexible Datenstrukturen (Variety) und Echtzeitverarbeitung (Velocity).
- **Schema:** Das Datenbanksystem unterliegt keinem fixen Datenbankschema.
- **Architektur:** Die Datenbankarchitektur unterstützt massiv skalierbare Anwendungen.
- **Replikation:** Das Datenbanksystem unterstützt die Datenreplikation.
- **Konsistenzgewährung:** Aufgrund des CAP-Theorems ist die Konsistenz lediglich verzögert gewährleistet („weak consistency"), falls hohe Verfügbarkeit und Ausfalltoleranz angestrebt werden.

In Abb. 1.9 sind drei unterschiedliche NoSQL-Datenbanksysteme aufgezeigt. Sogenannte *Schlüssel-Wert-Datenbanken* sind die einfachsten Systeme. Sie speichern die Daten in der Form eines Identifikationsschlüssels <Key = „Schlüssel"> und einer Liste von Wertvorkommen <Value = „Wert 1", „Wert 2", …>. Als Beispiel einer solchen Datenbank dient ein Webshop mit Session Management und Einkaufskorb. Die SessionID dient als Identifikationsschlüssel; die Bestellnummer ist der im Cache gespeicherte Wert. Die *Dokumentdatenbank* ist eine NoSQL-Datenbank, die Datensätze als Dokumente verwaltet. Diese sind strukturierte Textdateien, welche einen gesamten Sachverhalt in sich geschlossen beschreiben. So werden z. B. für die Bestellung neben dem Kundenprofil auch die einzelnen Artikel des Warenkorbs als Werte gespeichert. Als drittes Beispiel einer NoSQL-Datenbank dient die *Graphdatenbank* über Filme und Schauspieler, die im nächsten Abschnitt diskutiert wird.

1.4   Graphdatenbanken

1.4.1   Graphenmodell

NoSQL-Datenbanken unterstützen unterschiedliche Datenbankmodelle (Abb. 1.9). Als erstes Beispiel greifen wir das Graphenmodell heraus und diskutieren dessen Eigenschaften:

Property Graph

Ein *Eigenschaftsgraph* (engl. „property graph") besteht aus *Knoten* (Konzepte, Objekte) und *gerichteten Kanten* (Beziehungen), die Knoten verbinden. Sowohl die Knoten wie die Kanten tragen eine *Beschriftung* (engl. „label") und können *Eigenschaften* (engl.

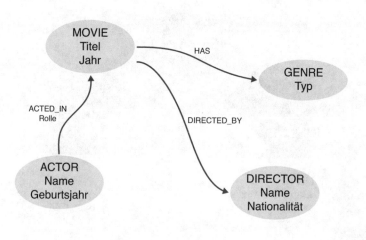

Abb. 1.10 Ausschnitt Graphenmodell für Filme

„properties") aufweisen. Die Eigenschaften werden als Attribut-Wert-Paare mit Attribut-namen und zugehörigen Werten charakterisiert.

Im Graphenmodell werden abstrakt die Knoten und Kanten mit ihren Eigenschaften dargestellt. Als Beispiel wird in Abb. 1.10 ein Ausschnitt einer Filmsammlung aufgezeigt. Dieser besteht aus den Knoten MOVIE mit den Attributen *Titel* und *Jahr* (Erscheinungsjahr), GENRE mit dem jeweiligen *Typ* (z. B. Unterhaltung, Krimi, Komödie, Drama, Thriller, Western, Science-Fiction, Dokumentarfilm etc.), dem ACTOR (Schauspieler) mit *Namen* und *Geburtsjahr* sowie dem DIRECTOR (Regisseur) mit *Namen* und *Nationalität*.

Das Beispiel aus Abb. 1.10 verwendet drei gerichtete Kanten. Die Kante ACTED-IN drückt aus, welcher Schauspieler aus dem Knoten ACTOR bei welchem Film aus dem Knoten MOVIE mitgewirkt hat. Die Kante ACTED_IN hat zudem eine Eigenschaft, und zwar die *Rolle* des Schauspielers. Die beiden anderen Kanten, HAS und DIRECTED_BY, führen vom Knoten MOVIE in den Knoten GENRE resp. DIRECTOR.

Auf der Ausprägungsebene resp. in der Graphdatenbank enthält der Property Graph dann die konkreten Vorkommen: Für jeden Knoten und für jede Kante wird ein eigener Datensatz gespeichert. So sind im Unterschied zu relationalen Datenbanken die Verbindungen zwischen den Daten nicht als Schlüsselreferenz, sondern als eigene Datensätze gespeichert und indexiert. Das führt zu einer effizienten Verarbeitung von Netzwerkanalysen.

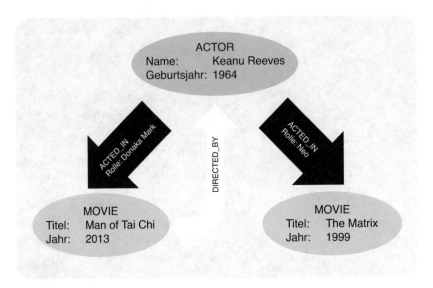

Abb. 1.11 Ausschnitt einer Graphdatenbank über Filme

1.4.2 Graphenorientierte Abfragesprache Cypher

Cypher ist eine *deklarative Abfragesprache,* um Muster in Graphdatenbanken
extrahieren zu können. Sie soll als Graph Query Language (GQL) noch im Jahr 2023
zum internationalen Standard für graphenbasierte Datenbanksprache erhoben werden.

Die Anwendenden spezifizieren ihre Suchfrage durch die Angabe von Knoten und
Kanten. Daraufhin berechnet das Datenbanksystem alle gewünschten Muster, indem
es die möglichen Pfade (Verbindungen zwischen Knoten via Kanten) auswertet.
Die Anwendenden deklarieren die Eigenschaften des gesuchten Musters, und die
Algorithmen des Datenbanksystems traversieren alle notwendigen Verbindungen (Pfade)
und stellen das Resultat zusammen.

Gemäß Abschn. 1.4.1 besteht das Datenbankmodell einer Graphdatenbank aus *Knoten*
(Konzepte, Objekte) und *gerichteten Kanten* (Beziehungen zwischen den Knoten).
Sowohl Knoten wie Kanten können neben ihrem Namen eine Menge von Eigenschaften
haben (vgl. Property Graph in Abschn. 1.4.1). Die Eigenschaften werden durch Attribut-
Wert-Paare ausgedrückt.

In Abb. 1.11 ist ein Ausschnitt einer Graphdatenbank über Filme und Schauspieler
aufgezeigt. Der Einfachheit halber werden nur zwei Knotentypen aufgeführt: ACTOR
und MOVIE. Die Knoten für die Schauspieler enthalten zwei Attribut-Wert-Paare, nämlich (*Name*: Vorname Nachname) und (*Geburtsjahr*: Jahr).

Der Ausschnitt aus Abb. 1.11 Kantentypen: Die Beziehung ACTED_IN drückt aus,
welche Schauspieler in welchen Filmen mitwirkten. Kanten können Eigenschaften

besitzen, falls man Attribut-Wert-Paare anfügt. Bei der Beziehung ACTED_IN werden jeweils die Rollen aufgeführt, welche die Schauspieler spielen. So ist beispielsweise Keanu Reeves im Film „The Matrix" als Hacker unter dem Namen Neo engagiert.

Knoten können durch unterschiedliche Beziehungskanten miteinander verbunden sein. Zwischen dem Film „Man of Tai Chi" und dem Schauspieler Keanu Reeves gibt es nicht nur die Darstellerrolle (ACTED_IN), sondern auch die Regieführung (DIRECTED_BY). Daraus geht hervor, dass Keanu Reeves im Film „Man of Tai Chi" einerseits Regie führte und andrerseits Donaka Mark darstellt.

Möchte man die Graphdatenbank über Filme auswerten, so kann Cypher verwendet werden. Die Grundelemente des Abfrageteils von Cypher sind die Folgenden:

- MATCH: Identifikation von Knoten und Kanten sowie Deklaration von Suchmustern.
- WHERE: Bedingungen zur Filterung von Ergebnissen.
- RETURN: Bereitstellung des Resultats, bei Bedarf aggregiert.

Möchte man das Erscheinungsjahr des Films „The Matrix" berechnen, so lautet die Anfrage in Cypher:

```
MATCH    (m: Movie {Titel: "The Matrix"})
RETURN   m.Jahr
```

In dieser Abfrage wird die Variable m für den Film „The Matrix" losgeschickt, um das Erscheinungsjahr dieses Filmes durch m.Jahr zurückgeben zu lassen. Die runden Klammern drücken bei Cypher immer Knoten aus, d. h., der Knoten (m: Movie) deklariert die Laufvariable m für den Knoten MOVIE. Neben Laufvariablen können konkrete Attribut-Wert-Paare in geschweiften Klammern mitgegeben werden. Da wir uns für den Film „The Matrix" interessieren, wird der Knoten (m: Movie) um die Angabe {Titel: "The Matrix"} ergänzt.

Interessant sind nun Abfragen, die die Beziehungen der Graphdatenbank betreffen. Beziehungen zwischen zwei beliebigen Knoten a) und b) werden in Cypher durch das Pfeilsymbol „− − >" ausgedrückt, d. h., der Pfad von a) nach b) wird durch „(a) − − > (b)" deklariert. Falls die Beziehung zwischen a) und b) von Bedeutung ist, wird die Pfeilmitte mit der Kante [r] ergänzt. Die eckigen Klammern drücken Kanten aus, und r soll hier als Variable für *Beziehungen* (engl. „relationships") dienen.

Möchten wir herausfinden, wer im Film „The Matrix" den Hacker Neo spielt, so werten wir den entsprechenden Pfad ACTED_IN zwischen ACTOR und MOVIE wie folgt aus:

```
MATCH     (a: Actor) - [: Acted_In {Rolle: "Neo"}] - >
(: Movie {Titel: "The Matrix"}])
RETURN    a.Name
```

Cypher gibt uns als Resultat Keanu Reeves zurück. Möchten wir eine Liste von Film-
titeln (m), Schauspielernamen (a) und zugehörigen Rollen (r), so lautet die Anfrage:

```
MATCH     (a: Actor) - [r: Acted_In] - > (m: Movie)
RETURN    m.Titel, a.Name, r.Rolle
```

Da die Graphdatenbank nur einen Schauspieler und zwei Filme listet, würde als Resultat
der Film „Man of Tai Chi" mit Schauspieler Keanu Reeves in der Rolle Donaka Mark
sowie der Film „The Matrix" mit Keanu Reeves und der Rolle Neo ausgegeben.

Im Normalfall hat die Graphdatenbank mit Schauspielern, Filmen und Rollen- wie
Regiebeziehungen unzählige Einträge. Aus diesem Grund müsste die obige Abfrage auf
den Schauspieler Keanu Reeves beschränkt bleiben und die Anfrage würde lauten:

```
MATCH     (a: Actor) - [r: Acted_In] - > (m: Movie)
WHERE     (a.name = "Keanu Reeves")
RETURN    m.Titel, a.Name, r.Rolle
```

Bei Cypher werden ähnlich wie bei SQL deklarative Abfragen formuliert. Die
Anwendenden spezifizieren das Resultatsmuster (Cypher) oder die Resultatstabelle
(SQL) mit den gewünschten Eigenschaften. Das jeweilige Datenbanksystem berechnet
daraufhin die Resultate. Allerdings ist das Auswerten von Beziehungsgeflechten, das
Verwenden rekursiver Suchstrategien oder die Analyse von Eigenschaften von Graphen
mit SQL kaum zu bewältigen.

Graphdatenbanken sind noch stärker beziehungsorientiert als relationale Datenbanken. Sowohl Knoten als auch Kanten des Graphen sind eigenständige Datensätze.
Dies ermöglicht effiziente Traversierung des Graphen für netzwerkartige Informationen.
Allerdings gibt es Anwendungen, bei denen strukturierte Objekte als Einheit im Vordergrund stehen. Dazu sind Dokumentdatenbanken geeignet, welche im nächsten Abschnitt
beschrieben werden.

Abb. 1.12 Rechnungsdaten
werden im Dokumentmodell in
sich geschlossen gespeichert

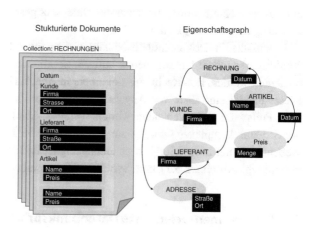

1.5   Dokumentdatenbanken

1.5.1   Dokumentmodell

Als zweites Beispiel für NoSQL-Datenbanken führen wir hier die Dokumentdatenbanken ein. Ein *Dokument* ist ein Schriftstück, welches einen bestimmten
Sachverhalt beschreibt und alle dafür relevanten Informationen aufweist. Als Beispiel für ein Dokument beschreibt eine Rechnung (vgl. Abb. 1.12) Angaben zu
Kunden,[3] Lieferanten, Datum, Artikeln und Preisen.

In einer Dokumentdatenbank wird der gesamte Sachverhalt einer Rechnung in einem
in sich geschlossenen Datensatz beschrieben, der alle Informationen enthält, die für den
Sachverhalt relevant sind. Ein solcher vollständiger Datensatz wird analog zum Schriftstück *Dokument* genannt.

Digitales Dokument

Als digitales Dokument wird eine Menge von Informationen bezeichnet, die als
geschlossene Einheit einen Sachverhalt beschreibt und als Datensatz in einem Computer-
system gespeichert ist. Ein digitales Dokument ist schemafrei, d.h. es muss keiner vorgegebenen Struktur folgen.

Eine Dokumentdatenbank speichert Informationen als digitale Dokumente, die
strukturierte Objekte als Ganzes in einem einzigen Datensatz beschreiben, wie z.B.
eine Rechnung. Wie im vorherigen Abschnitt dargestellt, würde eine Graphdatenbank im
Unterschied dazu verschiedene Knoten- und Kantentypen einsetzen. Für jeden Knoten

---

[3] Kunden, Lieferanten und Firmen werden hier als wirtschaftliche Rollen verstanden, nicht
als Einzelpersonen. Eine Firma kann z. B. Kunde sein, unabhängig vom Geschlecht einzelner
Personen. Daher wird hier genderneutral von Kunden, Lieferanten und Firmen geschrieben.

und für jede Kante würde ein separater Datensatz gespeichert. Die Daten würden netzwerkartig aufgeteilt (vgl. Abb. 1.12).

Datensätze in Dokumentdatenbanken weisen eine Strukturierung auf, welche den Inhalt in erkennbare Untereinheiten aufteilt. So können Feld-Wert-Listen baumartig verschachtelt werden. Das Rechnungsdokument in Abb. 1.12 enthält z. B. ein Feld „Artikel". Dieses enthält eine Liste von Angaben, welche jeweils wieder über Felder wie „Name" und „Preis" mit entsprechenden Werten verfügen. Häufiger als Listen oder Arrays wird die Struktur komplexer Objekte zur Gliederung von Dokumenten verwendet. Für die Webentwicklung in JavaScript besonders geeignet ist JSON (JavaScript Object Notation) Format (vgl. Abschn. 2.5.1), eine Syntax zur Beschreibung komplexer Objekte.

1.5.2 Dokumentorientierte Datenbanksprache MQL

MongoDB Query Language (MQL) ist eine objektorientierte Sprache für die Interaktion mit Dokumentendatenbanken zum Erstellen, Lesen, Aktualisieren, Löschen und Transformieren von Daten. Die JSON-basierte Sprache wurde ursprünglich für die serverseitige Webprogrammierung entwickelt.

Das Datenbankmodell einer MQL-Dokumentdatenbank besteht aus *Kollektionen* (engl. „collections") von strukturierten digitalen Dokumenten. Beispielsweise befinden sich in Abb. 1.12 mehrere Rechnungsdokumente in der Kollektion RECHNUNGEN. Aufgrund der Schemafreiheit von Dokumenten können die Dokumente einer Kollektion beliebige Felder aufweisen. So können jederzeit flexibel neue Felder und Objekte angelegt werden. Beispielsweise können für Privatpersonen anstelle des Felds „Firma" die Felder „Vorname" und „Name" gespeichert werden. In der Regel werden jedoch in Kollektionen Dokumente mit überwiegend identischen Feldern gesammelt. Kollektionen stellen in MQL die folgenden Grundelemente als Methoden zur Verfügung:

- find ( ) erlaubt die Filterung einer Kollektion.
- insertOne ( ) fügt ein Dokument zu einer Kollektion hinzu.
- updateOne ( ) ermöglicht die Änderung eines Dokuments.
- deleteOne ( ) löscht ein Dokument in einer Kollektion.

Möchten wir z. B. in Abb. 1.12 die Rechnungen der Firma „Müller Elektro" anzeigen, können wir folgende MQL-Abfrage verwenden:

```
db.RECHNUNGEN.find (
      {"Lieferant.Firma": "Müller Elektro"} )
```

Damit gibt das Datenbanksystem eine Liste der Rechnungen zurück, welche dem Filterkriterium entsprechen. Jedes Dokument wird als strukturiertes komplexes Objekt mit einem eindeutigen Identifikationsschlüssel ausgegeben. So erhalten wir alle vollständigen Daten zu jeder Rechnung mit in sich geschlossenen Datensätzen.

In diesem Codebeispiel ist die Konstante „db" ein Objekt, welches die Funktionalität des Datenbanksystems zur Verfügung stellt. Kollektionen der Datenbank sind als Unterobjekte in Feldern des Objekts „db" zugreifbar, z. B. db.RECHNUNGEN. Diese Kollektionen verfügen dann über Methoden wie find, insertOne, updateOne und deleteOne.

Die Abfragesprache MQL ist mit JSON strukturiert. Zum Beispiel wird der Filter in der find()-Methode als Parameter in JSON-Notation übergeben, der die Filterkriterien als Feld-Wert-Paar auflistet.

Möchten wir eine Liste der Firmennamen ausgeben, welchen die Firma „Müller Elektro" eine Rechnung geschrieben hat, gelingt das mit einem zweiten Argument:

```
db.RECHNUNGEN.find (
{"Lieferant.Firma": "Müller Elektro"},
{"Kunde.Firma": 1, _id: 0} )
```

Die zweite Liste definiert eine so genannte Projektion, mit Feldern, die entweder eingeschlossen (Wert 1) oder ausgeschlossen (Wert 0) werden. Hier wird das Feld „Firma" des Unterobjekts „Kunde" als *Einschlussprojektion* (engl. „inclusion projection") in das Resultat mitaufgenommen; das Feld _id wird ausgeschlossen. So erhalten wir eine Liste von JSON-Dokumenten, welche nur die Werte der eingeschlossenen Felder enthält:

```
{ Kunde: { Firma: "Mega IT" } }
{ Kunde: { Firma: "Bäckerei Becker" } }
{ Kunde: { Firma: "Nähatelier Nadel" } }
...
```

Im Unterschied zu SQL ist MQL in der Praxis entstanden und basiert auf dem JSON-Format, dessen Schöpfer sagt, er habe es nicht erfunden, sondern „entdeckt", weil es bereits „in der Natur existiert" habe. Aufgrund dieser organischen Entwicklung erscheinen viele Konzepte von MQL etwas anders als die von SQL, welche aufgrund von mathematischen Prinzipien theoretisch gestaltet sind.

1.6 Organisation des Datenmanagements

Viele Firmen und Institutionen betrachten ihre Datenbestände als *unentbehrliche Ressource*. Sie pflegen und unterhalten zu Geschäftszwecken nicht nur ihre eigenen Daten, sondern schließen sich mehr und mehr an *öffentlich zugängliche Datensammlungen* (engl. „open data") an. Die weltweite Zunahme der Datenmenge und das

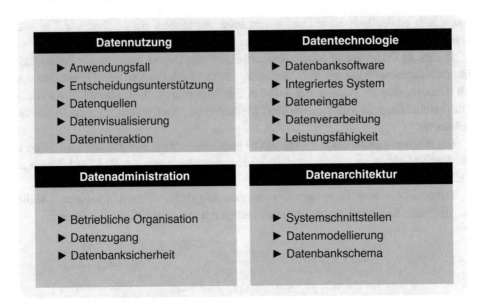

Abb. 1.13 Die vier Eckpfeiler des Datenmanagements

stetige Wachstum der Informationsanbieter mit ihren Dienstleistungen rund um die Uhr untermauern den Stellenwert webbasierter Datenbestände.

Die Bedeutung aktueller und realitätsbezogener Information hat einen direkten Einfluss auf die Ausgestaltung des Informatikbereiches. So sind vielerorts Stellen des Datenmanagements entstanden, um die datenbezogenen Aufgaben und Pflichten bewusster angehen zu können. Ein zukunftgerichtetes Datenmanagement befasst sich sowohl strategisch mit der Informationsbeschaffung und -bewirtschaftung als auch operativ mit der effizienten Bereitstellung und Auswertung von aktuellen und konsistenten Daten.

Aufbau und Betrieb eines Datenmanagements verursachen beträchtliche Kosten mit anfänglich nur schwer messbarem Nutzen. Es ist nicht einfach, eine flexible Datenarchitektur, widerspruchsfreie und für jedermann verständliche Datenbeschreibungen, saubere und konsistente Datenbestände, griffige Sicherheitskonzepte, aktuelle Auskunftsbereitschaft und Weiteres mehr eindeutig zu bewerten und aussagekräftig in Wirtschaftlichkeitsüberlegungen mit einzubeziehen. Erst ein allmähliches Bewusstwerden von Bedeutung und Langlebigkeit der Daten relativiert für das Unternehmen die notwendigen Investitionen.

Um den Begriff *Datenmanagement* (engl. „data management") besser fassen zu können, sollte das Datenmanagement zunächst in seine Aufgabenbereiche Datenarchitektur, Datenadministration, Datentechnik und Datennutzung aufgegliedert werden. Die Abb. 1.13 charakterisiert diese vier Teilgebiete des Datenmanagements mit ihren Zielen und Instrumenten.

Die *Datennutzung* ermöglicht die eigentliche Bewirtschaftung der Unternehmensdaten. Mit einem besonderen Team wird das *Business Analytics* vorangetrieben, das der Geschäftsleitung und dem Management periodisch Datenanalysen erarbeitet und rapportiert. Zudem unterstützen diese Spezialist*innen diverse Fachabteilungen wie Marketing, Verkauf, Kundendienst etc., um spezifische Erkenntnisse aus Big Data zu generieren. Fragen, die sich im Zusammenhang mit der Datennutzung stellen, sind die Folgenden:

- Welchen Zweck erfüllt die Datenbank?
- Welche Entscheidungen werden wie durch welche Daten gestützt?
- Woher stammen die Daten, und aus welchem Grund?
- Welche Ergebnisse werden auf der Grundlage der Daten bereitgestellt, und wie werden diese präsentiert?
- Wie können Benutzende mit den Daten interagieren?

Mitarbeitende der *Datenarchitektur* analysieren, klassifizieren und strukturieren mit ausgefeilter Methodik die relevanten Daten, Systemkomponenten und Schnittstellen. Neben der eigentlichen Analyse der Daten- und Informationsbedürfnisse müssen die wichtigsten Datenklassen und ihre gegenseitigen Beziehungen untereinander in unterschiedlichster Detaillierung in Datenmodellen festgehalten werden. Diese aus der Abstraktion der realen Gegebenheiten entstandenen und aufeinander abgestimmten Datenmodelle bilden die Basis der Datenbankschemas. Die Datenarchitektur beantwortet folgende Fragen:

- Welches sind die Komponenten, Schnittstellen und Datenflüsse der Datenbank- und Informationssysteme?
- Welche Entitäten, Beziehungen und Attribute werden für den Anwendungsfall abgebildet?
- Welche Datenstrukturen und Datentypen werden von den DBMS zur Organisation der Daten verwendet?

Die *Datenadministration* bezweckt, die Verantwortlichkeiten einheitlich zu erfassen, um eine anwendungsübergreifende Nutzung der langlebigen Daten zu gewährleisten. Bei der heutigen Entwicklung hin zu verstärkter Datensicherheit kommt der Datenadministration eine immer größere Verantwortung bei Sicherheitskonzepten und bei der Vergabe von Berechtigungen zu. Dazu werden aus Sicht Datenadministration folgende Punkte adressiert:

- Wer plant, entwickelt und betreibt die Datenbank und die Informationssysteme nach welchen Methoden?
- Wer hat welchen Zugriff auf die Daten?

- Wie werden die Anforderungen an Sicherheit, Vertraulichkeit, Integrität und Verfügbarkeit erfüllt?

Die Spezialist*innen der *Datentechnik* installieren, überwachen und reorganisieren Datenbanken und stellen diese in einem mehrstufigen Verfahren sicher. Dieser Fachbereich ist zudem für das Technologiemanagement verantwortlich, da Erweiterungen in der Datenbanktechnologie immer wieder berücksichtigt und bestehende Methoden und Werkzeuge laufend verbessert werden müssen. Auch die Datenflüsse von und zu den Datenbankenbanksystemen und die Benutzerschnittstellen werden technisch bereitgestellt. Für Big Data ist zudem von zentraler Bedeutung, dass die Geschwindigkeit und Qualität der Datenverarbeitung auch für große Datenmengen und für heterogene Datenstrukturen optimiert wird. Somit beschäftigt sich die Datentechnik mit den folgenden Fragestellungen:

- Welche SQL- oder NoSQL-Datenbanksoftware wird aus welchen Gründen eingesetzt?
- Wie wird das Datenbanksystem implementiert und integriert?
- Wie werden die Daten in die Datenbank eingegeben oder migriert?
- Wie werden die Daten manipuliert, transformiert und abgefragt?
- Wie können das Datenbanksystem und die Abfragen in Bezug auf Volumen und Geschwindigkeit optimiert werden?

Zusammengefasst ergibt sich von der Charakterisierung der datenbezogenen Aufgaben und Pflichten her gesehen für das Datenmanagement folgende Definition:

Datenmanagement
Unter dem *Datenmanagement* (engl. „data management") fasst man alle *betrieblichen, organisatorischen und technischen Funktionen* der Nutzung, Architektur, Technik und Administration von Daten zusammen, welche den Einsatz von *Daten als Ressource* optimieren.

Datenmanagementplan
Ein Planungsdokument, welches Lösungen für die Nutzung, Architektur, Technik und Administration von Daten skizziert und entsprechende Fragestellungen adressiert, wird *Datenmanagementplan* (engl. „data management plan") genannt.

Ein solches Konzept wird oft vor der Implementierung eines Datenbanksystems erstellt. Werden alle oben aufgelisteten Fragen beantwortet, ist ein Datenmanagementsystem in einer umfassenden Breite im Kontext verankert und entsprechend geplant. Oft werden aber einige Fragen erst im laufenden Betrieb iterativ beantwortet.

Bibliography

Celko, J.: Joe Celko's Complete Guide to NoSQL – What every SQL professional needs to know about nonrelational databases. Morgan Kaufmann (2014)

Connolly, T., Begg, C.: Database Systems – A Practical Approach to Design, Implementation, and Management. Pearson (2015)

Coronel, C., Morris, S.: Database Systems – Design, Implementation, & Management. Cengage Learning (2018)

Edlich, S, Friedland, A., Hampe, J., Brauer, B., Brückner, M.: NoSQL – Einstieg in die Welt nicht-relationaler Web 2.0 Datenbanken. Carl Hanser Verlag (2011)

Elmasri, R., Navathe, S.: Fundamentals of Database Systems. Addison-Wesley (2022)

Fasel, D., Meier, A. (Hrsg.): Big Data – Grundlagen, Systeme und Nutzungspotenziale. Edition HMD, Springer (2016)

Hoffer, J., Venkataraman, R.: Modern Database Management. Pearson (2019)

Kemper, A., Eikler, A.: Datenbanksysteme – Eine Einführung. DeGruyter (2015)

MongoDB: Inc. MongoDB Documentation. https://www.mongodb.com/docs/ (2022)

Perkins, L., Redmond, E., Wilson, J.R.: Seven Databases in Seven Weeks: A Guide to Modern Databases and the Nosql Movement, 2. Aufl. O'Reilly UK Ltd., Raleigh (2018)

Ploetz, A., Kandhare, D., Kadambi, S., Wu, X.: Seven NoSQL Databases in a Week – Get up and running with the fundamentals and functionalities of seven of the most popular NoSQL databases. Packt Publishing (2018)

Saake, G., Sattler, K.-U., Heuer, A.: Datenbanken – Konzepte und Sprachen. mitp (2018)

Silberschatz, A., Korth, H., Sudarshan, S.: Database Systems Concepts. McGraw Hill (2019)

Steiner, R.: Grundkurs Relationale Datenbanken – Einführung in die Praxis der Datenbankentwicklung für Ausbildung, Studium und IT-Beruf. Springer Vieweg (2021)

Ullman, J., Garcia-Molina, H., Widom, H.: Database Systems – The Complete Book. Pearson (2013)

Datenbankmodellierung

2

2.1 Von der Anforderungsanalyse zur Datenbank

Ein *Datenmodell* (engl. „data model") beschreibt auf strukturierte und formale Weise die für ein Informationssystem notwendigen Daten und Datenbeziehungen. Ein Datenbankmodell oder Schema definiert darauf aufbauend die entsprechende Strukturierung der Datenbasis. Benötigt man für die Bearbeitung von Informatikprojekten gemäß Abb. 2.1 Informationen über Mitarbeitende, Detailangaben über Projektvorhaben und Auskunft über einzelne Firmenabteilungen, so können in einem entsprechenden Datenmodell die dazu notwendigen Datenklassen (Datenkategorien) bestimmt und in Beziehung zueinander gebracht werden. Das Festlegen von Datenklassen, im Fachjargon Entitätsmengen genannt, und das Bestimmen von Beziehungsmengen geschieht vorläufig noch unabhängig davon, mit welchem Datenbanksystem (SQL oder NoSQL) die Informationen später erfasst, gespeichert und nachgeführt werden. Damit möchte man erreichen, dass Daten und Datenbeziehungen bei der Entwicklung oder Erweiterung von Informationssystemen *von Seite der Anwendenden aus gesehen stabil* bleiben.

Der Aufbau einer Datenbankstruktur erfolgt in drei Schritten: Anforderungsanalyse, konzeptionelle Datenmodellierung und Implementierung des Datenbankschemas durch Abbildung des Entitäten-Beziehungsmodells auf SQL- oder NoSQL-Datenbanken.

Bei der Anforderungsanalyse (siehe unter 1. in Abb. 2.1) geht es darum, zusammen mit dem Benutzer die für das Informationssystem notwendigen Daten und deren Beziehungen samt Mengengerüst zu ermitteln. Nur so lassen sich die Systemgrenzen frühzeitig festlegen. Mithilfe von Interviews, Bedarfsanalysen, Fragebogenaktionen, Formularsammlungen etc. muss durch ein iteratives Vorgehen ein aussagekräftiger *Anforderungskatalog* (engl. „requirements catalog") zusammengestellt werden. Dieser umfasst mindestens sowohl eine verbale Beschreibung des Auftrages mit einer klaren Zielsetzung als auch eine *Liste der relevanten Informationssachverhalte* (vgl. Bei-

© Der/die Autor(en), exklusiv lizenziert an Springer-Verlag GmbH, DE, ein Teil von Springer Nature 2023
M. Kaufmann und A. Meier, *SQL- & NoSQL-Datenbanken*, https://doi.org/10.1007/978-3-662-67092-7_2

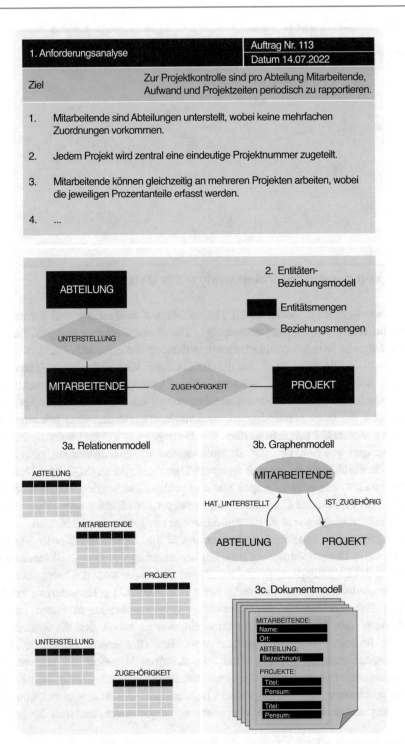

Abb. 2.1 Die drei notwendigen Schritte bei der Datenbankmodellierung

spiel in Abb. 2.1). Die verbale Beschreibung der Datenzusammenhänge kann bei der Anforderungsanalyse ergänzt werden durch grafische Darstellungen oder durch ein zusammenfassendes Beispiel. Wichtig ist, dass die Anforderungsanalyse die für den späteren Aufbau einer Datenbank notwendigen Fakten in der Sprache der Anwendenden formuliert.

Im nächsten Abstraktionsschritt 2. in Abb. 2.1 wird das sogenannte *Entitäten-Beziehungsmodell* (engl. „entity relationship model") entworfen, das neben den Entitätsmengen auch die dazugehörigen Beziehungsmengen angibt. Dieses Modell stellt die Entitätsmengen grafisch durch Rechtecke und die Beziehungsmengen durch Rhomben dar. Aufgrund des Anforderungskatalogs aus Abb. 2.1 erhält man ABTEILUNG, MIT-ARBEITENDE und PROJEKT[1] als wesentliche Entitätsmengen. Um festzuhalten, in welchen Abteilungen die Mitarbeitenden tätig sind und an welchen Projekten sie arbeiten, werden die beiden Beziehungsmengen UNTERSTELLUNG und ZUGE-HÖRIGKEIT definiert und grafisch mit den entsprechenden Entitätsmengen verknüpft. Das Entitäten-Beziehungsmodell erlaubt somit, die in der Datenanalyse zusammengestellten Fakten zu strukturieren und anschaulich darzustellen. Dabei darf nicht verschwiegen werden, dass das Erkennen von Entitäts- und Beziehungsmengen sowie das Festlegen der zugehörigen Merkmale nicht immer einfach und eindeutig erfolgt. Vielmehr verlangt dieser Entwurfsschritt von den Datenarchitekten einige Übung und praktische Erfahrung.

Im Schritt 3. wird das Entitäten-Beziehungsmodell in einem Datenbankschema abgebildet, wobei unterschiedliche Regeln für SQL- und NoSQL-Datenbanken existieren. Dies kann z. B. ein relationales Datenbankschema (Abb. 2.1, 3a), ein Graphdatenbankschema (Abb. 2.1, 3b) oder ein Dokumentdatenbankschema (Abb. 2.1, 3c) sein.

Da ein relationales Datenbanksystem als Objekte nur Tabellen zulässt, müssen *sowohl die Entitätsmengen als auch die Beziehungsmengen in Tabellenform* ausgedrückt werden. In Abb. 2.1 ergibt sich deshalb für die Entitätsmengen ABTEILUNG, MIT-ARBEITENDE und PROJEKT je eine Entitätsmengentabelle in 3a. Um die Beziehungen ebenfalls tabellarisch darstellen zu können, definiert man für jede Beziehungsmenge eine eigenständige Tabelle. In unserem Beispiel 3a führt dies zu den beiden Tabellen UNTERSTELLUNG und ZUGEHÖRIGKEIT. Solche Beziehungsmengentabellen enthalten immer die Schlüssel der in die Beziehung eingehenden Entitätsmengen als Fremdschlüssel und allenfalls weitere Beziehungsmerkmale.

Die Beschreibung einer Graphdatenbank erfolgt in Abb. 2.1 unter 3b. Jede Entitätsmenge entspricht einem Knoten im Graphen, d. h., wir erhalten die Knoten ABTEILUNG, MITARBEITENDE und PROJEKT. Die Beziehungsmengen UNTER-STELLUNG und ZUGEHÖRIGKEIT werden aus dem Entitäten-Beziehungsmodell in

---

[1] In Analogie zu den Tabellennamen resp. Knoten- und Kantennamen verwenden wir für die Namen von Entitäts- und Beziehungsmengen ebenfalls Großbuchstaben.

Kanten im Graphenmodell überführt. Die Beziehungsmenge UNTERSTELLUNG wird zur gerichteten Kante vom Knoten ABTEILUNG zum Knoten MITARBEITENDE und bekommt den Kantennamen HAT_UNTERSTELLT. Entsprechend wird eine gerichtete Kante vom Mitarbeiterknoten zum Projektknoten mit der Benennung IST_ZUGEHÖRIG gezogen.

Die Abbildung des Sachverhalts in Dokumentdatenbanken ist in Abb. 2.1, 3c dargestellt. Mehrere zusammenhängende Entitäten werden in einer einheitlichen Dokumentstruktur serialisiert. Dazu werden die Objekte aggregiert, also verschachtelt. Dies impliziert eine Reihenfolge der Aggregierung, welche je nach Anwendungsfall verschieden sein kann. So gib es im Beispiel in der Abbildung auf der ersten Ebene ein Feld MITARBEITENDE. Dieses bildet ein Mitarbeitenden-Objekt mit Feldern Name und Ort ab. Auf der zweiten Ebene gibt es einerseits ein Feld ABTEILUNG, welches die entsprechenden Abteilungsdaten pro Mitarbeitenden als Unterobjekt einbettet. Andererseits wird pro Mitarbeitendem im Feld PROJEKTE eine Liste von Projektinformationen gespeichert, einschließlich dem Pensum, welches für das Reporting wesentlich ist.

Das Durchführen einer Anforderungsanalyse, das Entwickeln eines Entitäten-Beziehungsmodells und das Definieren eines relationalen Datenbankschemas, eines graphorientierten Datenmodells oder eines Dokumentmodells sind hier nur grob umrissen. Wesentlich ist die Erkenntnis, dass ein Datenbankentwurf sinnvollerweise anhand eines Entitäten-Beziehungsmodells entwickelt werden sollte. Dies erlaubt, losgelöst von einem bestimmten Datenbanksystem, mit den Anwendenden konzeptionelle Datenmodellierungsaspekte festzuhalten und zu diskutieren. Erst in einem weiteren Entwurfsschritt wird das zweckmäßige technische Datenbankschema definiert, wobei für relationale, graphenorientierte oder dokumentorientierte Datenbanken klare Abbildungsregeln existieren.

2.2   Das Entitäten-Beziehungsmodell

2.2.1   Entitäten und Beziehungen

Unter *Entität* (engl. „entity") versteht man ein bestimmtes, d. h. von anderen unterscheidbares Objekt der realen Welt oder unserer Vorstellung. Dabei kann es sich um ein Individuum, um einen Gegenstand, um einen abstrakten Begriff oder um ein Ereignis handeln. Entitäten des gleichen Typs werden zu *Entitätsmengen* zusammengefasst und durch Merkmale weiter charakterisiert. Solche sind Eigenschaftskategorien der Entität bzw. der Entitätsmenge wie z. B. Größe, Bezeichnung, Gewicht.

Für jede Entitätsmenge ist ein Identifikationsschlüssel, d. h. ein Merkmal oder eine Merkmalskombination zu bestimmen, der die Entitäten innerhalb der Entitätsmenge eindeutig festlegt. Neben der Forderung der Eindeutigkeit gilt auch die Forderung nach minimaler Merkmalskombination, wie wir sie in Abschn. 1.2.1 für Identifikationsschlüssel diskutiert haben.

Entität: Mitarbeitender Meier, wohnhaft in der
                              Lindenstrasse in Liestal

Entitätsmenge: Menge aller Mitarbeitenden mit Merkmalen
                              Name, Straße und Ort

Identifikationsschlüssel: Mitarbeitendennummer als künstlicher
                              Schlüssel

Darstellung im Entitäten-Beziehungsmodell

Abb. 2.2   Entitätsmenge MITARBEITENDE

Die Abb. 2.2 charakterisiert einen bestimmten Mitarbeitenden durch seine konkreten Merkmale als Entität. Möchte man für die betriebsinterne Projektkontrolle sämtliche Mitarbeitende mit ihren Namensangaben und Adressdaten erfassen, so legt man eine Entitätsmenge MITARBEITENDE fest. Neben den Merkmalen Name, Straße und Ort erlaubt eine künstliche Mitarbeiternummer, die einzelnen Mitarbeitenden (Entitäten) innerhalb der Belegschaft (Entitätsmenge) eindeutig zu identifizieren.

Neben den Entitätsmengen selbst sind *Beziehungen* (engl. „relationships") zwischen ihnen von Bedeutung. Diese bilden wiederum eine Menge. Beziehungsmengen können, ebenso wie Entitätsmengen, durch eigene Merkmale näher charakterisiert werden.

In Abb. 2.3 wird die Aussage „Mitarbeitender Meier arbeitet zu 70 % am Projekt P17" als konkretes Beispiel einer Mitarbeitenden-Projektbeziehung verstanden. Die entsprechende Beziehungsmenge ZUGEHÖRIGKEIT soll sämtliche Projektzugehörigkeiten unter den Mitarbeitenden aufzählen. Sie enthält als zusammengesetzten Schlüssel die Fremdschlüssel Mitarbeiter- und Projektnummer. Mit dieser Merkmalskombination lässt sich jede Mitarbeiter-Projektzugehörigkeit eindeutig festhalten. Neben diesem zusammengesetzten Schlüssel wird ein eigenständiges Beziehungsmerkmal mit der Bezeichnung „%-Anteil" beigefügt. Dieses nennt den prozentualen Anteil der Arbeitszeit, die Projektmitarbeitende ihren zugeteilten Projekten widmen.

Im Allgemeinen lassen sich Beziehungen immer in zwei Richtungen als sogenannte Assoziationen deuten. Die Beziehungsmenge ZUGEHÖRIGKEIT kann aus der Sicht der Entitätsmenge MITARBEITENDE wie folgt interpretiert werden: Mitarbeitende können an mehreren Projekten mitwirken. Von der Entitätsmenge PROJEKT aus betrachtet

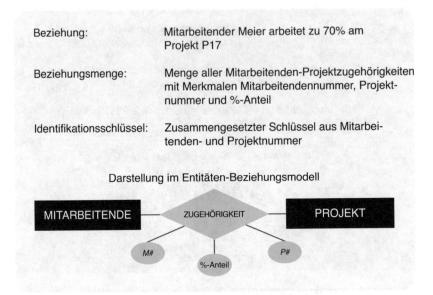

Abb. 2.3 Beziehung ZUGEHÖRIGKEIT zwischen Mitarbeitenden und Projekten

lässt sich die Beziehung so verstehen, dass ein Projekt von mehreren Mitarbeitenden bearbeitet wird.

2.2.2 Assoziationen und Assoziationstypen

Unter *Assoziation* (engl. „association"), auch Rolle genannt, einer Entitätsmenge EM_1 nach einer zweiten Entitätsmenge EM_2 versteht man die Bedeutung der Beziehung in dieser Richtung. Betrachten wir dazu die Beziehung ABTEILUNGSLEITUNG in Abb. 2.4, so erkennen wir für diese Beziehungsmenge zwei Assoziationen. Einerseits gehört zu jeder Abteilung ein Mitarbeitender in der Funktion der Abteilungsleiterin oder des Abteilungsleiters, andererseits können gewisse Mitarbeitende die Funktion des Abteilungsleiters für eine bestimmte Abteilung ausüben. Assoziationen werden manchmal auch beschriftet. Dies ist dann wichtig, wenn zwischen zwei gleichen Entitätsmengen mehrere Beziehungen möglich sind.

Jede Assoziation einer Entitätsmenge EM_1 nach einer Entitätsmenge EM_2 kann mit einem Assoziationstyp gewichtet werden. Der Assoziationstyp von EM_1 nach EM_2 gibt an, wie viele Entitäten aus der assoziierten Entitätsmenge EM_2 einer

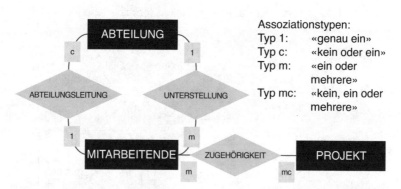

Assoziationstypen:
Typ 1:   «genau ein»
Typ c: «kein oder ein»
Typ m: «ein oder mehrere»
Typ mc: «kein, ein oder mehrere»

Abb. 2.4   Entitäten-Beziehungsmodell mit Assoziationstypen

bestimmten Entität aus EM_1 zugeordnet werden können.[2] Im Wesentlichen werden einfache, konditionelle, mehrfache und mehrfach-konditionelle Assoziationstypen unter-
schieden.

Einfache Assoziation (Typ 1)

Bei einer einfachen Assoziation oder einer Assoziation vom Typ 1 ist jeder Entität aus
der Entitätsmenge EM_1 *„genau eine"* (engl. „unique") Entität aus der Entitätsmenge
EM_2 zugeordnet. Beispielsweise ist aufgrund unserer Datenanalyse jeder Mitarbeitende
genau einer Abteilung unterstellt; es wird also keine „Matrixorganisation" zugelassen.
Die Assoziation UNTERSTELLUNG aus Abb. 2.4 von Mitarbeitenden zu Abteilungen
ist somit einfach oder vom Typ 1.

Konditionelle Assoziation (Typ c)

Beim Typ c wird jeder Entität aus der Entitätsmenge EM_1 *„keine oder eine"*, also
höchstens eine Entität aus der Entitätsmenge EM_2 zugeordnet. Der Assoziationstyp ist
bedingt oder *konditionell* (engl. „conditional"). Eine bedingte Beziehung tritt beispielsweise beim ABTEILUNGSLEITER auf (vgl. Abb. 2.4), da nicht jeder Mitarbeitende die
Funktion eines Abteilungsleiters ausüben kann.

---

[2] Es entspricht der Konvention in der Datenbankliteratur, dass der Assoziationstyp von EM_1 nach
EM_2 in der Nähe der assoziierten Entitätsmenge, hier also bei EM_2, annotiert wird.

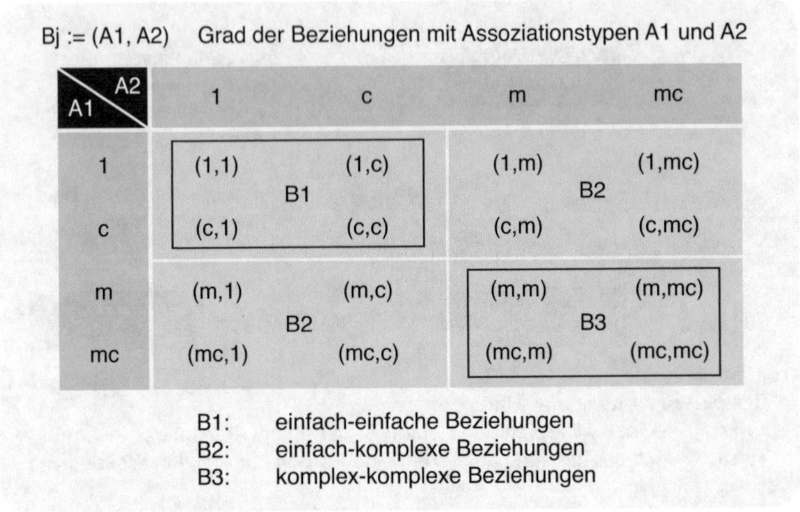

Bj := (A1, A2)   Grad der Beziehungen mit Assoziationstypen A1 und A2

A1 \ A2	1	c	m	mc
1	(1,1)	(1,c)	(1,m)	(1,mc)
c	(c,1)	(c,c)	(c,m)	(c,mc)
m	(m,1)	(m,c)	(m,m)	(m,mc)
mc	(mc,1)	(mc,c)	(mc,m)	(mc,mc)

B1:   einfach-einfache Beziehungen
B2:   einfach-komplexe Beziehungen
B3:   komplex-komplexe Beziehungen

Abb. 2.5 Übersicht über die Mächtigkeiten von Beziehungen

Mehrfache Assoziation (Typ m)

Bei einer mehrfachen Assoziation oder einer Assoziation vom Typ m oder *mehrfach* (engl. „multiple") sind jeder Entität aus der Entitätsmenge EM_1 *„eine oder mehrere"* Entitäten in der Entitätsmenge EM_2 zugeordnet. Dieser und der nächste Assoziationstyp werden oft als *komplex* bezeichnet, da eine Entität aus EM_1 mit beliebig vielen in EM_2 in Beziehung stehen kann. Ein Beispiel einer mehrfachen Assoziation ist in Abb. 2.4 die Beziehung ZUGEHÖRIGKEIT von Projekten zu Mitarbeitenden: Jedes Projekt kann von mehreren, muss jedoch von mindestens einer Mitarbeiterin oder einem Mitarbeiter bearbeitet werden.

Mehrfach-konditionelle Assoziation (Typ mc)

Jeder Entität aus der Entitätsmenge EM_1 sind *„keine, eine oder mehrere"* Entitäten aus der Entitätsmenge EM_2 zugeordnet. Der *mehrfach-konditionelle Assoziationstyp* (engl. „multiple conditional") hebt sich von dem mehrfachen dadurch ab, dass hier nicht zu jeder Entität aus EM_1 eine Beziehung zu denen von EM_2 bestehen muss. Als Beispiel können wir nochmals die ZUGEHÖRIGKEIT aus Abb. 2.4 betrachten, diesmal aus Sicht der Mitarbeitenden: Nicht jeder Mitarbeitende braucht Projektarbeit zu leisten; es gibt andererseits Mitarbeitende, die an mehreren Projekten mitwirken.

Die Assoziationstypen machen eine Aussage über die Mächtigkeit der Beziehung. Wie wir gesehen haben, umfasst jede Beziehung zwei Assoziationstypen. Die *Mächtigkeit einer Beziehung* zwischen den Entitätsmengen EM_1 und EM_2 ergibt sich somit durch ein *Paar von Assoziationstypen* der Form:

Mächtigkeit: $=$ (Typ von EM_1 nach EM_2, Typ von EM_2 nach EM_1).[3]

Beispielsweise sagt das Paar (mc,m) von Assoziationstypen zwischen MIT-ARBEITENDE und PROJEKT aus, dass die Beziehung ZUGEHÖRIGKEIT (bedingt-komplex, komplex) ist.

In Abb. 2.5 sind alle sechzehn Kombinationsmöglichkeiten von Beziehungen aufgezeigt. Als Erstes gibt es vier Möglichkeiten von einfach-einfachen Beziehungen (Fall B1 in Abb. 2.5). Diese sind durch die Mächtigkeiten (1,1), (1,c), (c,1) und (c,c) charakterisiert. Bei den einfach-komplexen Beziehungen, oft *hierarchische Beziehungen* genannt, gibt es acht Optionen (Fall B2). Bei den komplex-komplexen oder *netzwerkartigen Beziehungen* treten die vier Fälle (m,m), (m,mc), (mc,m) und (mc,mc) auf (Fall B3).

Anstelle der Assoziationstypen können auch *Minimal- und Maximalschranken* angegeben werden, falls dies sinnvoll erscheint. So könnte man für den mehrfachen Assoziationstyp von Projekten zu Mitarbeitenden anstelle von „m" eine Angabe (MIN,MAX): $=$ (3,8) festlegen. Die untere Schranke sagt aus, dass an einem Projekt definitionsgemäß mindestens drei Mitarbeitende beteiligt sein müssen. Umgekehrt verlangt die obere Schranke die Begrenzung eines Projektes auf höchstens acht Mitarbeitende.

2.2.3 Generalisation und Aggregation

Unter *Generalisation* (engl. „generalization") versteht man das Verallgemeinern von Entitäten und somit auch von Entitätsmengen. Die Generalisation ist ein Abstraktionsvorgang, bei dem einzelne Entitätsmengen zu einer übergeordneten Entitätsmenge verallgemeinert werden. Umgekehrt lassen sich die in einer Generalisationshierarchie abhängigen Entitätsmengen oder Subentitätsmengen als *Spezialisierung* interpretieren. Bei der Generalisation von Entitätsmengen treten die folgenden Fälle auf:

- **Überlappende Subentitätsmengen:** Die Entitätsmengen der Spezialisierung *überlappen sich gegenseitig*. Betrachten wir als Beispiel die Entitätsmenge MITARBEITER mit zwei Subentitätsmengen FOTOCLUB und SPORTCLUB, so können wir die Clubmitglieder als Mitarbeitende auffassen. Umgekehrt können Mitarbeitende sowohl im firmeninternen Fotoclub wie auch im Sportclub aktiv mitwirken, d. h., die Subentitätsmengen FOTOCLUB und SPORTCLUB überlappen sich.
- **Überlappend-vollständige Subentitätsmengen:** Die Entitätsmengen der Spezialisierung *überlappen sich gegenseitig und überdecken vollständig* die verallgemeinerte Entitätsmenge der Generalisation. Ergänzen wir die beiden obigen Subentitätsmengen SPORTCLUB und FOTOCLUB durch einen SCHACHCLUB

---

[3] Die Zeichenkombination „: $=$ " bedeutet „ist definiert durch ...".

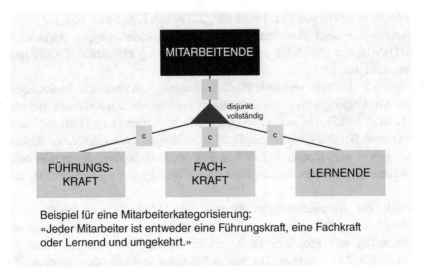

Beispiel für eine Mitarbeiterkategorisierung:
«Jeder Mitarbeiter ist entweder eine Führungskraft, eine Fachkraft
oder Lernend und umgekehrt.»

Abb. 2.6 Generalisation am Beispiel MITARBEITER

und nehmen wir an, dass jede Mitarbeiterin und jeder Mitarbeiter beim Eintritt in die
Firma mindestens einem dieser drei Clubs beitritt, so liegt eine „überlappend-voll-
ständige" Konstellation vor. Jeder Mitarbeitende ist also mindestens in einem der drei
Clubs, kann aber auch in zwei oder in allen drei Clubs mitwirken.

- **Disjunkte Subentitätsmengen:** Die Entitätsmengen der Spezialisierung sind *gegenseitig disjunkt,* d. h., sie schließen sich gegenseitig aus. Als Beispiel betrachten wir
  die Entitätsmenge MITARBEITENDE mit den Spezialisierungen FÜHRUNGS-
  KRAFT und FACHKRAFT. Da Mitarbeitende nicht gleichzeitig eine Kader-
  position bekleiden und eine Fachkarriere verfolgen können, fassen wir die beiden
  Spezialisierungen FÜHRUNGSKRAFT und FACHKRAFT als gegenseitig disjunkt
  auf.
- **Disjunkt-vollständige Subentitätsmengen:** Die Entitätsmengen der Spezialisierung
  sind gegenseitig disjunkt und überdecken vollständig die verallgemeinerte Entitätsmenge der Generalisation. In diesem Fall muss also zu jeder Entität aus der
  übergeordneten Entitätsmenge eine Subentität in der Spezialisierung bestehen
  und umgekehrt. Als Beispiel nehmen wir wiederum die Entitätsmenge MIT-
  ARBEITENDE, wobei wir neben den Spezialisierungen FÜHRUNGSKRAFT und
  FACHKRAFT eine weitere Spezialisierung LERNENDE betrachten. Dabei soll
  gelten, dass alle Mitarbeitenden entweder als Führungskräfte, Fachspezialistinnen
  oder Fachspezialisten oder in Ausbildung tätig sind.

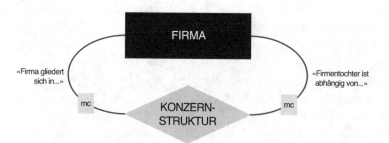

Beispiel zur Konzernstruktur:
Typ mc: «Jede Firma hat möglicherweise mehrere übergeordnete
             bzw. untergeordnete Firmen.»

Abb. 2.7 Netzwerkartige Aggregation am Beispiel KONZERNSTRUKTUR

Jede Generalisationshierarchie kann durch ein spezielles grafisches Gabelungssymbol
dargestellt werden, ergänzt durch die Charakterisierung „überlappend-unvollständig",
„überlappend-vollständig", „disjunkt- unvollständig" oder „disjunkt-vollständig".

In Abb. 2.6 ist die Entitätsmenge MITARBEITER als disjunkte und vollständige
Verallgemeinerung von FÜHRUNGSKRAFT, FACHKRAFT und LERNENDE aufgeführt. Jede abhängige Entität wie Gruppenchefin oder Abteilungsleiter der Entitätsmenge FÜHRUNGSKRAFT ist vom Typ MITARBEITENDE, da der entsprechende
Assoziationstyp 1 ist. Aus diesem Grund wird die Generalisation oft in Anlehnung ans
Englische als *IS-A-Struktur* bezeichnet: Eine Gruppenchefin „ist eine" (engl. „is a") mitarbeitende Person und ein Abteilungsleiter ebenfalls. Die umgekehrte Assoziation ist bei
einer disjunkten und vollständigen Generalisationshierarchie wiederum vom Typ 1; so
gehört jeder Mitarbeitende eindeutig einer Subentitätsmenge an.

Neben der Generalisation spielt eine zweite Beziehungsstruktur eine wichtige Rolle.
Unter dem Begriff *Aggregation* (engl. „aggregation") versteht man das Zusammenfügen
von Entitäten zu einem übergeordneten Ganzen. Dabei werden die Struktureigenschaften
der Aggregation in einer Beziehungsmenge erfasst.

Soll für einen Konzern die Beteiligungsstruktur modelliert werden, wie in Abb. 2.7
dargestellt, so geschieht das mit einer Beziehungsmenge KONZERNSTRUKTUR.
Diese beschreibt ein Beziehungsnetz der Entitätsmenge FIRMA auf sich selbst. Die
Firmennummer aus der Entitätsmenge FIRMA wird zweimal in der KONZERN-
STRUKTUR als Fremdschlüssel verwendet, einmal als Nummer der übergeordneten
und einmal als Nummer der untergeordneten Firmengesellschaften. Daneben können in
der KONZERNSTRUKTUR weitere Beziehungsmerkmale wie beispielsweise das der
Beteiligung geführt werden.

Allgemein beschreibt eine Aggregation das strukturierte Zusammenfügen von Entitäten, das wir in Anlehnung ans Englische als *PART-OF-Struktur* bezeichnen. So

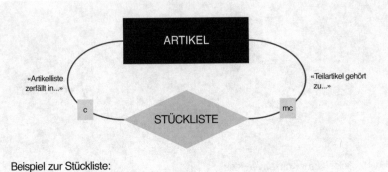

Beispiel zur Stückliste:

Typ mc: «Jeder Artikel ist möglicherweise aus Teilartikeln zusammengesetzt.»

Typ c: «Jeder Teilartikel hängt bedingt von einem übergeordneten Artikel ab.»

Abb. 2.8 Hierarchische Aggregation am Beispiel STÜCKLISTE

kann bei der KONZERNSTRUKTUR jede Firma „Teil von" (engl. „part of") einem bestimmten Konzern sein. Da in unserem Beispiel die KONZERNSTRUKTUR netzwerkartig definiert ist, müssen beide Assoziationstypen der übergeordneten wie der untergeordneten Teile bedingt-komplex sein.

Die beiden Abstraktionskonzepte Generalisation und Aggregation sind wichtige Strukturierungselemente[4] bei der Datenmodellierung. Im Entitäten-Beziehungsmodell können sie durch eigene grafische Symbole charakterisiert oder als Spezialkästchen ausgedrückt werden. So könnte man obige Aggregation aus Abb. 2.7 durch eine verallgemeinerte Entitätsmenge KONZERN darstellen, die implizit die Entitätsmenge FIRMA und die Beziehungsmenge KONZERNSTRUKTUR einschließen würde.

Neben netzwerkartigen PART-OF-Strukturen gibt es auch hierarchische. In Abb. 2.8 ist dazu eine STÜCKLISTE illustriert: Jeder Artikel kann aus mehreren Teilartikeln zusammengesetzt sein. Umgekehrt zeigt jeder Teilartikel mit Ausnahme des obersten Artikels genau auf einen übergeordneten Artikel.

Das Entitäten-Beziehungsmodell heißt auf Englisch „entity relationship model" und wird daher oft mit ER-Modell abgekürzt. Beim Einsatz von rechnergestützten Werkzeugen zur Datenmodellierung spielt das Entitäten-Beziehungsmodell eine besondere Rolle, da es von vielen CASE-Werkzeugen (CASE = Computer Aided Software Engineering) mehr oder weniger unterstützt wird. Je nach Güte dieser Werkzeuge können neben Entitätsmengen und Beziehungsmengen auch Generalisation und Aggregation in separaten Konstruktionsschritten beschrieben werden. Danach erst

---

[4]Objektorientierte oder objektrelationale Datenbanksysteme unterstützen Generalisation und Aggregation als Strukturierungskonzepte (vgl. Kap. 6).

ABTEILUNGSMITARBEITENDE

M#	Name	Strasse	Ort	A#	Bezeichnung
M19	Schweizer	Hauptstrasse	Frenkendorf	A6	Finanz
M1	Meier	Lindenstrasse	Liestal	A3	Informatik
M7	Huber	Mattenweg	Basel	A5	Personal
M4	Becker	Wasserweg	Liestal	A6	Finanz

Abb. 2.9 Redundante und anomale Tabelle

lässt sich das *ER-Modell in ein Datenbankschema teilweise automatisch überführen.* Da dieser Abbildungsprozess nicht immer eindeutig ist, liegt es am Datenarchitekten, die richtigen Entscheidungen zu treffen. Aus diesem Grund werden in den folgenden Abschnitten einfache Abbildungsregeln erläutert, die ein Entitäten-Beziehungsmodell konfliktfrei auf eine relationale, Graph- und Dokumentdatenbank abbilden.

2.3 Umsetzung im Relationenmodell

2.3.1 Abhängigkeiten und Normalformen

Die Untersuchung des Relationenmodells hat eine eigentliche Datenbanktheorie hervorgebracht, bei der die formalen Aspekte präzise beschrieben werden.

Relationenmodell

Das Relationenmodell drückt Daten wie Beziehungen zwischen den Daten tabellarisch aus. Mathematisch ist eine Relation R nichts anderes als eine *Teilmenge aus dem kartesischen Produkt von Wertebereichen:* $R \subseteq D_1 \times D_2 \times \ldots \times D_n$ mit D_i als *Wertebereich* (engl. „domain") des i-ten Attributs resp. Merkmals. Ein Tupel r selber ist demnach eine Menge konkreter Datenwerte resp. Ausprägungen, $r = (d_1, d_2, \ldots, d_n)$. Zu beachten ist, dass aufgrund dieses Mengenbegriffs in einer Tabelle ein und dasselbe Tupel nur einmal vorkommen darf, d. h., eine Relation R ist eine Tupelmenge $R = \{r_1, r_2, \ldots, r_m\}$.

Das Relationenmodell wurde Anfang der 1970er-Jahre durch die Arbeiten von Edgar Frank Codd begründet. Darauf aufbauend, entstanden in Forschungslabors erste *relationale Datenbanksysteme,* die SQL oder ähnliche Datenbanksprachen unterstützten. Inzwischen haben ausgereiftere Produkte die Praxis erobert.

Ein bedeutendes Teilgebiet dieser Datenbanktheorie bilden die sogenannten *Normalformen* (engl. „normal forms"). Mit diesen werden innerhalb von Tabellen Abhängigkeiten studiert und aufgezeigt, oft zur Vermeidung redundanter Information und damit zusammenhängender Anomalien.

Redundanz eines Merkmals

Ein Merkmal einer Tabelle ist redundant, wenn einzelne Werte dieses Merkmals innerhalb der Tabelle *ohne Informationsverlust weggelassen* werden können.

Betrachten wir dazu als Beispiel eine Tabelle ABTEILUNGSMITARBEITENDE, die neben Mitarbeiternummer, Name, Straße und Ort für jeden Mitarbeitenden noch seine oder ihre Abteilungsnummer samt Abteilungsbezeichnung enthält.

In Abb. 2.9 ist für alle Mitarbeitenden aus der Abteilung A6 der Abteilungsname Finanz aufgelistet. Entsprechendes gilt für die anderen Abteilungen, da unserer Annahme gemäß in einer Abteilung mehrere Mitarbeitende tätig sind. Das Merkmal Bezeichnung ist also redundant, da mehrmals ein und dieselbe Abteilungsbezeichnung in der Tabelle vorkommt. Es würde genügen, sich die Bezeichnung der Abteilungen in einer separaten Tabelle ein für alle Mal zu merken, anstatt diesen Sachverhalt für jeden Mitarbeitenden redundant mitzuführen.

Bei Tabellen mit redundanter Information können sogenannte *Mutationsanomalien* auftreten. Möchten wir aus organisatorischen Überlegungen in der Tabelle ABTEILUNGSMITARBEITENDE von Abb. 2.9 eine neue Abteilung A9 mit der Bezeichnung Marketing definieren, so können wir diesen Sachverhalt nicht ohne Weiteres in unserer Tabelle festhalten. Es liegt eine *Einfügeanomalie* vor, weil wir keine neue Tabellenzeile ohne eine eindeutige Mitarbeiternummer einbringen können.

Von einer Löschanomalie spricht man, wenn ein Sachverhalt ungewollt verloren geht. Falls wir in unserer Tabelle ABTEILUNGSMITARBEITENDE sämtliche Mitarbeitenden löschen, verlieren wir gleichzeitig die Abteilungsnummern mit ihren Bezeichnungen.

Schließlich gibt es auch *Änderungsanomalien*: Soll die Bezeichnung der Abteilung A3 von Informatik auf Informationstechnologie abgeändert werden, so muss bei sämtlichen Mitarbeitenden der Informatikabteilung dieser Namenswechsel vollzogen werden. Anders ausgedrückt: Obwohl nur ein einziger Sachverhalt eine Veränderung erfährt, muss die Tabelle ABTEILUNGSMITARBEITENDE an verschiedenen Stellen angepasst werden. Dieser Nachteil wird als Änderungsanomalie bezeichnet.

In den folgenden Ausführungen werden Normalformen diskutiert, die Redundanzen und Anomalien vermeiden helfen. Die Abb. 2.10 gibt eine Übersicht über die Normalformen und ihre Bedeutungen.

Wie Abb. 2.10 zeigt, schränken die Normalformen die Menge der zugelassenen Tabellen mehr und mehr ein. So muss beispielsweise eine Tabelle oder ein ganzes Datenbankschema in dritter Normalform die erste und die zweite Normalform erfüllen,

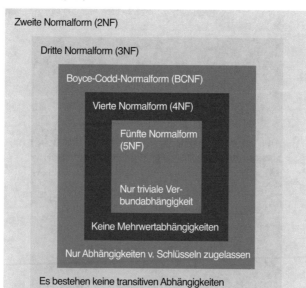

Abb. 2.10   Übersicht auf die Normalformen und ihre Charakterisierung

und zusätzlich dürfen keine sogenannten transitiven Abhängigkeiten unter den Nicht-schlüsselmerkmalen auftreten.

Im Folgenden werden die erste, zweite und dritte und dritte Normalform behandelt und mit Beispielen diskutiert. Aus Gründen der fehlenden Relevanz für die Praxis werden weitere, noch mehr einschränkende Normalformen nicht weiter behandelt. Wir verweisen bei theoretischem Interesse auf einschlägige Literatur.

Das Verständnis für die Normalformen hilft, die Abbildungsregeln von einem Entitäten-Beziehungsmodell zu einem Relationenmodell zu untermauern (siehe Abschn. 2.3.2). Tatsächlich bleiben, wie wir sehen werden, bei einer sauberen Definition eines Entitäten-Beziehungsmodells und einer konsequenten Anwendung der ent-sprechenden Abbildungsregeln die Normalformen jederzeit erfüllt. Wir können *auf das Prüfen der Normalformen bei jedem einzelnen Entwurfsschritt weitgehend verzichten,*

PROJEKTMITARBEITENDE (unnormalisiert)

M#	Name	Ort	P#
M7	Huber	Basel	[P1, P9]
M1	Meier	Liestal	[P7, P11, P9]

PROJEKTMITARBEITENDE (erste Normalform)

M#	P#	Name	Ort
M7	P1	Huber	Basel
M7	P9	Huber	Basel
M1	P7	Meier	Liestal
M1	P11	Meier	Liestal
M1	P9	Meier	Liestal

MITARBEITENDE (2NF)

M#	Name	Ort
M7	Huber	Basel
M1	Meier	Liestal

ZUGEHÖRIGKEIT (2NF)

M#	P#
M7	P1
M7	P9
M1	P7
M1	P11
M1	P9

Abb. 2.11 Tabellen in erster und zweiter Normalform

falls ein Entitäten-Beziehungsmodell erstellt und anhand von Abbildungsregeln auf das relationale Datenbankschema abgebildet wird.

Funktionale Abhängigkeiten

Die erste Normalform bildet die Ausgangsbasis für die übrigen Normalformen und lautet wie folgt:

Erste Normalform (1NF)

Eine Tabelle ist in erster Normalform, falls die *Wertebereiche der Merkmale* atomar sind. Die erste Normalform verlangt, dass jedes Merkmal Werte aus einem unstrukturierten Wertebereich bezieht. Somit dürfen keine Mengen, Aufzählungen oder Wiederholungsgruppen in den einzelnen Merkmalen vorkommen.

Die Tabelle PROJEKTMITARBEITENDE aus Abb. 2.11 ist vorerst nicht normalisiert, enthält sie doch pro Mitarbeitertupel mehrere Nummern von Projekten, welche vom jeweiligen Mitarbeitenden zu bearbeiten sind. Die unnormalisierte Tabelle lässt sich auf einfache Art in die erste Normalform bringen, indem für jedes Projektengagement ein eigenes Tupel erzeugt wird. Dabei fällt auf, dass der Schlüssel der Tabelle PROJEKTMITARBEITENDE beim Überführen in die erste Normalform erweitert werden muss, da wir für das eindeutige Identifizieren der Tupel sowohl die Mitarbeiter- als auch die Projektnummer benötigen. Es ist üblich (aber nicht zwingend), bei zusammengesetzten Schlüsseln beide Schlüsselteile am Tabellenanfang direkt hintereinander zu zeigen.

Paradoxerweise erhalten wir bei der Anwendung der ersten Normalform eine Tabelle mit Redundanz. In Abb. 2.11 sind sowohl Namen wie Adressangaben der Mitarbeitenden redundant, da sie bei jedem Projektengagement wiederholt werden. Die zweite Normalform schafft hier Abhilfe:

Zweite Normalform (2NF)

Eine Tabelle ist in zweiter Normalform, wenn zusätzlich zu den Bedingungen der ersten Normalform jedes Nichtschlüsselmerkmal von jedem Schlüssel *voll funktional abhängig* bleibt.

Ein Merkmal B ist *funktional abhängig* vom Merkmal A, falls zu jedem Wert von A genau ein Wert aus B existiert (abgekürzt durch die Schreibweise $A \rightarrow B$). Die *funktionale Abhängigkeit* (engl. „functional dependency") B von A verlangt somit, dass jeder Wert von A auf eindeutige Art einen Wert von B bestimmt. Bekanntlich haben alle Identifikationsschlüssel die Eigenschaft, dass die Nichtschlüsselmerkmale eindeutig vom Schlüssel abhängig sind. Es gilt also allgemein für einen Identifikationsschlüssel S und für ein beliebiges Merkmal B einer bestimmten Tabelle die funktionale Abhängigkeit $S \rightarrow B$.

Schlüssel können im Relationenmodell aus mehreren Spalten bestehen. Dies ist typischerweise bei Tabellen der Fall, die Beziehungen zwischen zwei oder mehreren Entitäten herstellen. Bei solch zusammengesetzten Schlüsseln müssen wir den Begriff der funktionalen Abhängigkeit ($\rightarrow$) zum Begriff der *vollen* funktionalen Abhängigkeit ($\Rightarrow$) wie folgt erweitern: Ein Merkmal B ist *voll funktional abhängig* von einem aus S1 und S2 zusammengesetzten Schlüssel, abgekürzt durch die Schreibweise $(S1, S2) \Rightarrow B$, falls B funktional abhängig vom Gesamtschlüssel, nicht jedoch von seinen Teilschlüsseln ist. Volle funktionale Abhängigkeit besteht also dann, wenn der zusammengesetzte Schlüssel allein in seiner Gesamtheit die übrigen Nichtschlüsselattribute eindeutig bestimmt. Es muss die funktionale Abhängigkeit $(S1, S2) \Rightarrow B$ gelten, hingegen dürfen weder S1 $\to$ B noch S2 $\to$ B auftreten. Die *volle funktionale Abhängigkeit* (engl. „full functional dependecy") eines Merkmals von einem zusammengesetzten Schlüssel verbietet also, dass es von seinen Teilen funktional abhängig ist.

Wir betrachten die in die erste Normalform überführte Tabelle PROJEKTMIT-ARBEITENDE in Abb. 2.11. Sie enthält den zusammengesetzten Schlüssel (M#,P#) und muss somit auf ihre volle funktionale Abhängigkeit hin überprüft werden. Für den Namen sowie den Wohnort der Projektmitarbeitenden gelten die funktionalen Abhängigkeiten (M#,P#)$\to$ Name sowie (M#,P#)$\to$ Ort. Jede Kombination der Mitarbeiternummer mit der Projektnummer bestimmt eindeutig einen Mitarbeiternamen oder einen Ort. Hingegen wissen wir, dass sowohl der Name als auch der Wohnort der Mitarbeitenden nichts mit den Projektnummern zu tun haben. Also sind die beiden Merkmale Name und Ort von einem Teil des Schlüssels funktional abhängig, d. h., es gilt M#$\to$ Name und M#$\to$ Ort. Somit sind die beiden Attribute Name und Ort *nicht voll* funktional abhängig vom Gesamtschlüssel. Wir können diese Tatsache folgendermaßen formalisiert darstellen: (M#, P#)$\nrightarrow$ Ort und (M#, P#)$\nrightarrow$ Name. Dies ist ein Widerspruch zur Definition der vollen funktionalen Abhängigkeit. Somit ist die Tabelle PROJEKTMITARBEITENDE *nicht* in zweiter Normalform.

Ist eine Tabelle mit einem zusammengesetzten Schlüssel nicht in zweiter Normalform, so muss sie in Teiltabellen zerlegt werden. Dabei fasst man die Merkmale, die von einem Teilschlüssel abhängig sind, und diesen Teilschlüssel in einer eigenständigen Tabelle zusammen. Die Resttabelle mit dem zusammengesetzten Schlüssel und eventuell weiteren Beziehungsattributen belässt man als übrigbleibende Beziehungstabelle.

Im Beispiel aus Abb. 2.11 erhält man die beiden Tabellen MITARBEITENDE und ZUGEHÖRIGKEIT. Beide Tabellen sind in erster und zweiter Normalform. In der Tabelle MITARBEITENDE tritt kein zusammengesetzter Schlüssel mehr auf, und die zweite Normalform ist offensichtlich erfüllt. Die Tabelle ZUGEHÖRIGKEIT hat keine Nichtschlüsselattribute, sodass sich eine Überprüfung der zweiten Normalform auch hier erübrigt.

Transitive Abhängigkeiten

In Abb. 2.12 zeigen wir unsere anfangs diskutierte Tabelle ABTEILUNGSMIT-ARBEITENDE, die neben Angaben zu den Mitarbeitenden auch Abteilungsinformationen enthält. Wir erkennen sofort, dass sich die Tabelle in erster und zweiter Normalform befindet. Da kein zusammengesetzter Schlüssel auftritt, müssen wir die Eigenschaft der vollen funktionalen Abhängigkeit nicht überprüfen. Doch offensichtlich tritt das Merkmal Bezeichnung redundant auf. Dieser Missstand ist mit der dritten Normalform zu beheben:

Dritte Normalform (3NF)

Eine Tabelle ist in dritter Normalform, wenn zusätzlich zur zweiten Normalform *kein Nichtschlüsselmerkmal von irgendeinem Schlüssel transitiv abhängig* ist.

ABTEILUNGSMITARBEITENDE (in zweiter Normalform)

M#	Name	Straße	Ort	A#	Bezeichnung
M19	Schweizer	Hauptstraße	Frenkendorf	A6	Finanz
M1	Meier	Lindenstraße	Liestal	A3	Informatik
M7	Huber	Mattenweg	Basel	A5	Personal
M4	Becker	Wasserweg	Liestal	A6	Finanz

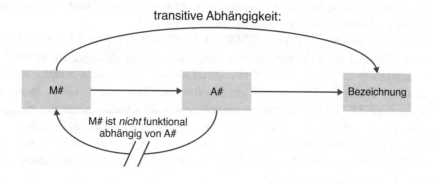

transitive Abhängigkeit:

M# ⟶ A# ⟶ Bezeichnung

M# ist *nicht* funktional
abhängig von A#

MITARBEITENDE (in dritter Normalform)

M#	Name	Straße	Ort	A#_Unt
M19	Schweizer	Hauptstraße	Frenkendorf	A6
M1	Meier	Lindenstraße	Liestal	A3
M7	Huber	Mattenweg	Basel	A5
M4	Becker	Wasserweg	Liestal	A6

ABTEILUNG (3NF)

A#	Bezeichnung
A3	Informatik
A5	Personal
A6	Finanz

Abb. 2.12 Transitive Abhängigkeit und dritte Normalform

Einmal mehr definieren wir eine Normalform durch ein Abhängigkeitskriterium: Transitiv abhängig, formal symbolisiert durch einen Doppelpfeil →→, bedeutet, *über Umwege funktional abhängig* zu sein. Beispielsweise ist unser Merkmal Bezeichnung über den Umweg Abteilungsnummer von der Mitarbeiternummer funktional abhängig. Wir erkennen zwischen der Mitarbeiternummer und der Abteilungsnummer sowie zwischen Abteilungsnummer und Bezeichnung eine funktionale Abhängigkeit. Die beiden funktionalen Abhängigkeiten, M#→ A# und A#→ Bezeichnung, lassen sich über den Umweg über die Abteilungsnummer zur transitiven Abhängigkeit M#→ Bezeichnung zusammenfügen.

Allgemein ist bei zwei funktionalen Abhängigkeiten A → B und B → C mit einem gemeinsamen Merkmal B die zusammengesetzte Abhängigkeit A → C ebenfalls funktional. Falls A die Werte in B eindeutig bestimmt und B diejenigen in C, so vererbt sich diese Eigenschaft von A auf C. Die funktionale Abhängigkeit A → C ist somit sicher gegeben. Zusätzlich wird die Abhängigkeit transitiv genannt, und wir schreiben A → C, wenn neben den beiden funktionalen Abhängigkeiten A → B und B → C gelten und nicht gleichzeitig A funktional von B abhängig ist, also formal A → B gilt. Somit gilt für die *transitive Abhängigkeit* (engl. „transitive dependency") die Definition: Das Merkmal C ist transitiv abhängig von A, falls B funktional abhängig von A, C funktional abhängig von B und *nicht* gleichzeitig A funktional abhängig von B ist.

Aus dem Beispiel ABTEILUNGSMITARBEITENDE in Abb. 2.12 geht hervor, dass das Merkmal Bezeichnung transitiv vom Merkmal M# abhängig ist. Deshalb ist definitionsgemäß die Tabelle ABTEILUNGSMITARBEITENDE nicht in dritter Normalform. Durch Zerlegung befreien wir sie von der transitiven Abhängigkeit, indem wir das redundante Merkmal Bezeichnung zusammen mit der Abteilungsnummer als eigenständige Tabelle ABTEILUNG führen. Die Abteilungsnummer bleibt als Fremdschlüssel mit dem Rollennamen Unterstellung (siehe Merkmal „A#_Unterstellung") in der Resttabelle MITARBEITENDE. Die Beziehung zwischen Mitarbeitenden und Abteilung ist dadurch nach wie vor gewährleistet.

Mit der zweiten und dritten Normalform gelingt es, Redundanzen bei den Nichtschlüsselattributen zu eliminieren. Das Aufspüren redundanter Informationen muss theoretisch nicht bei den Nichtschlüsselmerkmalen stehen bleiben, da auch zusammengesetzte Schlüssel redundant auftreten können.

Eine allenfalls erforderliche Erweiterung der dritten Normalform wird aufgrund der Arbeiten von Boyce und Codd als „Boyce-Codd-Normalform" oder BCNF bezeichnet. Eine solche kommt zum Tragen, wenn mehrere Schlüsselkandidaten in ein und derselben Tabelle auftreten.

In der Praxis sind jedoch die zweite und dritte Normalform bereits mehr als genügend. Oft wird sogar absichtlich denormalisiert, d. h. Redundanz eingeführt, um die Geschwindigkeit der Verarbeitung für Big Data zu optimieren.

2.3.2 Abbildungsregeln für relationale Datenbanken

In diesem Abschnitt behandeln wir die Abbildung des Entitäten-Beziehungsmodells auf ein relationales Datenbankschema. Wir halten dabei fest, wie sich *Entitäts- und Beziehungsmengen* durch Tabellen darstellen lassen.

Unter einem *Datenbankschema* (engl. „database schema") versteht man eine Datenbankbeschreibung, d. h. die Spezifikation von Datenstrukturen mitsamt ihren

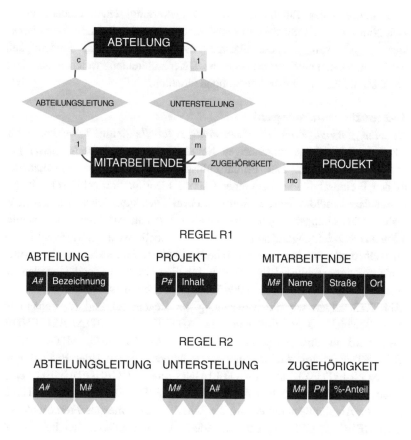

Abb. 2.13 Abbildung von Entitäts- und Beziehungsmengen in Tabellen

zugehörigen Integritätsbedingungen. Ein relationales Datenbankschema enthält die Definition der Tabellen, der Merkmale und der Primärschlüssel. Integritätsbedingungen legen Einschränkungen für die Wertebereiche, für die Abhängigkeiten zwischen verschiedenen Tabellen (referenzielle Integrität) sowie für die eigentlichen Datenvorkommen fest.

Beim Überführen eines Entitäten-Beziehungsmodells auf ein relationales Datenbankschema sind die Abbildungsregeln R1 und R2 von Bedeutung (vgl. Abb. 2.13).

Regel R1 (Entitätsmengen)

Jede *Entitätsmenge muss als eigenständige Tabelle* mit einem eindeutigen Primärschlüssel definiert werden. Als Primärschlüssel der Tabelle dient entweder der entsprechende Schlüssel der Entitätsmenge oder ein spezifischer Schlüsselkandidat. Die übrigen Merkmale der Entitätsmengen gehen in die korrespondierenden Attribute der Tabellen über.

Die Definition einer Tabelle (Abschn. 1.2.1) verlangt einen eindeutigen Primärschlüssel. Nun kann es sein, dass in einer Tabelle mehrere *Schlüsselkandidaten* (engl.
„candidate keys") vorliegen, die allesamt die Forderung nach Eindeutigkeit und
Minimalität erfüllen. Dann entscheiden die Datenarchitekten, welchen der Schlüsselkandidaten sie als Primärschlüssel verwenden möchten.

Regel R2 (Beziehungsmengen)

Jede *Beziehungsmenge kann als eigenständige Tabelle* definiert werden, wobei die
Identifikationsschlüssel der zugehörigen Entitätsmengen als *Fremdschlüssel* in dieser
Tabelle auftreten müssen. Der Primärschlüssel der Beziehungsmengentabelle kann
der aus den Fremdschlüsseln zusammengesetzte Identifikationsschlüssel sein oder ein
anderer Schlüsselkandidat, beispielsweise in Form eines künstlichen Schlüssels. Weitere
Merkmale der Beziehungsmenge erscheinen als zusätzliche Attribute in der Tabelle.

Als *Fremdschlüssel* (engl. „foreign key") einer Tabelle wird ein Merkmal bezeichnet,
das in derselben oder in einer anderen Tabelle als Identifikationsschlüssel auftritt. Somit
dürfen Identifikationsschlüssel in weiteren Tabellen wiederverwendet werden, um die
gewünschten Beziehungen zwischen den Tabellen herstellen zu können.

In Abb. 2.13 zeigen wir die Anwendung der Regeln R1 und R2 anhand unseres
konkreten Beispiels. Jede Entitätsmenge ABTEILUNG, MITARBEITENDE und
PROJEKT wird in ihre entsprechende Tabelle ABTEILUNG, MITARBEITENDE
und PROJEKT überführt. Auf analoge Art definieren wir zu jeder Beziehungsmenge
ABTEILUNGSLEITUNG, UNTERSTELLUNG und ZUGEHÖRIGKEIT eine ent-
sprechende Tabelle. Die Tabellen ABTEILUNGSLEITUNG und UNTERSTELLUNG
verwenden die Abteilungsnummer und die Mitarbeiternummer als Fremdschlüssel. Die
Tabelle ZUGEHÖRIGKEIT entlehnt die Identifikationsschlüssel den beiden Tabellen
MITARBEITENDE und PROJEKT und führt das Merkmal „%-Anteil" als weiteres
Beziehungsmerkmal auf.

Da zu jeder Abteilung genau ein Abteilungsleiter gehört, genügt die Abteilungsnummer A# in der Tabelle ABTEILUNGSLEIUNGR als Identifikationsschlüssel. Auf
analoge Art erklären wir die Mitarbeiternummer M# als Identifikationsschlüssel in
der Tabelle UNTERSTELLUNG. Die Mitarbeiternummer genügt hier, da jeder Mitarbeitende genau einer Abteilung unterstellt ist.

Im Gegensatz zu den Tabellen ABTEILUNGSLEITUNG und UNTERSTELLUNG
müssen bei der Tabelle ZUGEHÖRIGKEIT die beiden Fremdschlüssel der Mitarbeiter-
und Projektnummer als zusammengesetzter Identifikationsschlüssel definiert werden.
Der Grund liegt in der Tatsache, dass ein Mitarbeitender mehrere Projekte bearbeiten
kann und dass umgekehrt in jedes Projekt mehrere Mitarbeitende mit einbezogen sein
können.

Die Anwendung der Regeln R1 und R2 führt nicht in jedem Fall zu einem optimalen
relationalen Datenbankschema. Störend wirkt, dass bei diesem Vorgehen unter
Umständen eine hohe Anzahl von Tabellen entsteht. Es stellt sich die Frage, ob es sinnvoll ist, gemäß Abb. 2.13 für die Funktion der Abteilungsleitung eine eigene Tabelle zu

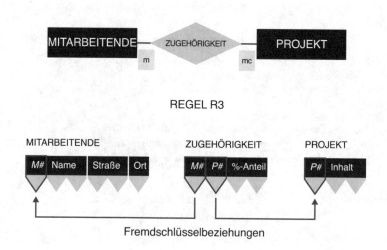

Abb. 2.14 Abbildungsregel für komplex-komplexe Beziehungsmengen in Tabellen

verlangen. Wie im nächsten Abschnitt erläutert, könnten wir aufgrund der Abbildungs-
regel R5 tatsächlich auf die Tabelle ABTEILUNGSLEITUNG verzichten. Die Funktion
„Abteilungsleiungr" würde in der Tabelle ABTEILUNG lediglich als zusätzliche
Merkmalskategorie stehen und für jede Abteilung die Mitarbeiternummer der jeweiligen
Abteilungschefs anführen.

Abbildungsregeln für Beziehungsmengen

Aufgrund der Mächtigkeit von Beziehungen lassen sich drei Abbildungsregeln
formulieren, die die Beziehungsmengen des Entitäten-Beziehungsmodells im entsprechenden relationalen Datenbankschema tabellarisch ausdrücken. Um die Anzahl der
Tabellen nicht unnötig zu erhöhen, beschränkt man sich mithilfe der Regel 3 vorerst auf
diejenigen Beziehungsmengen, die *in jedem Fall eine eigene Tabelle* verlangen:

Regel R3 (netzwerkartige Beziehungsmengen)

Jede komplex-komplexe Beziehungsmenge muss als eigenständige Tabelle definiert
werden. Dabei treten mindestens die Identifikationsschlüssel der zugehörigen Entitätsmengen als Fremdschlüssel auf. Der Primärschlüssel der Beziehungsmengentabelle ist
entweder der aus den Fremdschlüsseln zusammengesetzte Identifikationsschlüssel oder
ein anderer Schlüsselkandidat. Die weiteren Merkmale der Beziehungsmenge gehen in
Attribute der Tabelle über.

Die Regel R3 schreibt vor, dass die Beziehungsmenge ZUGEHÖRIGKEIT aus
Abb. 2.14 als eigenständige Tabelle auftreten muss, versehen mit einem Primärschlüssel.
Als Identifikationsschlüssel der Tabelle ZUGEHÖRIGKEIT wird hier der zusammen-

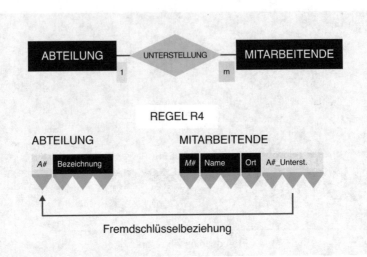

Abb. 2.15 Abbildungsregel für einfach-komplexe Beziehungsmengen in Tabellen

gesetzte Schlüssel ausgewählt, der die Fremdschlüsselbeziehungen zu den Tabellen MITARBEITENDE und PROJEKT ausdrückt. Das Merkmal „%-Anteil" beschreibt das prozentuale Ausmaß dieser Zugehörigkeit.

Wie wir gesehen haben, könnten wir gemäß Regel R2 für die Beziehungsmenge UNTERSTELLUNG eine eigenständige Tabelle definieren, und zwar mit den beiden Fremdschlüsseln Abteilungs- und Mitarbeiternummer. Dies wäre dann sinnvoll, wenn wir eine Matrixorganisation unterstützen und die eindeutige Unterstellungseigenschaft mit dem Assoziationstyp 1 in nächster Zukunft aufgeben möchten; zwischen ABTEILUNG und MITARBEITENDE wäre in diesem Fall eine komplex-komplexe Beziehung festgelegt. Sind wir hingegen überzeugt, dass keine Matrixorganisation vorgesehen ist, so können wir aufgrund der einfach-komplexen Beziehung die Regel R4 anwenden:

Regel R4 (hierarchische Beziehungsmengen)

Eine *einfach-komplexe Beziehungsmenge kann ohne eine eigenständige Beziehungsmengentabelle* durch die beiden Tabellen der zugeordneten Entitätsmengen ausgedrückt werden. Dazu bewirkt die einfache Assoziation (d. h. Assoziationstyp 1 oder c), dass der Primärschlüssel der referenzierten Tabelle als Fremdschlüssel in der Ausgangstabelle verwendet wird, ergänzt mit einem entsprechenden *Rollennamen*.

In Abb. 2.15 verzichten wir gemäß Regel R4 auf eine eigenständige Tabelle UNTERSTELLUNG. Anstelle einer zusätzlichen Beziehungsmengentabelle erweitern wir die Tabelle MITARBEITENDE um den Fremdschlüssel „A#_Unterstellung", der die Abteilungsnummer der Unterstellungsbeziehung pro Mitarbeitenden angibt. Die Fremd-

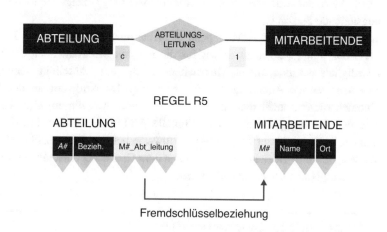

Abb. 2.16 Abbildungsregel für einfach-einfache Beziehungsmengen in Tabellen

schlüsselbeziehung wird durch ein Merkmal gegeben, das sich aus dem entliehenen Identifikationsschlüssel A# und dem Rollennamen „Unterstellung" zusammensetzt.

Liegen „einfach-komplexe" Beziehungsmengen vor, so ist das Entleihen des Fremdschlüssels auf eindeutige Art möglich. In Abb. 2.15 führen wir gemäß Regel R4 die Abteilungsnummer als Fremdschlüssel in der Tabelle MITARBEITENDE. Würden wir umgekehrt die Mitarbeiternummer in der Tabelle ABTEILUNG vorsehen, müssten wir für jeden Mitarbeitenden einer Abteilung die Abteilungsbezeichnung wiederholen. Solch überflüssige oder redundante Informationen sind unerwünscht und widersprechen der Theorie der Normalformen (hier Verletzung der zweiten Normalform, siehe Abschn. 2.3.1).

Regel R5 (einfach-einfache Beziehungsmengen)

Eine einfach-einfache Beziehungsmenge kann ohne eine eigenständige Tabelle durch die beiden Tabellen der zugeordneten Entitätsmengen ausgedrückt werden, indem einer der Identifikationsschlüssel der referenzierten Tabelle als Fremdschlüssel in die Ausgangstabelle eingebracht wird, wiederum ergänzt um den entsprechenden Rollennamen.

Auch hier ist nicht unbedeutend, aus welcher der beiden Tabellen solche Fremdschlüsselkandidaten entliehen werden. Normalerweise bevorzugen wir eindeutige Assoziationstypen, damit in der Ausgangstabelle die Fremdschlüssel mit ihren Rollennamen für jedes Tupel aufgenommen werden können (Vermeidung von sogenannten Nullwerten).

In Abb. 2.16 ergänzen wir die Tabelle ABTEILUNG um die Mitarbeitendennummer des Abteilungsleiters. Die Beziehungsmenge ABTEILUNGSLEITUNG wird damit durch das Merkmal „M#_Abt_leitung" ausgedrückt. Jeder Eintrag in diesem fremdbezogenen Merkmal mit der Rolle „Abteilungsleitung" zeigt, wer die jeweilige abteilungsleitende Person ist.

Würden wir anstelle dieses Vorgehens die Abteilungsnummer in der Tabelle MIT-ARBEITENDE führen, so müssten wir für die meisten Mitarbeitenden Nullwerte auflisten. Lediglich bei denjenigen Mitarbeitenden, die eine Abteilung leiten, könnten wir die entsprechende Abteilungsnummer einsetzen. Da Nullwerte in der Praxis oft zu Problemen führen, sucht man solche zu vermeiden. Aus diesem Grund führen wir die Rolle der Abteilungsleitungs in der Tabelle ABTEILUNG. Bei (1,c)- oder (c,1)-Beziehungen können wir auf diese Weise Nullwerte bei den Fremdschlüsseln komplett ausschließen. Bei (c:c)-Beziehungen kann nach dem Grundsatz entschieden werden, dass möglichst wenig Nullwerte entstehen sollten.

2.4   Umsetzung im Graphenmodell

2.4.1   Eigenschaften von Graphen

Die Graphentheorie ist ein umfangreiches Fachgebiet, das aus vielen Anwendungs-gebieten nicht mehr wegzudenken ist. Sie findet überall dort Gebrauch, wo netz-werkartige Strukturen analysiert oder optimiert werden müssen. Stichworte dazu sind Rechnernetzwerke, Transportsysteme, Robotereinsätze, Energieleitsysteme, elektronische Schaltungen, soziale Netze oder betriebswirtschaftliche Themengebiete wie Konzernstrukturen, Ablauforganisation, Kundenmanagement, Logistik, Prozess-management etc. Ein einfacher Graph ist durch die Menge seiner Knoten und Kanten gegeben sowie einer Zuordnung unter diesen Mengen.

Ungerichteter Graph

Ein *ungerichteter Graph*(engl. „undirected graph") $G = (V,E)$ besteht aus einer Knoten-menge V (engl. „vertices") und einer Kantenmenge E (engl. „edges"), wobei jeder Kante zwei nicht notwendigerweise verschiedene Knoten zugeordnet sind.

Graphdatenbanken basieren oft auf dem Modell der gerichteten, gewichteten Multi-graphen mit Eigenschaften (Property Graph). Im Moment interessieren wir uns noch nicht für die Art und die Beschaffung der Knoten und Kanten, sondern beschränken uns auf das abstrakte allgemeine Modell eines ungerichteten Graphen. Trotzdem können auf dieser Abstraktionsstufe viele Eigenschaften von Netzstrukturen untersucht werden, bei-spielsweise:

- Wie viele Kanten muss man durchlaufen, um von einem Knoten zu einem anderen zu gelangen?
- Gibt es zwischen zwei Knoten einen Weg?

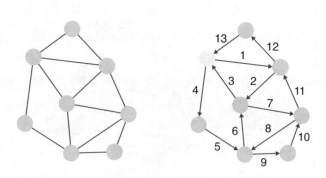

Abb. 2.17   Ein Eulerweg zur Überquerung von 13 Brücken

- Kann man die Kanten eines Graphen so durchlaufen, dass man jeden Knoten einmal besucht?
- Kann man einen Graphen so zeichnen, dass sich keine zwei Kanten in der Ebene schneiden?

Bedeutend ist, dass diese grundlegenden Fragen mit der Graphentheorie gelöst und in unterschiedlichen Anwendungsgebieten verwendet werden können.

Zusammenhängender Graph

Ein Graph ist *zusammenhängend* (engl. „connected graph"), wenn es zwischen je zwei Knoten einen Weg gibt.

Nehmen wir eines der ältesten Graphenprobleme als Anschauungsbeispiel für die Mächtigkeit der Graphentheorie:

Das Entscheidungsproblem für Brückentraversierung (Eulerweg)

1736 hat der Mathematiker Leonhard Euler anhand der sieben Brücken von Königsberg herausgefunden, dass nur dann ein Weg existiert, der jede Brücke genau einmal überquert, wenn jeder Knoten einen geraden Grad besitzt.

Grad eines Knoten

Der *Grad* (engl. „degree") eines Knoten ist die *Anzahl der von ihm ausgehenden Kanten* resp. die Anzahl der zum Knoten inzidenten Kanten.

Das Entscheidungsproblem für einen sogenannten Eulerweg ist also simpel: Ein Graph G ist eulersch, wenn G zusammenhängend ist und jeder Knoten einen geraden Grad besitzt.

In Abb. 2.17 (links) ist ein Straßennetz mit 13 Brücken gegeben. Als Knoten dienen hier Stadtteile, die Kanten symbolisieren Brückenverbindungen unter den Stadtteilen. In

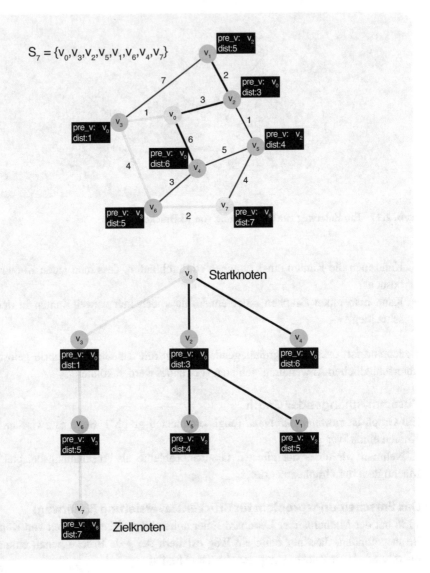

Abb. 2.18   Kürzeste U-Bahn-Strecke von Haltestelle v_0 nach v_7

diesem Beispiel ist jeder Knoten gerade und wir folgern, dass es einen eulerschen Weg geben muss.

Berechnung kürzester Wege nach Dijkstra

Edsger W. Dijkstra hat 1959 in einer dreiseitigen Notiz einen Algorithmus beschrieben, um die kürzesten Pfade in einem Netzwerk zu berechnen. Dieser Algorithmus, oft als Dijkstra-Algorithmus bezeichnet, benötigt einen gewichteten Graphen (Gewichte der

Kanten: beispielsweise Wegstrecken mit Maßen wie Laufmeter oder Minuten) und einen Startknoten, um von ihm aus zu einem beliebigen Knoten im Netz die kürzeste Wegstrecke zu berechnen.

Gewichteter Graph

Ein *gewichteter Graph* (engl. „weighted graph"), manchmal attributierter Graph oder Eigenschaftsgraph genannt, ist ein Graph, dessen Knoten oder Kanten mit Eigenschaften (engl. „properties") versehen sind.

Nehmen wir als Beispiel eines gewichteten Graphen den in Abb. 2.18 gezeigten kantengewichteten Graphen. Dieser Graph repräsentiert ein kleines U-Bahn-Netz, wobei die Knoten den Haltestellen und die Kanten den Verbindungsstrecken zwischen den Haltestellen entsprechen. Die „Gewichte" der Kanten geben die Distanz zwischen je zwei Haltestellen an, hier mit der Maßeinheit von Kilometern.

Gewicht eines Graphen

Das *Gewicht eines Graphen* (engl. „weight of a graph") ist die *Summe sämtlicher Gewichte,* d. h. die Summe der Knoten- resp. der Kantengewichte.

Obige Definition kann für Teilgraphen, Bäume oder Pfade als Teilmengen eines gewichteten Graphen verwendet werden. Was nun interessant ist, ist die Suche nach Teilgraphen mit maximalem oder minimalem Gewicht. Für unser U-Bahn-Beispiel aus Abb. 2.18 suchen wir das kleinste Gewicht zwischen den beiden Stationen v_0 und v_7. Es geht um den kürzesten Weg, der von der Haltestelle v_0 zur Haltestelle v_7 führt.

Dijkstras Idee zur Lösung des Problems war, denjenigen Kanten zu folgen, die den kürzesten Streckenabschnitt vom Startknoten aus versprechen. Setzen wir also einen ungerichteten Graphen $G = (V,E)$ voraus, der für die Kanten positive Gewichte besitzt. Für einen Knoten v_i betrachten wir die zu diesem Knoten inzidenten Knoten v_j und berechnen die Menge $S_k(v)$ wie folgt: Wir greifen denjenigen Nachbarknoten vj heraus, der am nächsten zu v_i liegt, und fügen diesen zur Menge $S_k(v)$ hinzu.

Betrachten wir dazu das U-Bahn-Beispiel in Abb. 2.18. Die Ausgangshaltestelle (Startknoten) ist v_0, das Ziel ist die Station v_7. Die Länge der Strecke zwischen Haltestellen ist als Kantengewicht angegeben. Gesucht ist der kürzeste Pfad zwischen v_0 und v_7.

In Abb. 2.18 ist ersichtlich, dass der Dijkstra-Algorithmus einen Lösungsbaum konstruiert (vgl. fette Verbindungen ausgehend vom Start v_0 resp. Baumstruktur). Die einzelnen Knoten im Baum werden jeweils mit dem Vorgängerknoten (pre_v) und der Gesamtdistanz (dist) annotiert. Beispielsweise wird im Knoten v_5 der Vorgängerknoten v_2 eingetragen sowie die Gesamtdistanz von Kilometern (d. h. 3 plus 1 km), die vom Weg von v_0 bis v_5 zurückgelegt werden muss.

Der Algorithmus von Dijkstra kann nun für positiv gewichtete Graphen hergeleitet werden. Dabei werden alle Knoten mit den Attributen „Vorgängerknoten" und „Distanz" (Gesamtdistanz vom Startpunkt zum Knoten) versehen. Der Algorithmus lautet wie folgt:

Algorithmus von Dijkstra

- Initialisierung: Trage im Startknoten die Distanz 0 und in allen übrigen Knoten die Distanz unendlich ein. Setze die Menge $S_0 := \{\text{pre\_v: Startknoten, dist: 0}\}$.
- Iteriere S_k, solange es noch unbesuchte Knoten gibt, und erweitere in jedem Iterationsschritt die Menge S_k wie folgt:
  - (2a) Berechne für alle Nachbarknoten des aktuellen Knotens die Summe der jeweiligen Kantengewichte.
  - (2b) Wähle denjenigen Nachbarknoten mit der kleinsten Summe aus.
  - (2c) Ist die Summe der Kantengewichte kleiner als der gespeicherte Distanz-wert im gefundenen Nachbarknoten, so setze den aktuellen Knoten als Vorgänger (pre_v) und trage die aktuelle Distanz (dist) in Sk ein.

Hier ist ersichtlich, dass immer denjenigen Kanten gefolgt wird, die den kürzesten Strecken-abschnitt vom aktuellen Knoten aus garantieren. Andere Kanten resp. Knoten werden erst dann berücksichtigt, wenn alle kürzeren Streckenabschnitte bereits mit einbezogen wurden. Dieser Ansatz garantiert, dass beim Erreichen eines bestimmten Knotens kein kürzerer Weg zu ihm existieren kann (Greedy-Algorithmus[5]). Das iterative Vorgehen wird so lange wieder-holt, bis entweder die Distanz vom Start- zum Zielknoten bekannt ist oder bis alle Distanzen vom Startknoten zu allen übrigen Knoten berechnet worden sind.

Property Graph

Graphdatenbanken besitzen ein strukturierendes Schema, und zwar dasjenige des Eigen-schaftsgraphen (engl. „property graph"), welches bereits im Abschn. 1.4.1 eingeführt wurde. Formal kann ein Eigenschaftsgraph durch eine Menge von Kanten E, eine Menge von Knoten V, einen Bereich von Eigenschaften P, eine Inzidenzabbildung $i:E \rightarrow V \times V$ und eine Eigenschaftsabbildung $p:V \cup E \rightarrow 2^P$ definiert werden. Hier ist 2^P die Potenz-menge des Eigenschaftswertebereichs, die alle möglichen Teilmengen von Eigenschaften enthält. Die Eigenschaftsfunktion zeigt also von Knoten oder Kanten auf die zu ihnen gehörenden Mengen von Eigenschaften.

In einer Graphdatenbank werden Daten als Knoten und Kanten gespeichert, welche als Eigenschaften Knoten- und Kantentypen und weitere Daten z. B. in Form von Attribut-Wert-Paaren enthalten. Im Unterschied zu herkömmlichen Graphen sind Eigen-schaftsgraphen Multigraphen, d. h, sie erlauben mehrere Kanten zwischen zwei Knoten. Dazu erhalten die Kanten ihre eigene Identität und sind nicht mehr durch Knotenpaare definiert, sondern durch zwei Indikatoren, die den Anfang und das Ende der Kante

---

[5] Bei Greedy-Algorithmen werden schrittweise Folgezustände ausgewählt, die das beste Ergebnis mit der Hilfe einer Bewertungsfunktion versprechen.

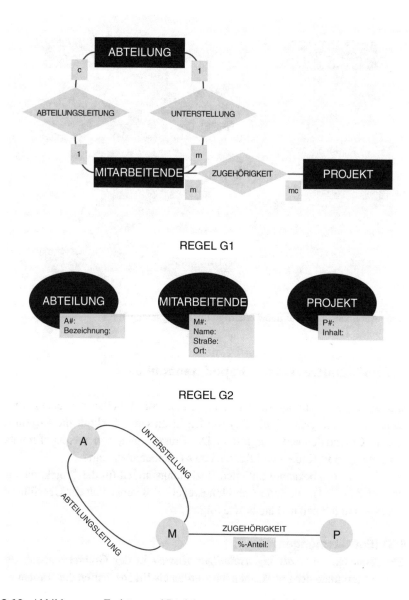

Abb. 2.19 Abbildung von Entitäts- und Beziehungsmengen auf Eigenschaftsgraphen

definieren. Diese Kantenidentität und die Abbildung von Kanten als eigene Datensätze führt bei Graphanalysen zu der konstanten Performanz, unabhängig von Datenvolumen (siehe Abschn. 5.2.7 über indexfreie Nachbarschaft).

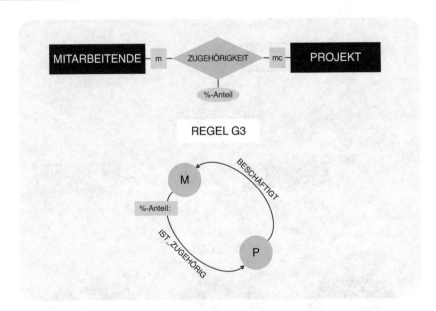

Abb. 2.20 Abbildungsregel für netzwerkartige Beziehungsmengen

2.4.2 Abbildungsregeln für Graphdatenbanken

In Analogie zu den Abbildungsregeln zum Erhalt von Tabellen aus einem Entitäten-Beziehungsmodell (Regeln R1 bis R5) werden in diesem Abschnitt die Regeln G1 bis G7 für eine Graphdatenbank vorgestellt. Die Frage lautet, wie werden Entitäts- und Beziehungsmengen in Knoten und Kanten eines Graphen überführt?

In Abb. 2.19 ist das bekannte Entitäten-Beziehungsmodell für das Projektmanagement gegeben (vgl. Abb. 2.4). Die erste Abbildungsregel G1 widmet sich der Überführung von Entitätsmengen in Knoten und lautet wie folgt:

Regel G1 (Entitätsmengen)
Jede *Entitätsmenge muss als eigenständiger Knoten* in der Graphdatenbank definiert werden. Die Merkmale der Entitätsmengen werden als Eigenschaften der Knoten geführt.

In Abb. 2.19 werden die Entitätsmengen ABTEILUNG, MITARBEITENDE und PROJEKT in den entsprechenden Knoten der Graphdatenbank abgebildet, wobei die Merkmale den Knoten angehängt werden (attributierte Knoten).

Regel G2 (Beziehungsmengen)
Jede *Beziehungsmenge kann als ungerichtete Kante* in der Graphdatenbank definiert werden. Eigenschaften der Beziehungsmengen werden den Kanten zugeordnet (attributierte Kanten).

Wenden wir die Regel G2 auf die Beziehungsmengen ABTEILUNGSLEITUNG, UNTERSTELLUNG und ZUGEHÖRIGKEIT an, so erhalten wir die folgenden Kantenkonstellationen: ABTEILUNGSLEITUNG und UNTERSTELLUNG zwischen den Knoten A (für ABTEILUNG) und M (für MITARBEITENDE) sowie ZUGEHÖRIGKEIT zwischen den Knoten M und P (für PROJEKT).

Beziehungsmengen können als gerichtete Kanten dargestellt werden. In den folgenden Abbildungsregeln G3 (für netzwerkartige Beziehungsmengen), G4 (hierarchische) und G5 (einfach-einfache) konzentrieren wir uns auf gerichtete Kantenkonstellationen. Diese gelangen zur Anwendung, falls man eine bestimmte Assoziation einer Beziehung resp. die Richtung der entsprechenden Kante hervorheben möchte.

Abbildungsregeln für Beziehungsmengen

Zuerst werden komplex-komplexe bzw. netzwerkartige Beziehungsmengen analysiert. In Abb. 2.20 ist die Regel G3 für solche Konstellationen dargestellt.

Regel G3 (netzwerkartige Beziehungsmengen)

Jede *komplex-komplexe Beziehungsmenge* kann durch *zwei gerichtete Kanten* ausgedrückt werden, indem die Assoziationen der Beziehung den Namen der Kante liefern und die entsprechenden *Assoziationstypen an den Pfeilspitzen* annotiert werden. Eigenschaften der Beziehungsmengen können einer oder beiden Kanten angehängt werden.

Die Regel G3 wird in Abb. 2.20 auf die Beziehungsmenge der Projektzugehörigkeiten appliziert, indem die netzwerkartige Beziehungsmenge ZUGEHÖRIGKEIT durch die beiden Kanten IST_ZUGEHÖRIG und BESCHÄFTIGT ausgedrückt wird. Die erste Kante führt von den Mitarbeitenden (M) zu den Projekten (P) und enthält die Eigenschaft „%-Anteil", d. h. den Beschäftigungsgrad der jeweiligen Mitarbeitenden im zugeordneten Projekt. Da nicht alle Mitarbeitenden an Projekten arbeiten, wird der Assoziationstyp „mc" an die Pfeilspitze gehängt. Die Kante BESCHÄFTIGT führt von den Projekten (P) zu den Mitarbeitenden (M) und kriegt den Assoziationstypen m.

Falls erwünscht, ist es erlaubt, für netzwerkartige Beziehungsmengen einen eigenständigen Knoten zu definieren. Gegenüber dem Relationenmodell fällt auf, dass ein Graphenmodell eine Vielzahl von Optionen für Entitäts- und Beziehungsmengen zulässt: ungerichteter Graph, gerichteter Graph, Beziehungsmengen als Kanten, Beziehungsmengen als Knoten etc. Die Regeln G3, G4 und G5 suggerieren hingegen, für Beziehungsmengen gerichtete Kanten zu verwenden. Damit bezwecken wir, die Graphdatenbank möglichst einfach und verständlich zu definieren, damit deskriptive Abfragesprachen für Graphen vom gelegentlichen Nutzer intuitiv eingesetzt werden können. In der Regel zeigen gerichtete Kanten auf eindeutige Knoten, also auf die Entitätsmengen, welche genau einmal (Assoziationstyp 1) oder, in zweiter Priorität, höchstens einmal (Assoziationstyp c) in einer Beziehung vorkommen.

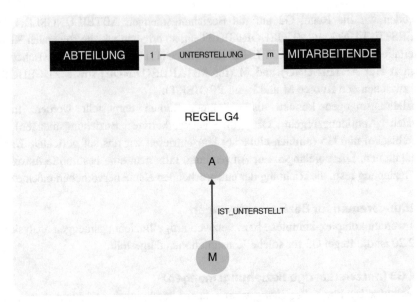

Abb. 2.21 Abbildungsregel für hierarchische Beziehungsmengen in Eigenschaftsgraphen

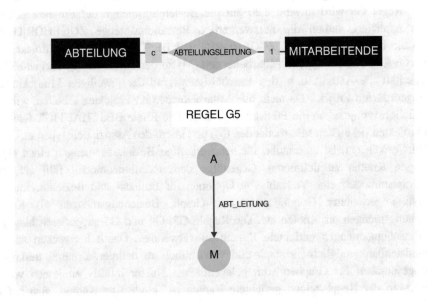

Abb. 2.22 Abbildungsregel für einfach-einfache Beziehungsmengen in Eigenschaftsgraphen

Regel G4 (hierarchische Beziehungsmengen)

Jede *einfach-komplexe Beziehungsmenge* kann als *gerichtete Kante* zwischen den entsprechenden Knoten etabliert werden. Dabei soll die Richtung so gewählt werden, dass der *Assoziationstyp* an der Pfeilspitze *eindeutig* ist.

In Abb. 2.21 ist die hierarchische Unterstellung der Mitarbeitenden einer Abteilung aufgezeigt. Die gerichtete Kante IST_UNTERSTELLT führt vom Blattknoten M (für MITARBEITENDE) zum Wurzelknoten A (ABTEILUNG). Der Assoziationstyp 1 wird mit dem Pfeilende assoziiert, da alle Mitarbeitende genau einer Abteilung unterstellt sind.

Regel G5 (einfach-einfache Beziehungsmengen)

Jede *einfach-einfache Beziehungsmenge* kann als *gerichtete Kante* zwischen den entsprechenden Knoten etabliert werden. Dabei soll die Richtung so gewählt werden, dass der *Assoziationstyp* an der Pfeilspitze *nach Möglichkeit eindeutig* ist.

Die Abb. 2.22 zeigt das Beispiel für die Bestimmung der Abteilungsleitung: Die Beziehungsmenge ABTEILUNGSLEITUNG wird zur gerichteten Kante ABT_ LEITUNG, die vom Knoten ABTEILUNG (abgekürzt durch A) zum Knoten MITARBEITENDE (M) führt. Dabei wird die Pfeilspitze mit „1" assoziiert, da jede Abteilung genau eine Abteilungsleiterin oder einen Abteilungsleiter besitzt.

Das Graphenmodell ist flexibel und bietet viele Optionen, da keine Normalformen die Wahl einschränken. Nachteilig kann sein, dass die Anwendenden diese Freiheiten zu extensiv nutzen, was zu komplexen, eventuell redundanten Graphkonstellationen führen kann. Die vorgeschlagenen Abbildungsregeln für Entitätsmengen (G1) und Beziehungsmengen (G2, G3, G4 und G5) sollen deshalb eine Leitlinie darstellen, von der im Einzelfall und abhängig von der Anwendung abgewichen werden kann.

2.5 Umsetzung im Dokumentmodell

2.5.1 Dokumentorientierte Datenbankmodellierung

Dokumentdatenbanken speichern strukturierte Daten in Datensätzen, welche *Dokumente* genannt werden. Die gängigen Dokumentdatenbanken wurden für den Einsatz für Web- und mobile Applikationen entwickelt. Dadurch sind sie mit Webtechnologien wie HTML, JavaScript oder HTTP einfach integrierbar. Das strukturierte Dokument in diesem Sinne stellt ein komplexes Objekt dar, welches einen Sachverhalt in einer Appansicht vollständig (d. h. ohne Referenzen) beschreibt – eben „dokumentiert".

Durch diesen Anspruch an Vollständigkeit eines Dokuments sind Fremdschlüsselbeziehungen unnötig. Damit sind Dokumente auf einfache Weise auf verschiedene Rechner verteilbar, weil keine Netzwerklatenz bei der Auflösung von Fremdschlüsseln auftritt. Eine solche *horizontale Skalierung* setzt verschiedene Rechner zu einem Gesamtsystem zusammen. Große Datenvolumen (Volume, das erste V von Big Data) können so auf mehrere Rechner verteilt werden. Dieser Mechanismus wird *Splitterung* (engl. „sharding") genannt. Somit liegt der Fokus bei Dokumentdatenbanken auf der Verarbeitung von großen Mengen heterogener Daten.

Komplexe Objekte

Um strukturelle Beziehungen zwischen zusammenhängenden Daten in ihrer Gesamtheit zu beschreiben, eignet sich die Datenstruktur der komplexen Objekte. Durch den ganzheitlichen Ansatz sollen Referenzen und Fremdschlüssel unnötig werden, was die oben erwähnte Skalierung ermöglicht. Genau zu diesem Zweck stellen komplexe Objekte ein leistungsfähiges Strukturierungsinstrument dar, welches leicht verständlich ist.

Komplexe Objekte werden aus einfacheren Objekten aufgebaut, indem Konstruktoren auf sie angewendet werden. Zu den einfachsten Objekten gehören Werte wie Zahlen, Text und boolesche Werte. Diese heißen atomare Objekte. Darauf aufbauend, können zusammengesetzte, also „komplexe" Strukturen entstehen, indem Objekte mit sogenannten *Konstruktoren* zusammengefasst und strukturiert werden. Es gibt verschiedene Objektkonstruktoren wie z. B. Tupel, Mengen, Listen und Arrays. Diese Konstruktoren sind auf alle Objekte anwendbar, also sowohl auf atomare wie auch auf zusammengesetzte, konstruierte, eben komplexe Objekte. So können durch wiederholte Anwendung der Konstruktoren, ausgehend von atomaren Objekten, komplexe Objekte aufgebaut werden, welche durch ihre Strukturierung verschiedene Beziehungen zwischen Entitäten mitsamt ihren Attributen abbilden können.

Ein bekanntes Beispiel für eine Syntax zur Abbildung komplexer Objekte ist JSON, welches wir im Folgenden im Detail betrachten, da es die Grundlage für die Datenstruktur gängiger Dokumentdatenbanken bildet.

Datenformat JSON

JavaScript Object Notation (JSON) ist ein Format zur Beschreibung von komplexen Objekten. Es stammt ursprünglich von einer Teilmenge von JavaScript, ist aber davon unabhängig in den meisten Programmiersprachen einsetzbar. Die Syntax ist sowohl für Menschen als auch für Maschinen einfach zu lesen und zu schreiben, bzw. zu parsen und zu generieren. Diese Eigenschaften haben l zum Erfolg von JSON beigetragen.

JSON wurde ursprünglich 1997 von Douglas Crockford als private Initiative spezifiziert. Crockford sagte in einem Vortrag, dass er JSON nicht erfunden, sondern in JavaScript als Möglichkeit für den Datenaustausch im Web entdeckt habe. Diese Untermenge von JavaScript für die Notation von Objekten hat er auf seiner privaten Webseite als Datenaustauschformat vorgeschlagen. Das Format hat sich daraufhin zu seiner Überraschung in der Webentwicklung weit verbreitet. Heute ist JSON international standardisiert und wird für Web-APIs, für die Datenkommunikation zwischen Client und Server, für mobile Applikationen und für Dokumentdatenbanken eingesetzt.

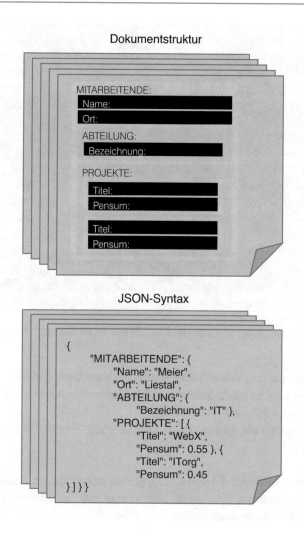

Abb. 2.23 JSON-Repräsentation eines Sachverhalts zum Anwendungsfall

Die JSON-Syntax ist auf fünf Grundstrukturen aufgebaut:

1. **Objekt:** kommagetrennte Menge von Feldern (engl. „object"), umfasst von geschweiften Klammern { }
2. **Feld:** ein Paar bestehend aus einer Eigenschaft und einem Wert, getrennt durch ein Doppelpunkt :
3. **Eigenschaft:** Name der Eigenschaft (engl. „property") als String umfasst von Anführungszeichen " "

JSON-Schema

```
{
    "type": "object",
    "properties": {
        "MITARBEITENDE": { "type": "object",
        "properties": {
            "Name": { "type": "string" },
            "Ort": { "type": "string" },
            "ABTEILUNG": { "type": "object",
            "properties": {
                "Bezeichnung": { "type": "string" } } },
            "PROJEKTE": { "type": "array",
            "items": [ { "type": "object",
            "properties": {
                "Titel": { "type": "string" },
                "Pensum": { "type": "integer" } } }
]}}}}}
```

Abb. 2.24 Spezifizierung der Struktur aus Abb. 2.23 mit JSON-Schema

4. **Wert:** Werte (engl. „values") sind entweder wiederum Objekte (hier greift die rekursive Verschachtelung), einfache Strings in Anführungszeichen, Zahlen, Wahrheitswerte (true, false, null), oder Listen
5. **Liste:** kommagetrennte Listen (engl. „arrays") von Werten, umfasst von eckigen Klammern []

Die Konstruktoren OBJEKT { } und LISTE [] sind orthogonal im Sinne der komplexen Objekte, weil sie sich auf alle Werte, also sowohl auf Basisdatentypen als auch auf komplexere Strukturen, anwendbar sind.

Als Beispiel zeigt die Abb. 2.23 eine JSON-Struktur, welche den Anforderungen des Anwendungsfalls in Abb. 2.1 entspricht. Wir sehen in einer Sammlung von JSON-Dokumenten die Beschreibung des Sachverhalts für den IT-Mitarbeiter Meier aus Liestal. Er arbeitet am Projekt WebX zu 55 % und am Projekt ITorg zu 45 %. Zur Abbildung dieses Sachverhalts braucht ein Objekt MITARBEITENDE mit Feldern Name und Ort; ein Unterobjekt ABTEILUNG mit Feld Bezeichnung und eine Liste von Unterobjekten PROJEKT mit Feldern Projekttitel und Pensum.

JSON sieht standardmäßig keine Schemadefinition vor. Da in der Praxis die Validierung von Datenaustauschen relevant ist, hat sich zu diesem Zweck mit JSON-Schema (vgl. Abb. 2.24) ein weiterer Standard entwickelt.

```
                          JSON-Prototyp
{
    "MITARBEITENDE": {
        "Name": "",
        "Ort": "",
        "ABTEILUNG": {
            "Bezeichnung": "" },
        "PROJEKTE": [ {
            "Titel": "",
            "Pensum": 0 } ]
} }
```

Abb. 2.25 Modell der Struktur in Abb. 2.23 als JSON-Prototyp

JSON-Schema

Mit einem JSON-Schema kann die Struktur von JSON-Daten für Validierung und Dokumentation spezifiziert werden. JSON-Schemas sind beschreibende JSON-Dokumente (Metadaten), welche ein Schnittmuster für JSON-Daten vorgeben, die für eine Applikation notwendig sind. Ein JSON-Schema wird in der gleichen Syntax wie die zu validierenden Dokumente verfasst. Daher können dieselben Werkzeuge sowohl für Schemas als auch für Daten verwendet werden. JSON-Schema wurde in einem Entwurf der Internet Engineering Task Force spezifiziert. Es gibt mehrere Validatoren für verschiedene Programmiersprachen. Diese können ein JSON-Dokument auf seine strukturelle Übereinstimmung mit einem JSON-Schema-Dokument überprüfen.

JSON-Datenmodellierung mit Prototypen

Wegen der reichen Funktionalität von JSON-Schemas ist die Definition in Abb. 2.24 eher komplex, obwohl der Sachverhalt einfach ist. In der Praxis und für komplexere Sachverhalte werden JSON-Schemas oft unübersichtlich. Sie sind zwar für die maschinelle Validierung geeignet, aber nicht mehr menschenlesbar.

Daher schlagen wir für die konzeptionelle JSON-Datenmodellierung die *Prototyp-Methode* vor. Ein Prototyp (von griechisch πρωτότυπον: Urbild) ist ein Exemplar, welches eine ganze Kategorie repräsentiert. Somit ist ein JSON-Prototyp ein JSON-Dokument, welches eine Klasse von JSON-Dokumenten mit den gleichen Strukturelementen (OBJEKT, EIGENSCHAFT, LISTE) repräsentiert. Ein JSON-Prototyp definiert die Struktur nicht als Beschreibung durch Metadaten, sondern durch Demonstration. So kann z. B. das Dokument in Abb. 2.23 als Schnittmuster für Dokumente mit gleichen Objekten, Eigenschaften und Listen angesehen werden, wobei JSON-Daten, welche diesem Prototyp entsprechen, in den Feldern beliebige Datenwerte (FELD, WERT) vom gleichen Datentyp aufweisen können.

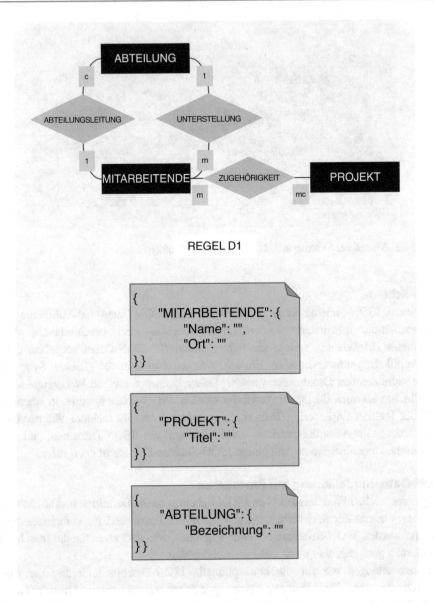

Abb. 2.26 Abbildung von ausgewählten Entitätsmengen und Attributen auf Objekte und Eigenschaften in Dokumenten

Um JSON-Prototypen von konkreten Daten zu unterscheiden, schlagen wir vor, die Werte anstelle von Dummyangaben mit *Nullwerten* (engl. „zero values") zu repräsentieren. Dies sind der leere String ("") für Text, die Null (0) für Zahlen und wahr (true) für Wahrheitswerte. Bei Listen gehen wir davon aus, dass angegebene Elemente als Muster für weitere Werte des gleichen Typs gelten.

So sehen wir in Abb. 2.25 einen menschenlesbaren JSON-Prototyp anstelle des JSON-Schemas in Abb. 2.24. Für die Konzeption von JSON-Datenstrukturen ist dieser menschenorientierte Ansatz des JSON-Prototyps empfehlenswert. Zudem kann für die maschinelle Validierung mit entsprechenden Werkzeugen ein JSON-Schema einfach aus einem JSON-Prototyp generiert werden. Aus diesen Gründen werden wir im Folgenden für die Modellierung von JSON-Strukturen und für die Abbildung von Entitäten-Beziehungsmodellen in JSON-Modellen die JSON-Prototyp-Methode verwenden.

2.5.2 Abbildungsregeln für Dokumentdatenbanken

Ganz ähnlich wie die Abbildungsregeln zum Design von Tabellen und zur Strukturierung von Graphen schauen wir uns nun an, wie Entitäts- und Beziehungsmengen in JSON-Dokumenten als Objekte, Eigenschaften und Listen abgebildet werden können. Als Anschauungsbeispiel ist in Abb. 2.26 das bekannte Entitäten-Beziehungsmodell für das Projektmanagement gegeben (vgl. Abb. 2.4).

Die erste Abbildungsregel D1 widmet sich der Überführung von Entitätsmengen und Attributen in Objekte und Eigenschaften.

Regel D1 (Entitätsmengen und Attribute)

Ausgewählte *Entitäten werden als Objekte* in Dokumenten definiert. Die Attribute werden als deren Eigenschaften geführt. Für die Information über die Art der Entitäts-menge eignet sich ein *Wurzelelement*: Ein übergeordnetes Objekt bettet die Entität in ein Feld ein, dessen einzige Eigenschaft die Entitätsmenge und deren Wert die Entität ist.

In Abb. 2.26 werden z. B. die Entitätsmengen ABTEILUNG mit Attribut Bezeichnung, MITARBEITENDE mit Attributen Name und Ort und PROJEKT mit Attribut Titel in entsprechenden Objekten mit Wurzelelement abgebildet.

Betrachten wir nun die Abbildung von Beziehungsmengen auf Dokumente. Hier stellen wir fest, dass ein vollständiges Dokument, welches einen Sachverhalt mit mehreren Entitäten und Beziehungen abbildet, eine Reihenfolge der Entitäten und Beziehungen impliziert. Die Beziehungen sind nicht mehr symmetrisch, sondern *aggregiert*.

Regel D2 (Aggregierung)

Für jede symmetrische Beziehungsmenge, die in einem Dokumenttyp abgebildet wird, muss eine asymmetrische Aggregierung festgelegt werden. Es wird entschieden, welche der verbundenen Entitätsmengen im vorliegenden Anwendungsfall übergeordnet assoziiert sind und welche Entitätsmenge untergeordnet assoziiert wird.

Diese Fragen der Aggregierung werden von Fall zu Fall beantwortet. Im Anwendungsfall des Projektrapports wurde in Abb. 2.1 und 2.23 für den Dokument-typ MITARBEITENDE entschieden, die ABTEILUNG unterzuordnen, damit die Mit-arbeitenden als einzelne Dokumente gespeichert werden können.

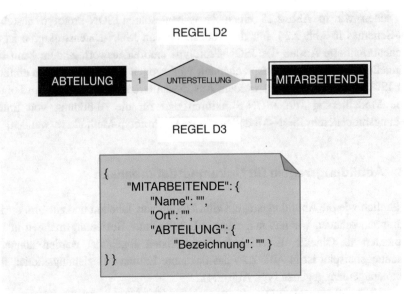

Abb. 2.27 Aggregierung einer eindeutigen Assoziation als Feld mit Unterobjekt im Dokument

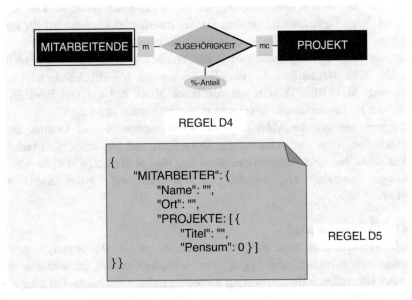

Abb. 2.28 Aggregierung einer mehrdeutigen Assoziation als Feld mit Liste von Unterobjekten, inklusive Beziehungsattributen, im Dokument

Wir schlagen vor, das Wurzelelement, d. h. die in der JSON-Struktur eines Dokumenttyps zuerst genannte Entitätsmenge, durch einen zusätzlichen Rahmen zu kennzeichnen. Darüber hinaus können die Aggregationsrichtungen für Beziehungs-mengen durch einen zusätzlichen breiten Rahmen auf der untergeordneten Seite des Beziehungssymbols markiert werden.

Als Beispiel sehen wir in Abb. 2.27, dass die Entitätsmenge MITARBEITENDE über-geordnet abgebildet wird und somit das Wurzelelement des Dokumenttyps bildet. Die Entitätsmenge ABTEILUNG wird untergeordnet und aggregiert. Diese Aggregations-richtung wird beim Beziehungssymbol entsprechend dargestellt.

Die Assoziation von MITARBEITENDE zu ABTEILUNG in Abb. 2.27 ist eindeutig, daher kann die untergeordnete Entität als Einzelwert in einem Objektfeld gespeichert werden. Für mehrdeutige Assoziationen braucht es dazu Listenfelder.

Regel D3 (eindeutige untergeordnete Assoziation)

Eine untergeordnete Entitätsmenge, deren Assoziation eindeutig ist (Typ 1 oder c), wird als Unterobjekt in einem Feld innerhalb des Objekts der übergeordnet assoziierten Enti-tätsmenge eingefügt. Die untergeordnete Entitätsmenge bestimmt den Namen der ent-sprechenden Eigenschaft.

Als weiteres Beispiel sehen wir in der Abb. 2.28, dass die Assoziation von MIT-ARBEITENDEN zu PROJEKTEN mehrdeutig (mc) ist. Mitarbeitende können mit unter-schiedlichen Pensen (%-Anteil) an verschiedenen Projekten arbeiten. Daher werden in der Abb. 2.28 die Projekte zu Mitarbeitenden in einem Feld mit *Listen* von Unter-objekten des Typs PROJEKTE gespeichert.

Regel D4 (mehrdeutige untergeordnete Assoziation)

Jede untergeordnete Entitätsmenge, deren Assoziation mehrdeutig ist (Typ m oder mc), wird als *Liste* von Unterobjekten in einem Feld des übergeordneten Objekts eingefügt. Die untergeordnete Entitätsmenge bestimmt den Namen der Eigenschaft dieses Felds.

Das Beziehungsattribut %-Anteil wird in Abb. 2.28 als Eigenschaft Pensum im Unter-objekt PROJEKTE gespeichert. Hier sehen wir, dass aus dem Entitäten-Beziehungs-modell die Attribute von Beziehungen mit kompositen Schlüsseln (hier z. B. Pensum) in JSON als Felder der Unterobjekte zu den verbundenen Entitäten abgebildet werden können, da die Unterobjekte (in diesem Fall Projekte) den Kontext der übergeordneten Objekte (wie hier die Mitarbeitenden) übernehmen.

Regel D5 (Beziehungsattribute)

Attribute einer Beziehungsmenge, deren assoziierte Entitätsmenge aggregiert wird, können im entsprechenden Unterobjekt eingebettet werden, weil dieses den Kontext des übergeordneten Objekts übernimmt.

Ein Dokumenttyp speichert eine Datenstruktur hinsichtlich eines bestimmten Anwendungsfalls in einer Applikation. Dies kann z. B. eine Ansicht, ein Download, ein Editor oder eine Datenschnittstelle sein. Verschiedene Anwendungsfälle können

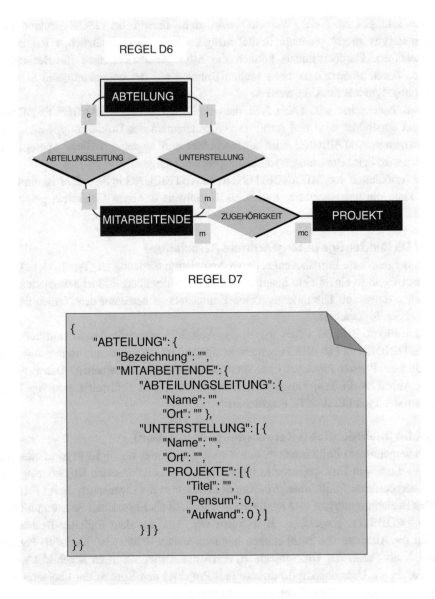

Abb. 2.29 Dokumenttyp ABTEILUNG mit Aggregierung der gleichen Entitätsmenge MIT-ARBEITENDE in zwei unterschiedlichen Assoziationen ABTEILUNGSLEITUNG und UNTER-STELLUNG

die gleichen Entitäts- und Beziehungsmengen in unterschiedlichen Perspektiven betreffen. Aufgrund der denormalisierten, anwendungsorientierten Datenspeicherung in Dokumentdatenbanken gibt es keine Eins-zu-eins-Entsprechung von Entitäts- und Beziehungsmengen zu Dokumenttypen.

Regel D6 (Dokumenttypen)

Für jeden Dokumenttyp muss die Auswahl von Entitätsmengen und Attributen nach
Regel D1 und die Aggregierung nach Regel D2 erneut entschieden werden. Dokumenttypen werden durch die Applikation bestimmt und dienen der performanten Speicherung
und Darstellung eines vollständigen Sachverhalts für einen konkreten Anwendungsfall.

Dies bedeutet, dass die gleiche Entität in verschiedenen Dokumenttypen einmal untergeordnet, einmal übergeordnet sein kann. Zum Beispiel könnte es für die Anforderung
in Abb. 2.1 im Projektmanagement zwei Anwendungsfälle geben: Erstens werden die
Daten der Mitarbeitenden in einer Eingabemaske gemäß der Struktur in Abb. 2.23 auf
Ebene einzelner Mitarbeitende eingegeben. Für diesen Schreibzugriff ist es effizienter,
einzelne Mitarbeitende als eigenständige Dokumente zu speichern. Zweitens werden
pro Abteilung sämtliche Mitarbeitende mit Projektpensen inklusive berechnetem
finanziellem Aufwand in einer Applikationsansicht rapportiert. Für diesen Lesezugriff
ist die Übermittlung eines einzigen Dokuments pro Abteilung sparsamer. Daher kann
zugunsten der Performanz eine bewusste Redundanz eingefügt werden, indem beide
Anwendungsfälle mit unterschiedlichen Dokumentstrukturen bedient werden, welche die
gleichen Entitäts- und Beziehungsmengen beanspruchen.

In der Abb. 2.29 wurde zu diesem Zweck ein weiterer Dokumenttyp definiert. Die
ABTEILUNG ist nun das Wurzelelement, zugehörige MITARBEITENDE werden
aggregiert. Neu wurde eine zweite, eindeutige Assoziation von Abteilung zu Mitarbeitenden hinzugefügt, die Abteilungsleitung. Somit wäre ein Feld mit Namen
MITARBEITENDE nicht eindeutig. Dies wurde gelöst, indem die Namen der
Beziehungsmengen ZUGEHÖRIGKEIT und ABTEILUNGSLEITUNG auf einer
weiteren Objektebene als Eigenschaften hinzugefügt wurden.

Regel D7 (Beziehungsmengen)

Sind Eigenschaftsnamen für Aggregierungen nach Regeln D3–D4 nicht eindeutig,
weil sie dieselbe Entitätsmenge betreffen, können diese Konflikte durch je ein weiteres
untergeordnetes Feld mit dem Namen der entsprechenden Beziehungsmenge aufgelöst
werden.

Weiter sehen wir die neue Eigenschaft Aufwand in Unterobjekten des Typs
PROJEKTE. Im Anwendungsfall ist dies ein berechnetes Feld. Dokumentdatenbanken
speichern oft nicht normalisierte granulare Daten, sondern *anwendungsorientierte
aggregierte Daten,* um die Leistungsfähigkeit für Big Data zu optimieren.

2.6   Rezept zum Datenbankentwurf

In diesem Abschnitt fassen wir unsere Erkenntnisse zur Datenmodellierung in
einem Vorgehensplan rezeptartig zusammen. Die Entwurfsschritte lassen sich wie
folgt charakterisieren: Zuerst müssen bei der Anforderungsanalyse die *relevanten
Informationssachverhalte* schriftlich in einer Liste festgehalten werden. In den weiteren

Rezeptschritte zum Datenbankentwurf	Vorstudie	Grobkonzept	Detailkonzept
1. Datenanalyse	✔	✔	✔
2. Entitäts- und Beziehungsmengen	✔	✔	✔
3. Generalisation und Aggregation	✔	✔	✔
4. Abstimmung mit der unternehmensweiten Datenarchitektur	✔	✔	✔
5. Abbildung des Entitäten-Beziehungsmodells auf SQL- und/oder NoSQL-Datenbanken		✔	✔
6. Festlegen von Konsistenzbedingungen		✔	✔
7. Verifikation anhand von Anwendungsfällen		✔	✔
8. Festlegen von Zugriffspfaden			✔
9. Physische Datenstruktur			✔
10. Verteilung und Replikation			✔

Abb. 2.30 Vom Groben zum Detail in zehn Entwurfsschritten

Entwurfsschritten kann die Liste in Abstimmung mit den künftigen Anwendenden ergänzt und verfeinert werden, da das Entwurfsverfahren ein iterativer Prozess ist. Im zweiten Schritt werden die *Entitäts- und Beziehungsmengen* bestimmt sowie ihre Identifikationsschlüssel und Merkmalskategorien festgelegt. Danach können *Generalisierungshierarchien und Aggregationsstrukturen*[6] im dritten Schritt geprüft werden. Im vierten Schritt wird das *Entitäten-Beziehungsmodell mit dem bestehenden Anwendungsportfolio abgestimmt,* damit die Weiterentwicklung der Informationssysteme koordiniert und den längerfristigen Unternehmenszielen entsprechend vorangetrieben werden kann. Zudem dient dieser Schritt dazu, Altlasten (engl. „legacy systems") weitgehend zu vermeiden und den Unternehmenswert bezüglich der Datenarchitektur zu wahren.

---

[6]Zwei wichtige Abstraktionsprinzipien bei der Datenmodellierung stellen die Aggregation und Generalisierung dar. Unter dem Titel „Database Abstractions: Aggregation and Generalization" haben die beiden Datenbankspezialisten J. M. Smith und D. C. P Smith bereits 1977 in den Transactions on Database Systems darauf hingewiesen. Mit Aggregation versteht man das Zusammenfügen von Entitätsmengen zu einem Ganzen; Generalisierung bedeutet das Verallgemeinern von Entitätsmengen zu einer übergeordneten Entitätsmenge.

Mit dem fünften Schritt wird das Entitäten-Beziehungsmodell auf eine SQL- und/ oder NoSQL-Datenbank abgebildet. Dabei werden die erläuterten Abbildungsregeln für Entitätsmengen und Beziehungsmengen benutzt (vgl. entsprechende Abbildungsregeln für das Relationen-, Graphen- resp. Dokumentenmodell). Im sechsten Schritt werden die Integritäts- und Datenschutzregeln festgelegt. Beim siebten Schritt wird der Datenbankentwurf auf Vollständigkeit hin überprüft, indem man wichtige Anwendungsfälle (Use Cases, vgl. Unified Modeling Language[7]) entwickelt und mit deskriptiven Abfragesprachen prototypartig umsetzt.

Das Bestimmen eines eigentlichen Mengengerüsts sowie das Definieren der *physischen Datenstruktur* geschieht im achten Schritt. Danach erfolgt die physische *Verteilung der Datenbestände* und die Auswahl möglicher *Replikationsoptionen* im neunten Schritt. Beim Einsatz von NoSQL-Datenbanken muss hier u. a. abgewogen werden, ob Verfügbarkeit und Ausfalltoleranz gegenüber strenger Konsistenzgewährung bevorzugt werden soll oder nicht (vgl. CAP-Theorem in Abschn. 4.5.1). Schließlich müssen *Performance-Tests und Optimierungen bei den Daten- und Zugriffsstrukturen* im zehnten Schritt durchgeführt werden, um den Anwendern unterschiedlicher Anspruchsgruppen vernünftige Antwortzeiten für ihre Anwendungsprozesse oder Datenrecherchen zu garantieren.

Das in Abb. 2.30 gezeigte Rezept beschränkt sich im Wesentlichen auf die Datenaspekte. Neben den Daten spielen natürlich auch Funktionen beim Aufbau von Informationssystemen eine große Rolle. So sind in den letzten Jahren CASE-Werkzeuge (CASE = Computer Aided Software Engineering) entstanden, die nicht nur den Datenbankentwurf, sondern auch den Funktionsentwurf unterstützen.

Bibliography

Atkinson, M., Bancilhon, F., DeWitt, D., Dittrich, K., Maier, D., Zdonik, S.: The Object-Oriented Database System Manifesto. In Deductive and Object-Oriented Databases, North-Holland, Amsterdam (1990)

Bray, T.: The JavaScript Object Notation (JSON) Data Interchange Format. Internet Engineering Task Force, Request for Comments RFC 8259 (2017)

Chen, P.P.-S.: The entity-relationship model – towards a unified view of data. ACM Trans. Database Syst. **1**(1), 9–36 (1976)

Codd, E.F.: A relational model of data for large shared data banks. Commun. ACM **13**(6), 377–387 (1970)

Dutka, A.F., Hanson, H.H.: Fundamentals of Data Normalization. Addison-Wesley (1989)

Kemper, A., Eikler, A.: Datenbanksysteme – Eine Einführung. DeGruyter (2015)

[7] Die Unified Modeling Language oder UML ist eine ISO-standardisierte Modellierungssprache für die Spezifikation, Konstruktion und Dokumentation von Software. Ein Entitäten-Beziehungsmodell kann auf einfache Art in ein Klassendiagramm überführt werden und umgekehrt.

Kleppmann, M.: Designing Data-Intensive Applications – The Big Ideas Behind Reliable, Scalable, and Maintable Systems. O'Reilly (2017)

Knauer, U.: Algebraic Graph Theory: Morphisms, Monoids and Matrices. De Gruyter, Berlin (2011)

Marcus, D.A.: Graph Theory – A Problem Oriented Approach. The Mathematical Association of America (2008)

Meier, A., Lorie, R.A.: Implicit Hierarchical joins for Complex Objects, IBM Research Laboratory, San José, California, Research Report RJ 3775 (43402) 2/1/83 (1983)

Pezoa, F., Reutter, J.L., Suarez, F., Ugarte, M., Vrgoč, D.: Foundations of JSON Schema. In Proceedings of the 25th International Conference on World Wide Web, Republic and Canton of Geneva, S. 263–273. CHE (2016)

Smith, J.M., Smith, D.C.P.: Database Abstractions: Aggregation and Generalization. ACM Trans. Database Syst. 2(2), 105–133 (1977)

Datenbanksprachen

3

3.1   Interaktion mit einer Datenbank

Im vorangegangenen Kapitel haben wir gesehen, wie Datenbanken modelliert werden. Um die Datenbank zu betreiben, interagieren verschiedene Akteure mit ihr, wie in Abb. 3.1 dargestellt.

Datenarchitekt*innen definieren das Datenbankschema. Sie konzipieren eine Architektur, um das Datenbanksystem zu betreiben und mit allen erforderlichen Komponenten in die bestehende Landschaft einzubetten. Zudem beschreiben und dokumentieren sie die Daten und Strukturen. Sinnvollerweise werden sie dabei durch ein Data Dictionary System (siehe Glossar) unterstützt.

Datenbankspezialist*innen, oft Datenbankadministrator*innen genannt, installieren den Datenbankserver. Bei schemaorientierten Datenbanksystemen (z. B. relational) erstellen sie das Datenbankschema. Bei schemafreien Datenbanken (z. B. Dokumentmodell) ist dieser Schritt nicht nötig, da das Schema implizit durch Einfügen entsprechender Datenbankobjekten erstellt wird. Darauf aufbauend lassen sich große Mengen an Daten in die Datenbank importieren. Dazu existieren Extract-Transform-Load(ETL)-Werkzeuge oder leistungsfähige Importfunktionalitäten der Datenbanksoftware. Um die Daten zu schützen, definieren Administrator*innen Benutzungskonti, Rollen und Zugriffsrechte und stellen ein regelmäßiges Backup der Datenbank sicher. Bei großen Datenmengen erhöhen sie die Leistungsfähigkeit und Effizienz des Datenbanksystems, indem sie z. B. Indexe erstellen, Abfragen syntaktisch optimieren oder den Datenbankserver auf mehrere Rechner verteilen.

Anwendungsprogrammierer*innen entwickeln Anwendungen, über welche Benutzer*innen Daten in die Datenbank einfügen, verändern und löschen können. Zudem implementieren sie Schnittstellen, über welche Daten mit anderen Datenbanken automatisch ausgetauscht werden.

© Der/die Autor(en), exklusiv lizenziert an Springer-Verlag GmbH, DE, ein Teil von Springer Nature 2023
M. Kaufmann und A. Meier, *SQL- & NoSQL-Datenbanken,*
https://doi.org/10.1007/978-3-662-67092-7_3

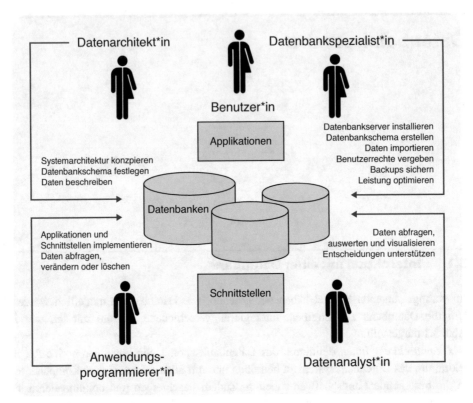

Abb. 3.1 Interaktion mit einer Datenbank

Datenanalyst*innen, welche bei hoher Spezialisierung auch Data Scientists genannt werden, analysieren die Datenbestände, um Entscheidungen datenbasiert zu unterstützen. Dazu fragen sie Daten ab, werten diese mit statistischen Methoden aus und visualisieren die Ergebnisse.

Zum erfolgreichen Betreiben einer Datenbank ist eine Datenbanksprache notwendig, mit der die unterschiedlichen Anforderungen der Benutzer*innen abgedeckt werden können. Abfrage- und Manipulationssprachen für Datenbanken haben den Vorteil, dass man mit ein und derselben Sprache Datenbanken erstellen, Benutzerrechte vergeben oder Daten verändern und auswerten kann. Zudem ermöglicht eine deskriptive Sprache die präzise, reproduzierbare Interaktion mit der Datenbank, ohne dass Routinen und Abläufe programmiert werden müssen. Daher schauen wir uns im Folgenden verschiedene Datenbanksprachen an.

3.2   Die Relationenalgebra

3.2.1   Übersicht über Operatoren

Wir beginnen mit einem theoretischen Modell für Datenbanksprachen. Die *Relationen-algebra* (engl. „relational algebra") bildet einen *formalen Rahmen für Datenbank-abfragen*. Sie definiert einen Satz von algebraischen Operatoren, die auf Relationen wirken. Zwar verwenden die heutigen Datenbanksprachen diese Operatoren nicht direkt, aber sie bieten eine analoge Funktionalität. Allerdings können sie nur dann als relational vollständige Sprachen bezeichnet werden, wenn das ursprüngliche Potenzial der Relationenalgebra vollständig erhalten bleibt.

Im Folgenden wird für zwei beliebige Relationen R und S eine Übersicht über die Operatoren der Relationenalgebra gegeben, aufgeteilt nach mengenorientierten und relationenorientierten Operatoren. Sämtliche Operatoren verarbeiten entweder eine Tabelle oder zwei Tabellen und erzeugen wieder eine Relation. Diese Einheitlich-keit (algebraische Eigenschaft) macht es möglich, mehrere Operatoren miteinander zu kombinieren und auf Relationen wirken zu lassen.

Die mengenorientierten Operatoren entsprechen den bekannten Mengenoperationen (vgl. Abb. 3.2 und nächsten Abschn. 3.2.2). Zu diesen zählen die Vereinigung,

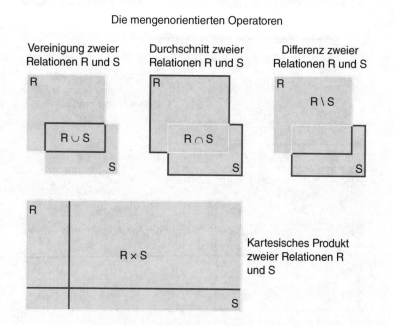

Abb. 3.2 Vereinigung, Durchschnitt, Differenz und kartesisches Produkt von Relationen

symbolisiert durch das Spezialzeichen∪, der Durchschnitt ∩, die Subtraktion \ und das kartesische Produkt ×. Aufgrund eines Verträglichkeitskriteriums können zwei Relationen R und S miteinander vereinigt (R∪S) oder geschnitten (R∩S) oder voneinander subtrahiert (R\S) werden. Zusätzlich lassen sich je zwei beliebige Relationen R und S bedingungslos miteinander multiplizieren (R × S). Das Resultat solcher Mengenoperationen ist wiederum eine Menge von Tupeln, also eine Relation.

Die *relationenorientierten Operatoren* gemäß Abb. 3.3 wurden von Ted Codd speziell für Relationen festgelegt; sie werden ausführlich in Abschn. 3.2.3 erläutert. Mithilfe des Projektionsoperators, abgekürzt durch den Buchstaben π (griechisch Pi), lassen

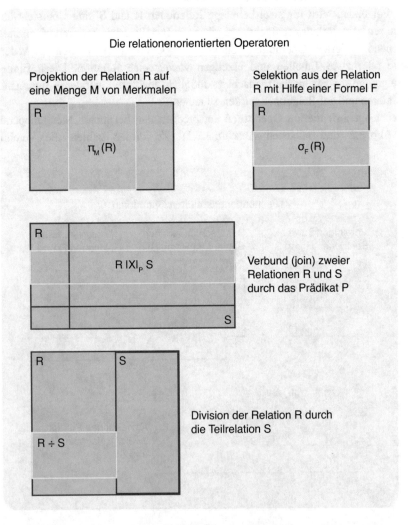

Abb. 3.3 Projektion, Selektion, Verbund und Division von Relationen

sich Relationen auf Teilmengen reduzieren. So bildet der Ausdruck $\pi_M(R)$ eine Untermenge der Relation R anhand einer Menge M von Merkmalen. Der Selektionsoperator $\sigma_F(R)$, symbolisiert durch σ (griechisch Sigma), trifft eine Auswahl von Tupeln aus der Relation R anhand eines Selektionskriteriums oder einer sogenannten Formel F. Der *Verbundoperator* (engl. „join"), gegeben durch das Spezialzeichen |×|, kombiniert zwei Relationen zu einer neuen. So lassen sich die beiden Relationen R und S durch die Operation R|×|$_P$S verbinden, wobei P die entsprechende Verbundbedingung (Verbundprädikat) angibt. Schließlich berechnet die Divisionsoperation R ÷ S eine Teiltabelle, indem sie die Relation R durch die Relation S dividiert. Der Divisionsoperator wird durch das Spezialzeichen ÷ dargestellt.

In den nächsten beiden Abschnitten erläutern wir die mengen- und relationenorientierten Operatoren der Relationenalgebra anhand anschaulicher Beispiele.

3.2.2 Die mengenorientierten Operatoren

Da jede Relation eine Menge von Datensätzen (Tupeln) darstellt, können verschiedene Relationen mengentheoretisch miteinander verknüpft werden. Von zwei Relationen lässt sich jedoch nur dann eine Vereinigung, ein Durchschnitt oder eine Differenz berechnen, wenn diese vereinigungsverträglich sind.

Vereinigungsverträglichkeit

Zwei Relationen sind *vereinigungsverträglich* (engl. „union compatible"), wenn folgende zwei Bedingungen erfüllt sind: Beide Relationen weisen die gleiche Anzahl Merkmale auf und die Datenformate der korrespondierenden Merkmalskategorien sind identisch.

Betrachten wir dazu das in Abb. 3.4 dargestellte Beispiel: Aus einer Datei mit Mitarbeiter*innen ist für die beiden firmeneigenen Clubs je eine Tabelle definiert worden, die neben der Mitarbeiter*innennummer den Namen und die Adresse enthält. Obwohl die Merkmalsnamen unterschiedlich lauten, sind die beiden Tabellen SPORTCLUB und FOTOCLUB vereinigungsverträglich. Sie weisen dieselbe Anzahl Merkmale auf, wobei die Merkmalswerte aus ein und derselben Mitarbeiterdatei stammen und somit auch über gleiche Wertebereiche definiert sind.

Allgemein werden zwei vereinigungsverträgliche Relationen R und S mengentheoretisch durch die *Vereinigung* (engl. „union") R ∪ S kombiniert, indem *sämtliche Einträge aus R und sämtliche Einträge aus S in die Resultattabelle eingefügt* werden. Gleichzeitig werden identische Datensätze eliminiert; diese sind in der Resultatmenge R ∪ S aufgrund der Merkmalsausprägungen nicht mehr unterscheidbar.

Die Tabelle CLUBMITGLIEDER (Abb. 3.5) ist eine Vereinigung der Tabellen SPORTCLUB und FOTOCLUB. Jedes Resultattupel kommt entweder in der Tabelle SPORTCLUB oder FOTOCLUB oder in beiden gleichzeitig vor. Das Clubmitglied Huber erscheint nur einmal, da identische Einträge in der Vereinigungsmenge nicht zugelassen sind.

SPORTCLUB

M#	Name	Straße	Wohnort
M1	Meier	Lindenstraße	Liestal
M7	Huber	Mattenweg	Basel
M19	Schweizer	Hauptstraße	Frenkendorf

FOTOCLUB

M#	Name	Straße	Wohnort
M4	Becker	Wasserweg	Liestal
M7	Huber	Mattenweg	Basel

Abb. 3.4   Vereinigungsverträgliche Tabellen SPORT- und FOTOCLUB

CLUBMITGLIEDER = SPORTCLUB ∪ FOTOCLUB

M#	Name	Straße	Wohnort
M1	Meier	Lindenstraße	Liestal
M7	Huber	Mattenweg	Basel
M19	Schweizer	Hauptstraße	Frenkendorf
M4	Becker	Wasserweg	Liestal

Abb. 3.5   Vereinigung der beiden Tabellen SPORTCLUB und FOTOCLUB

Die übrigen mengenorientierten Operatoren sind auf analoge Art definiert: Zum *Durchschnitt* (engl. „intersection") $R \cap S$ zweier vereinigungsverträglicher Relationen R und S zählen nur diejenigen Einträge, die sowohl in R als auch in S vorhanden sind. In unserem Tabellenauszug ist nur Huber sowohl im SPORT- als auch im FOTOCLUB Aktivmitglied.

Die erhaltene Resultatmenge SPORTCLUB $\cap$ FOTOCLUB ist einelementig, da genau eine Person eine Doppelmitgliedschaft aufweist.

Schließlich können vereinigungsverträgliche Relationen voneinander subtrahiert werden. Die *Differenz* (engl. „difference") $R \backslash S$ erhält man dadurch, dass man in R sämtliche Einträge entfernt, die in S enthalten sind. Auf unser Beispiel angewendet, bedeutet die Subtraktion SPORTCLUB\FOTOCLUB, dass wir in der Resultatrelation nur die beiden Mitglieder Meier und Schweizer finden. Das Mitglied Huber wird eliminiert, da es zusätzlich Mitglied im FOTOCLUB ist. Somit erlaubt der Differenzoperator die Bestimmung derjenigen Sportclubmitglieder, die nicht gleichzeitig dem Fotoclub angehören.

Allgemein besteht zwischen dem Durchschnitts- und dem Diffrenzoperator zweier vereinigungsverträglicher Relationen die folgende Beziehung:

$$R \cap S = R \backslash (R \backslash S).$$

Somit kann die Durchschnittsbildung auf die Differenzbildung zurückgeführt werden. Diese Beziehung lässt sich leicht an unserem Beispiel der Sport- und Fotoclubmitglieder veranschaulichen.

Bei den mengenorientierten Operatoren fehlt noch das kartesische Produkt zweier beliebiger Relationen R und S, die keineswegs vereinigungsverträglich sein müssen. Unter dem *kartesischen Produkt* (engl. „cartesian product") R × S zweier Relationen R und S versteht man die Menge aller möglichen Kombinationen von Tupeln aus R mit Tupeln aus S.

Als Beispiel betrachten wir in Abb. 3.6 die Tabelle WETTKAMPF, die eine Mitgliederkombination (SPORTCLUB\FOTOCLUB) × FOTOCLUB darstellt. Diese Tabelle enthält also alle möglichen Kombinationen von Sportclubmitgliedern (die nicht zugleich im Fotoclub sind) mit den Fotoclubmitgliedern. Sie drückt eine typische Wettkampfzusammenstellung der beiden Clubs aus, wobei das Doppelmitglied Huber natürlich nicht gegen sich selbst antreten kann und aufgrund der Subtraktion SPORTCLUB\FOTOCLUB auf der Seite der Fotoclubmitglieder kämpft.

Diese Operation heißt kartesisches Produkt, da die jeweiligen Einträge der Ausgangstabellen miteinander multipliziert werden. Haben allgemein zwei beliebige Relationen R und S m beziehungsweise n Einträge, so hat das kartesische Produkt R × S insgesamt m mal n Tupeleinträge.

WETTKAMPF = (SPORTCLUB \ FOTOCLUB) × FOTOCLUB

M#	Name	Straße	Wohnort	M#	Name	Straße	Wohnort
M1	Meier	Lindenstraße	Liestal	M4	Becker	Wasserweg	Liestal
M1	Meier	Lindenstraße	Liestal	M7	Huber	Mattenweg	Basel
M19	Schweizer	Hauptstraße	Frenkendorf	M4	Becker	Wasserweg	Liestal
M19	Schweizer	Hauptstraße	Frenkendorf	M7	Huber	Wasserweg	Basel

Abb. 3.6 Relation WETTKAMPF als Beispiel eines kartesischen Produktes

3.2.3   Die relationenorientierten Operatoren

Die relationenorientierten Operatoren ergänzen die mengenorientierten. Der *Projektionsoperator* (engl. „projection") $\pi_M(R)$ bildet eine Teilrelation aus der Relation R aufgrund der durch M definierten Merkmalsnamen. Beispielsweise bedeutet für eine Relation R mit den Attributen (A,B,C,D) die Schreibweise $\pi_{A,C}(R)$, dass R auf die Merkmale A und C reduziert wird. Es ist erlaubt, in einer Projektion die Attributnamen in einer beliebigen Reihenfolge aufzulisten. So bedeutet $R' := \pi_{C,A}(R)$ die Projektion der Relation $R = (A,B,C,D)$ auf $R' = (C,A)$.

Das erste Beispiel $\pi_{Ort}(MITARBEITENDE)$ in Abb. 3.7 listet alle Orte aus der Mitarbeitertabelle wiederholungsfrei in eine einspaltige Tabelle. Im zweiten Beispiel $\pi_{Unt,Name}(MITARBEITENDE)$ erhalten wir eine Teiltabelle mit sämtlichen Abteilungsnummern und Namen der zugehörigen Mitarbeiter*innen.

Ein weiterer wichtiger Operator $\sigma_F(R)$ dient der *Selektion* (engl. „selection") *von Tupeln aus der Relation R anhand der Formel F.* Eine Formel F besitzt eine bestimmte Anzahl von Merkmalsnamen oder konstanten Werten, die durch Vergleichsoperatoren wie $<$, $>$ oder $=$ sowie durch logische Operatoren wie AND, OR und NOT miteinander kombiniert werden können. Unter $\sigma_F(R)$ versteht man somit alle Tupel aus R, die die Selektionsbedingung F erfüllen.

MITARBEITENDE

M#	Name	Straße	Ort	Unt
M19	Schweizer	Hauptstraße	Frenkendorf	A6
M1	Meier	Lindenstraße	Liestal	A3
M7	Huber	Mattenweg	Basel	A5
M4	Becker	Wasserweg	Liestal	A6

$\pi_{Ort}(MITARBEITENDE)$

Ort
Frenkendorf
Liestal
Basel

$\pi_{Unt,Name}(MITARBEITENDE)$

Unt	Name
A6	Schweizer
A3	Meier
A5	Huber
A6	Becker

Abb. 3.7   Projektionsoperatoren am Beispiel MITARBEITENDE

Betrachten wir dazu die Beispiele der Abb. 3.8 zur Selektion von Tupeln aus der Tabelle MITARBEITENDE: Im ersten Beispiel werden alle Mitarbeiter*innen bestimmt, die die Bedingung Ort=Liestal erfüllen und somit in Liestal wohnen. Das zweite Beispiel mit der Bedingung Unt=A6 selektiert nur die in der Abteilung A6 tätigen Mitarbeitenden. Schließlich kombiniert das dritte Beispiel die beiden ersten Selektionsbedingungen durch eine logische Verknüpfung anhand der Formel Ort=Liestal AND Unt=A6. Dabei erhalten wir als Resultattabelle eine einelementige Relation, denn nur Mitarbeiter Becker stammt aus Liestal und arbeitet in der Abteilung mit der Nummer A6.

Natürlich lassen sich die bereits besprochenen Operatoren der Relationenalgebra auch miteinander kombinieren. Wenden wir z. B. nach einer Selektion der Mitarbeitenden der Abteilung A6 durch $\sigma_{Unt=A6}$(MITARBEITENDE) anschließend eine Projektion auf das Merkmal Ort durch den Operator $\pi_{Ort}(\sigma_{Unt=A6}$(MITARBEITENDE)) an, so erhalten wir als Resultattabelle die beiden Ortschaften Frenkendorf und Liestal.

Betrachten wir nun den *Verbundoperator* (engl. „join operator"), durch den sich zwei Relationen zu einer einzigen zusammenfügen lassen. Der Verbund R|×|$_P$S der beiden Relationen R und S über das Prädikat P ist eine *Kombination aller Tupel aus R mit allen Tupeln aus S, die jeweils das Verbundprädikat P erfüllen.* Das Verbundprädikat enthält ein Merkmal aus der Relation R und eines aus S. Diese beiden Merkmale werden durch Vergleichsoperatoren <, > oder=in Beziehung gesetzt, damit die Relationen R und S

$\sigma_{Ort=Liestal}$(MITARBEITENDE)

M#	Name	Straße	Ort	Unt
M1	Meier	Lindenstraße	Liestal	A3
M4	Becker	Wasserweg	Liestal	A6

$\sigma_{Unt=A6}$(MITARBEITENDE)

M#	Name	Straße	Ort	Unt
M19	Schweizer	Hauptstraße	Frenkendorf	A6
M4	Becker	Wasserweg	Liestal	A6

$\sigma_{Ort=Liestal\ AND\ Unt=A6}$(MITARBEITENDE)

M#	Name	Straße	Ort	Unt
M4	Becker	Wasserweg	Liestal	A6

Abb. 3.8 Beispiele von Selektionsoperatoren

kombiniert werden können. Enthält das Verbundprädikat P den Vergleichsoperator „$=$",
so spricht man von einem *Gleichheitsverbund* (engl. „equi-join").

Der Verbundoperator stößt oft auf Verständnisschwierigkeiten und kann dadurch zu
falschen oder ungewollten Resultaten führen. Der Grund liegt meistens darin, dass das
Prädikat für die Kombination zweier Tabellen vergessen oder falsch definiert wird.

Betrachten wir in Abb. 3.9 als Beispiel zwei Verbundoperatoren mit und ohne
Angabe des Verbundprädikates. Mit der Spezifikation MITARBEITENDE $|\times|_{Unt=A\#}$
ABTEILUNG verknüpfen wir die beiden Tabellen MITARBEITENDE und
ABTEILUNG, indem wir die Angaben der Mitarbeitenden mit den Angaben ihrer
zugehörigen Abteilungen ergänzen. Vergessen wir im Beispiel aus Abb. 3.9 die Angabe
eines Verbundprädikates P und spezifizieren MITARBEITENDE $\times$ ABTEILUNG,
so erhalten wir das kartesische Produkt der beiden Tabellen MITARBEITENDE und
ABTEILUNG. Dieses Beispiel illustriert eine nicht sehr sinnvolle Kombination der
beiden Tabellen, da sämtliche Mitarbeitenden sämtlichen Abteilungen gegenübergestellt
werden. Wir finden also in der Resultattabelle auch die Kombination von Mitarbeitenden
mit Abteilungen, denen sie organisatorisch gar nicht zugeteilt sind (vgl. dazu die Tabelle
WETTKAMPF in Abb. 3.6).

Wie die Beispiele in Abb. 3.9 zeigen, ist der Verbundoperator $|\times|$ mit dem Verbund-
prädikat P nichts anderes als eine Einschränkung des kartesischen Produktes. Allgemein
drückt ein Verbund zweier Tabellen R und S ohne die Spezifikation des Verbundprädikats
ein kartesisches Produkt der beiden Tabellen R und S aus, d. h., es gilt mit dem leeren
Prädikat P$=\{\}$

$$R|\times|_{P=\{\}}S = R \times S.$$

Verwenden wir bei der Selektion als Selektionsprädikat ein Verbundprädikat, so erhalten
wir:

$$R|\times|_{P}S = \sigma_P(R \times S).$$

Diese allgemeine Formel drückt aus, dass jeder Verbund in einem ersten Schritt durch
ein kartesisches Produkt und in einem zweiten Schritt durch eine Selektion ausgedrückt
werden kann.

Auf das Beispiel aus Abb. 3.9 bezogen können wir unseren gewünschten Ausdruck
des Verbundes MITARBEITENDE $|\times|_{Unt=A\#}$ ABTEILUNG durch die folgenden zwei
Schritte berechnen: Zuerst bilden wir das kartesische Produkt der beiden Tabellen MIT-
ARBEITENDE und ABTEILUNG. In der Tabelle dieses Zwischenresultats werden
nun diejenigen Einträge durch die Selektion $\sigma_{Unt=A\#}$(MITARBEITENDE $\times$ ABTEILU
NG) bestimmt, bei denen das Verbundprädikat Unt$=$A# erfüllt ist. Damit erhalten wir
dieselben Tupel wie bei der direkten Berechnung des Verbundes MITARBEITENDE
$|\times|_{Unt=A\#}$ABTEILUNG (vgl. dazu die gelb hinterlegten Tupeleinträge in Abb. 3.9).

Eine *Division* (engl. „division") der Relation R durch die Relation S kann nur durchgeführt werden, falls S als Teilrelation in R enthalten ist. Der Divisionsoperator R $\div$ S
berechnet eine Teilrelation R' aus R mit der Eigenschaft, dass die Kombinationen

MITARBEITENDE   ABTEILUNG

M#	Name	Straße	Ort	Unt
M19	Schweizer	Hauptstraße	Frenkendorf	A6
M1	Meier	Lindenstraße	Liestal	A3
M7	Huber	Mattenweg	Basel	A5
M4	Becker	Wasserweg	Liestal	A6

A#	Bezeichnung
A3	Informatik
A5	Personal
A6	Finanz

MITARBEITENDE |×|$_{Unt=A\#}$ ABTEILUNG

M#	Name	Straße	Ort	Unt	A#	Bezeichnung
M19	Schweizer	Hauptstraße	Frenkendorf	A6	A6	Finanz
M1	Meier	Lindenstraße	Liestal	A3	A3	Informatik
M7	Huber	Mattenweg	Basel	A5	A5	Personal
M4	Becker	Wasserweg	Liestal	A6	A6	Finanz

MITARBEITENDE × ABTEILUNG

M#	Name	Straße	Ort	Unt	A#	Bezeichnung
M19	Schweizer	Hauptstraße	Frenkendorf	A6	A3	Informatik
M19	Schweizer	Hauptstraße	Frenkendorf	A6	A5	Personal
M19	Schweizer	Hauptstraße	Frenkendorf	A6	A6	Finanz
M1	Meier	Lindenstraße	Liestal	A3	A3	Informatik
M1	Meier	Lindenstraße	Liestal	A3	A5	Personal
M1	Meier	Lindenstraße	Liestal	A3	A6	Finanz
M7	Huber	Mattenweg	Basel	A5	A3	Informatik
M7	Huber	Mattenweg	Basel	A5	A5	Personal
M7	Huber	Mattenweg	Basel	A5	A6	Finanz
M4	Becker	Wasserweg	Liestal	A6	A3	Informatik
M4	Becker	Wasserweg	Liestal	A6	A5	Personal
M4	Becker	Wasserweg	Liestal	A6	A6	Finanz

Abb. 3.9 Verbund zweier Relationen mit und ohne Verbundprädikat

aller Tupel r' aus R' mit den Tupeln s aus S in der Relation R liegen. Es muss also das kartesische Produkt R' × S in der Relation R enthalten sein.

Die in Abb. 3.10 dargestellte Tabelle R zeigt, welche Mitarbeitende an welchen Projekten arbeiten. Wir interessieren uns nun für alle Personen, die an *sämtlichen*

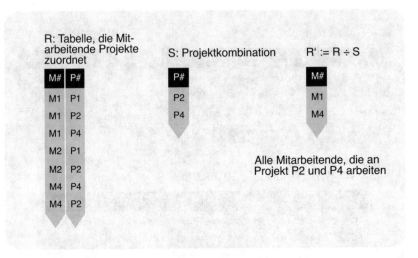

Abb. 3.10 Beispiel eines Divisionsoperators

Projekten aus S, d. h. den Projekten P2 und P4, arbeiten. Dazu definieren wir die Tabelle S mit den Projektnummern P2 und P4. Es ist offensichtlich, dass S in R enthalten ist, und wir können somit die Division $R' := R \div S$ berechnen. Die Division liefert als Resultat in der Tabelle R' die beiden Mitarbeitenden M1 und M4. Eine kleine Kontrollrechnung bestätigt, dass sowohl M1 als auch M4 gleichzeitig an den Projekten P2 und P4 arbeiten, da die Tupel (M1,P2), (M1,P4) bzw. (M4,P2) und (M4,P4) in der Tabelle R auftreten.

Man kann einen Divisionsoperator durch Projektions- und Differenzoperatoren sowie durch ein kartesisches Produkt ausdrücken. Damit zählt der Divisionsoperator neben dem Durchschnitts- und dem Verbundoperator zu den ersetzbaren Operatoren der Relationenalgebra.

Zusammenfassend bilden Vereinigung, Differenz, kartesisches Produkt, Projektions- und Selektionsoperatoren die kleinste Menge von Operatoren, die die Relationenalgebra voll funktionsfähig macht: Der Durchschnitts-, der Verbund- sowie der Divisions- operator lassen sich, wenn auch manchmal umständlich, durch diese fünf Operatoren der Relationenalgebra jederzeit herleiten.

Die Operatoren der Relationenalgebra sind nicht nur aus theoretischer Sicht interessant, sondern haben auch ihre praktische Bedeutung. So werden sie für die Sprachschnittstelle relationaler Datenbanksysteme verwendet, um Optimierungen vor- zunehmen (vgl. Abschn. 5.2.2). Darüber hinaus gelangen sie beim Bau von Datenbank- rechnern zur Anwendung: Die Operatoren der Relationenalgebra oder abgewandelte Formen davon müssen nicht softwaremäßig realisiert werden, sondern lassen sich direkt in Hardwarekomponenten implementieren.

3.2.4 Relational vollständige Sprachen

Sprachen sind relational vollständig, wenn sie zumindest der Relationenalgebra ebenbürtig sind. Dies bedeutet, dass alle Operationen auf Daten, welche mit der relationalen Algebra ausgeführt werden können, auch von relational vollständigen Sprachen unterstützt werden.

Die in der Praxis gebräuchlichen Sprachen relationaler Datenbanksysteme orientieren sich an der Relationenalgebra. So ist die bereits erwähnte Sprache SQL, die Structured Query Language, gleich mächtig wie die Relationenalgebra und gilt deshalb als *relational vollständige* Sprache. Die relationale Vollständigkeit einer Datenbanksprache bedeutet, dass die Operatoren der Relationenalgebra in ihr darstellbar sind.

Kriterium der Vollständigkeit

Eine Datenbankabfragesprache heißt *relational vollständig* im Sinne der Relationenalgebra, wenn sie mindestens die mengenorientierten Operatoren Vereinigung, Differenz und kartesisches Produkt sowie die relationenorientierten Operatoren Projektion und Selektion ermöglicht.

Das Kriterium der Vollständigkeit ist das wichtigste Kriterium beim Überprüfen einer Datenbanksprache auf ihre relationale Tauglichkeit. Nicht jede Sprache, die mit Tabellen arbeitet, ist relational vollständig. Fehlt die Möglichkeit, verschiedene Tabellen über gemeinsame Merkmale zu kombinieren, so ist diese Sprache nicht mit der Relationenalgebra äquivalent. Daher verdient sie auch nicht die Auszeichnung als relational vollständige Datenbanksprache.

Die Relationenalgebra bildet die Grundlage primär für den Abfrageteil einer relationalen Datenbanksprache. Natürlich möchte man neben Auswertungsoperationen auch einzelne Tabellen oder Teile davon manipulieren können. Zu den Manipulationsoperationen zählt beispielsweise das Einfügen, Löschen oder Verändern von Tupelmengen. Aus diesem Grund müssen Datenbanksprachen um die folgenden Funktionen erweitert werden, um sie praxistauglich zu machen:

- Es müssen Tabellen und Merkmale definiert werden können.
- Es müssen Einfüge-, Veränderungs- und Löschoperationen vorgesehen werden.
- Die Sprache sollte Aggregatsfunktionen wie Summenbildung, Maximumbestimmung, Berechnung des Minimal- oder des Durchschnittswertes einer einzelnen Spalte der Tabelle enthalten.
- Tabellen sollten formatiert und nach verschiedenen Kriterien dargestellt werden können. So interessieren Sortierreihenfolgen oder Gruppenbrüche zum Darstellen von Tabellen.
- Sprachen für Datenbanken müssen zwingend Sprachelemente für die Vergabe von Benutzerberechtigungen und für den Schutz der Datenbanken anbieten (vgl. Abschn. 4.2).

- Es wäre von Vorteil, wenn Datenbanksprachen arithmetische Ausdrücke oder Berechnungen unterstützen würden.
- Datenbanksprachen sollten dem Mehrbenutzeraspekt Rechnung tragen (Transaktionsprinzip, vgl. Abschn. 4.4 und 4.5) und Befehle für die Datensicherheit bereitstellen.

Durch die Beschreibung der Relationenalgebra haben wir den formalen Rahmen relationaler Datenbanksprachen abgesteckt. In der Praxis ist es nun so, dass diese formale Sprache nicht direkt eingesetzt wird. Vielmehr wurde schon früh versucht, relationale *Datenbanksprachen möglichst benutzerfreundlich* zu gestalten. Da die algebraischen Operatoren den Anwendenden eines Datenbanksystems in reiner Form nicht zumutbar sind, werden die Operatoren durch aussagekräftigere Sprachelemente dargestellt. Die Sprache SQL soll dies in den folgenden Abschnitten beispielhaft demonstrieren.

3.3   Relationale Sprache SQL

Die Sprache SEQUEL („Structured English Query Language") wurde Mitte der 1970er-Jahre für „System R" geschaffen; dieses Testsystem war eines der ersten lauffähigen relationalen Datenbanksysteme. Das Prinzip von SEQUEL war eine relational vollständige Abfragesprache, welche nicht auf mathematischen Symbolen, sondern auf *englischen Wörtern* wie „select", „from", „where", „count", „group by" etc. basiert. Eine Weiterentwicklung dieser Sprache ist unter dem Namen SQL (Structured Query Language) erst durch die ANSI und später durch die ISO normiert worden. SQL ist seit Jahren die führende Sprache für Datenbankabfragen und -interaktionen.

Ein Tutorium für die Sprache SQL ist auf der Webseite dieses Buches, www.sql-nosql.org, aufgeführt. Die hier skizzierte Einführung in SQL deckt nur einen kleinen Teil des Standards ab. Die heutige SQL-Sprache bietet viele Erweiterungen, unter anderem im Bereich Auswertung, Performance, Sicherheit und Programmierung und Auswertung.

Bevor wir Daten abfragen können, müssen Daten in die Datenbank eingegeben werden. Deshalb beginnen wir damit, wie wir ausgehend von der Tabellenstruktur ein Datenbankschema erstellen und mit Daten befüllen.

3.3.1   Erstellen und Befüllen des Datenbankschemas

Zur Definition einer Tabelle in SQL steht ein CREATE TABLE-Befehl zur Verfügung. Die Tabelle MITARBEITENDE wird wie folgt spezifiziert:

```
CREATE TABLE  MITARBEITENDE
(   M#   CHAR(6) NOT NULL,
    Name VARCHAR(20),
... )
```

Die Sprache SQL erlaubt, Merkmale und Tabellen zu definieren (Data Definition Language oder DDL). Als Datentypen gibt der SQL-Standard unterschiedliche Formate vor:

- CHARACTER(n) oder CHAR(n) bedeutet eine Sequenz von Buchstaben fester Länge.
- CHARACTER VARYING oder VARCHAR erlaubt die Spezifikation von Buchstabenfolgen beliebiger Länge.
- Numerische Daten werden mit den Datentypen NUMERIC oder DECIMAL festgelegt, wobei Angaben zur Größe und Genauigkeit spezifiziert werden müssen.
- Ganze Zahlen lassen sich durch INTEGER oder SMALLINT.
- Der Datentyp DATE gibt Datumsangaben durch YEAR, MONTH und DAY. Dabei gelangen unterschiedliche Formate zur Anwendung, so z. B. (yyyy,mm,dd) für Jahres-, Monats- und Tagesangaben (vgl. Abschn. 6.3 über temporale Datenbanken).
- Der Datentyp TIME liefert Zeitangaben in HOUR, MINUTE und.
- Der Datentyp TIMESTAMP ist eine Kombination des Typs DATE und TIME. Zusätzlich können die Präzision der Zeitangabe sowie die Zeitzone festgelegt werden.
- Daneben gibt es noch weitere Datentypen für Bitstrings (BIT oder BIT VARYING) sowie für umfangreiche Objekte (CHARACTER LARGE OBJECT oder BINARY LARGE OBJECT).
- Zudem wird die Einbindung von komplexen Objekten mit XML (Extensible Markup Language) und JSON (JavaScript Object Notation) unterstützt.

Mit dem entgegengesetzten Befehl DROP TABLE können Tabellendefinitionen gelöscht werden. Dabei ist zu beachten, dass dieser Befehl auch sämtliche Tabelleninhalte und dazugehörende Benutzungsrechte eliminiert (vgl. Abschn. 4.2).

Ist die Tabelle MITARBEITENDE definiert, so können durch die folgende Anweisung neue Tupel eingefügt werden:

```
INSERT INTO MITARBEITENDE
VALUES
('M20', 'Müller', 'Riesweg', 'Olten', 'A6'),
('M21', 'Minder', 'Freiestrasse', 'Zürich', 'A3'),
...
```

In der Praxis ist der INSERT-Befehl von SQL eher für bescheidene Datenmengen geeignet. Für größere Datenmengen (vgl. Big Data) bieten SQL-Datenbanksysteme oft spezielle NoSQL-Spracherweiterungen an, welche effizientes Laden großer Datenvolumen (sogenannte Bulk Loads) unterstützen.[1] Zudem existieren Extract-Transform-Load (ETL)-Werkzeuge und Programmierschnittstellen (Application Programming Interfaces, API) zu diesem Zweck.

Eine Manipulation der Tabelle MITARBEITENDE ist durch eine UPDATE-Anweisung möglich:

```
UPDATE    MITARBEITENDE
SET       Ort = 'Basilea'
WHERE     Ort = 'Basel'
```

Diese Beispielanweisung ersetzt in allen Tupeln der Tabelle MITARBEITENDE sämtliche Wohnorte mit dem Wert Basel durch den neuen Ortsnamen Basilea. Die Veränderungsoperation UPDATE ist ebenfalls mengenorientiert und verändert gegebenenfalls eine mehrelementige Menge von Tupeln.

Schließlich können ganze Tabellen oder Teile davon durch eine DELETE-Anweisung gelöscht werden:

```
DELETE FROM    MITARBEITENDE
WHERE Ort = 'Basilea'
```

Die Löschanweisung betrifft normalerweise eine Menge von Tupeln, falls das Selektionsprädikat auf mehrere Tabelleneinträge zutrifft. Im Falle referenzieller Integrität (vgl. Abschn. 4.3) kann sich eine solche Löschoperation auch auf abhängige Tabellen auswirken.

---

[1] Beispiele sind der LOAD-Befehl in MySQL und der COPY-Befehl in PostgreSQL.

3.3.2 Relationale Operatoren

Die Grundstruktur der Sprache SQL sieht gemäß Abschn. 1.2.2 wie folgt aus:

```
SELECT    gewünschte Merkmale      (Output)
FROM      Tabellen des Suchraums   (Input)
WHERE     Selektionsprädikat       (Processing)
```

Im Folgenden schauen wir uns die einzlnen relationalen Operatoren und ihre Abbildung in SQL an.

Projektion

Die SELECT-Klausel entspricht dem Projektionsoperator der Relationenalgebra, indem sie eine Liste von Merkmalen angibt. Aus der Abfrage $\pi_{\text{Unt,Name}}$(MITARBEITENDE) in Form eines Projektionsoperators der Relationenalgebra, wie in Abb. 3.7 dargestellt, macht SQL ganz einfach:

```
SELECT    Unt, Name
FROM      MITARBEITENDE
```

Soll eine Liste der Wohnorte aufgrund der Tabelle MITARBEITENDE (vgl. Abb. 3.7) zusammengestellt werden, genügt folgende Anweisung:

```
SELECT   Ort
FROM     MITARBEITENDE;
```

Als Resultatstabelle erhält man eine einspaltige Tabelle mit den Ortschaften Frenkendorf, Liestal, Basel und Liestal, wie in Abb. 3.11 rechts dargestellt.

Korrekterweise muss hier angefügt werden, dass die Resultatstabelle dieser Abfrage gar keine Relation im Sinne des Relationenmodells darstellt, da jede Relation per Definition eine Menge ist und daher keine Duplikate zulässt. Da SQL im Gegensatz zur Relationenalgebra Duplikate nicht eliminiert, muss dazu bei der SELECT-Klausel das Wort DISTINCT eingefügt werden (vgl. Abb. 3.11 links).

Kartesisches Produkt

In der FROM-Klausel werden alle benötigten Tabellen aufgeführt. Beispielsweise wird das kartesische Produkt zwischen MITARBEITENDE und ABTEILUNG wie folgt in SQL dargestellt:

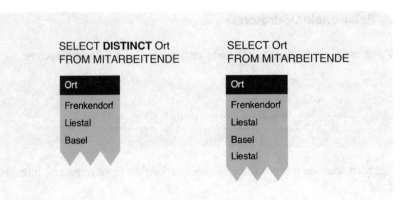

Abb. 3.11   Projektion mit und ohne Eliminierung von Duplikaten

```
SELECT   M#,Name,Strasse,Ort,Unt,A#,Bezeichnung
FROM     MITARBEITENDE, ABTEILUNG
```

Dieser Befehl erzeugt die Kreuzprodukttabelle aus Abb. 3.9, analog wie die gleich-
wertigen Operatoren

$$\text{MITARBEITENDE}|\times|_{P=\{\}}\text{ABTEILUNG}$$

oder

$$\text{MITARBEITENDE} \times \text{ABTEILUNG}.$$

Verbund

Formuliert man in der WHERE-Klausel das Verbundprädikat Unt=A#', so erhält
man den Gleichheitsverbund zwischen den beiden Tabellen MITARBEITENDE und
ABTEILUNG in SQL-Notation:

```
SELECT   M#,Name,Strasse,Ort,Unt,A#,Bezeichnung
FROM     MITARBEITENDE, ABTEILUNG
WHERE    Unt=A#
```

Eine andere Möglichkeit, dies auszudrücken, ist die folgende:

```
SELECT    *
FROM      MITARBEITENDE,
JOIN      ABTEILUNG
ON        Unt=A#
```

Ein Stern (*) in der SELECT-Klausel bedeutet, dass alle Merkmale der entsprechenden Tabellen selektiert werden; man bekommt also eine Resultattabelle mit den Merkmalen M#, Name, Straße, Ort und Unt (Unterstellung).

Selektion

Qualifizierte Selektionen lassen sich beschreiben, indem in der WHERE-Klausel verschiedene Aussagen durch die logischen Operatoren AND und OR verknüpft werden. Die früher vorgenommene Selektion der Mitarbeitenden, $\sigma_{Ort=Liestal\ AND\ Unt=A6}$(MITARBEITENDE), dargestellt in Abb. 3.8, lautet in SQL:

```
SELECT    *
FROM      MITARBEITENDE
WHERE     Ort='Liestal' AND Unt='A6'
```

Die WHERE-Klausel enthält das gewünschte Selektionsprädikat. Die Ausführung der obigen Abfrage durch das Datenbanksystem führt somit zu Mitarbeiter Becker aus Liestal, der in der Abteilung A6 tätig ist.

Vereinigung

Die mengenorientierten Operatoren der Relationenalgebra finden ihre Entsprechung im SQL-Standard. Möchte man z. B. die vereinigungsverträglichen Tabellen SPORTCLUB mit dem FOTOCLUB vereinen, so geschieht das in SQL mit dem Schlüsselwort UNION:

```
SELECT    *
FROM      SPORTCLUB
    UNION
SELECT    *
FROM      FOTOCLUB;
```

Da die beiden Tabellen vereinigungsverträglich sind, enthält die Resultatstabelle alle Sport- und Fotoclubmitglieder, wobei Duplikate eliminiert werden.

Differenz

Möchte man alle Sportclubmitglieder herausfinden, die nicht gleichzeitig im Fotoclub
mitwirken, so erfolgt die Abfrage mit dem Differenzoperator EXCEPT:

```
SELECT      *
FROM        SPORTCLUB
EXCEPT
SELECT      *
FROM        FOTOCLUB;
```

Schnittmenge

Bei vereinigungsverträglichen Tabellen können Durchschnitte gebildet werden.
Interessiert man sich für die Mitglieder, die sowohl im Sportclub wie im Fotoclub mitwirken, so kommt das Schlüsselwort INTERSECT zum Zuge:

```
SELECT      *
FROM        SPORTCLUB
INTERSECT
SELECT      *
FROM        FOTOCLUB;
```

3.3.3   Eingebaute Funktionen

Neben den üblichen Operatoren der Relationenalgebra existieren bei SQL sogenannte
eingebaute Funktionen (engl. „built-in functions"), die in der SELECT-Klausel verwendet werden.

Aggregatfunktionen

Zu diesen Funktionen gehören auch die sogenannten *Aggregatfunktionen,* welche ausgehend von einer Menge einen skalaren Wert berechnen. Dazu gehören COUNT für eine
Zählung, SUM für eine Summenbildung, AVG für die Berechnung des *Mittels* (engl.
„average"), MAX zur Bestimmung des Maximalwertes und MIN für die Feststellung des
Minimalwertes.

Beispielsweise können alle Mitarbeitenden gezählt werden, die in der Abteilung A6
arbeiten. In SQL lautet diese Aufforderung wie folgt:

```
SELECT    COUNT (M#)
FROM      MITARBEITER
WHERE     Unt='A6'
```

Als Resultat erhält man eine einelementige Tabelle mit einem einzigen Wert 2, der gemäß Tabellenauszug für die beiden Personen Schweizer und Becker steht.

Gruppierung

Die Resultate von Aggregierungen können auch über Werte von Variablen gruppiert werden. Beispielsweise können alle Mitarbeitenden gezählt werden, die in jeder Abteilung arbeiten. In SQL lautet diese Aufforderung wie folgt:

```
SELECT    Unt, COUNT (M#)
FROM      MITARBEITENDE
GROUP BY  Sub
ORDER BY  COUNT(M#)DESC
```

Als Resultat erhält man eine Tabelle mit einer Zeile pro Abteilungsnummer zusammen mit der entsprechenden Anzahl Mitarbeitenden. Mit der letzten Zeile der Anweisung wird das Resultat zudem absteigend nach der Anzahl Mitarbeitenden sortiert.

Die GROUP-BY-Anweisung kann durch das Schlüsselwort HAVING erweitert werden, falls bei Gruppierungen weitere Einschränkungen gelten sollen. Möchte man eine Liste der Abteilungen mit der Anzahl Mitarbeitenden und der Lohnsumme, allerdings nur für größere Abteilungen mit mehr als einem Mitarbeitenden, so kann die Abfrage wie folgt ergänzt werden:

```
SELECT    a.Bezeichnung,
          COUNT(M#) AS c, SUM(Lohn) AS s
FROM      PERSONAL p, ABTEILUNG a
WHERE     PERSONAL.Unt = ABTEILUNG.A#
GROUP BY  Unt
```

Das Schlüsselwort AS erlaubt hier die Umbenennung der Spalten. Das Alias p als Ersatz für den Tabellennamen verwendet.

Geschachtelte Abfragen

Es ist erlaubt und manchmal notwendig, innerhalb eines SQL-Statements einen weiteren SQL-Aufruf zu formulieren. Man spricht in diesem Zusammenhang von geschachtelten Abfragen. Solche Abfragen sind z. B. bei der Suche des Mitarbeitenden mit dem höchsten Lohn sinnvoll:

```
SELECT   M#, Name
FROM     PERSONAL
WHERE    Lohn >= ALL (SELECT Lohn
                      FROM PERSONAL);
```

Diese Anweisung enthält innerhalb der WHERE-Klausel ein weiteres SQL-Statement, um die Gehälter aller Mitarbeitenden zu selektieren. Dies wird innerer SQL-Ausdruck resp. Subquery genannt. Im äußeren SQL-Statement wird nochmals die Tabelle
PERSONAL konsultiert, um denjenigen Mitarbeiter mit M# und Namen zu erhalten, der
den höchsten Lohn erzielt. Das Schlüsselwort ALL bedeutet, dass die Bedingung für alle
Resultate der Subquery gelten muss.

Der Existenzquantor der Aussagenlogik wird im SQL-Standard durch das Schlüsselwort EXISTS ausgedrückt. Dieses Schlüsselwort wird bei einer SQL-Auswertung auf
„wahr" gesetzt, falls die nachfolgende Subquery mindestens ein Element resp. eine Zeile
selektiert.

Als Beispiel einer Abfrage mit einem EXISTS-Schlüsselwort können wir die Projektzugehörigkeit ZUGEHÖRIGKEIT heranziehen, die aufzeigt, welche Mitarbeitenden an
welchen Projekten arbeiten. Interessieren wir uns für die Mitarbeiter, die keine Projektarbeit leisten, so lautet das SQL-Statement wie folgt:

```
SELECT   M#, Name, Straße, Ort
FROM     MITARBEITENDE m
WHERE    NOT EXISTS (SELECT *
                     FROM ZUGEHÖRIGKEIT z
                     WHERE m.M# = z.M#);
```

In der äußeren Anweisung wird aus der Tabelle MITARBEITENDE die Namen und
Adressen derjenigen Mitarbeitenden selektiert, die keine Projektzugehörigkeit haben.
Dazu wird eine Subquery formuliert, um alle Mitarbeiter-Projekt-Zugehörigkeiten
(Beziehungen) zu erhalten. Im Ausschlussverfahren (NOT EXISTS) erhalten wir die
gewünschten Mitarbeitenden, die keine Projektarbeit leisten.

In dieser Abfrage wird nochmals ersichtlich, wie nützlich Ersatznamen (Alias) bei der
Formulierung von SQL-Anweisungen sind.

3.3.4 Nullwerte

Beim Arbeiten mit Datenbanken kommt es immer wieder vor, dass einzelne Datenwerte
für eine Tabelle nicht oder noch nicht bekannt sind. Beispielsweise möchte man einen
Mitarbeitenden in die Tabelle MITARBEITENDE einfügen, dessen Adresse nicht voll-

ständig vorliegt. In solchen Fällen ist es sinnvoll, anstelle wenig aussagekräftiger oder sogar falscher Werte sogenannte Nullwerte zu verwenden.

Ein Nullwert (engl. „null value") steht für einen Datenwert einer Tabellenspalte, der (noch) nicht bekannt ist. Ein Nullwert – symbolisch durch das Fragezeichen „?" ausgedrückt – ist nicht mit der Ziffer „Null" oder dem Wert „Blank" (Space) zu verwechseln. Diese beiden Werte drücken bei relationalen Datenbanken einen bestimmten Sachverhalt aus, wogegen der Nullwert einen Platzhalter mit Bedeutung *unbekannt* darstellt.

In Abb. 3.12 zeigen wir die Tabelle MITARBEITENDE mit Nullwerten bei den Merkmalen Straße und Ort. Natürlich dürfen nicht alle Merkmalskategorien Nullwerte enthalten, sonst sind Konflikte vorprogrammiert. Primärschlüssel dürfen definitionsgemäß keine Nullwerte aufweisen; im Beispiel gilt dies für die Mitarbeiternummer. Beim Fremdschlüssel Unt liegt die Wahl im Ermessen des Datenbankarchitekten. Maßgebend sind dessen Realitätsbeobachtungen.

Das Arbeiten mit Nullwerten ist nicht unproblematisch. Der Nullwert bildet neben den Werten TRUE (1) und FALSE (0) den neuen Informationsgehalt UNKNOWN (?). Damit verlassen wir die Zweiwertlogik, dass jede Aussage entweder falsch oder wahr ist. Auch mit drei Wahrheitswerten lassen sich Wahrheitstabellen von logischen Operatoren

MITARBEITENDE

M#	Name	Straße	Ort	Unt
M19	Schweizer	Hauptstraße	Frenkendorf	A6
M1	Meier	?	?	A3
M7	Huber	Mattenweg	Basel	A5
M4	Becker	?	?	A6

```
SELECT *
FROM     MITARBEITER
WHERE    Ort = 'Liestal'
  UNION
SELECT *
FROM     MITARBEITER
WHERE    NOT Ort = 'Liestal'
```

RESULTATTABELLE

M#	Name	Straße	Ort	Unt
M19	Schweizer	Hauptstraße	Frenkendorf	A6
M7	Huber	Mattenweg	Basel	A5

Abb. 3.12 Überraschende Abfrageergebnisse beim Arbeiten mit Nullwerten

OR	1	?	0		AND	1	?	0		NOT	
1	1	1	1		1	1	?	0		1	0
?	1	?	?		?	?	?	0		?	?
0	1	?	0		0	0	0	0		0	1

Abb. 3.13 Wahrheitstabellen der dreiwertigen Logik

wie AND, OR und NOT ableiten. Wie in Abb. 3.13 dargestellt, kann die Kombination von wahren oder falschen Aussagen mit Aussagen, deren Wahrheitsgehalt unbekannt ist, als Resultat wieder Nullwerte zurückgeben. Dies kann zu kontraintuitiven Resultaten führen, wie das Beispiel aus Abb. 3.12 zeigt.

Mit der Abfrage aus Abb. 3.12, die sämtliche Mitarbeitende aus der Tabelle MIT-ARBEITENDE selektiert, die entweder in Liestal oder außerhalb von Liestal wohnen, erhalten wir in der Resultattabelle nur eine Mitarbeiterteilmenge der ursprünglichen Tabelle. Der Grund ist, dass einige Wohnorte von Mitarbeitenden *unbekannt* sind. Daher ist der Wahrheitsgehalt beider Vergleiche, sowohl Ort = „Liestal" als auch NOT Ort = „Liestal", unbekannt und deshalb nicht *wahr*. Dies widerspricht klar der herkömmlichen Logik, dass eine Vereinigung der Teilmenge „Mitarbeiter wohnhaft in Liestal" mit deren Komplement „Mitarbeiter NICHT wohnhaft in Liestal" die Menge aller Mitarbeitenden ergibt.

Die Aussagenlogik mit den Werten TRUE, FALSE und UNKNOWN wird oft als Dreiwertlogik bezeichnet, da jede Aussage entweder „wahr" oder „falsch" oder „unbekannt" sein kann. Diese Logik ist weniger geläufig und stellt an die Anwendenden relationaler Datenbanken besondere Anforderungen, da Auswertungen von Tabellen mit Nullwerten schwieriger zu interpretieren sind. Deshalb wird in der Praxis oft entweder auf die Anwendung von Nullwerten verzichtet oder es werden anstelle von Nullwerten Defaultwerte verwendet. In unserem Beispiel der Mitarbeitertabelle könnte die Geschäftsadresse als Defaultwert die noch unbekannte Privatadresse ersetzen. Mit der Funktion COALESCE(X, Y) wird für ein Attribut X immer dann der Wert Y eingesetzt, wenn der Wert dieses Attributs NULL ist. Müssen Nullwerte explizit zugelassen werden, können Attribute mit einem spezifischen Vergleichsoperator IS NULL bzw. IS NOT NULL auf den Wert unknown geprüft werden, um unvorhergesehene Seiteneffekte zu vermeiden.

Normalerweise sind Nullwerte bei Fremdschlüsseln unerwünscht. Als Ausnahme gelten jedoch Fremdschlüssel, die unter eine spezielle Regelung der referenziellen Integrität fallen. So kann man beispielsweise bei der Löschregel für die referenzierte

Tabelle ABTEILUNG angeben, ob eventuelle Fremdschlüsselverweise auf null gesetzt werden sollen oder nicht. Die referenzielle Integritätsregel „Nullsetzen" sagt aus, dass Fremdschlüsselwerte beim Löschen der referenzierten Tupel auf Null wechseln. Löschen wir das Tupel (A6, Finanz) in der Tabelle ABTEILUNG mit der Integritätsregel „Nullsetzen", so werden die beiden Fremdschlüssel der Mitarbeitenden Schweizer und Becker in Abb. 3.12 in der Tabelle MITARBEITENDE auf Null gesetzt. Diese Regel ergänzt die besprochenen Regeln der restriktiven und fortgesetzten Löschung. Siehe dazu auch Abschn. 4.3.1.

Auch in graphbasierten Sprachen existieren Nullwerte. Wie wir im folgenden Abschnitt sehen werden, erfolgt die Handhabung von Nullwerten mit IS NULL und COALESCE in der Sprache Cypher ganz ähnlich. Diese Sprache werden wir nun im nächsten Abschnitt im Detail behandeln.

3.4   Graphbasierte Sprache Cypher

Die Entwicklung graphbasierter Datenbanksprachen begann Ende der Achtzigerjahre des letzten Jahrhunderts. Da mit der Entwicklung des Webs und den sozialen Medien immer mehr graphstrukturierte Daten produziert werden, gibt es ein Interesse an leistungsfähigen *Graphabfragesprachen* (engl. „graph query languages").

Eine Graphdatenbank speichert Daten in Graphstrukturen und bietet Datenmanipulationen auf der Ebene von Graphtransformationen an. Wie wir in Abschn. 1.4.1 gesehen haben, bestehen Graphdatenbanken aus Eigenschaftsgraphen mit Knoten und Kanten, welche jeweils eine Menge von Schlüssel-Wert-Paaren als Eigenschaften speichern. Graphbasierte Datenbanksprachen knüpfen dort an und ermöglichen die computersprachliche Interaktion und Programmierung der Verarbeitung von Graphstrukturen in Datenbanken.

Gleich wie relationale Sprachen sind graphbasierte Sprachen mengenorientiert. Sie arbeiten auf der Ebene von Graphen, welche als Mengen von Knoten sowie Kanten resp. Pfaden angesehen werden können. Wie in relationalen Sprachen lassen graphbasierte Sprachen die Filterung von Daten anhand von Prädikaten zu. Diese Filterung wird *konjunktive Abfrage* (engl. „conjunctive query") genannt. Filter auf Graphen geben eine Untermenge von Knoten oder Kanten des Graphen zurück, was einen Teilgraph darstellt. Dieses Prinzip heißt auf Englisch *Subgraph Matching* (Untergraph- resp. Teilgraphabgleich). Ebenfalls wie in relationalen Sprachen auch bieten graphbasierte Sprachen die Möglichkeit, Mengen von Knoten im Graphen zu skalaren Werten zu aggregieren, beispielsweise als Anzahl, Summe oder Minimum.

Zusammengefasst ist der Vorteil graphbasierter Sprachen, dass die Sprachkonstrukte direkt auf Graphen ausgerichtet sind und somit die sprachliche Definition der Verarbeitung von graphstrukturierten Daten viel direkter vor sich geht. Als Sprache für Graphdatenbanken fokussieren wir uns auf die graphbasierte Sprache Cypher in diesem Werk.

Cypher ist eine deklarative Abfragesprache für Graphdatenbanken. Sie bietet *Muster-abgleich* (engl. „pattern matching") auf Eigenschaftsgraphen. Sie wurde von Andrés Taylor 2011 bei Neo4J, Inc. entwickelt. Mit openCypher wurde die Sprache 2015 als Open-Source-Projekt der Allgemeinheit zur Verfügung gestellt. Sie wird in mehr als zehn kommerziellen Datenbanksystemen eingesetzt. 2019 hat die International Standards Organization (ISO) entschieden, openCypher unter dem Namen GQL bis 2023 zu einem internationalen Standard weiterzuentwickeln.

Die Graphdatenbank Neo4J[2] (siehe auch Tutorium für Cypher resp. Fallbeispiel Travelblitz mit Neo4J auf der Website www.sql-nosql.org) unterstützt mit der Sprache Cypher eine Sprachschnittstelle für die *Verschriftlichung* (engl. „scripting") von Daten-bankinteraktionen.

Cypher basiert auf dem Mechanismus des *Musterabgleichs* (engl. „pattern matching"). Cypher-Sprachbefehle für Datenabfragen und Datenmanipulation („data manipulation language", DML). Die Schemadefinition in Cypher geschieht jedoch implizit. Das heißt, dass Knoten- und Kantentypen definiert werden, indem Instanzen dieser Typen als konkrete Knoten und Kanten in die Datenbank eingefügt werden.

Was Cypher ebenfalls kennt, sind direkte Sprachelemente für Sicherheitsmechanis-men, welche wie in relationalen Sprachen mit Befehlen wie GRANT und REVOKE zum Einsatz kommen (vgl. Abschn. 4.2). Im Folgenden werden wir die relationalen Operatoren der Sprache Cypher vertiefen. Die Beispiele beziehen sich auf das Northwind Data Set.[3]

3.4.1   Erstellen und Befüllen des Datenbankschemas

Die *Schemadefinition in Cypher* geschieht implizit. Das heißt, dass die abstrakten Datenklassen (Metadaten) wie Knoten- und Kantentypen und Attribute dadurch erstellt werden, dass sie beim Einfügen von konkreten Datenwerten verwendet werden. Folgendes Beispiel fügt neue Daten in die Datenbank ein:

```
CREATE
(p:Product {productName:'Alice im Wunderland' })
-[:PUBLISHER]->
(o:Organization {orgName:'Minerva'})
```

Diese Anweisung verdient besondere Betrachtung, weil sie implizit das Schema erweitert. Es werden zwei neue Knoten erstellt und mit einer Kante verbunden. Der erste

---

[2] http://neo4j.com

[3] http://neo4j.com/developer/guide-importing-data-and-etl/

Knoten, p, speichert den Datensatz für das Produkt „Alice im Wunderland". Der zweite Knoten, o, definiert den Datensatz für den Minerva-Verlag. Dabei wird implizit ein neuer Knotentyp „Organization" erstellt, da es diesen vorher noch nicht gab.

In die neuen Knoten werden Attribut-Wert-Paare eingefügt. Da das Attribut „orgName" bisher nicht vorhanden war, wird es ebenfalls implizit im Schema hinzugefügt, ohne dass dazu ein zusätzlicher Befehl nötig wäre.

Zudem wird eine Kante zwischen dem Buchknoten und dem Verlagsknoten mit Kantentyp „PUBLISHER" erstellt. Unter der Annahme, dass dies ein neuer Kantentyp ist, wird dieser ebenfalls implizit zum Datenbankschema hinzugefügt.

Um Daten zu verändern, dann der Befehl MATCH … WHERE … SET verwendet werden. Das folgende Beispiel zeigt einen Ausdruck, der den Preis des angegebenen Produkts neu setzt:

```
MATCH (p:Product)
WHERE p.productName = 'Alice im Wunderland'
SET p.unitPrice = 13.75
```

Mit dem Befehl DELETE können entsprechende Knoten und Kanten gelöscht werden. Da die Graphdatenbank die referenzielle Integrität sicherstellt (siehe Abschn. 4.3), können Knoten erst gelöscht werden, wenn keine Kanten mehr mit ihnen verbunden sind. Daher müssen vor dem Entfernen eines Knotens erst sämtliche eingehenden und ausgehenden Verbindungen gelöscht werden.

Folgendes Beispiel zeigt einen Ausdruck, der für das über den Namen selektierte Produkt erst alle verbundenen Kanten als Muster erkennt, diese Kanten entfernt und anschließend den entsprechenden Knoten löscht:

```
MATCH
    ()-[r1]->(p:Product),
    (p)-[r2]->()
WHERE p.productName = 'Alice im Wunderland'
DELETE r1, r2, p
```

3.4.2 Relationale Operatoren

Wie in Abschn. 1.4.2 beschrieben, ist das Grundgerüst von Cypher dreiteilig:

- MATCH zur Beschreibung von Suchmustern,
- WHERE für Bedingungen zur Filterung der Ergebnisse sowie
- RETURN zur Rückgabe von Eigenschaften, Knoten, Beziehungen oder Pfaden.

Obwohl Cypher mit Graphen arbeitet, können Eigenschaftsgraphen kongruent auf
Relationen abgebildet werden. Daher ist es möglich, die relationalen Operatoren von
Cypher zu analysieren.

Selektion und Projektion

Das folgende Beispiel gibt den Knoten mit dem angegebenen Produktnamen zurück.
Dies entspricht einer relationalen Selektion, die in der WHERE-Klausel angegeben ist:

```
MATCH (p:Product)
WHERE p.productName = 'Alice im Wunderland'
RETURN p
```

Die RETURN-Klausel kann entweder Knoten oder Eigenschaftstabellen ausgeben. Die
Rückgabe von ganzen Knoten ist vergleichbar mit SELECT * in SQL. Es können in
Cypher auch Eigenschaften als Attributwerte von Knoten und Kanten in Tabellenform
zurückgegeben werden:

```
MATCH (p:Product)
WHERE p.unitPrice > 55
RETURN p.productName, p.unitPrice
ORDER BY p.unitPrice
```

Die Abfrage beinhaltet eine Selektion, eine Projektion und eine Sortierung. In der
MATCH-Klausel findet ein Musterabgleich statt, der den Graphen auf den Knoten des
Typs „Product" filtert. Die WHERE-Klausel selektiert alle Produkte mit einem Preis
größer als 55. Die RETURN-Klausel projiziert diese Knoten auf die Eigenschaften
Produktname und Preis pro Einheit. Dabei sortiert die ORDER-BY-Klausel die Produkte
nach dem Preis.

Kartesisches Produkt und Join

Das kartesische Produkt von zwei Knotentypen kann in Cypher mit folgender Syntax
hergestellt werden:

```
MATCH (p:Product), (c:Category)
RETURN p.productName, c.categoryName
```

Diese Anweisung listet alle möglichen Kombinationen von Produktnamen und
Kategorienamen auf. Der Verbund (Join) von Knoten, d. h. eine Selektion über dem
kartesischen Produkt, geschieht graphbasiert über einen Abgleich von Pfadmustern nach
Kantentypen:

```
MATCH (p:Product) -[:PART_OF]-> (c:Category)
RETURN p.productName, c.categoryName
```

Diese Abfrage listet zu jedem Produkt die Kategorie, zu der es gehört, indem nur die Produkt- und Kategorieknoten berücksichtigt werden, welche über den Kantentyp PART_OF verbunden sind. Dies entspricht dem inneren Verbund (Inner Join) des Knotentyps „Product" mit dem Knotentyp „Category" über den Kantentyp PART_OF.

3.4.3 Eingebaute Funktionen

In Cypher gibt es eingebaute Funkionen, welche auf Eigenschaften und Datensätze angewendet werden können. Diese Funktionen, als Ergänzung zu Selektion, Projektion und Join, sind für die Einsatzfähigkeit in der Praxis zentral. Eine wichtige Kategorie für die Datenanalyse sind die *Aggregatfunktionen* (engl. „aggregate functions").

Aggregatfunktionen

Eine wichtige Kategorie von eingebauten Funktionen für die Datenanalyse sind Aggregationsfunktionen wie COUNT, SUM, MIN, MAX und AVG, welche Cypher unterstützt.

Nehmen wir an, wir möchten eine Liste mit sämtlichen Mitarbeitenden generieren, zusammen mit der Anzahl Unterstellten. Dazu gleicht man nach dem Muster MATCH (e:Employee)<-[:REPORTS_TO]-(sub) ab und erhält eine Liste von Mitarbeitenden, bei denen die Anzahl Unterstellt grösser als null ist:

```
MATCH (e:Employee) <-[:REPORTS_TO]-(sub)
RETURN e.employeeID, COUNT(sub.employeeID)
```

Es gibt Knotentypen, bei denen nur eine Teilmenge von Knoten eine Kante von einem bestimmten Kantentyp aufweist. Zum Beispiel hat nicht jeder Mitarbeiter weitere Mitarbeitende, die ihm unterstellt sind. Somit weist nur eine Teilmenge der Knoten vom Typ Employee eine eingehende Kante vom Typ REPORTS_TO auf. Mit der Klausel OPTIONAL MATCH werden auch diejenigen Mitarbeitenden aufgelistet, welche keine Unterstellten haben.

```
MATCH (e:Employee)
OPTIONAL MATCH (e)<-[:REPORTS_TO]-(sub)
RETURN e.employeeID, COUNT(sub.employeeID)
```

Mit OPTIONAL MATCH bleiben verbundene Attribute, die nicht verbunden werden, leer (NULL). Cypher basiert auf der dreiwertigen Logik. Die Handhabung von Null-werten ist mit IS NULL und COALESCE ist analog zu SQL (vgl. Abschn. 3.3.4). Um Datensätze mit Nullwerten zu filtern, kann der zusätzliche Code WHERE sub. employeeID IS NULL verwendet werden. Mit der Funktion COALESCE(sub. employeeID, „not available") können die Nullwerte ersetzt werden.

Weitere Aggregate sind Summe (SUM), Minimum (MIN) und Maximum (MAX). Ein interessantes nicht-atomares Aggregat ist COLLECT, welches ein Array aus den vor-handenen Datenwerten generiert. Somit listet der Ausdruck im vorhergehenden Beispiel alle Mitarbeitenden mit Vornamen und abgekürztem Nachnamen auf, zusammen mit einer Liste der Mitarbeiternummern ihrer Unterstellten.

Datenoperatoren

Cypher unterstützt Funktionen auf Datenwerten. Das folgende Beispiel gibt für jeden Mitarbeitenden den Vornamen und den ersten Buchstaben des Nachnamens aus, zusammen mit der Anzahl der Unterstellten:

```
MATCH (e:Employee)
OPTIONAL MATCH (e)<-[:REPORTS_TO]-(sub)
RETURN
    e.firstName + " "
      + LEFT(e.lastName, 1) + "." as name,
    COUNT(sub.employeeID)
```

Der Operator +, angewendet auf Datenwerte vom Typ „Text", reiht diese aneinander. Der Operator LEFT gibt die ersten n Zeichen eines Texts zurück.

3.4.4 Graphanalysen

Graphbasierte Sprachen bieten Mechanismen zur Analyse von Pfaden in Graphen. Interessant ist die Suche nach Mustern, welche sich direkt auf Pfade im Graph beziehen; dies gelingt mit dedizierten Sprachelementen. Eine sogenannte *reguläre Pfadabfrage* (engl. „regular path query") bietet die Möglichkeit, Muster von Pfaden im Graph mit regulären Ausdrücken zu beschreiben, um entsprechende Datensätze in der Datenbank zu finden (vgl. Tutorium für Cypher auf der Website www.sql-nosql.org).

Als Beispiel wählen wir das Entitäten-Beziehungteilmodell aus Abb. 3.14 aus. Hier wird eine rekursive Beziehung dargestellt, wobei Teile (z. B. eines Produkts) optional mehrere Unterteile haben können und selbst wiederum optional in einem Oberteil vor-kommen. Wenn wir mit einer Datenbankabfrage alle Unterteile ausgeben möchten,

Abb. 3.14 Rekursive Beziehung als Entitäten-Beziehungsmodell resp. als Graph mit Knoten- und Kantentyp

welche ein Oberteil *direkt oder auch indirekt* enthält, reicht ein einfacher Verbund (Join) nicht aus. Wir müssen rekursiv alle Unterteile aller Unterteile etc. durchgehen, um die Liste zu vervollständigen.

In SQL war es lange Zeit nicht möglich, solche Abfragen zu definieren. Erst im SQL:1999-Standard kamen rekursive Abfragen über sogenannte *common table expressions (CTE)* hinzu, welche allerdings kompliziert zu formulieren sind. Die Definition der Abfrage aller indirekten Unterteile ist mit einem (rekursiven) SQL-Befehl ziemlich umständlich:

```
with recursive
path (partID, hasPartId, length) -- CTE-Definition
as (
    select partID, hasPartId, 1 -- Initialisierung
    from part
    union all
    select r.partID, p.hasPartId, r.length+1
    from part p
    join path r -- rekursiver Join der CTE
    on ( r.hasPartId = p.partID )
)
select
distinct path.partID, path.hasPartId, path.length
from path -- Selektion via rekursiv definierter CTE
```

Diese Abfrage gibt pro Teil eine Liste aller Unterteile zurück, zusammen mit dem Grad der Verschachtelung, d. h. der Länge des Pfades im Baum vom Oberteil zum (möglicherweise indirekten) Unterteil.

Eine reguläre Pfadabfrage in einer graphbasierten Sprache ermöglicht die vereinfachte Filterung von Pfadmustern mit regulären Ausdrücken. Zum Beispiel definiert der reguläre Ausdruck HAS* mit der Verwendung des Kleene-Sterns (*) die Menge aller möglichen Konkatenationen von Verbindungen mit Kantentyp HAS (die sogenannte

Kleene'sche Hülle). Somit wird die Definition einer Abfrage aller indirekt verbundenen Knoten in einer graphbasierten Sprache wesentlich vereinfacht. Das folgende Beispiel in der graphbasierten Sprache Cypher kann die gleiche Abfrage aller direkten und indirekten Unterteile in einem Zweizeiler deklarieren:

```
MATCH path = (p:Part) <-[:HAS*]- (has:Part)
RETURN p.partID, has.partID, LENGTH(path)
```

Zusätzlich zur gewohnten Datenmanipulation unterstützt Cypher Operationen auf Pfaden im Graphen. Im folgenden Beispiel wird für alle Produktpaare, die in der gleichen Bestellung vorkommen, eine Kante vom Typ „BASKET" (Einkaufskorb) generiert. Diese sagt aus, dass zwei Produkte einmal in der gleichen Bestellung vorgekommen sind. Anschließend kann für zwei beliebige Produkte mit der Funktion *shortestPath* der kürzeste Pfad von gemeinsamen Einkaufskörben eruiert werden:

```
MATCH
    (p1:Product)<--(o:Order)-->(p2:Product)
CREATE
    p1-[:BASKET{order:o.orderID}]->p2,
    p2-[:BASKET{order:o.orderID}]->p1;

MATCH path =
    shortestPath(
        (p1:Product)-[b:BASKET*]->(p2:Product))
RETURN
    p1.productName, p2.productName, LENGTH(path),
    EXTRACT( r in RELATIONSHIPS(path)| r.order )
```

Die RETURN-Klausel enthält neben dem Namen der beiden Produkte auch die Länge des kürzesten Pfades und eine Liste der Bestellnummern, über die zwei Produkte indirekt verbunden sind.

An dieser Stelle muss angemerkt werden, dass Cypher zwar einige Funktionalitäten zur Verarbeitung von Pfaden in Graphen aufweist (unter anderem auch die Kleene'sche Hülle bezogen auf Kantentypen), aber nicht die volle Funktionalität einer Kleene'schen Algebra auf Pfaden im Graphen abdecken kann wie in der Theorie der graphbasierten Sprachen gefordert wird. Cypher ist gleichwohl eine Sprache, die sich für den Einsatz in der Praxis gut eignet.

3.5 Dokumentorientierte Sprache MQL

Die MongoDB Query Language (MQL) ist eine JSON-basierte Sprache für die Interaktion mit Dokumentdatenbanken. MQL bietet Methoden an, die mit JSON-Objekten parametriert werden. Mit diesen Methoden können Kollektionen von Dokumenten erstellt, bearbeitet und abgefragt werden.

3.5.1 Erstellen und Füllen des Datenbankschemas

Dokumentdatenbanken wie MongoDB[4] sind schemafrei. Das heißt nicht, dass ihre Datensätze keinem Schema folgen. Ein Schema ist immer notwendig, um Datensätze zu strukturieren. Schemafreiheit bedeutet einfach, dass Datenbankbenutzende frei sind, jedes beliebige Schema für die Strukturierung zu verwenden, ohne dies vorher dem Datenbanksystem anzumelden, und ohne dass die Schemas der Datensätze innerhalb einer Kollektion einheitlich sein müssten. Es handelt sich um eine Flexibilität zur Verwendung beliebiger Schemas innerhalb einer Kollektion. Das Datenbankschema in einer Dokumentdatenbank ist ein *implizites Schema*.

Daher braucht es zum Erstellen und Füllen eines Dokumentdatenbankschemas lediglich ein JSON-Dokument. Wir schlagen vor, dass zur Strukturierung der JSON-Datensätze ein Entitäten-Beziehungsmodell verwendet wird, wie in Abschn. 2.5 beschrieben. Um z. B. ein Dokument zu einer Mitarbeiter*in nach der Struktur in Abb. 2.25 in die Datenbank einzufügen, verwenden wir die Methode insertOne() auf die Kollektion MITARBEITENDE wie folgt:

```
db.MITARBEITENDE.insertOne( {
  "MITARBEITENDE":
   { "Name": "Schweizer",
     "Ort": "Frenkendorf",
     "ABTEILUNG": { "Bezeichnung": "Finanz" },
     "PROJEKTE":
      [ { "Titel": "DWH", "Pensum": 0.3 },
        { "Titel": "Strat", "Pensum": 0.5 } ] } }
)
```

Falls die verwendete Kollektion noch nicht existiert, wird sie implizit erstellt.

Um mehrere Dokumente einzufügen, kann die Methode insertMany() angewendet werden.

---

[4] https://www.mongodb.com

Um ein bestehendes Dokument anzupassen, kann die Methode updateOne() angewendet werden. In folgendem Beispiel wird für Mitarbeitende Schweizer die Abteilung auf „IT" gewechselt:

```
db.MITARBEITENDE.updateOne(
{ "MITARBEITENDE.Name": "Schweizer" },
{ $set: {
"MITARBEITENDE.ABTEILUNG.Bezeichnung": "IT" }})
```

Die Methode updateOne() kann verschiedene Update-Operatoren verwenden. Der Operator $set legt einen neuen Wert für ein Feld fest oder fügt das Feld hinzu, falls es noch nicht existiert. Mit $unset kann ein Feld entfernt werden, mit $rename wird es umbenannt. Weitere Operatoren sind verfügbar, wie z. B. $inc, der den Feldwert um den angegebenen Wert inkrementiert.inkrementiert.

UpdateOne ändert das erste Dokument, das dem Filterkriterium entspricht. Es können mehrere Dokumente auf einmal mit der Methode updateMany() verändert werden.

Die Methode deleteOne() dient dazu, ein Dokument zu löschen, welches einem Filterkriterium entspricht. Gibt es mehrere Dokumente, die dem Filter entsprechen, wird das erste gelöscht. Die Methode deleteMany() kann mehrere Dokumente löschen. So löschen wir z. B. sämtliche Dokumente zu Mitarbeitenden mit Namen „Schmied":

```
db.MITARBEITENDE.deleteMany(
{ "MITARBEITENDE.Name": "Schmied" } )
```

Sobald wir Daten in der Datenbank eingefügt haben, können wir diese Daten abfragen. Dazu dienen die relationalen Operatoren, die in ähnlicher Form auch für MQL existieren.

3.5.2 Relationale Operatoren

MQL operiert auf Mengen von JSON-strukturierten Datensätzen. JSON-Dokumente können auf Tupel abgebildet werden. Daher kann die relationale Algebra für MQL als theoretisches Modell dienen. Ausgehend von dem Modell in Abb. 2.25, werden wir in den folgenden Abschnitten relationale Operatoren mit MQL nachbilden.

Selektion

Wird die Methode find auf die Kollektion MITARBEITENDE angewandt, werden Dokumente selektiert. Im folgenden Beispiel wird der Filter „Ort=Liestal" als Parameter in JSON-Syntax mitgeben.

```
db.MITARBEITENDE.find({
  "MITARBEITENDE.Ort":"Liestal"})
```

Verschiedene Filterkriterien können auch mit den Boole'schen Operatoren and, or und
$not kombiniert werden. Hier werden Mitarbeitende selektiert, welche in Liestal wohnen
und in der Abteilung „IT" arbeiten:

```
db.MITARBEITENDE.find(
  {$and: [
  {"MITARBEITENDE.Ort": "Liestal"},
  {"MITARBEITENDE.ABTEILUNG.Bezeichnung": "IT"
  } ] } )
```

Projektion

Dokumentmengen (Kollektionen) können auf Attribute projiziert werden. Dazu wird der
Methode find() ein zweiter Parameter mitgegeben, der eine Liste von Eigenschaften des
Dokuments als Rückgabewerte spezifiziert. Im folgenden Beispiel werden für die Mitarbeitenden aus Liestal die Felder Name und Ort dargestellt. Das nennt sich eine *Einschlussprojektion* (engl. „inclusion projection").

```
db.MITARBEITENDE.find({
    "MITARBEITENDE.Ort":"Liestal"},
    {_id:0,
    "MITARBEITENDE.Name": 1,
    "MITARBEITENDE.Ort": 1})
```

Das Feld _id ist ein automatisch generierter Identifikationsschlüssel für Dokumente, der
standardmäßig ausgegeben wird (vgl. Abschn. 4.3.3). Über die *Ausschlussprojektion*
(engl. „exclusion projection") mit dem Wert 0 kann das geändert werden. Das Feld
_id ist jedoch das einzige Feld, welches die Mischung von Ausschluss und Einschluss
erlaubt.

Join

Dokumente sind der Definition nach *vollständig* bezüglich eines Sachverhalts. Für Auswertungen kann es dennoch sinnvoll sein, Dokumente zu *verbinden* (engl. „join"). Dies
ist in MQL grundsätzlich mit der $lookup-Aggregation möglich. Die Operation führt
einen *linken äußeren Verbund* (engl. „left outer join") aus. Alle Dokumente der über-

geordneten (linken) Kollektion werden zurückgegeben, auch wenn sie nicht den Filterkriterien entsprechen. Die Operation ist jedoch nicht performant und mit Vorsicht zu
genießen.

Das folgende Beispiel verbindet die Mitarbeitenden mit den Abteilungen über das
Feld Bezeichnung und fügt so den Namen der Abteilungsleitung hinzu. Wir suchen die
Abteilungen, deren Bezeichnung mit der Abteilung der entsprechenden Mitarbeitenden
übereinstimmen. Die Anweisungen im Feld „pipeline" dienen der Modifikation der
verbundenen Dokumente. Die Abteilungsdokumente werden mit project auf ein einziges Feld «Name» projiziert, welches den Namen der Abteilungsleitung speichert.
Der Operator vor dem Eigenschaftsnamen auf der viertletzten Zeile eliminiert die verschachtelten Feldeigenschaften und reduziert die JSON-Struktur auf den Wert des entsprechenden Felds.

```
db.MITARBEITENDE.aggregate([{
$lookup: {
from: "ABTEILUNGEN",
localField: "MITARBEITENDE.ABTEILUNG.Bezeichnung",
foreignField: "ABTEILUNG.Bezeichnung",
pipeline: [
{ $project: { _id:0, "Name":
"$ABTEILUNG.MITARBEITENDE.ABTEILUNGSLEITUNG.Name"
}}],
as: "MITARBEITENDE.ABTEILUNG.Leitung"
}}]);
```

Pipelines zeigen den Vorteil der Verwendung von Wurzelelementen in JSON-Objekten,
wie Regel D1 (Abschn. 2.5.2) vorschlägt. Mit der Angabe der Entitätsmenge im Feld-
pfad können wir einfacher nachvollziehen, welche Dokumenttypen und Eigenschaften
referenziert werden. Tatsächlich können MQL-Pipelines in der Praxis wesentlich
komplizierter werden. Daher lohnt es sich, die Felder so zu benennen, dass die Feld-
herkunft klar ist. Im Folgenden zeigen wir die Rückgabe der obigen Query für das
Dokument aus Abb. 2.23. Das Feld _id ist der oben erwähnte automatische Primärschlüssel. Mit der $lookup-Operation wurde ein neues Feld „Leitung" mit dem den
Namen der Abteilungsleitung aus der Kollektion ABTEILUNGEN im Feld MIT-
ARBEITENDE.ABTEILUNG eingefügt:

```
{ _id: ObjectId("62aa3c16c1f35d9cedb164eb"),
  MITARBEITENDE:
  { Name: 'Meier',
    Ort: 'Liestal',
    ABTEILUNG: { Bezeichnung: 'IT',
       'Leitung': [ { Name: 'Müller' } ] },
    PROJEKTE:
    [ { Titel: 'WebX', Pensum: 0.55 },
      { Titel: 'ITorg', Pensum: 0.45 } ] } }
```

Der \$lookup-Operator gibt die verbundenen Dokumente und Werte immer als Array zurück, auch wenn es nur ein entsprechendes Dokument gibt. Daher ist dieser Wert in eckigen Klammern angegeben. Mit weiteren Operationen könnte dieser Einzelwert ausgepackt werden.

Kartesisches Produkt

Analog können wir mit der \$lookup Operation eine Art Kartesisches Produkt herleiten, indem wir die Verbundsprädikate localField und foreignField weglassen. Dieser *Kreuzverbund* (engl. „cross join") ist hier nur der Vollständigkeit halber aufgeführt. Die Operation ist bereits für kleine Datenmengen ineffizient.

So könnten z. B. die Namen aller Abteilungsleiter*innen in einem neuen Feld „Chefs" gespeichert werden:

```
db.MITARBEITENDE.aggregate([{
$lookup: {
from: "ABTEILUNGEN",
pipeline: [
{ $project:  { _id:0, "Name":
"$ABTEILUNG.MITARBEITENDE.ABTEILUNGSLEITUNG.Name"
}}],
as: "MITARBEITENDE.Vorgesetzte"
}}]);
```

Vereinigung

Um Kollektionen als Mengen von Dokumenten zu vereinigen, steht der Aggregationsoperator unionWith zur Verfügung. In folgendem Beispiel werden alle Dokumente der Kollektion SPORTCLUB mit allen Dokumenten der Kollektion FOTOCLUB vereinigt. Allerdings handelt es sich nicht um einen echten Mengenoperator, da unionWith die Duplikate nicht entfernt.

```
db.SPORTCLUB.aggregate([
    { $unionWith: { coll: "FOTOCLUB"} }
])
```

Ähnliche Operatoren für Schnittmengen oder Differenzmengen auf der Ebene von
Kollektionen existieren nicht. Wir sehen, dass MQL relational unvollständig ist, da
relationale und Mengenoperatoren fehlen. MQL bietet jedoch viele eingebauten
Funktionen, von denen wir uns einige im Folgenden betrachten.

3.5.3 Eingebaute Funktionen

In der Terminologie von MQL wird der Begriff Aggregation allgemeiner gefasst. Daher
heißen Aggregatfunktionen wie count oder sum in MQL *Akkumulator*-Aggregationen,
um sie von anderen Aggregationen wie z. B. lookup oder unionWith zu unterscheiden.

Akkumulatoraggregationen
Mit dem Akkumulator $count können wir die Dokumente in einer Kollektion zählen. Im
Folgenden zählen wir die Anzahl Mitarbeitende:

```
db.MITARBEITENDE.aggregate([ {
    $count: "Result"
} ] )
```

Weitere Akkumulatoren sind z. B. Durchschnitt (avg), Minimum (min), und Maximum
(max). Die Akkumulator-Aggregationen können mit einer group-Aggregation verwendet
werden, was einer Gruppierung der akkumulierten Werte nach den Ausprägungen von
Variablen entspricht.

Gruppierung
Eine Akkumulatoraggregation wie Summe, Anzahl oder Durchschnitt kann über eine
Variable gruppiert werden. Für jeden Wert dieser Variablen wird ein entsprechendes Teil-
resultat berechnet. In folgendem Beispiel fragen wir nach der Anzahl Mitarbeitenden pro
Ort:

```
db.MITARBEITENDE.aggregate( [ {
    $group: {
        _id: "$MITARBEITENDE.Ort",
        Anzahl: { $count: { } } }
} } ] )
```

Die Ausgabe dieser Query ist je ein JSON-Objekt pro Abteilung, mit dem Namen der
Abteilung im Feld „_id" und der Anzahl Mitarbeitenden im Feld „Anzahl". Wenn die
Datensätze zu Mitarbeitenden analog zu Abb. 1.3 gespeichert sind, ergibt dies folgende
Ausgabe in Mongo Shell (mongosh):

```
{ _id: 'Liestal', Anzahl: 1 }
{ _id: 'Frenkendorf', Anzahl: 1 }
{ _id: 'Basel', Anzahl: 2 }
```

Die group Aggregation kann mit allen oben genannten Aggregations-Akkumulatoren wie
sum, avg, count, max und min verwendet werden.

Ausgabe valider JSON-Syntax

Der Rückgabewert der Mongo-Shell orientiert sich zwar an JSON, weicht aber vom
Standard ab. Eigenschaften werden nicht in Anführungszeichen und Werte werden in
einfachen Hochkomma dargestellt. Um valides JSON als Ausgabe zu produzieren, kann
die Methode JSON.stringify() auf eine Umwandlung der Resultatmenge als Array verwendet werden, wie in folgendem Beispiel gezeigt:

```
JSON.stringify(
db.MITARBEITENDE.aggregate( [ {
    $group: {
        _id: "$MITARBEITENDE.Ort",
        Anzahl: { $count: { } } }
} } ] )
.toArray())
```

Verschachtelte Abfragen mit Pipelines

Die schrittweise Abarbeitung von Aggregationsfunktionen wird in MQL *Pipeline*
genannt. Diese erlauben, mehrere Abfrageschritte miteinander zu kombinieren. Es
können beliebig viele Verarbeitungsschritte in einer Pipeline sequenziell deklariert
werden. Operatoren für Pipelines sind beispielsweise unwind, group, lookup und project,
wie bereits oben dargestellt. Weitere Möglichkeiten sind z. B. match, um Ergebnisse zu
filtern, sort für Sortierung oder $limit für die Beschränkung der Ergebnisse.

Bei der Verwendung von Akkumulatoren und Gruppierungen können Arrays (Listen von Feldwerten) zu unerwarteten Ergebnissen führen. Zum Beispiel behandelt der sum-Akkumulator in der group-Aggregation nummerische Werte innerhalb von Arrays als nicht-nummerisch. Daher werden diese nicht summiert. Das Array muss zuerst mit $unwind als einzelne Werte abgewickelt werden.

Möchten wir z. B. die Summe der Projektpensen in einer Dokumentstruktur nach Abb. 2.25 pro Abteilung erfahren, stehen wir vor dem Problem, dass die Pensen mehrfach in Arrays enthalten sein können. Daher würde die naive Anwendung des $sum-Akkumulators auf das Feld MITARBEITENDE.PROJEKTE.Pensum den Wert 0 zurückgeben. Um das Array mit den Projektpensen *abzuwickeln* (engl. „unwind"), schreiben wir daher folgende Query:

```
db.MITARBEITENDE.aggregate([
  { $unwind: "$MITARBEITENDE.PROJEKTE" },
  { $group: {
      _id: "$MITARBEITENDE.ABTEILUNG.Bezeichnung",
      "s": {"$sum": "$MITARBEITENDE.PROJEKTE.Pensum"}
  }}
])
```

Für die Summe der Pensen, die innerhalb eines Arrays von Projekten zu den Mitarbeitenden gespeichert sind, ist zusätzlich zur Gruppierung die Abwicklung der Arraystruktur mit $unwind notwendig.

3.5.4 Nullwerte

In MQL können Feldwerte unbekannt bleiben. Zu diesem Zweck wird das Schlüsselwort „null" verwendet. Die Kleinschreibung ist relevant. Die Besonderheit des schemafreien Dokumentenmodells ist, dass auch das Auslassen eines Objektfeldes logisch ein Nullwert sein kann.

In einer dreiwertigen Logik erster Ordnung ist es dasselbe, ob man ein Feld mit einer Eigenschaft angibt, deren Wert „null", d. h. explizit unbekannt, ist, oder ob man das Feld ganz weglässt und es somit implizit unbekannt ist. In einer dreiwertigen Logik zweiter Ordnung ist Ersteres allerdings eine *bekannte* Unbekannte, Letzteres jedoch eine *unbekannte Unbekannte*. MQL behandelt beide Varianten als gleichwertig.

Als Beispiel schauen wir uns die Dokumente für Mitarbeitende Schmied, Schmidt und Schmid in Abb. 3.15 an. Während wir für Schmied den Ort Basel kennen, ist dieser für die anderen beiden unbekannt. Für Schmidt markieren wir dies ausdrücklich als Nullwert im Objektfeld mit der Eigenschaft „Ort"; für Schmid lassen wir das Feld mit Eigenschaft Ort weg. Das führt zu verschiedenen Möglichkeiten, mit Nullwerten zu filtern.

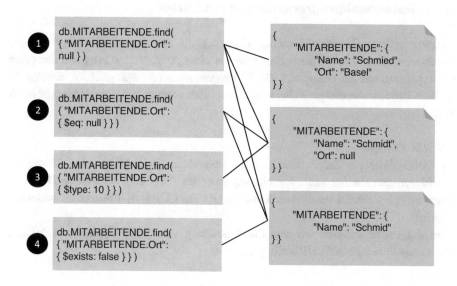

Abb. 3.15 Nullwerte in MQL

- In der Abfrage (1) in Abb. 3.15 verwenden wir „null" direkt als Filterkriterium. Das bedeutet, dass das Kriterium selbst unbekannt ist, und es wird daher gar nicht angewendet – es werden also sämtliche Mitarbeitenden zurückgegeben.
- In der Abfrage (2) in Abb. 3.15 filtern wir darauf, ob die Eigenschaft Ort gleich „null" ist. In diesem Fall werden Dokumente zurückgegeben, die entweder ein Feld Ort mit Wert „null" aufweisen, wie bei Schmidt – oder kein solches Feld besitzen, wie bei Schmid.
- In der Abfrage (3) in Abb. 3.15 selektieren wir explizit den Datentyp 10 (BSON Type Null). Somit werden nur Dokumente zurückgegeben, die ein Feld mit Eigenschaft Ort und Wert „null" aufweisen, wie Schmidt.
- In der Abfrage (4) in Abb. 3.15 fragen wir nach Dokumenten in der Kollektion MIT-ARBEITENDE, für die kein Feld mit Eigenschaft Ort existiert. Dies trifft nur auf Schmid zu.

MQL orientiert sich an verschachtelten Dokumentstrukturen. Die Sprache ist in der Praxis entstanden. Die Zielgruppe sind Softwareentwickler, vor allem im Bereich der mobilen und Webapplikationen. Daher kann es sein, dass Datenanalyst*innen, welche die Logik von SQL gewohnt sind, bei der Auswertung von Daten in Dokumentdatenbanken einige Überraschungen erleben. Glücklicherweise gibt es Werkzeuge wie z. B. Apache Drill, welche SQL-Abfragen automatisch nach MQL übersetzen. Das kann den Einstieg in die Auswertung von Dokumentdatenbanken für SQL-Kenner erleichtern.

3.6   Datenbankprogrammierung mit Cursor

Mengenorientierte Datenbanksprachen können nicht nur als selbstständige Sprachen
verwendet werden, sondern auch eingebettet in einer prozeduralen Programmiersprache
(Wirtssprache), um die Datenbank für die Programmierung zugänglich zu machen. Für
das Einbetten müssen einige Vorkehrungen getroffen werden, auf die wir hier näher eingehen.

CURSOR-Konzept
Ein CURSOR *ist ein Zeiger,* der in einer bestimmten Reihenfolge eine Menge von
Datensätzen durchlaufen kann. Da ein sequenzielles Programm eine ganze Datensatz-
menge nicht auf einmal verarbeiten kann, erlaubt das CURSOR-Konzept ein satzweises
Vorgehen.

Im Folgenden schauen wir uns die Einbettung von SQL, Cypher und MQL in
prozedurale Sprachen mit CURSORs genauer an.

3.6.1   Einbettung von SQL in prozedurale Sprachen

Das Konzept der eingebetteten Sprachen soll zunächst am Beispiel von SQL erläutert
werden. Damit ein Programm durch ein SELECT-Statement eine Tabelle einlesen
kann, muss es *von einem Tupel auf das nächste* zugreifen können, wozu ein CURSOR-
Konzept benötigt wird. Für die Selektion einer Tabelle kann ein CURSOR wie folgt im
Programm definiert werden:

```
DECLARE cursor-name CURSOR FOR <SELECT-statement>
```

Auf diese Art wird die Tabelle satzweise, d. h. Tupel um Tupel, abgearbeitet. Falls
erforderlich, lassen sich gleichzeitig einige oder alle Datenwerte des jeweiligen Tupels
verändern. Muss die Tabelle in einer bestimmten Sortierreihenfolge verarbeitet werden,
so ist der obigen Spezifikation eine ORDER-BY-Klausel anzufügen.

In einem Programm können zu Navigierungszwecken mehrere CURSORs verwendet
werden. Diese müssen deklariert und anschließend durch OPEN- und CLOSE-Befehle
aktiviert und wieder außer Kraft gesetzt werden. Der eigentliche Zugriff auf eine Tabelle

und die Übertragung der Datenwerte in die entsprechenden Programmvariablen erfolgt durch einen FETCH-Befehl, dabei müssen die Variablen, die in der Programmiersprache angesprochen werden, typenkonform zu den Feldformaten der Tabellen sein. Der FETCH- Befehl lautet:

```
FETCH cursor-name INTO host-variable {,host-variable}
```

Jeder FETCH-Befehl positioniert den CURSOR um einen Tupel weiter. Wird kein Tupel mehr gefunden, so wird dem Programm ein entsprechender Statuscode geliefert.

Das CURSOR-Konzept erlaubt es, *eine mengenorientierte Abfrage- und Manipulationssprache in eine prozedurale Wirtssprache einzubetten*. So können bei SQL dieselben Sprachkonstrukte sowohl interaktiv wie eingebettet verwendet werden. Beim Testen von eingebetteten Programmierteilen zeigen sich ebenfalls Vorteile, da die Testtabellen jederzeit mit der interaktiven SQL-Sprache ausgewertet und überprüft werden können.

Stored Procedures und Stored Functions

Seit SQL:1999 wurde im SQL-Standard die Möglichkeit vorgesehen, SQL in datenbankinternen Prozeduren und Funktionen einzubetten. Da diese auf dem Datenbankserver im Data Dictionary gespeichert werden, heißen sie *Stored Procedures* (gespeicherte Prozeduren), bzw., falls sie Werte zurückgeben, *Stored Functions* (gespeicherte Funktionen). Diese Sprachelemente erlauben die prozedurale Verarbeitung von Datensatzmengen mit CURSORs mit Fallunterscheidungen und Schleifen. Die prozeduralen Sprachelemente von SQL wurden erst spät standardisiert, weshalb sich bei vielen Herstellern unterschiedliche und proprietäre Formate etabliert haben. Deshalb ist die prozedurale Programmierung mit SQL produktspezifisch.

Als Beispiel berechnet die folgende Stored Function das erste Quartil[5] des Lohns aller Mitarbeitenden:

---

[5] Quartile teilen die Grundmenge in Viertel.

```
CREATE FUNCTION LohnQuartil()
RETURNS INTEGER DETERMINISTIC
BEGIN
   DECLARE cnt int;
   DECLARE i int;
   DECLARE tmpLohn int;
   DECLARE mitarbeiterCursor CURSOR FOR
      SELECT Lohn
      FROM Mitarbeiter
      ORDER BY Lohn ASC;
   SELECT COUNT(*)/4 INTO cnt FROM Mitarbeiter;
   SET i := 0;
   OPEN mitarbeiterCursor;
   mitarbeiterLoop: LOOP
      FETCH mitarbeiterCursor INTO tmpLohn;
      SET i := i + 1;
      IF i >= cnt THEN
         LEAVE mitarbeiterLoop;
      END IF;
   END LOOP;
   RETURN tmpLohn;
```

Diese Funktion öffnet einen CURSOR über die nach Lohn aufsteigend sortierte Mitarbeitertabelle, geht in einer Schleife Zeile für Zeile durch, und gibt den Wert der Spalte Lohn für diejenige Zeile zurück, für welche COUNT(*)/4 Iterationen der Schleife durchlaufen worden sind. Dies entspricht dem ersten Quartil, d. h. dem Wert, für den 25 % der Werte kleiner sind. Mit folgendem Ausdruck kann das Resultat der Funktion nun selektiert werden:

```
Select LohnQuartil();
```

Einbettung von SQL in externe Programmiersprachen

In letzter Zeit hat sich die Programmiersprache Python stark entwickelt. Gerade für Datenanalysen, aber auch für Web- und mobile Applikationen ist die Sprache verbreitet. Daher schauen wir uns hier das CURSOR-Konzept mit SQL in externen Programmiersprachen am Beispiel der Sprache Python an:

```
import mysql.connector as mysql
db = mysql.connect(
    host="localhost", user="myUser", passwd="myPw")
cursor = db.cursor()
cursor.execute("SELECT * FROM MITARBEITENDE")
for record in cursor: print(record[1])
```

Zuerst wird die Programmbibliothek für die Datenbank importiert, welche produkt-spezifisch ist. Dann wird eine Verbindung zur Datenbank mit entsprechenden Zugangs-informationen (vgl. Abschn. 4.2) geöffnet und in der Variable db gespeichert. Schließlich wird ein CURSOR auf eine SQL-SELECT-Abfrage geöffnet, der in einer FOR-Schleife sequenziell durchlaufen wird. In diesem einfachen Beispiel wird lediglich der Datensatz mit print() ausgedruckt. Hier könnte nun beliebige Verarbeitungslogik eingefügt werden.

3.6.2   Einbettung graphbasierter Sprachen

Graphbasierte Sprachen lassen sich, da sie ebenfalls mengenorientiert sind, nach dem gleichen Prinzip mit der Verwendung des CURSOR-Konzepts in Wirtssprachen ein-betten. Man erhält man unter Ausführung eines eingebetteten Cypher-Statements eine Resultatmenge zurück, welche in einer Schleife beliebig verarbeitet werden kann.

Auch im Bereich der Graphdatenbanken wird Python häufiger eingesetzt. Aus diesem Grund gibt es auch die Möglichkeit, Cypher in Python-Skripts einzubetten. Im folgenden Beispiel sehen wir ein entsprechendes Beispiel mit Python:

```
from neo4j import GraphDatabase
driver = GraphDatabase.driver(
    "bolt://localhost:7687",
    auth=("neo4j", "password"))
session = driver.session()
query = "MATCH (p:Product) RETURN p.productName"
cursor = session.run(query)
for r in cursor: print(r)
```

Zuerst wird die Programmbibliothek importiert. Dann wird ein Treiber instanziiert, der die Zugriffsinformationen enthält. Damit lässt sich eine Datenbanksitzung (Session) öffnen. Mit dem Befehl run kann eine Cypher-Abfrage auf dem Datenbankserver aus-geführt werden. Die Verarbeitung des CURSORs erfolgt in einer FOR-Schleife.

3.6.3   Einbettung von Dokumentdatenbanksprachen

Wir haben nun die Einbettung der mengenorientierten Datenbanksprachen SQL und Cypher gesehen. MQL ist jedoch eigentlich eine Programmbibliothek, die mit JSON-Parametern gesteuert wird. Daher wird MQL nicht als eigene Sprache in prozedurale Wirtssprachen eingebettet. Die Befehle find, insert, update und delete werden direkt als Routinen der entsprechenden APIs angewendet und entsprechend parametrisiert. Im Folgenden sehen wir ein Beispiel der Verwendung von MQL in Python:

```
import pymongo
uri = "mongodb://localhost:27017"
client = pymongo.MongoClient(uri)
database = client['Firma']
collection = database['MITARBEITENDE']
cursor = collection.find({},{"Name" : 1})
for r in cursor: print(r)
```

Wiederum wird nach dem Import der Programmbibliothek eine Verbindung zur Datenbank aufgebaut, eine Abfrage ausgeführt und das Resultat in einem CURSOR sequenziell verarbeitet.

In diesem Beispiel sehen wir einen Vorteil der Sprache Python: Die Nähe zu JSON mit dem Objektkonstruktor {}. Das Filterkriterium kann somit direkt in der JSON-Syntax angegeben werden.

Wir haben nun einige Grundprinzipien von Datenbanksprachen für relationale, Graph- und Dokumentdatenbanken eingeführt. Diese haben sich auf das Einfügen und Verarbeiten von Daten bezogen. Einer zentralen Kategorie von Sprachelementen widmen wir nun ein eigenes Kapitel: den Sicherheitsfunktionen. Deshalb wird das folgende Kapitel die CIA-Triade der Informationssicherheit auf Datenbanken anwenden und die entsprechenden Sprachelemente im Bereich Zugriffskontrolle, Integritätsbedingungen und Konsistenzsicherung für die drei Datenbanktypen mit SQL, Cypher und MQL im Detail analysieren.

Bibliographie

Codd, E.F.: A relational model of data for large shared data banks. Commun. ACM **13**(6), 377–387 (1970)

Chamberlin, D.D., Boyce, R.F.: SEQUEL: A Structured English Query Language. Proceedings of the 1974 ACM SIGFIDET (Now SIGMOD) Workshop on Data Description, Access and Control, 249–264 (1974)

Kemper A., Eikler A.: Datenbanksysteme – Eine Einführung. DeGruyter (2015)

Melton J., Simon A.R.: SQL1999 – Understanding relational language components. Morgan Kaufmann (2002)

MongoDB, Inc.: MongoDB Documentation. https://www.mongodb.com/docs/ (2022)

Neo4J, Inc.: Neo4j Documentation. Neo4j Graph Data Platform. https://neo4j.com/docs/ (2022)

Panzarino, O.: Learning Cypher. Packt Publishing Ldt, Birmingham (2014)

Perkins, L., Redmond, E., Wilson, J.R.: Seven Databases in Seven Weeks: A Guide to Modern Databases and the Nosql Movement, 2. Aufl. O'Reilly UK Ltd., Raleigh, North Carolina (2018)

Datenbanksicherheit

4

4.1 Sicherheitsziele und Maßnahmen

Sobald ein Datenbanksystem in Betrieb genommen wird, ist es Risiken ausgesetzt. Zum Beispiel können Daten verloren gehen, ungewollt oder böswillig verändert oder preisgegeben werden. Um die Funktion eines Datenbanksystems langfristig sicherzustellen, orientiert man sich an den allgemeinen Zielen der Informationssicherheit nach klassischer Definition durch die CIA-Triade:

- **Confidentiality:** Vertraulichkeit, also Schutz der Privatsphäre vor unerlaubter Kenntnisnahme von Informationen,
- **Integrity:** Integrität, also Sicherstellung der Richtigkeit und Korrektheit der Informationen,
- **Availability:** Verfügbarkeit, also Aufrechterhaltung des funktionellen Zustands des Informationssystems.

Datenbanksicherheit basiert auf der grundlegenden Sicherheit des Rechenzentrums, des Rechners und des Netzwerks, in dem der Datenbankserver betrieben wird. Rechner müssen jeweils den neusten Stand aller Softwarekomponenten einsetzen, um Sicherheitslücken zu schließen. Das Netzwerk muss mit Firewallregeln und Geo-IP-Filtern geschützt werden. Und das Rechenzentrum muss die Hardware physisch vor Zugang schützen. Auf diese Grundlagen der Cybersicherheit gehen wir hier nicht weiter ein, sondern verweisen auf entsprechende Literatur. Wir konzentrieren uns auf die technischen Funktionen, mit denen ein Datenbanksystem die Sicherheitsziele erreichen kann.

Die Abb. 4.1 listet für jedes der drei CIA-Ziele notwendige Maßnahmen für Datenbanken auf. Die Sicherheitsmaßnahmen in Abb. 4.1 bauen aufeinander auf. Um

© Der/die Autor(en), exklusiv lizenziert an Springer-Verlag GmbH, DE, ein Teil von Springer Nature 2023

M. Kaufmann und A. Meier, *SQL- & NoSQL-Datenbanken*, https://doi.org/10.1007/978-3-662-67092-7_4

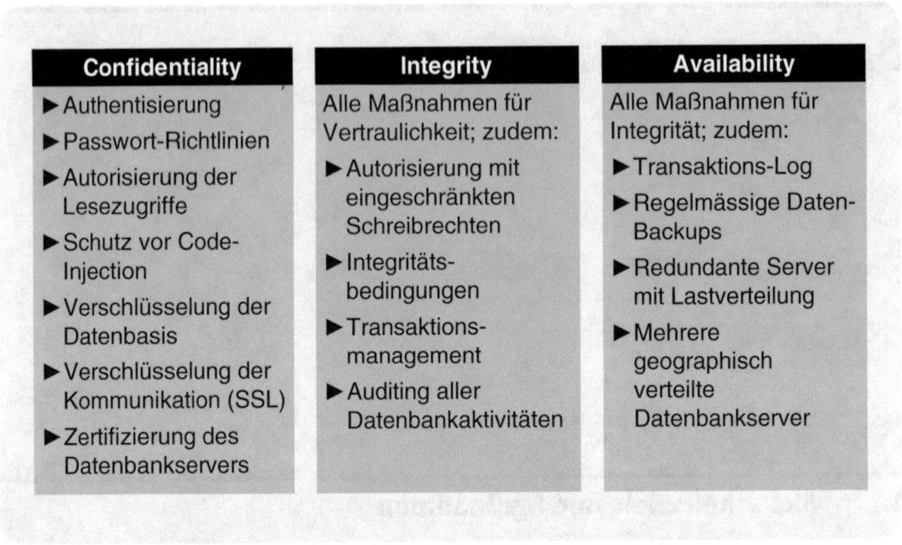

Confidentiality	Integrity	Availability
►Authentisierung ►Passwort-Richtlinien ►Autorisierung der Lesezugriffe ►Schutz vor Code-Injection ►Verschlüsselung der Datenbasis ►Verschlüsselung der Kommunikation (SSL) ►Zertifizierung des Datenbankservers	Alle Maßnahmen für Vertraulichkeit; zudem: ►Autorisierung mit eingeschränkten Schreibrechten ►Integritäts-bedingungen ►Transaktions-management ►Auditing aller Datenbankaktivitäten	Alle Maßnahmen für Integrität; zudem: ►Transaktions-Log ►Regelmässige Daten-Backups ►Redundante Server mit Lastverteilung ►Mehrere geographisch verteilte Datenbankserver

Abb. 4.1 Maßnahmen der Datenbanksicherheit für die Ziele der Vertraulichkeit, Integrität und Verfügbarkeit

Integrität zu erreichen, muss die Vertraulichkeit ebenfalls sichergestellt werden, und die Maßnahmen für Integrität sind ebenfalls notwendig, aber nicht hinreichend für die Verfügbarkeit. Im Folgenden wird ein kurzer Überblick über die allgemeinen Sicherheitsmaßnahmen gegeben, bevor wir in den nachfolgenden Abschnitten auf die Besonderheiten im Datenbankumfeld eingehen.

Um die *Vertraulichkeit* sicherzustellen, ist der Schutz der Privatsphäre zentral. Die Authentisierung prüft mit Konti und Passwörtern, ob Benutzer*innen wirklich die sind, die sie vorgeben zu sein. Mit geeigneten Passwortrichtlinien werden Benutzer*innen aufgefordert, Passwörter mit genügend großer Anzahl Zeichen (z. B. 9) mit Groß- und Kleinschreibung, inklusive Zahlen und Sonderzeichen zu wählen und diese regelmäßig zu wechseln. Regeln für die Autorisierung schränken Zugriffsrechte ein und geben Benutzer*innen genau den Zugang, den sie benötigen. Doch auch mit dem besten Zugriffsschutz können Injectionattacken ausführbaren Code in Benutzungsschnitt-stellen einschleusen, um die Datenbank unerlaubt zu lesen oder zu verändern. Das muss mit geeigneten Maßnahmen (z. B. *vorkompilierte Anfragen,* engl. „prepared state-ments") verhindert werden. Die Verschlüsselung der Datenbasis und der Kommunikation mit dem Datenbankserver verhindert unerlaubtes Mitlesen. Die Zertifizierung des Servers stellt sicher, dass Informationen dem eigenen System anvertraut und nicht ungewollt einer „Person in der Mitte" preisgegeben werden.

Viele der oben genannten Maßnahmen dienen auch der Sicherstellung der *Integrität* der Daten, also dem Schutz vor deren ungewollter Veränderung. Bei der Autorisierung ist darauf zu achten, bei den Schreibrechten besonders restriktiv zu sein. Weiter kann mit einem Datenbankauditing aufgezeichnet werden, wer wann welche Aktion auf der Datenbank durchgeführt hat, womit man gewisse Fehler nachvollziehen und wieder korrigieren kann. Eine Besonderheit von Datenbank-Verwaltungssystemen ist, dass sie die Integrität der Daten teilweise automatisch prüfen können. Dazu können Bedingungen, unter denen die Daten korrekt sind, sogenannte *Integritätsbedingungen* (engl. „integrity constraints"), in deklarativer Sprache formuliert werden. Auch im Mehrbenutzerbetrieb können Inkonsistenzen auftreten, wenn Datensätze gleichzeitig verändert werden. Das Transaktionsmanagement bietet Mechanismen, um die Integrität der Daten vor Seiteneffekten und Versionskonflikten zu schützen.

Um die *Verfügbarkeit* der Dienste eines Datenbanksystems sicherzustellen, braucht es weitere Maßnahmen. Ein System von mehreren Servern mit Lastverteilung sichert die Verfügbarkeit auch bei großer Zahl von Anfragen. Die geographische Verteilung von redundanten, identischen Datenbanksystemen schützt vor Unterbrechungen durch Naturkatastrophen und anderen Großereignissen. Regelmäßige Backups der Datenbasis sorgen dafür, dass bei Schadenfällen alle Daten verfügbar bleiben. Ein *Transaktionsprotokoll* (engl. „transaction log") zeichnet alle Änderungen an der Datenbank auf und stellt sicher, dass im Falle eines Absturzes alle Transaktionen konsistent abgeschlossen werden. Dazu müssen die Logdateien regelmäßig kopiert und gesichert werden.

In den folgenden Abschnitten werden wir uns mit Sicherheitsmaßnahmen beschäftigen, für welche das Datenbankverwaltungssystem spezifische Mechanismen bereitstellt: Zugriffskontrolle, Integritätsbedingungen und Transaktionsmanagement.

4.2   Zugriffskontrolle

4.2.1   Authentisierung und Autorisierung in SQL

Unter *Datenschutz* (engl. „data protection") versteht man den Schutz der Daten vor Zugriff und Manipulation durch unbefugte Personen. Schutzmaßnahmen sind Verfahren zur eindeutigen Identifizierung von Personen, zum Erteilen von Berechtigungen für bestimmte Datenzugriffe, aber auch kryptografische Methoden zur diskreten Speicherung oder Weitergabe von Informationen. Im Gegensatz zum Datenschutz fallen unter den Begriff *Datensicherung* oder *Datensicherheit* (engl. „data security") technische und softwaregestützte Maßnahmen zum Schutz der Daten vor Verfälschung, Zerstörung oder Verlust.

Das Relationenmodell vereinfacht die Implementation zuverlässiger Restriktionen für die Umsetzung des Datenschutzes. Ein wesentlicher Datenschutzmechanismus

relationaler Datenbanksysteme besteht darin, den berchtigten Benutzer*innen lediglich
die für ihre Tätigkeit notwendigen Tabellen und Tabellenausschnitte zur Verfügung zu
stellen.

Um ein Benutzungskonto für die *Authentisierung* zu erstellen, verwenden wir den
Befehl CREATE USER. Folgendes Beispiel erstellt ein Benutzungskonto für Mit-
arbeitende Meier mit einem relativ sicheren Passwort, welches keine Wörter, sondern
Klein- und Großbuchstaben, Zahlen und Sonderzeichen enthält:

```
CREATE USER meier
IDENTIFIED BY 'jd7k_Ddjh$1'
```

Ähnlich wie bei anderen Datenbankobjekten können Benutzungskonti mit ALTER
USER und DROP USER verändert und gelöscht werden.

Für die *Autorisierung* von Benutzenden für Aktionen an Tabellen dient der
Befehl GRANT. Der folgende Befehl berechtigt Meier, alle Aktionen an der Tabelle
PERSONAL (siehe Abb. 4.2) durchzuführen.

```
GRANT ALL ON PERSONAL TO meier
```

Um die Rechtevergabe für mehrere Benutzende zu vereinfachen, können wiederver-
wendbare Rollen definiert werden. Im folgenden Beispiel wird eine Rolle „hr" erstellt.
Diese berechtigt, die Tabelle PERSONAL zu lesen und zu verändern.

```
CREATE ROLE hr;
GRANT SELECT, INSERT, UPDATE on PERSONAL to hr;
GRANT hr TO meier;
```

Was mit GRANT vergeben wird, kann mit REVOKE zurückgenommen werden:

```
REVOKE ALL ON PERSONAL FROM meier;
```

Der Befehl GRANT erlaubt nur die Zugriffskontrolle auf Ebene ganzer Datenbankobjekten wie z. B. Tabellen. Oft möchten wir den Zugriff auf Spalten und Zeilen einer
Tabelle einschränken. Das wird durch *Sichten* (engl. „views") auf Tabellen ermöglicht.

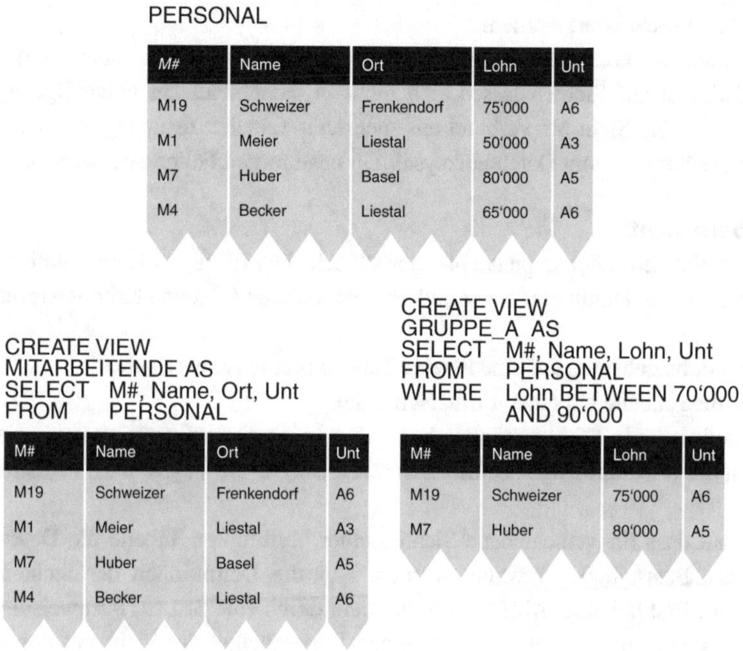

PERSONAL

M#	Name	Ort	Lohn	Unt
M19	Schweizer	Frenkendorf	75'000	A6
M1	Meier	Liestal	50'000	A3
M7	Huber	Basel	80'000	A5
M4	Becker	Liestal	65'000	A6

```
CREATE VIEW
MITARBEITENDE AS
SELECT   M#, Name, Ort, Unt
FROM     PERSONAL
```

M#	Name	Ort	Unt
M19	Schweizer	Frenkendorf	A6
M1	Meier	Liestal	A3
M7	Huber	Basel	A5
M4	Becker	Liestal	A6

```
CREATE VIEW
GRUPPE_A  AS
SELECT   M#, Name, Lohn, Unt
FROM     PERSONAL
WHERE    Lohn BETWEEN 70'000
         AND 90'000
```

M#	Name	Lohn	Unt
M19	Schweizer	75'000	A6
M7	Huber	80'000	A5

Abb. 4.2   Definition von Sichten im Umfeld des Datenschutzes

Jede Sicht basiert entweder auf einer Tabelle oder auf mehreren physischen Tabellen und wird aufgrund einer SELECT-Anweisung definiert:

```
CREATE VIEW view_name
   AS <SELECT-statement>
```

In Abb. 4.2 werden anhand der Basistabelle PERSONAL zwei Beispiele von Sichten dargestellt. Die Sicht MITARBEITENDE zeigt alle Merkmale außer den Lohnangaben. Bei der Sicht GRUPPE_A werden lediglich diejenigen Mitarbeitenden mit ihren Lohnangaben gezeigt, die zwischen 70.000 und 90.000 € im Jahr verdienen. Auf analoge Art können weitere Sichten festgelegt werden, um beispielsweise den Personalverantwortlichen pro Lohngruppe die vertraulichen Angaben zugänglich zu machen.

Die beiden Beispiele in Abb. 4.2 illustrieren einen bedeutenden Schutzmechanismus. Einerseits können Tabellen durch Projektionen bestimmte Merkmale auf Benutzungsgruppen eingeschränkt werden. Andererseits ist eine wertabhängige Zugriffskontrolle beispielsweise auf Lohnbereiche möglich, indem die Sichten in der WHERE-Klausel entsprechend spezifiziert werden.

Auf Sichten können analog zu den Tabellen Abfragen formuliert werden. Manipulationen auf Sichten lassen sich nicht in jedem Fall auf eindeutige Art durchführen. Falls eine Sicht als Verbund aus mehreren Tabellen festgelegt wurde, wird eine Änderungsoperation vom Datenbanksystem in bestimmten Fällen abgewiesen.

Änderbare Sicht

Änderbare Sichten (engl. „updateable views") erlauben Einfüge-, Lösch- und Aktualisierungsoperationen. Damit eine Sicht änderbar ist, müssen folgende Kriterien erfüllt sein:

* Die Sicht bezieht sich auf eine einzige Tabelle (keine Joins erlaubt).
* Diese Basistabelle hat einen Primärschlüssel.
* Der definierende SQL-Ausdruck beinhaltet keine Operationen, welche die Anzahl Zeilen der Resultatmenge beeinflussen (z. B. „aggregate", „group by", „distinct" etc.).

Wichtig ist, dass für verschiedene Sichten einer bestimmten Tabelle die Daten einheitlich in der Basistabelle verwaltet werden. Nur die Definitionen der Sichten werden gespeichert. Erst bei einer Abfrage auf die Sicht durch eine SELECT-Anweisung werden die entsprechenden Resultattabellen aus den Basistabellen der Sicht mit den erlaubten Datenwerten aufgebaut.

Mithilfe von Sichten ist es möglich, nur Leserechte für eine Teilmenge von Spalten der Tabelle PERSONAL mit der View EMPLOYEE von in Abb. 4.2 zu vergeben:

```
GRANT SELECT ON MITARBEITENDE TO PUBLIC
```

Anstelle einer Liste wird in diesem Beispiel das Leserecht mit PUBLIC bedingungslos allen Benutzungskonti vergeben, sodass diese das Recht haben, die mit der Sicht MITARBEITENDE eingeschränkte Tabelle anzusehen.

Für eine selektivere Zuweisung von Berechtigungen ist es beispielsweise möglich, nur einen bestimmten HR-Mitarbeiter mit der Benutzunggskonto 37289 zu berechtigen, Änderungen an einer Teilmenge von Zeilen in der Ansicht GROUP_A aus Abb. 4.2 durchzuführen:

```
GRANT UPDATE ON GRUPPE_A TO ID37289
WITH GRANT OPTION
```

Benutzungskonto ID37289 kann die Sicht GRUPPE_A verändern und hat außerdem aufgrund der GRANT OPTION die Möglichkeit, dieses Recht oder ein eingeschränkteres Leserecht in Eigenkompetenz weiterzugeben und später auch wieder zurückzunehmen. Mit diesem Konzept lassen sich Abhängigkeitsbeziehungen von Rechten festlegen und verwalten.

Bei der Freigabe einer relationalen Abfrage- und Manipulationssprache für einen Endbenutzer darf der administrative Aufwand zur Vergabe und Rücknahme von Rechten nicht unterschätzt werden, auch wenn den Datenadministratoren die Befehle GRANT und REVOKE zur Verfügung stehen. In der Praxis zeigt sich, dass beim täglichen Änderungsdienst und bei der Überwachung der Zugriffsrechte weitere Kontrollinstrumente (z. B. Auditing) benötigt werden. Zusätzlich verlangen interne und externe Kontroll- oder Aufsichtsorgane besondere Vorkehrungen, um den rechtmäßigen Umgang mit schützenswerten Daten jederzeit gewährleisten zu können (vgl. dazu die Pflichten der Datenschutzbeauftragten im Datenschutzgesetz).

SQL-Injection

Ein Sicherheitsaspekt, der im Zeitalter des Webs im Bereich der Datenbanken eine immer größere Rolle spielt, ist die Verhinderung der sogenannten *SQL-Injections*. Wenn Webseiten serverseitig programmiert und an eine SQL-Datenbank angebunden werden, generieren Serverskripts manchmal SQL-Code, um die Schnittstelle zur Datenbank herzustellen (siehe Abschn. 3.6). Wenn der Code Parameter enthält, die von den Benutzer*innen eingegeben werden (z. B. in Formularen oder als Teil der URL), kann dort zusätzlicher SQL-Code einge schleust werden, dessen Ausführung schützenswerte Informationen in der Datenbank preisgibt oder verändert.

Als erklärendes Beispiel nehmen wir an, dass nach dem Einloggen in das Benutzungskonto eines Webshops die Zahlungsmethoden angezeigt werden. Die Webseite, welche die gespeicherten Zahlungsmethoden anzeigt, hat folgende URL:

```
http://example.net/payment?uid=117
```

Nehmen wir an, im Hintergrund gäbe ein Programm in der Java-Programmiersprache, welches via Java Database Connectivity (JDBC) die Kreditkartendaten (Name und Nummer aus der Datenbank holt. Das Java-Servlet verwendet dazu eingebettetes SQL und einen Cursor (vgl. Abschn. 3.6.1). Anschließend werden die Daten auf der Webseite mit HTML darstellt:

```
Connection connection =
    DriverManager.getConnection(
        "jdbc:mysql://127.0.0.1:3306/ma",
        "user",
        "password");

ResultSet cursor =
    connection.createStatement().executeQuery(
        "SELECT kreditkartennummer, name+
        + "FROM ZAHLUNG"
        + "WHERE uid = "
        + request.getParameter("uid"));

while (cursor.next()) {
    out.println(
        resultset.getString("kreditkartennummer ")
        + "<br/>" +
        + resultset.getString("name");
}
```

Zu diesem Zweck wird auf Zeilen 6 ff. des obigen Java-Codes eine SQL-Abfrage der Tabelle ZAHLUNG generiert. Sie wird über die Texteingabe via URL über einem Get-Request parametrisiert (request.getParameter). Diese Art von Codegenerierung ist anfällig für SQL-Injection. Wird in der URL der Parameter „uid" folgendermaßen ergänzt, werden sämtliche Kreditkartendaten aller Benutzungskonti auf der Webseite angezeigt:

```
http://example.net/payment?uid=117%20OR%201=1
```

Der Grund dafür ist, dass das oben dargestellte Servlet aufgrund des GET-Parameters den folgenden SQL-Code generiert:

```
SELECT kreditkartennummer, name
FROM    ZAHLUNG
WHERE   uid = 117 OR 1=1;
```

Der zusätzlich eingefügte SQL-Code „OR 1 = 1", die *SQL-Injection,* bewirkt, dass der Suchfilter mit der Identifizierung des korrekten Benutzungskontos in der generierten Abfrage inaktiv wird, da 1 = 1 immer stimmt und eine OR-Verknüpfung immer wahr ist, auch wenn nur eine der Bedingungen zutrifft. Deshalb gibt in diesem einfachen Beispiel die Webseite aufgrund dieser SQL-Injection schützenswerte Daten preis.

SQL-Injection ist eine nicht zu unterschätzende Sicherheitslücke. Hackern gelingt es immer wieder, auch namhafte Webseiten über diesen Mechanismus anzugreifen. Um eine Webseite davor zu schützen, gibt es verschiedene Möglichkeiten. Die Auslagerung von SQL-Codegenerierung in typisierte Stored Functions kann auf der Datenbank vorgenommen werden (siehe Abschn. 3.6.1). Im obigen Beispiel kann eine serverseitige Funktion als Input eine *Benutzungs-ID als Zahlenwert* akzeptieren und dann als Output die Kreditkarteninformationen zurückgeben. Würde dieser Funktion ein Text anstelle einer Zahl eingegeben, würde eine Fehlermeldung generiert. Als clientseitige Option könnte der Java-Code so geändert werden, dass sogenannte vorbereitete Anweisungen verwendet werden, anstatt die Eingabezeichenfolge direkt in den Abfragetext einzufügen:

```
PreparedStatement ps = con.prepareStatement(
"SELECT kreditkartennummer, name FROM ZAHLUNG" +
"WHERE uid = "?");
ps.setString(1, + request.getParameter("uid"));
ResultSet resultset = ps.executeQuery();
```

Zusammenfassend bieten SQL-Datenbanken umfassende Schutzmechanismen mit den Konstrukten GRANT , REVOKE und CREATE VIEW. Allerdings können diese Kontrollmechanismen im größeren Rahmen von webbasierten Informationssystemen mit Code-Injection ausgehebelt werden. Ähnlich ist die Situation bei NoSQL-Datenbanken, wie wir in den folgenden Abschnitten sehen werden.

4.2.2 Authentisierung und Autorisierung in Cypher

Neuere Versionen von Cypher bieten Mechanismen für die Authentisierung und Autorisierung von Benutzer*innen. Mit dem Befehl CREATE USER kann ein Benutzungskonto für Meier erstellt werden. Das Passwort muss beim ersten Einloggen geändert werden.

```
CREATE USER meier
SET PASSWORD 'jd7k_Ddjh$1'
CHANGE REQUIRED;
```

Mit SHOW USERS können alle bestehenden Benutzungskonti angezeigt werden. Um ein Benutzungskonto umzubenennen, dient der Befehl RENAME USER:

```
RENAME USER meier TO meier.liestal
```

Ein Konto kann mit dem Befehl ALTER USER verändert werden, z. B. um das Passwort neu zu setzen. Mit dem Zusatz CHANGE NOT REQUIRED kann das angegebene Passwort wiederverwendet werden.

```
ALTER USER meier.liestal
SET PASSWORD 'j83hd_:sdfD'
CHANGE NOT REQUIRED;
```

Für die Autorisierung bietet Cypher den Befehl GRANT an. Es gibt vorgefertigte Rollen für die *rollenbasierte Zugriffskontrolle* (engl. „role based access control, RBAC"):

- **PUBLIC** kann auf die eigene HOME-Datenbank zugreifen und dort alle Funktionen ausführen. Alle Benutzungskonti haben diese Rolle.
- **reader** kann Daten aus allen Datenbanken lesen.
- **editor** kann Datenbanken lesen und Inhalte verändern.
- **publisher** kann lesen und bearbeiten sowie neue Knoten- und Kantentypen und Eigenschaftsnamen hinzufügen.
- **architect** verfügt zusätzlich zu publisher über die Möglichkeit, Indexe und Integritätsbedingungen zu verwalten.
- **admin** kann zusätzlich zur Rolle architect Datenbanken, Benutzungskonti, Rollen und Berechtigungen verwalten.

Folgender Befehl weist Konto meier.liestal die Rolle Architekt zu:

```
GRANT ROLE architect TO meier.liestal;
```

Mit REVOKE können Berechtigungen wieder entfernt werden:

```
REVOKE ROLE architect FROM meier.liestal;
```

Privilegien können auch fein eingestellt werden. Der folgende Befehl erlaubt das Lesen von allen Knotentypen (*) des Graphen Firma.

```
GRANT MATCH {*} ON GRAPH Firma NODE *
TO  meier.liestal
```

Die Autorisierung funktioniert analog für Beziehungstypen. Der folgende Cypher-Code erstellt eine neue Rolle project.admin, gibt ihr die Möglichkeit, Beziehungen des Typs Team zu erstellen, und erteilt meier.liestal die Rechte an dieser Rolle.

```
CREATE ROLE project.admin;

GRANT WRITE {*} ON GRAPH Firma RELATIONSHIP Team
TO project.admin;

GRANT ROLE project.admin to meier.liestal;
```

Cypher unterstützt die Einteilung von Zugriffsrechten auf Ebene einzelner Eigenschaften. Folgendermaßen wird sichergestellt, dass die Rolle project.admin zwar alle Knoten und Kanten lesen kann, aber die Eigenschaft Lohn der Tabelle Personal nicht sieht.

```
GRANT MATCH {*} ON GRAPH Firma NODE *
TO project.admin;

GRANT MATCH {*} ON GRAPH Firma RELATIONSHIP *
TO project.admin;

DENY READ {Lohn} ON GRAPH Firma NODE Personal
TO project.admin;
```

Wird einem Benutzungskonto das Lesen einer Eigenschaft verboten, kann sie zwar in einer Cypher-Anfrage ohne Fehlermeldung abgefragt werden, aber der Rückgabewert bleibt leer (NULL, vgl. Abschn. 3.3.4).

Cypher Injection

Cypher-Injection ist eine Attacke mit spezifisch formatierten Eingaben von Benutzer*innen, um unerwartete Operationen in der Datenbank durchzuführen, unerlaubt Daten zu lesen oder zu verändern. Nehmen wir an, dass eine Webapplikation

ermöglicht, neue Datensätze zu Projekten in die Datenbank einzufügen.[1] Dazu führt ein
Webserver folgenden Java-Code aus:

```java
String query = "CREATE (p:Projekt)"
    + "SET p.name = '"
    + Benutzereingabe + "'";
session.run(query);
```

Dieser Code ist anfällig auf Cypher-Injection. Benutzer*innen könnten folgende Eingabe
in das Webformular schreiben:

```
"Egal' WITH true as x MATCH (p:Projekt) DELETE p//"
```

In diesem „Projektnamen" wurde Cypher-Code eingeschleust. Wird diese Zeichenfolge
im Java-Code weiter oben interpretiert, wird folgender Cypher-Befehl generiert:

```
CREATE (p:Projekt)
SET p.name = 'Egal'
WITH true as x
MATCH (p:Projekt) DETACH DELETE p //'
```

Es ist egal, welcher weitere Code direkt vor dem Hochkomma kommt, das den String
abschließt. Das WITH-Statement nach dem CREATE-Befehl ermöglicht in Cypher
das Anhängen eines MATCH- und DELETE-Statements. Dieses löscht hier sämtliche
Projektdaten. Alle weiteren Zeichenfolgen werden mit dem Doppelquerstrich // zu
Kommentaren reduziert.

Um dieses Problem zu umgehen, können in Cypher Texteingaben als Parameter mitgegeben werden. So wird die Anfrage vorkompiliert, und die Parametereingaben werden
nicht durch das DBMS interpretiert.

---

[1] Das Beispiel ist angelehnt an das Beispiel zu Cypher-Injection in der Neo4J Knowledge Base.

```
HashMap<String,Object> params = new HashMap();
params.put( "name", <Benutzereingabe> );
String qry = "CREATE (p:Projekt) SET p.name = $name";
System.out.println(qry);
session.run(qry, params); ¨
```

Zusammenfassend bieten Cypher-Datenbanken einen umfassenden Schutzmechanismus mit den Konstrukten GRANT und REVOKE, sogar auf der Ebene einzelner Knoten-typen, Kantentypen und Eigenschaften. Bei der Einbettung von Cypher in Programmier-sprachen muss auf die Verhinderung von Injection-Attacken geachtet werden.

4.2.3   Authentisierung und Autorisierung in MQL

In MQL sind ausgefeilte Konzepte der Zugriffskontrolle vorhanden. Als Basis dient die Erstellung von Benutzungskonti für die Authentisierung mit der Methode createUser():

```
use Firma
db.createUser( {
    user: "meier",
    pwd: passwordPrompt(),
    roles: [ { role: "read", db: "Firma" } ] } )
```

Diese Anfrage erstellt in der Datenbank „Firma" ein Konto „meier". Mit der Angabe passwordPrompt() wird das Passwort nicht als Klartext mitgegeben, sondern via Eingabeaufforderung. Das hat sicherheitstechnische Vorteile. Das Passwort ist am Bildschirm nicht sichtbar, wird nicht als Datei gespeichert, erscheint nicht in der Befehlshistorie der Kommandozeile und ist für andere Prozesse des Betriebssystems unsichtbar. Der Funktion createUser() kann aber das Passwort auch als Text übergeben werden, falls nötig:

```
db.changeUserPassword("meier", "KJDdfgSD$_3")
```

Um Benutzungskonti für Datenbankaktionen zu autorisieren, können mit createUser() entsprechende Rollen im Feld roles mitgeteilt werden. Es gibt in MongoDB eingebaute Rollen, welche die typischen Anforderungen abdecken:

- **Read:** Lesezugriff.
- **readWrite:** Lese- und Schreibzugriff.
- **dbAdmin:** Rechte für Indexe und Statistiken.
- **userAdmin:** Rechte zum Erstellen von Benutzungskonti und für die Definition und Vergabe von Rollen.
- **dbOwner:** kombiniert die Rechte aller obigen Rollen.

Diese Rollen beziehen sich auf alle Kollektionen einer Datenbank. Um die Benutzungs-rechte auf der Ebene von Kollektionen einzustellen, können benutzungsdefinierte Rollen erstellt werden. Um z. B. einem Koto Schreibzugriff auf die Kollektion „Personal" zu erteilen, kann die Methode „createRole()" eine Rolle „personalAdmin" schaffen:

```
use admin
db.createRole( {
    role: "personalAdmin",
    privileges: [ {
        actions: [ "insert", "remove", "update" ],
        resource: { db: "Firma",
            collection: "Personal" } } ],
    roles: [] } )
```

Dieser Befehl gibt der Rolle personalAdmin die Privilegien für die Aktionen Einfügen, Löschen und Ändern auf der Kollektion Personal. Diese Rolle kann nun mit der Methode grantRolesToUser() einzelnen Benutzungskonti zugewiesen werden.

```
use Firma
db.grantRolesToUser(
    "meier",
    [ { role: "personalAdmin", db: "Firma" } ] )
```

Mit dem entgegengesetzten Befehl revokeRolesFromUser() können Rollen wieder weg-genommen werden:

```
use Firma
db.revokeRolesFromUser(
    "meier",
    [ { role: "read", db: "Firma" } ] )
```

MQL bietet keine Möglichkeit, Benutzungskonti einzeln Privilegien zu erteilen. Alle
Zugriffsrechte werden via Rollen verteilt. Rollen erlauben, Zugriffsrechte auf Ebene
Kollektionen zu verteilen. Um den Lesezugriff auf einzelne Felder und auf Untermengen
von Dokumenten einzuschränken, kann MQL Sichten (Views) definieren.

```
Use Firma;
db.createView(
    "vPersonal",
    "Personal",
    [
        { $match: { Lohn:
            { $gte :  80000, $lte : 160000} } },
        { $project: { Lohn: 0 } }
    ] )
```

Obige Sicht zeigt nur Mitarbeitende mit Lohn zwischen 80'000 und 160'000, aber ohne
die genaue Lohnangabe, weil das Feld in der Sichtdefinition mit einer Ausschlussprojektion aufgeblendet wurde.

Anschließend kann eine benutzungsdefinierte Rolle berechtigt werden, diese Sicht
anstelle der ursprünglichen Kollektion zu lesen:

```
use Firma
db.grantPrivilegesToRole(
    "personalAdmin",
    [ {
        resource: {
            db: "Firma",
            collection: "vPersonal" },
        actions: [ "find" ] } ] )
```

JavaScript Injection in MQL

Obwohl MQL nicht als Sprache interpretiert, sondern mit JSON-Objekten para-
metriert wird, sind NoSQL-Injection-Attacken bei MongoDB durchaus möglich.
Nehmen wir z. B. an, Benutzungsname und Passwort für die Authentifizierung in einer
Webabblikation mit MongoDB würden als Get-Parameter über die URL übergeben:

```
https://example.org/login?user=u526&password=123456
```

Nehmen wir weiter an, dass im Hintergrund diese URL-Anfrage an den Webserver in
einem Python-Programm an die MongoDB-Datenbank weitergeleitet wird, um zu
prüfen, ob die Kombination aus Benutzungskonto und Passwort in der Datenbank vorhanden ist:

```
result = collection.find({"$where":
    "this.user == '"
        + parse_qs(urlparse(url).query)['user'][0]
+ "' && this.pw == '"
        + parse_qs(urlparse(url).query)['pw'][0]
+ "'" })
```

Mit den Eingabeparametern erzeugt dieses Python-Programm die folgende MQL-
Abfrage und führt sie aus:

```
Db.users.find({'$where':
    "this.user == 'u526'
    && this.pw == '123456'" } )
```

Der $where-Operator in MQL erlaubt die Überprüfung eines JavaScript-Ausdrucks
für die Selektion von Dokumenten. Der Operator ist anfällig auf JavaScript-Injektion.
Wenn ein Angreifer nämlich JavaScript-Code in die URL einschleust, könnte dies
folgendermaßen aussehen:

```
'https://example.org/login?user=u526&pw=%27%3B%20retu
rn%20true%2B%27
```

In dieser URL wurden Sonderzeichen wie z. B. einfache Anführungszeichen (%27) oder ein Semikolon (%3B) zusammen mit der JavaScipt-Anweisung „return true" injiziert. Der Server generiert daraus folgende Anfrage an MongoDB:

```
Db.users.find({'$where':
    "this.user == 'u526'
    && this.pw == ''; return true+''" } )
```

Durch Injektion der Anweisung „return true" wird das Filterprädikat für die Überprüfung von Benutzungskonto und Kennwörtern zu einer Tautologie, d. h., es ist immer wahr. So können wir das Passwort in diesem Beispiel umgehen.

Eine reale Authentifizierung wird sicher nicht so umgesetzt. Wir wollen hier einfach aufzeigen, dass die Injektion auch in MQL möglich ist. Dafür soll dieses einfache Beispiel genügen.

MongoDB bietet weder Stored Procedures noch Prepared Statements, um Injektionen zu verhindern. Allerdings kann die serverseitige Ausführung von JavaScript ausgeschaltet werden. Zudem muss jede Eingabe via Benutzungsschnittstelle genau überprüft werden. Es gibt Bibliotheken für die *Hygiene* (engl. „sanitizing"), welche eine zusätzliche Sicherheit bieten. Zum Beispiel können Sonderzeichen mit einem Escape-Zeichen versehen werden.

4.3   Integritätsbedingungen

Die Integrität einer Datenbank ist ein grundlegendes Sicherheitsziel, die das Datenbankmanagementsystem unterstützen muss. Unter dem Begriff *Integrität* oder *Konsistenz* (engl. „integrity", „consistency") versteht man die Widerspruchsfreiheit von Datenbeständen. Eine Datenbank ist integer oder konsistent, wenn die gespeicherten Daten fehlerfrei erfasst sind und den gewünschten Informationsgehalt korrekt wiedergeben. Die Datenintegrität ist dagegen verletzt, wenn Mehrdeutigkeiten oder widersprüchliche Sachverhalte zu Tage treten. Bei einer konsistenten Abbildung von Mitarbeitenden in einer Datenbank setzen wir beispielsweise voraus, dass die Namen der Mitarbeitenden, Straßenbezeichnungen, Ortsangaben etc. korrekt sind und real existieren.

Die Vorschriften, die bei Einfüge- oder Änderungsoperationen jederzeit gelten, werden *Integritätsbedingungen* (engl. „integrity constraints") genannt. Solche Regeln werden sinnvollerweise nicht in jedem Programm einzeln, sondern einmal umfassend im Datenbankschema spezifiziert. Das DBMS kann je nach Reifegrad die Einhaltung von Regeln, welche durch die Integritätsbedingungen definiert werden, automatisch prüfen.

Bei diesen Integritätsbedingungen unterscheidet man zwischen deklarativen, prozeduralen und transaktionalen Regeln. *Deklarative Integritätsbedingungen* zur

Gewährleistung der Integrität sind solche Regeln, die durch das Datenbankschema selbst ausgedrückt werden können. *Prozedurale* Bedingungen werden durch Programme mit Folgen von Anweisungen definiert. Regeln für die *transaktionale* Konsistenz beziehen sich auf die Konsistenz über mehrere Einzelaktionen hinweg.

Folgende Klassen von Integritätsbedingungen sind für Datenbankverwaltungssysteme wesentlich:

- **Eindeutigkeitsbedingung:** Ein Attributwert darf höchstens einmal in einer gegebenen Klasse von Datensätzen existieren.
- **Existenzbedingung:** Ein Attribut muss in einer bestimmten Klasse von Datensätzen mindestens einmal vorhanden sein und darf nicht leer sein.
- **Schlüsselbedingung:** Ein Attributwert muss in einer gegebenen Menge von Datensätzen genau einmal vorhanden sein, und das entsprechende Attribut muss für jeden Datensatz einer Klasse vorhanden sein. Die Schlüsselbedingung kombiniert die Eindeutigkeits- und die Existenzbeschränkung. Schlüssel können auch auf Attributkombinationen definiert werden.
- **Primärschlüsselbedingung:** Wenn mehrere Attribute existieren, welche die Schlüsselbedingung erfüllen, kann höchstens eines davon als primär, also als Hauptschlüssel, definiert werden.
- **Wertebereichsbedingung:** Die Menge der möglichen Werte eines Attributs kann eingeschränkt werden, z. B. durch Datentypen, Aufzählungen und Prüfregeln.
- **Referenzielle Integritätsbedingungen:** Attribute innerhalb eines Datensatzes, die auf andere Datensätze verweisen, dürfen nicht ins Leere führen, d. h., die referenzierten Datensätze müssen existieren.

Im Folgenden werden wir Exemplare von möglichen Integritätsbedingungen für relationale Datenbanken, Graphdatenbanken und Dokumentdatenbanken anhand der Sprachen SQL, Cypher und MQL vergleichen.

4.3.1 Relationale Integritätsbedingungen in SQL

Jedes relationale Datenbanksystem verlangt die explizite Spezifikation von Tabellen, Attributen, Wertebereichen, Schlüsseln und weiteren Konsistenzbedingungen und legt diese Definitionen im Systemkatalog ab. Zudem müssen die Regeln der referenziellen Integrität im Schema festgelegt werden. Abfragen und Änderungen mit SQL sind auf diese Angaben angewiesen und könnten sonst nicht durchgeführt werden.

Die *deklarativen Integritätsregeln* (engl. „declarative integrity constraints") werden in SQL bei der Erstellung einer Tabelle im CREATE TABLE Statement festgelegt. Im Beispiel der Abb. 4.3 wird bei der Tabelle ABTEILUNG der Primärschlüssel in Form einer Integritätsregel mit PRIMARY KEY spezifiziert. Analoges gilt für die Primär- und Fremdschlüsseldefinition in der Tabelle MITARBEITENDE.

Es gibt verschiedene Arten von deklarativen Integritätsregeln, und zwar:

- **Primärschlüsseldefinition:** Mit PRIMARY KEY wird eineindeutiger Primärschlüssel für eine Tabelle definiert. Ein Primärschlüssel darf definitionsgemäss nie Nullwerte enthalten.
- **Fremdschlüsseldefinition:** Mit FOREIGN KEY kann ein Fremdschlüssel spezifiziert werden, der durch die Angabe REFERENCES auf die zugehörige Tabelle verweist.
- **Eindeutigkeit:** Die Eindeutigkeit eines Attributes kann durch die Angabe UNIQUE festgehalten werden. Im Gegensatz zu Primärschlüsseln können eindeutige Attributwerte auch Nullwerte enthalten.
- **Existenz:** Mit der Angabe NOT NULL wird verhindert, dass ein Attribut Nullwerte besitzen kann. In Abb. 4.3 muss beispielsweise für jeden Mitarbeitenden ein Name mitgegeben werden, da der Name nicht leer sein darf.
- **Prüfregel:** Eine solche Regel kann durch den CHECK-Befehl deklariert werden. Jedes Tupel in der Tabelle muss die Prüfregel erfüllen. Beispielsweise kann mit der Angabe CHECK Lohn > 25.000 in der Tabelle PERSONAL aus Abb. 4.2 garantiert werden, dass das Jahreseinkommen für jeden Angestellten mindestens 25.000 € beträgt.
- **Ändern oder Löschen mit Nullsetzen:** Mit der Angabe ON UPDATE SET NULL beziehungsweise ON DELETE SET NULL wird bei einer abhängigen Tabelle deklariert, dass beim Ändern respektive Löschen des Tupels aus der Referenztabelle der Fremdschlüsselwert beim abhängigen Tupel auf Null gesetzt wird.
- **Restriktives Ändern oder Löschen:** Mit ON UPDATE RESTRICT bzw. ON DELETE RESTRICT können Referenztupel nicht geändert respektive gelöscht werden, solange sie noch abhängige Tupel besitzen.
- **Fortgesetztes Ändern oder Löschen:** Mit der Angabe ON UPDATE CASCADE bzw. ON DELETE CASCADE kann die Änderung respektive die Löschung eines Referenztupels auf die abhängigen Tupel ausgeweitet werden.

In Abb. 4.3 ist für die beiden Tabellen ABTEILUNG und MITARBEITENDE eine restriktive Löschregel spezifiziert. Diese Regel garantiert, dass eine bestimmte Abteilung nur dann gelöscht werden kann, wenn sie keine abhängigen Mitarbeitertupel mehr aufweist. Der folgende Befehl

```
DELETE FROM Abteilung WHERE A# = 'A6'
```

würde somit eine Fehleranzeige ergeben, da die beiden Mitarbeitenden Schweizer und Becker in der Finanzabteilung registriert sind.

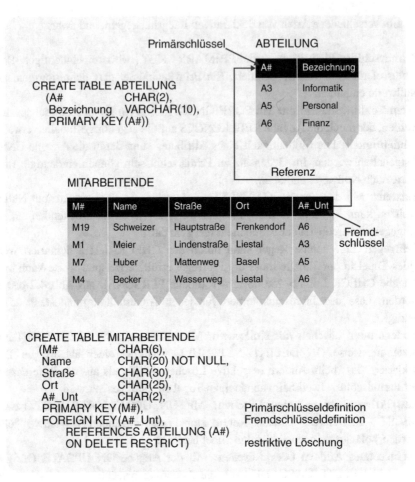

CREATE TABLE ABTEILUNG
  (A#   CHAR(2),
  Bezeichnung   VARCHAR(10),
  PRIMARY KEY (A#))

CREATE TABLE MITARBEITENDE
  (M#   CHAR(6),
  Name   CHAR(20) NOT NULL,
  Straße   CHAR(30),
  Ort   CHAR(25),
  A#_Unt   CHAR(2),
  PRIMARY KEY (M#),   Primärschlüsseldefinition
  FOREIGN KEY (A#_Unt),   Fremdschlüsseldefinition
    REFERENCES ABTEILUNG (A#)
    ON DELETE RESTRICT)   restriktive Löschung

Abb. 4.3 Definition von referenziellen Integritätsregeln

Die deklarativen Integritätsregeln können neben den Löschoperationen auch bei den Einfüge- und Änderungsoperationen zur Geltung kommen. So ergibt die Einfüge-operation

```
INSERT INTO MITARBEITENDE
VALUES ('M20','Kunz','Riesweg','Olten','A7')
```

eine Fehlermeldung. Die Abteilung A7 wird in der referenzierten Tabelle ABTEILUNG noch nicht geführt. Aufgrund der Fremdschlüsselbedingung hat das Datenbankver-waltungssystem geprüft, ob der Schlüssel A7 in der referenzierten Tabelle vorhanden ist.

Statische bzw. deklarative Integritätsbedingungen können bei der Erstellung der Tabelle (CREATE-TABLE-Befehl) angegeben werden. Bei dynamischen bzw. *prozeduralen Integritätsregeln* (engl. „procedural integrity constraints") werden jedoch Datenbankzustände vor und nach einer Veränderung verglichen. Daher kann dies nur zur Laufzeit überprüft werden. Die Auslöser oder *Trigger* stellen eine Alternative zu den deklarativen Integritätsregeln dar, da sie die Ausführung einer Sequenz von prozeduralen Fallunterscheidungen durch Anweisungen veranlassen. Ein Trigger ist im Wesentlichen durch die Angabe eines Auslösernamens, einer Datenbankoperation und einer Liste von Folgeaktionen definiert:

```
CREATE TRIGGER KeineKürzung     -- Auslösername
BEFORE UPDATE ON Mitarbeiter    -- Datenbankoperation
FOR EACH ROW BEGIN              -- Folgeaktion
    IF NEW.Lohn < OLD.Lohn
    THEN set NEW.Lohn = OLD.Lohn
    END IF;
END
```

Im obigen Beispiel nehmen wir an, dass die Löhne von Mitarbeitenden nicht gekürzt werden sollen. Deshalb wird mit einem Trigger vor dem Ändern der Tabelle MIT-ARBEITENDE geprüft, ob der neue Lohn kleiner ist als der alte Lohn. Ist dies der Fall, ist eine Integritätsbedingung verletzt, und der neue Lohn wird auf den ursprünglichen Wert vor dem UPDATE gesetzt. In diesem Beispiel haben wir den Trigger bewusst einfach gehalten, um das Grundprinzip darzustellen. In der Praxis würde man auch eine Meldung für Benutzer*innen generieren.

Das Arbeiten mit Auslösern ist nicht ganz einfach, da im allgemeinen Fall einzelne Trigger weitere Trigger aufrufen können. Dabei stellt sich die Frage der Terminierung sämtlicher Folgeaktionen. Meistens ist in kommerziellen Datenbanksystemen das gleichzeitige Aktivieren von Auslösern unterbunden, damit eine eindeutige Aktionsreihenfolge garantiert bleibt und ein Trigger wohlgeordnet terminieren kann.

4.3.2 Integritätsbedingungen für Graphen in Cypher

Bei Graphdatenbanken existieren implizite und explizite Integritätsbedingungen. Das Graphen-Datenbankmodell prüft implizit die referenzielle Integrität, indem es sicherstellt, dass alle Kanten mit bestehenden Knoten verbunden sind. Die vier Konsistenzbedingungen, die Cypher explizit unterstützt, sind die Folgenden:

- **Eindeutigkeitsbedingung für Knoteneigenschaften** (engl. „unique node property constraints"),
- **Existenzbedingung für Kanteneigenschaften** (engl. „relationship property existence constraints"),
- **Existenzbedingung für Knoteneigenschaften** (engl. „node property existence constraints"),
- **Knotenschüsselbedingung** (engl. „node key constraints").

Eindeutigkeitsbedingung für Knoteneigenschaften

Für Eigenschaften von Knoten im Graph kann definiert werden, dass sie pro Knotentyp eindeutig sind, d. h. nur einmal vorkommen. Zum Beispiel legt folgende Integritätsbedingung fest, dass die E-Mail-Adresse von Mitarbeitenden eindeutig sein muss:

```
CREATE CONSTRAINT MITARBEITENDE_EMailAdresse
ON (m:MITARBEITENDE) ASSERT m.EMailAdresse IS UNIQUE
```

Mit dem entgegengesetzten Befehl DROP CONSTRAINT kann die Integritätsbedingung wieder gelöscht werden:

```
DROP CONSTRAINT MITARBEITENDE_EMailAdresse
```

Existenzbedingung für Knoteneigenschaften

Eine Integritätsbedingung kann definiert werden, die sicherzustellt, dass eine Eigenschaft für jeden Knoten eines Knotentyps vorhanden sein muss. Zum Beispiel erzwingt die folgende Bedingung, dass alle Mitarbeitenden eine Sozialversicherungsnummer (svn) erhalten:

```
CREATE CONSTRAINT MITARBEITENDE_Svn
ON (m:MITARBEITENDE) ASSERT EXISTS (m.Svn)
```

Existenzbedingung für Kantenattribute (Relationship Property)

Für Eigenschaften von Kanten im Graph kann definiert werden, dass sie für einen Kantentyp bei jeder Kante vorhanden sein müssen. Beispielsweise können wir folgendermaßen sicherstellen, dass für jeden Projekteinsatz von Mitarbeitenden ein Pensum angegeben wird:

```
CREATE CONSTRAINT PROJEKTEINSATZ_Pensum
ON ()- [R:PROJEKTEINSATZ]-() ASSERT EXISTS (R.Pensum)
```

Knotenschüsselbedingung

Für einen Knotentypen kann definiert werden, dass eine Eigenschaft oder eine Eigenschaftskombination ein Schlüssel ist. Das heißt, dass die Eigenschaft oder die Kombination für diesen Knotentyp immer vorhanden ist und dass sie für diesen Knotentyp eindeutig ist. Zum Beispiel legt folgende Integritätsbedingung fest, dass für Mitarbeitende die Eigenschaft Svn (für Sozialversicherungsnummer) ein Schlüssel ist:

```
CREATE CONSTRAINT MITARBEITENDE_Svn
ON (m:MITARBEITENDE) ASSERT (m.Svn) IS NODE KEY
```

Es kann für einen Knotentypen mehrere Schlüssel geben. Die Schlüsselbedingung ist einfach eine Kombination aus Existenz- und Eindeutigkeitsbedingung.

Wertebereichsbedingungen

Cypher bietet schemafreie Datentypen für Eigenschaften an. Dies bedeutet, dass dieselbe Eigenschaft innerhalb des gleichen Knotentyps unterschiedliche Datentypen bei einzelnen Knoten aufweisen darf. Dasselbe gilt auch für Kanteneigenschaften. Es gibt somit keine Wertebereichsbedingungen für Eigenschaften in Cypher. Beispielsweise ist folgende Anfrage zulässig:

```
CREATE (:MITARBEITENDE { Svn: 1 });
CREATE (:MITARBEITENDE { Svn: "A" });
```

Diese Anweisungen fügen zwei EMPLOYEE-Knoten mit der Eigenschaft Svn ein, zunächst mit dem Typ Integer, dann mit dem Typ String. Das ist im Sinn der Schemafreiheit möglich. Schemafreiheit bedeutet jedoch nicht, dass Cypher keine Datentypen aufweist. Mit der Funktion apoc.meta.type() kann für eine Eigenschaft die Liste der Datentypen, die sie speichert, ausgegeben werden:

```
MATCH (n) RETURN distinct apoc.meta.type(n.Svn)
```

Referenzielle Integrität

Als Graphdatenbanksprache prüft Cypher implizit alle Kanten auf referenzielle Integrität, d. h., für die Verknüpfung von Knoten mit gerichteten Kanten müssen weder Primär- noch Fremdschlüssel explizit deklariert werden. Das Datenbankmanagementsystem stellt sicher, dass Kanten in jedem Fall auf existierende Knoten verweisen. Knoten können daher nur gelöscht werden, wenn es keine mit ihnen verbundenen Kanten gibt. Zudem ist es nicht möglich, Kanten ohne Knoten einzufügen. Kanten müssen immer als Tripel zusammen mit Quell- und Zielknoten erstellt werden. Gegebenenfalls können die verbundenen Knoten auch direkt während dem Einfügen der Kante erstellt werden.

4.3.3 Integritätsbedingungen für Dokumentdatenbanken in MQL

Das Datenbanksystem MongoDB bietet mit seinem Konzept der Schemafreiheit ein flexibles Einfügen neuer Daten. Das bedeutet, dass standardmäßig jede Datenstruktur in alle Kollektionen eingefügt werden kann. Das ist vor allem für den Umgang mit heterogenen Daten (Big Data Variety) zielführend. Dennoch ist es möglich, die Datenintegrität in MQL auf verschiedene Weise zu gewährleisten.

Primärschlüsselbedingungen

In MongoDB hat jedes Dokument in einer Sammlung ein eindeutiges Feld mit Eigenschaft _id. Dieses erfüllt die Bedingungen eines Primärschlüssels für das Dokument. Benutzende können dem Feld _id einen eigenen eindeutigen Wert zuweisen, oder das Datenbankverwaltungssystem kann automatisch eine eindeutige *Objektidentität* (engl. „object identity") generieren.

Eindeutigkeitsbedingungen

Es ist in MQL möglich, einen Index für eine Eigenschaft zu erstellen, der die Eindeutigkeit der Eigenschaftswerte sicherstellt. Zum Beispiel verhindert folgende Anweisung das Einfügen von Datensätzen in die Kollektion MITARBEITENDE, wenn der Wert des Felds „MITARBEITENDE.EMailAdresse" bereits vorhanden ist.

```
db.MITARBEITENDE.createIndex(
{ "MITARBEITENDE.EMailAdresse": 1},
{ unique: true } )
```

Existenzbedingung

MQL unterstützt die Validierung von Eingabedokumenten mit JSON-Schema (siehe Abschn. 2.5.1). Dies ist die vom Hersteller empfohlene Variante der Schemavalidierung.

Mit JSON-Schemas kann z. B. festgelegt werden, welche Eigenschaften für ein Dokument vorhanden sein müssen. Das folgende Beispiel erstellt eine Kollektion MIT-ARBEITENDE mit einem Validator, der eine Existenzbedingungen für die Felder MITABEITENDE.Name und MITARBEITENDE.Status festlegt. Somit können nur Dokumente eingefügt werden, welche mindestens diese beiden Felder aufweisen.

```
db.createCollection("MITARBEITENDE", {
    validator: {
        $jsonSchema: {
            required: [
                "MITARBEITENDE.Name",
                "MITARBEITENDE.Status" ] } } } )
```

Wertebereichsbedingung

Zusätzlich zu JSON-Schema unterstützt MQL Prüfregeln, welche Filter mit allen existierenden Filteroperatoren ermöglichen, mit wenigen Ausnahmen. So können ausgeklügelte Wertebereichsbedingungen definiert werden. Die folgende Anweisung erstellt eine neue Kollektion MITARBEITENDE mit einem Validator, der prüft, ob Titel vom Typ String sind, und das Feld Status auf drei mögliche Werte einschränkt.

```
db.createCollection( "PROJEKTE",
    { validator: { $and:
        [
            { PROJEKTE.Titel: { $type: "string" } },
            { PROJEKTE.Status: { $in:
                [ "Beantragt", "Aktiv", "Durchgeführt" ]
    } } ] } } )
```

Referenzielle Integritätsbedingungen

MQL geht aufgrund der Dokumentdefinition (sieh Abschn. 1.5) davon aus, dass Datensätze in sich vollständig sind. Daher gibt es in MQL keine Möglichkeit, im Datenbankschema Beziehungen zwischen Dokumenten oder Fremdschlüssel zu definieren. Dies ist eine bewusste Entscheidung, da die Annahme der Vollständigkeit der Dokumente schnellere Abfragen und eine einfachere Partitionierung der Datenbank für sehr große Datensätze ermöglicht.

Zusammengefasst sehen wir, dass trotz des bewussten Verzichts auf Prüfung der referenziellen Integrität zugunsten der Skalierbarkeit für Big Data MQL umfassende und flexible Mechanismen für die Prüfung von Integritätsbedingungen aufweist.

4.4   Konsistenz von Transaktionen

4.4.1   Mehrbenutzerbetrieb

Unter dem Begriff Konsistenz oder Integrität einer Datenbank versteht man den Zustand widerspruchsfreier Daten. Integritätsbedingungen sollen garantieren, dass bei Einfüge- oder Änderungsoperationen die Konsistenz der Daten jederzeit gewährleistet bleibt.

Eine Schwierigkeit ergibt sich aus der Tatsache, dass mehrere Benutzer*innen gleichzeitig auf eine Datenbank zugreifen und ggf. Daten verändern. Dabei können Konfliktsituationen betreffend gegenseitiger Behinderung (Deadlocks) oder gar Konsistenzverletzungen entstehen. Je nach Anwendungsfall sind Verstöße gegen Konsistenzregeln nicht hinnehmbar. Das klassische Beispiel dazu sind Buchungstrans- aktionen aus dem Bankenumfeld, bei welchen die Regeln der doppelten Buchhaltung jederzeit gewährleistet sind und nicht verletzt werden dürfen.

Transaktionsverwaltungen garantieren, dass konsistente Datenbankzustände immer in konsistente Datenbankzustände überführt werden. Ein Transaktionssystem arbeitet nach dem Alles-oder-nichts-Prinzip. Es wird damit ausgeschlossen, dass Transaktionen nur teilweise Änderungen auf der Datenbank ausführen. Entweder werden alle gewünschten Änderungen ausgeführt oder keine Wirkung auf der Datenbank erzeugt. Mit der Hilfe von pessimistischen oder optimistischen Synchronisationsverfahren wird garantiert, dass die Datenbank jederzeit in einem konsistenten Zustand verbleibt.

Bei umfangreichen Webanwendungen hat man erkannt, dass die Konsistenz- forderung nicht in jedem Fall anzustreben ist. Der Grund liegt darin, dass man aufgrund des sogenannten CAP-Theorems nicht alles gleichzeitig haben kann: *Konsistenz* (engl. „consistency"), *Verfügbarkeit* (engl. „availability") und *Ausfalltoleranz* (engl. „partition tolerance"). Setzt man beispielsweise auf Verfügbarkeit und Ausfalltoleranz, so muss man zwischenzeitlich inkonsistente Datenbankzustände in Kauf nehmen.

4.4.2   Das ACID-Prinzip

Die Integrität der Daten zu gewährleisten ist eine wichtige Forderung aus der Sicht vieler Datenbankanwendungen. Die *Transaktionenverwaltung* eines Datenbanksystems dient dazu, *mehreren Benutzenden ein konfliktfreies Arbeiten zu ermöglichen*. Dabei dürfen Änderungen in der Datenbank nach außen erst sichtbar werden, wenn die definierten Integritätsbedingungen alle respektiert sind.

Unter dem Begriff der *Transaktion* (engl. „transaction") versteht man an Integritäts-regeln gebundene Datenbankoperationen, die Datenbankzustände konsistenzerhaltend nachführen. Präziser ausgedrückt: Eine Transaktion ist eine Folge von Operationen, die atomar, konsistent, isoliert und dauerhaft sein muss.

- **Atomarität** (A = Atomicity): Eine Transaktion wird entweder komplett durchgeführt, oder sie hinterlässt keine Spuren ihrer Wirkung auf der Datenbank. Die von einzelnen Operationen erzeugten Zwischenzustände einer bestimmten Transaktion sind für die übrigen konkurrierenden Transaktionen nicht ersichtlich. In diesem Sinne bildet die Transaktion eine *Einheit für die Rücksetzbarkeit* nicht abgeschlossener Transaktionen (vgl. dazu Abschn. 4.5).
- **Konsistenz** (C = Consistency): Während der Transaktion mögen zwar einzelne Konsistenzbedingungen zeitweise verletzt werden, bei Transaktionsende müssen jedoch alle wieder erfüllt sein. Eine Transaktion bewirkt also die Überführung einer Datenbank von einem konsistenten Zustand in einen anderen und garantiert die Widerspruchsfreiheit der Daten. Sie wird als *Einheit zur Konsistenzerhaltung* auf-gefasst.
- **Isolation** (I = Isolation): Das Prinzip der Isolation verlangt, dass gleichzeitig ablaufende Transaktionen dieselben Resultate wie im Falle einer Einbenutzer-umgebung erzeugen. Falls einzelne Transaktionen isoliert von parallel dazu ablaufenden Transaktionen sind, bleiben diese vor ungewollten Seiteneffekten geschützt. Die Transaktion gilt damit als *Einheit für die Serialisierbarkeit*.
- **Dauerhaftigkeit** (D = Durability): Datenbankzustände müssen so lange gültig und erhalten bleiben, bis sie von Transaktionen verändert werden. Bei Programmfehlern, Systemabbrüchen oder Fehlern auf externen Speichermedien garantiert die Dauer-haftigkeit die Wirkung einer korrekt abgeschlossenen Transaktion. Von den Wieder-anlauf- und Wiederherstellungsverfahren von Datenbanken her gesehen kann jede Transaktion als *Recoveryeinheit* aufgefasst werden.

Die vier Begriffe *Atomarität* (A), *Konsistenz* (C), *Isolation* (I) und *Dauerhaftigkeit* (D) beschreiben das sogenannte *ACID-Prinzip einer Transaktion*. Dieses ist für einige Daten-banksysteme grundlegend und garantiert allen Anwendenden, konsistente Datenbank-zustände in ebensolche überführen zu können. Zwischenzeitlich inkonsistente Zustände bleiben nach außen unsichtbar und werden im Fehlerfall rückgängig gemacht.

4.4.3 Serialisierbarkeit

Bei der Beschreibung von Betriebssystemen und Programmiersprachen kommt der Koordination (Synchronisation) aktiver Prozesse und dem wechselseitigen Ausschluss konkurrierender Prozesse eine große Bedeutung zu. Auch bei Datenbanksystemen müssen konkurrierende Zugriffe auf dieselben Datenobjekte serialisiert werden, da die einzelnen Datenbankanwendenden unabhängig voneinander arbeiten möchten.

Prinzip der Serialisierbarkeit

Ein System gleichzeitig ablaufender Transaktionen heißt korrekt synchronisiert, wenn es eine serielle Ausführung gibt, die denselben Datenbankzustand erzeugt.

Bei parallel ablaufenden Transaktionen garantiert das Prinzip der Serialisierbarkeit, dass die Resultate auf den Datenbanken identisch sind, gleichgültig, ob die Transaktionen streng nacheinander ausgeführt worden sind oder nicht. Um Bedingungen zur Serialisierbarkeit festlegen zu können, gilt bei den einzelnen Transaktionen unser Augenmerk den READ- und WRITE-Operationen, die das *Lesen und Schreiben von Datensätzen auf der Datenbank* bewerkstelligen.

Das klassische Beispiel zur Illustration konkurrierender Transaktionen stammt aus dem Bankbereich. Bei Buchungstransaktionen lautet die grundlegende Integritätsbedingung, dass Kontobelastungen und -gutschriften sich gegenseitig ausgleichen müssen. Die Abb. 4.4 zeigt zwei parallel ablaufende Buchungstransaktionen mit ihren READ- und WRITE-Operationen in zeitlicher Abfolge. Jede Buchungstransaktion verändert für sich betrachtet die Gesamtsumme der Bestände der Konti a, b und c nicht. So schreibt die Transaktion TRX_1 dem Konto a 100 Währungseinheiten gut und belastet gleichzeitig das Gegenkonto b mit 100 Währungseinheiten. Entsprechendes gilt für die Buchungstransaktion TRX_2 mit dem Konto b und dem Gegenkonto c für den Betrag von 200 Währungseinheiten. Beide Buchungstransaktionen erfüllen somit die Integritätsbedingung der Buchführung, da sich die Salden zu null aufheben.

Bei der gleichzeitigen Ausführung der beiden Buchungstransaktionen hingegen entsteht ein *Konflikt:* Die Transaktion TRX_1 übersieht die von TRX_2 vorgenommene Gutschrift b: $= b+20^2$, da diese Wertveränderung nicht sofort zurückgeschrieben wird, und liest im Konto b einen „falschen" Wert. Nach erfolgreichem Abschluss der beiden Buchungstransaktionen enthält das Konto a den ursprünglichen Wert plus 100 Einheiten (a + 100), b hat sich um 100 Einheiten verringert (b − 100) und c ist um 200 Einheiten gekürzt worden (c − 200). Die Summe von Belastungen und Gutschriften ist nicht konstant geblieben, und die Integritätsbedingung ist verletzt, da im Konto b der Wert b + 200 von der Transaktion TRX_1 übersehen statt verrechnet worden ist.

Wie sind nun Konfliktsituationen zu erkennen? Aus der Menge aller Transaktionen führt der Weg dieser Untersuchung jeweils über diejenigen READ- und WRITE-Operationen, die sich auf ein bestimmtes Objekt, d. h. einen einzelnen Datenwert, einen Datensatz, eine Tabelle oder im Extremfall sogar eine ganze Datenbank beziehen. Von der *Granularität* (der relativen Größe) dieser Objekte hängt es ab, wie gut die herausgepflückten Transaktionen parallelisiert werden können. Je größer die Granularität des

---

[2] Unter der Zuweisung b: $= b+200$ versteht man, dass der aktuelle Bestand des Kontos b um 200 Währungseinheiten erhöht wird.

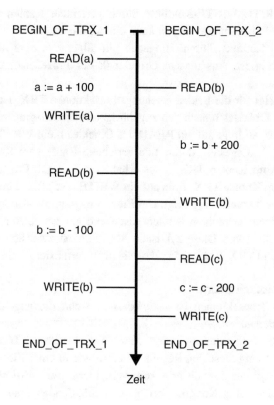

Abb. 4.4 Konfliktträchtige Buchungstransaktion

Objektes gewählt wird, desto kleiner wird der Grad der Parallelisierung von Transaktionen und umgekehrt. Die objektwirksamen READ- und WRITE-Operationen aus unterschiedlichen Transaktionen werden deshalb im sogenannten *Logbuch* (engl. „log") des Objektes x, im LOG(x), festgehalten. Das Logbuch LOG(x) eines bestimmten Objektes x listet in zeitlicher Abfolge alle READ- und WRITE-Operationen auf, die auf das Objekt x zugreifen.

Als Beispiel für die parallelen Buchungstransaktionen TRX_1 und TRX_2 wählen wir die einzelnen Konti a, b und c als Objektgrößen. Wie in Abb. 4.5 dargestellt, erhält das Logbuch für das Objekt b beispielsweise vier Einträge (vgl. dazu auch Abb. 4.4). Zuerst liest Transaktion TRX_2 den Datenwert b, anschließend liest TRX_1 denselben Wert, noch bevor die Transaktion TRX_2 den veränderten Datenwert b zurückschreibt. Den letzten Eintrag ins Logbuch verursacht die Transaktion TRX_1, die mit ihrem veränderten Wert b jenen der Transaktion TRX_2 in der Datenbank überschreibt. Eine Auswertung der Logbücher erlaubt uns nun auf einfache Weise, Konflikte bei konkurrierenden Transaktionen zu analysieren. Der sogenannte *Präzedenzgraph* (engl. „precedence graph") stellt die Transaktionen als Knoten und die möglichen READ_

WRITE- oder WRITE_WRITE-Konflikte durch gerichtete Kanten (gebogene Pfeile) dar. Bezogen auf ein bestimmtes Objekt kann ein auf ein READ oder WRITE folgendes WRITE zu einem Konflikt führen. Hingegen gilt allgemein, dass mehrmaliges Lesen nicht konfliktträchtig ist. Aus diesem Grund hält der Präzedenzgraph keine READ_ READ-Kanten fest.

Die Abb. 4.5 zeigt für die beiden Buchungstransaktionen TRX_1 und TRX_2 neben dem Logbuch des Objektes b auch den zugehörigen Präzedenzgraphen. Gehen wir vom Knoten TRX_1 aus, so folgt auf ein READ des Objektes b ein WRITE desselben durch Transaktion TRX_2, dargestellt durch eine gerichtete Kante vom Knoten TRX_1 zum Knoten TRX_2. Vom Knoten TRX_2 aus erhalten wir gemäß Logbuch eine WRITE_ WRITE-Kante zum Knoten TRX_1, da auf ein WRITE von TRX_2 ein weiteres WRITE desselben Objektes b von TRX_1 folgt. Der Präzedenzgraph ist also zyklisch oder kreisförmig, da von einem beliebigen Knoten ausgehend ein gerichteter Weg existiert, der zum Ursprung zurückführt. Diese zyklische Abhängigkeit zwischen den beiden Transaktionen TRX_1 und TRX_2 zeigt klar, dass sie nicht serialisierbar sind.

Serialisierbarkeitskriterium

Eine Menge von Transaktionen ist *serialisierbar*, wenn die zugehörigen Präzedenzgraphen *keine Zyklen* aufweisen.

Das Serialisierbarkeitskriterium besagt, dass die verschiedenen Transaktionen in einer Mehrbenutzerumgebung dieselben Resultate liefern wie in einer Einbenutzerumgebung. Zur Gewährleistung der Serialisierbarkeit verhindern *pessimistische Verfahren* von vornherein, dass überhaupt Konflikte bei parallel ablaufenden Transaktionen entstehen können. *Optimistische Verfahren* nehmen Konflikte in Kauf, beheben diese jedoch durch Zurücksetzen der konfliktträchtigen Transaktionen im Nachhinein.

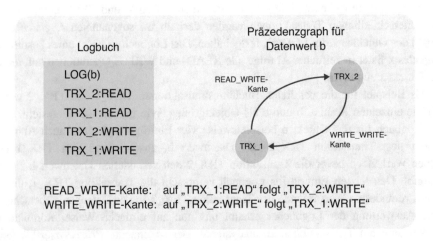

Abb. 4.5 Auswertung des Logbuches anhand des Präzedenzgraphen

4.4.4   Pessimistische Verfahren

Eine Transaktion kann sich gegenüber anderen absichern, indem sie durch Sperren die zu lesenden oder zu verändernden Objekte vor weiteren Zugriffen schützt. *Exklusive Sperren* (engl. „exclusive locks") sind solche, die ein bestimmtes Objekt ausschließlich von einer Transaktion bearbeiten und die übrigen konkurrierenden Transaktionen abweisen oder warten lassen. Sind solche Sperren gesetzt, müssen die übrigen Transaktionen warten, bis die entsprechenden Objekte wieder freigegeben sind.

In einem *Sperrprotokoll* (engl. „locking protocol") wird festgehalten, auf welche Art und Weise Sperren verhängt bzw. aufgehoben werden. Falls Sperren zu früh oder leichtsinnig zurückgegeben werden, können nicht-serialisierbare Abläufe entstehen. Auch muss verhindert werden, dass mehrere Transaktionen sich gegenseitig blockieren und eine sogenannte Verklemmung oder *Blockierung* (engl. „deadlock") heraufbeschwören.

Für das exklusive Sperren von Objekten sind die beiden Operationen LOCK und UNLOCK notwendig. Grundsätzlich muss jedes Objekt gesperrt werden, bevor eine Transaktion darauf zugreift. Falls ein Objekt x durch eine Sperre LOCK(x) geschützt ist, kann dieses von keiner anderen Transaktion gelesen oder verändert werden. Erst nach Aufheben der Sperre für Objekt x durch UNLOCK(x) kann eine andere Transaktion erneut eine Sperre erwirken.

Normalerweise unterliegen Sperren einem wohldefinierten Protokoll und können nicht beliebig angefordert und zurückgegeben werden:

Zweiphasen-Sperrprotokoll

Das Zweiphasen-Sperrprotokoll (engl. „two-phase locking protocol") untersagt einer Transaktion, *nach dem ersten UNLOCK (Entsperren) ein weiteres LOCK (Sperren) zu verlangen.*

Mithilfe dieses Sperrprotokolls läuft eine Transaktion immer in zwei Phasen ab: In der *Wachstumsphase* werden sämtliche Sperren angefordert und errichtet, in der *Schrumpfungsphase* werden die Sperren sukzessive wieder freigegeben. Bei einer Transaktion mit Zweiphasen-Sperrprotokoll dürfen also innerhalb der Wachstumsphase nur LOCKs nach und nach oder alle auf einmal gesetzt, jedoch nie freigegeben werden. Erst in der Schrumpfungsphase können UNLOCKs stufenweise oder insgesamt am Ende der Transaktion wieder ausgegeben werden. Das Zweiphasen-Sperrprotokoll verbietet somit ein Durchmischen von Errichten und Freigeben von Sperren.

Die Abb. 4.6 illustriert für die Buchungstransaktion TRX_1 ein mögliches Zweiphasen-Sperrprotokoll. In der Wachstumsphase wird nacheinander das Konto a wie das Gegenkonto b gesperrt, bevor beide Konti sukzessive wieder freigegeben werden. Bei diesem Beispiel wäre es möglich, beide Sperren zu Beginn der Transaktion zu verfügen, anstatt sie im zeitlichen Ablauf nacheinander zu errichten. Analog könnten die beiden Sperren am Ende der Transaktion TRX_1 nicht gestaffelt, sondern gesamt aufgehoben werden.

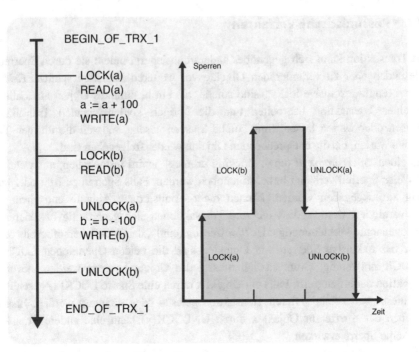

Abb. 4.6 Beispiel für ein Zweiphasen-Sperrprotokoll

Da die Wachstumsphase schrittweise für die Objekte a und b Sperren erwirkt und die Schrumpfungsphase diese schrittweise wieder freigibt, wird der Grad der Parallelisierung der Transaktion TRX_1 erhöht. Würden die beiden Sperren zu Beginn gesetzt und erst am Ende der Transaktion wieder zurückgegeben, müssten konkurrierende Transaktionen während der gesamten Verarbeitungszeit von TRX_1 auf die Freigabe der Objekte a und b warten.

Allgemein gilt, dass das Zweiphasen-Sperrprotokoll die Serialisierbarkeit parallel ablaufender Transaktionen garantiert. *Pessimistische Synchronisation* (engl. „pessimistic concurrency control"): Konkurrierende Transaktionen sind dank Anwendung des Zwei-phasen-Sperrprotokolls serialisierbar. Aufgrund der strikten Trennung der Wachstums-von der Schrumpfungsphase lässt sich zeigen, dass das Zweiphasen-Sperrprotokoll zyklische Abhängigkeiten in sämtlichen Präzedenzgraphen von vornherein verhindert; die konkurrierenden Transaktionen bleiben konfliktfrei. Für die beiden Buchungstrans-aktionen TRX_1 und TRX_2 bedeutet dies, dass sie bei optimaler Organisation von Sperren und Entsperren parallelisiert werden können, ohne dass die Integritätsbedingung verletzt wird.

Die Abb. 4.7 untermauert unsere Behauptung, dass die beiden Transaktionen TRX_1 und TRX_2 konfliktfrei ablaufen können. Dazu werden LOCKs und UNLOCKs nach den Regeln des Zweiphasen-Sperrprotokolls gesetzt. Damit kann beispielsweise das von

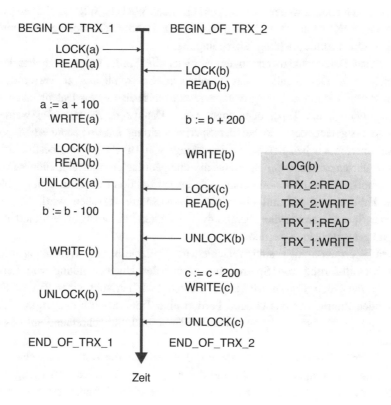

Abb. 4.7 Konfliktfreie Buchungstransaktionen

TRX_2 gesperrte Konto b erst in der Schrumpfungsphase wieder freigegeben werden, und TRX_1 muss beim Anfordern der Sperre für b warten. Sobald TRX_2 das Konto b durch UNLOCK(b) entsperrt, fordert TRX_1 das Konto b an. Diesmal liest die Transaktion TRX_1 den „richtigen" Wert von b, nämlich b + 200. Die beiden Transaktionen TRX_1 und TRX_2 können somit parallel ausgeführt werden.

Das Zweiphasen-Sperrprotokoll bewirkt im zeitlichen Ablauf von TRX_1 zwar eine Verzögerung, aber nach Ablauf der beiden Transaktionen bleibt die Integrität erhalten. Das Konto a hat sich um 100 Einheiten erhöht (a +100), das Konto b ebenfalls (b +100), und das Konto c wurde um 200 Einheiten reduziert (c −200). Die Summe der Bestände der einzelnen Konti hat sich somit nicht verändert.

Der Vergleich des in Abb. 4.7 gegebenen Logbuches LOG(b) des Kontos b mit dem früher diskutierten Logbuch aus Abb. 4.5 zeigt einen wesentlichen Unterschied: Je ein Lesen (TRX_2: READ) und ein Schreiben (TRX_2: WRITE) wird jetzt strikt zuerst durch TRX_2 durchgeführt, bevor TRX_1 die Kontrolle über das Konto b erhält und ebenfalls lesen (TRX_1: READ) und schreiben (TRX_1:WRITE) darf. Der zugehörige

Präzedenzgraph enthält weder READ_WRITE- noch WRITE_WRITE-Kanten zwischen den Knoten TRX_2 und TRX_1, er bleibt also zyklenfrei. Die beiden Buchungstransaktionen erfüllen damit die Integritätsbedingung.

Bei vielen Datenbankanwendungen verbietet die Forderung nach hoher Parallelität, gleich ganze Datenbanken oder Tabellen als Sperreinheiten zu verwenden. Man definiert deshalb kleinere Sperrgrößen, wie beispielsweise einen Datenbankausschnitt, einen Tabellenteil, ein Tupel oder sogar einen Datenwert. *Sperrgrößen* werden vorteilhaft so festgelegt, dass sie bei der Sperrverwaltung *hierarchische Abhängigkeiten* zulassen. Sperren wir beispielsweise eine Menge von Tupeln für eine bestimmte Transaktion, so dürfen während der Sperrzeit die übergeordneten Sperreinheiten wie Tabelle oder zugehörige Datenbank von keiner anderen Transaktion in vollem Umfang blockiert werden. Falls ein Objekt mit einer exklusiven Sperre versehen wird, können mithilfe einer Sperrhierarchie die übergeordneten Objekte automatisch evaluiert und entsprechend gekennzeichnet werden.

Neben Sperrhierarchien sind verschiedene Sperrmodi von Bedeutung. Die einfachste Klassifizierung von Sperren beruht auf der Unterscheidung von Lese- und Schreibsperren. Eine *Lesesperre* (engl. „shared lock") erlaubt einer Transaktion nur den lesenden Zugriff auf das Objekt. Fordert eine Transaktion hingegen eine *Schreibsperre* (engl. „exclusive lock") an, dann darf sie lesend und schreibend auf das Objekt zugreifen.

Ein weiteres pessimistisches Verfahren, das Serialisierbarkeit gewährleistet, ist die Vergabe von Zeitstempeln, um aufgrund des Alters von Transaktionen streng geordnet die Objektzugriffe durchführen zu können. Solche Zeiterfassungsverfahren erlauben, die zeitliche Reihenfolge der einzelnen Operationen der Transaktionen einzuhalten und damit Konflikte zu vermeiden.

4.4.5 Optimistische Verfahren

Bei *optimistischen Verfahren* geht man davon aus, dass Konflikte konkurrierender Transaktionen selten vorkommen. Man verzichtet von vornherein auf das Setzen von Sperren, um den Grad der Parallelität zu erhöhen und die Wartezeiten zu verkürzen. Bevor Transaktionen erfolgreich abschließen, werden rückwirkend Validierungen durchgeführt.

Transaktionen mit *optimistischer Synchronisation* durchlaufen drei Phasen, und zwar *eine Lese-, eine Validierungs- und eine Schreibphase.* Ohne irgendwelche präventiven Sperren zu setzen, werden in der Lesephase alle benötigten Objekte gelesen und in einem transaktionseigenen Arbeitsbereich gespeichert und verarbeitet. Nach Abschluss der Verarbeitung werden in der Validierungsphase die Objekte dahingehend geprüft, ob die Veränderungen nicht in Konflikt mit anderen Transaktionen stehen. Ziel dabei ist, die momentan aktiven Transaktionen auf Konfliktfreiheit zu überprüfen. Behindern sich zwei Transaktionen gegenseitig, so wird die in der Validierungsphase stehende Transaktion zurückgestellt. Im Falle einer erfolgreichen Validierung werden durch die

Schreibphase die Änderungen aus dem Arbeitsbereich der Transaktion in die Datenbank eingebracht.

Mithilfe transaktionseigener Arbeitsbereiche wird bei den optimistischen Verfahren die Parallelität erhöht. Lesende Transaktionen behindern sich gegenseitig nicht. Erst wenn sie Werte zurückschreiben wollen, ist Vorsicht geboten. Die Lesephasen verschiedener Transaktionen können deshalb parallel ablaufen, ohne dass Objekte durch irgendwelche Sperren blockiert sind. Dafür muss in der Validierungsphase geprüft werden, ob die im Arbeitsbereich eingelesenen Objekte überhaupt gültig sind, also mit der Wirklichkeit in der Datenbank noch übereinstimmen.

Der Einfachheit halber wird vorausgesetzt, dass sich die Validierungsphasen verschiedener Transaktionen keinesfalls überlappen. Hierfür wird der Zeitpunkt hervorgehoben, zu welchem die Transaktion in die Validierungsphase tritt. Dadurch lassen sich sowohl die Startzeiten der Validierungsphasen als auch die Transaktionen selbst zeitlich ordnen. Sobald eine Transaktion in die Validierungsphase tritt, wird die Serialisierbarkeit geprüft.

Bei optimistischer Synchronisation wird betreffend Serialisierbarkeit wie folgt vorgegangen: Mit TRX_t sei die zu überprüfende Transaktion, mit TRX_1 bis TRX_k seien alle parallel zu TRX_t laufenden Transaktionen bezeichnet, die während der Lesephase von TRX_t bereits validiert haben. Alle übrigen fallen außer Betracht, da sämtliche Transaktionen streng nach der Eintrittszeit in die Validierungsphase geordnet sind. Hingegen sind die von TRX_t gelesenen Objekte zu überprüfen, sie könnten ja in der Zwischenzeit von den kritischen Transaktionen TRX_1 bis TRX_k bereits verändert worden sein. Wir bezeichnen die von TRX_t gelesene Objektmenge mit dem Ausdruck READ_SET(TRX_t) und die von den übrigen Transaktionen geschriebene Objektmenge mit WRITE_SET(TRX_1,…,TRX_k) und erhalten das folgende Serialisierbarkeitskriterium:

Optimistische Synchronisation (engl. „optimistic concurrency control")
Bei optimistischer Synchronisation müssen die Mengen READ_ SET(TRX_t) und WRITE_SET(TRX_1,…,TRX_k) *disjunkt* sein, damit die Transaktion TRX_t serialisierbar bleibt.

Als Beispiel können wir wiederum die beiden ursprünglichen Buchungstransaktionen TRX_1 und TRX_2 von Abb. 4.4 heranziehen und dabei voraussetzen, dass TRX_2 vor TRX_1 validiert hat. Ist in diesem Fall nun TRX_1 serialisierbar oder nicht? Um diese Frage zu beantworten, bemerken wir (Abb. 4.8), dass das von TRX_1 gelesene Objekt b von der Transaktion TRX_2 bereits zurückgeschrieben worden ist und in der Schreibmenge WRITE_SET(TRX_2) liegt. Die Lesemenge READ_SET(TRX_1) und die Schreibmenge WRITE_SET(TRX_2) überlappen sich, was das Prüfkriterium zur Serialisierbarkeit verletzt. Die Buchungstransaktion TRX_1 muss nochmals gestartet werden.

Eine Verbesserung des optimistischen Verfahrens bringt die präventive Garantie von Disjunktheit der Mengen READ_SET und WRITE_SET. Dabei wird in der Validierungs-

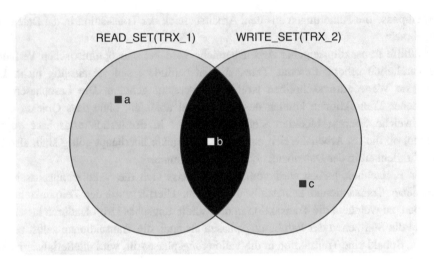

Abb. 4.8 Serialisierbarkeitsbedingung für Transaktion TRX_1 nicht erfüllt

phase der Transaktion TRX_t geprüft, ob diese eventuell Objekte verändert, die bereits von anderen Transaktionen gelesen worden sind. Bei dieser Prüfvariante bleibt der Validierungsaufwand auf Änderungstransaktionen beschränkt.

4.4.6   Fehlerbehandlung

Beim Betrieb einer Datenbank können verschiedene Fehler auftreten, die normalerweise durch das Datenbanksystem selbst entschärft oder behoben werden können. Einige Fehlersituationen wie Integritätsverletzungen oder Zusammenbrüche im Transaktionenverkehr sind bei der Behandlung parallel ablaufender Transaktionen bereits zur Sprache gekommen. Andere Fehler können durch das Betriebssystem oder durch die Hardware verursacht werden. Beispielsweise kann es vorkommen, dass die Daten nach einem Speicherfehler auf einem externen Medium unlesbar bleiben.

Das *Wiederherstellen eines korrekten Datenbankzustandes nach einem Fehlerfall* steht unter dem Begriff Recovery. Beim Recovery ist es wesentlich zu wissen, wo ein Fehler aufgetreten ist: im Anwendungsprogramm, in der Datenbanksoftware oder bei der Hardware. Bei Integritätsverletzungen oder nach einem „Absturz" eines Anwendungsprogrammes genügt es, eine oder auch mehrere Transaktionen rückgängig zu machen und anschließend zu wiederholen. Bei schwerwiegenden Fehlern müssen im Extremfall frühere Datenbestände aus Archiven (Archivdatei, Backup) geholt und durch eine teilweise wiederholte Transaktionsverarbeitung rekonstruiert werden.

Um Transaktionen rückgängig zu machen, benötigt das Datenbanksystem gewisse Angaben. Normalerweise wird vor der Veränderung eines Objektes eine *Kopie* (engl. „before image") desselben in eine sogenannte *Logdatei* (engl. „log file") geschrieben.

Außer den alten Werten des Objektes werden auch Marker in die Logdatei gesetzt, die den Beginn und das Ende einer Transaktion signalisieren. Damit die Logdatei im Fehlerfall effizient benutzt werden kann, werden entweder aufgrund von Anweisungen im Anwendungsprogramm oder bei bestimmten Systemereignissen *Sicherungspunkte* (engl. „checkpoints") gesetzt. Ein systemweiter Sicherungspunkt enthält eine Liste der bis zu diesem Zeitpunkt aktiven Transaktionen. Bei einem *Neustart* (engl. „restart") muss das Datenbanksystem nur den letzten Sicherungspunkt suchen und die noch nicht abgeschlossenen Transaktionen rückgängig machen (z. B. mit dem SQL-Befehl ROLL-BACK).

Ein solcher Vorgang ist in Abb. 4.9 dargestellt: Nach dem Systemzusammenbruch muss die Logdatei rückwärts bis zum jüngsten Sicherungspunkt gelesen werden. Von Interesse sind dabei diejenigen Transaktionen, die noch nicht mit einer sogenannten EOT-Marke (EOT = End Of Transaction) ihre korrekte Beendigung signalisieren konnten, wie die beiden Transaktionen TRX_2 und TRX_5. Für diese muss nun mithilfe der Logdatei der alte Datenbankzustand hergestellt werden (engl. „undo"). Dabei muss im Falle der Transaktion TRX_5 vom Sicherungspunkt weg rückwärts bis zur BOT-Marke (BOT = Begin Of Transaction) gelesen werden, um das Before-Image der Transaktion TRX_5 zu erhalten. Unabhängig von der Art des Sicherungspunktes muss auch der *neueste Zustand* (engl. „after image") für mindestens TRX_4 hergestellt werden (engl. „redo").

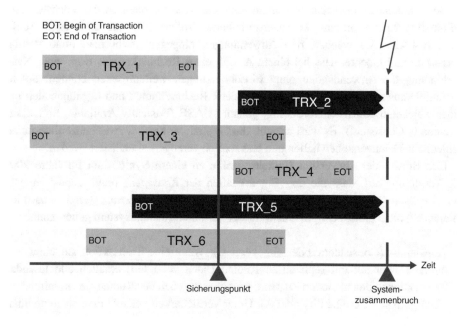

Abb. 4.9 Neustart eines Datenbanksystems nach einem Fehlerfall

Zur Rekonstruktion einer Datenbank nach einem Defekt auf einem externen Speicher benötigt man eine Archivkopie der Datenbank und eine Sammlung sämtlicher in der Zwischenzeit erfolgter Änderungen. Archivkopien werden normalerweise vor und nach der Tagesendverarbeitung gezogen, da dies sehr zeitintensiv ist. Tagsüber behilft man sich mit der Protokollierung der Änderungen auf der Logdatei, wobei pro Objekt jeweils die neusten Zustände festgehalten werden.

Das Sicherstellen von Datenbanken erfordert von den Datenbankspezialisten ein klares Vorgehenskonzept zur *Katastrophenvorsorge*. Normalerweise werden die Sicherheitskopien in Generationen teilweise redundant und physisch getrennt archiviert. Das Bereitstellen solcher Archivkopien und das Löschen alter Bestände muss laufend protokolliert werden. Im Fehlerfall oder bei Katastrophenübungen gilt es, aus alten Archivbeständen und sichergestellten Datenbankänderungen aktuelle Datenbestände innerhalb einer nützlichen Frist zu reproduzieren.

4.5   Weiche Konsistenz bei massiv verteilten Daten

4.5.1   BASE und CAP-Theorem

Bei umfangreichen und verteilten Datenhaltungssystemen hat man erkannt, dass die Konsistenzforderung nicht in jedem Fall anzustreben ist, vor allem wenn man auf Verfügbarkeit und Ausfalltoleranz setzen möchte.

Bei relationalen Datenbanksystemen sind die Transaktionen in der höchsten Isolationsstufe immer atomar, konsistenzerhaltend, isoliert und dauerhaft (vgl. ACID, Abschn. 4.4.2). Bei webbasierten Anwendungen hingegen strebt man hohe Verfügbarkeit an und möchte, dass bei einem Ausfall eines Rechnerknotens resp. einer Netzverbindung die Anwendenden ohne Einschränkungen weiterarbeiten können. Solche ausfalltoleranten Systeme verwenden replizierte Rechnerknoten und begnügen sich mit einer weicheren Konsistenzforderung, genannt BASE (Basically Available, Soft State, Eventually Consistent): Es wird erlaubt, dass replizierte Knoten zwischenzeitlich unterschiedliche Datenversionen halten und erst zeitlich verzögert aktualisiert werden.

Eric Brewer der Universität Berkeley stellte an einem Symposium im Jahre 2000 die Vermutung auf, dass die drei Eigenschaften der *Konsistenz* (engl. „consistency"), der *Verfügbarkeit* (engl. „availability") und der *Ausfalltoleranz* (engl. „partition tolerance") nicht gleichzeitig in einem massiv verteilten Rechnersystem gelten können:

- **Konsistenz** (Consistency oder abgekürzt C): Wenn eine Transaktion auf einer verteilten Datenbank mit replizierten Knoten Daten verändert, erhalten alle lesenden Transaktionen den aktuellen Zustand, egal über welchen der Knoten sie zugreifen.
- **Verfügbarkeit** (Availability oder A): Unter Verfügbarkeit versteht man einen ununterbrochenen Betrieb der laufenden Anwendung und akzeptable Antwortzeiten.

- **Ausfalltoleranz** (Partition Tolerance oder P): Fällt ein Knoten in einem replizierten Rechnernetzwerk oder eine Verbindung zwischen einzelnen Knoten aus, so hat das keinen Einfluss auf das Gesamtsystem. Zudem lassen sich jederzeit Knoten ohne Unterbruch des Betriebs einfügen oder wegnehmen.

Später wurde die obige Vermutung von Wissenschaftlern des MIT in Boston bewiesen und als CAP-Theorem etabliert:

CAP-Theorem

Das *CAP-Theorem* (engl. „CAP theorem") sagt aus, dass in einem massiv verteilten Datenhaltungssystem jeweils nur zwei Eigenschaften aus den drei der Konsistenz (C), Verfügbarkeit (A) und Ausfalltoleranz (P) garantiert werden können.

Es lassen sich also in einem massiv verteilten System entweder Konsistenz mit Verfügbarkeit (CA) oder Konsistenz mit Ausfalltoleranz (CP) oder Verfügbarkeit mit Ausfalltoleranz (AP) kombinieren; aber alle drei sind nicht gleichzeitig zu haben (vgl. Abb. 4.10).

Beispiele für die Anwendung des CAP-Theorems:

- An einem Börsenplatz wird auf Konsistenz und Verfügbarkeit gesetzt, d. h., CA wird hochgehalten. Dies erfolgt, indem man relationale Datenbanksysteme einsetzt, die dem ACID-Prinzip nachleben.
- Unterhält ein Bankinstitut über das Land verbreitet Geldautomaten, so muss nach wie vor Konsistenz gelten. Daneben ist erwünscht, dass das Netz der Geldautomaten ausfalltolerant ist. Gewisse Verzögerungen in den Antwortzeiten werden hingegen akzeptiert. Ein Netz von Geldautomaten wird demnach so ausgelegt, dass Konsistenz und Ausfalltoleranz gelten. Hier kommen verteilte und replizierte relationale oder NoSQL-Systeme zum Einsatz, die CP unterstützen.

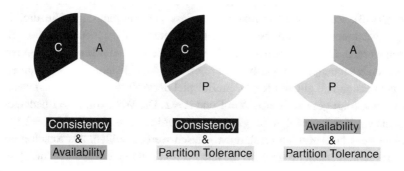

Abb. 4.10   Die möglichen drei Optionen des CAP-Theorems

- Der Internetdienst Domain Name System oder DNS muss jederzeit verfügbar und ausfalltolerant sein, da er die Namen von Webseiten zu numerischen IP-Adressen in der TCP/IP-Kommunikation auflösen muss (TCP = Transmission Control Protocol, IP = Internet Protocol). Dieser Dienst setzt auf AP und verlangt den Einsatz von NoSQL-Datenhaltungssystemen, da weltumspannende Verfügbarkeit und Ausfalltoleranz durch ein relationales Datenbanksystem nicht zu haben sind.

4.5.2 Differenzierte Konsistenzeinstellungen

Im Idealfall gibt es nur einen Ansatz zur Konsistenzgewährung in einem verteilten System: Wenn eine Änderung erfolgt, sehen alle lesenden Transaktionen diese Änderung und sind sicher, dass sie dem aktuellen Zustand entspricht. Offeriert beispielsweise eine Hotelkette ein Reservationssystem auf ihrer Website, dann wird die Buchung eines Hotelzimmers sofort von allen lesenden Buchungstransaktionen erkannt und Doppelbuchungen bleiben ausgeschlossen.

Aufgrund des CAP-Theorems ist bekannt, dass bei einem replizierten Netzwerk von Rechnerknoten nicht alle drei Eigenschaften gleichzeitig zu haben sind. International tätige Hotelketten setzen meistens auf AP, d. h., sie halten die Verfügbarkeit hoch und verlangen Ausfalltoleranz. Damit nehmen sie in Kauf, dass Buchungen nach dem BASE-Prinzip durchgeführt werden. Daneben sind weitere Differenzierungen möglich, die sich anhand der folgenden drei Parameter justieren lassen:

- N = Anzahl replizierter Knoten resp. Anzahl Kopien im Cluster,
- R = Anzahl von Kopien, die gelesen werden sollen („successful read")
- W = Anzahl von Kopien, die geschrieben werden müssen („successful write").

Mit der Hilfe der drei Parameter N, R und W lassen sich vier grundlegende Differenzierungsoptionen zur Konsistenzgewährung zusammenstellen. In der Abb. 4.11 sind diese Varianten zusammengestellt, wobei drei replizierte Knoten betrachtet werden (N = 3). Zudem wird angenommen, dass zur Ausgangslage alle drei Knoten die Objektversionen A halten, bevor einzelne Knoten mit der neuen Version B überschrieben werden. Die Frage lautet nun: Wie lassen sich aktuelle Versionen von lesenden Programmen erkennen, falls schreibende Programme Aktualisierungen durchführen?

In einem ersten Fall gilt $W + R \leq N$. Im Beispiel der Abb. 4.11 (oben links) werden die Parameter wie folgt gesetzt: $N = 3$, $W = 1$ und $R = 2$. Die Wahl von $W = 1$ bedeutet, dass mindestens ein Knoten erfolgreich geschrieben werden muss. Die Wahl $R = 2$ verlangt, dass mindestens zwei Knoten erfolgreich gelesen werden sollten. Als Resultat wird im Knoten des schreibenden Programms die alte Version A durch die neue Version B ersetzt. Beim Lesen der beiden Nachbarknoten wird die veraltete Version A zurückgegeben, d. h., der Vorgang veranschaulicht „Eventual Consistency".

Im zweiten Fall „Consistency by Writes" muss W der Anzahl der replizierten Knoten entsprechen, d. h. W = N (Abb. 4.11, oben rechts). Erfolgreiche Schreibvorgänge ersetzen die Version A in den drei Knoten durch die nun aktuelle Version B. Falls hier ein Leseprogramm einen Knoten konsultiert, erhält es die aktuelle Version B.

Der dritte Fall wird mit „Consistency by Reads" betitelt, da die Anzahl der Knoten mit dem Parameter R übereinstimmt (siehe Abb. 4.11, unten links, Fall R = N). Hier wird lediglich ein Knoten mit der neuen Version B geschrieben. Die Konsultation von drei Knoten im Lesevorgang gibt demnach sowohl die aktuelle Version B als auch die veraltete Version A zurück. Beim Erhalt von zwei Versionen, hier A und B, muss noch herausgefunden werden, in welchem zeitlichen Zusammenhang die beiden Versionen A und B zueinanderstehen. Gilt A vor B (A < B) oder B vor A (B < A)? Welche der beiden Versionen ist die aktuelle? Die Auflösung dieser Kausalitäten wird mit der Hilfe von sogenannten Vektoruhren vorgenommen (siehe Abschn. 4.5.3).

Der vierte und letzte Fall betrifft „Consistency by Quorum" und verlangt die Einhaltung der Formel W + R > N Abb. 4.11, unten rechts). Als Beispiel werden die beiden Parameter W wie R auf Zwei gesetzt, d. h. W = 2 und R = 2. Demnach müssen je zwei Knoten erfolgreich geschrieben und je zwei erfolgreich gelesen werden. Als Resultat gibt der Lesevorgang wiederum die beiden Versionen B und A zurück und die Kausalität muss mit der Hilfe entsprechender Vektoruhren festgestellt werden.

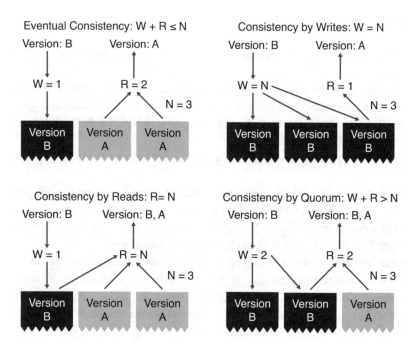

Abb. 4.11 Konsistenzgewährung bei replizierten Systemen

4.5.3   Vektoruhren zur Serialisierung verteilter Ereignisse

In verteilten Systemen fallen aufgrund konkurrierender Prozesse zu unterschiedlichen Zeiten unterschiedliche Ereignisse an. Um diese Ereignisse partiell zu ordnen, können *Vektoruhren* (engl. „vector clocks") verwendet werden. Vektoruhren sind keine eigentlichen Zeituhren, sondern Zählsysteme, die eine Halbordnung unter der zeitlichen Abfolge von Ereignissen ermöglichen.

Im Folgenden betrachten wir konkurrierende Prozesse in einem verteilten System. Eine Vektoruhr ist ein Vektor V mit k Komponenten resp. Zählern Z_i und $i = 1.k$, wobei k der Anzahl der Prozesse entspricht. Jeder Prozess P_i besitzt demnach eine Vektoruhr $V_i = [Z_1,...,Z_k]$ mit k Zählern.

Eine Vektoruhr funktioniert wie folgt:

- Initial ist jede Vektoruhr auf null gestellt, d. h. $V_i = [0,0, ...,0]$ für alle Prozesse P_i und Zähler Z_k.
- Bei jedem Nachrichtenaustausch schickt der Sender dem Empfänger seine eigene Vektoruhr mit.
- Falls ein Empfänger eine Nachricht erhält, so erhöht er in seinem Vektor seinen eigenen Zähler Z_i um Eins, d. h. $Z_i = Z_i + 1$. Zudem verschmelzt er seinen angepassten Vektor V_i komponentenweise mit dem zugeschickten Vektor W, indem er jeweils den maximalen Wert der korrespondierenden Zählerkomponenten übernimmt, d. h. $V_i[j] = max(V_i[j], W[j])$ für alle $j = 1.k$.

In Abb. 4.12 ist ein mögliches Szenario von drei konkurrierenden Prozessen P_1, P_2 und P_3 gegeben.

Der Prozess P_3 weist die drei Ereignisse B, D und E auf, die zeitlich hintereinander erfolgen. Demnach erhöht er seinen eigenen Zähler Z_3 in seiner Vektoruhr jeweils um eins, womit die drei Vektoruhren [0,0,1] für Ereignis B, [0,0,2] für Ereignis D und [0,0,3] für Ereignis E resultieren.

Beim Prozess P_1 erfolgt zuerst das Ereignis A und die eigene Vektoruhr V_1 wird in der ersten Komponente Z_1 um eins erhöht; die entsprechende Vektoruhr lautet [1,0,0]. Nun schickt der Prozess P_1 eine Nachricht N_1 an den Prozess P_2, wobei die entsprechende Vektoruhr [1,0,0] mitgeliefert wird. Das Ereignis C im Prozess P_2 passt zuerst seine eigene Vektorkomponente V_2 zu [0,1,0] an, bevor die Vektoruhr $V_2 = [0,1,0]$ mit der zugestellten Vektoruhr $V_1 = [1,0,0]$ zu [1,1,0] verschmolzen wird.

Analoge Verschmelzungsoperationen werden bei den Nachrichten N_2 und N_3 vorgenommen: Zuerst werden jeweils die prozessbezogenen Vektoruhren V_2 resp. V_1 in ihren eigenen Komponenten um eins erhöht, bevor die Maximumsbildung der entsprechenden Vektoruhren erfolgt. Es resultieren die beiden Vektoruhren $V_2 = [1,2,3]$, da $[1,2,3] = max([1,2,0],[0,0,3])$ für Ereignis F resp. $V_1 = [3,2,3]$ für Ereignis G.

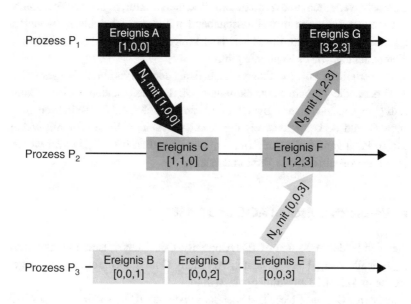

Abb. 4.12 Vektoruhren zeigen kausale Zusammenhänge

Die Kausalität lässt sich für je zwei Ereignisse im verteilten System beantworten: Ein Ereignis X hat vor dem Ereignis Y stattgefunden, falls die Vektoruhr $V(X) = [X_1, X_2, \dots, X_k]$ von X kleiner der Vektoruhr $V(Y) = [Y_1, Y_2, \dots, Y_k]$ von Y ist.

Kausalitätsprinzip basierend auf Vektoruhren

Das *Ereignis X erfolgte vor dem Ereignis Y* (oder X<Y) genau dann, wenn für alle Komponenten $i = 1, \dots k$ gilt: $X_i \leq Y_i$ und falls mindestens ein j existiert mit $X_j < Y_j$.

In Abb. 4.12 liegt es auf der Hand, dass das Ereignis B vor dem Ereignis D stattfand, denn die entsprechenden Vektoruhren [0,0,1] und [0,0,2] erfüllen obiges Vergleichskriterium.

Werden die beiden Ereignisse F und G verglichen, so folgert man gemäß den entsprechenden Vektoruhren [1,2,3] und [3,2,3], dass F vor G stattfand: Die erste Komponente der Vektoruhr V(F) ist echt kleiner als die erste Komponente von V(G) und die übrigen Komponenten sind identisch. Demnach signalisiert der Vergleich der Vektoruhren [1,2,3] < [3,2,3] die Kausalität F<G.

Nun werden zwei fiktive Vektoruhren $V(S) = [3,1,1]$ für das Ereignis S und $V(T) = [1,1,2]$ für das Ereignis T betrachtet: Die beiden Vektoruhren sind nicht vergleichbar, denn es gilt weder S<T noch T<S. Die beiden Ereignisse sind nebenläufig und es lässt sich bei solchen Konstellationen keine Kausalität feststellen.

Bei massiv verteilten und replizierten Rechnerstrukturen zeigen Vektoruhren ihre Stärke. Da echte Zeituhren in weltumspannenden Netzen sich schlecht synchronisieren lassen, weicht man auf Vektoruhren aus. Hier kriegen die entsprechenden Vektoruhren so viele Komponenten, wie es Replikate gibt.

Bei der Verteilung von Replikaten kann dank den Vektoruhren festgestellt werden, welche Version die jüngere resp. aktuellere ist. Bei den beiden Fällen „Consistency by Reads" resp. „Consistency by Quorum" aus Abschn. 4.3.2 resultierten die beiden Versionen B und A beim Lesevorgang. Sind die beiden Versionen mit Vektoruhren bestückt, so kann gemäß obigem Kriterium der Kausalität herausgefunden werden, dass $A < B$, d. h., dass B die aktuelle Version darstellt.

4.5.4 Vergleich zwischen ACID und BASE

Zwischen den beiden Ansätzen ACID (Atomicity, Consistency, Isolation, Durability) und BASE (Basically Available, Soft State, Eventually Consistent) gibt es gewichtige Unterschiede, die in Abb. 4.13 zusammengefasst sind.

Die meisten SQL- und NoSQL-Datenbanksysteme erfüllen strikt das ACID-Prinzip. Dies bedeutet, dass sowohl im zentralen wie in einem verteilten Fall jederzeit Konsistenz gewährleistet ist. Bei einem verteilten Datenbanksystem wird ein Koordinationsprogramm benötigt, das bei einer Änderung von Tabelleninhalten diese vollständig durchführt und einen konsistenten Zustand erzeugt. Im Fehlerfall garantiert das Koordinationsprogramm, dass keine Wirkung in der verteilten Datenbank erzielt wird und die Transaktion nochmals gestartet werden kann.

ACID	BASE
Konsistenz hat oberste Priorität (strong consistency)	Konsistenz wird verzögert etabliert (weak consistency)
meistens pessimistische Synchronisationsverfahren mit Sperrprotokollen	meistens optimistische Synchronisationsverfahren mit Differenzierungsoptionen
Verfügbarkeit bei überschaubaren Datenmengen gewährleistet	hohe Verfügbarkeit resp. Ausfalltoleranz bei massiv verteilter Datenhaltung
einige Integritätsregeln sind im Datenbankschema gewährleistet (z.B. referenzielle Integrität)	einige Integritätsregeln sind im Datenbankschema gewährleistet (z.B. referenzielle Integrität)

Abb. 4.13 Vergleich zwischen ACID und BASE

Die Gewährung der Konsistenz wird bei einigen NoSQL-Systemen auf unterschiedliche Art und Weise unterstützt. Im Normalfall wird bei einem massiv verteilten Datenhaltungssystem eine Änderung vorgenommen und den Replikaten mitgeteilt. Allerdings kann es vorkommen, dass einige Knoten bei Benutzungsanfragen nicht den aktuellen Zustand zeigen können, da sie zeitlich verzögert Nachführungen mitkriegen. Ein einzelner Knoten im Rechnernetz ist meistens verfügbar (Basically Available) und manchmal noch nicht konsistent nachgeführt (Eventually Consistent), d. h., er kann sich in einem weichen Zustand (Soft State) befinden.

Bei der Wahl der Synchronisationsverfahren verwenden die meisten SQL- und NoSQL-Datenbanksysteme pessimistische Ansätze. Dazu müssen für die Operationen einer Transaktion Sperren nach dem Zweiphasensperrprotokoll (vgl. Abschn. 4.2.3) gesetzt und wieder freigegeben werden. Falls die Datenbankanwendungen wenige Änderungen im Vergleich zu den Abfragen durchführen, werden eventuell optimistische Verfahren angewendet (vgl. Abschn. 4.4.4). Im Konfliktfall müssen die entsprechenden Transaktionen nochmals gestartet werden.

Massiv verteilte Datenhaltungssysteme, die verfügbar und ausfalltolerant betrieben werden, können laut dem CAP-Theorem nur verzögert konsistente Zustände garantieren. Zudem wären das Setzen und Freigeben von Sperren auf replizierten Knoten mit zu großem Aufwand verbunden. Aus diesem Grund verwenden einige NoSQL-Systeme optimistische Synchronisationsverfahren.

Was die Verfügbarkeit betrifft, so können die relationalen Datenbanksysteme abhängig von der Größe des Datenbestandes und der Komplexität der Verteilung mithalten. Bei Anwendungen mit sehr großen Datenmengen allerdings gelangen NoSQL-Systeme zum Einsatz, die hohe Verfügbarkeit neben Ausfalltoleranz garantieren. Beispiele dafür sind Spaltenfamilien-Datenbanken (z. B. Apache Cassandra) oder Schlüssel-Wert-Datenbanken (z. B. Riak).

Einige NoSQL-Systeme erlauben es, die Konsistenzgewährung differenziert einzustellen. Dies führt zu fließenden Übergängen zwischen ACID und BASE.

4.6 Sprachelemente für die Transaktionskontrolle

4.6.1 Transaktionsmanagement in SQL

Um eine Folge von Operationen als Transaktion zu deklarieren, sollten die Datenbankoperationen durch ein BEGIN TRANSACTION gekennzeichnet werden. Transaktionen enden entweder mit COMMIT (Erfolg) oder ROLLBACK (Mißerfolg). Beginn und Ende einer Transaktion zeigen dem Datenbanksystem an, welche Operationen eine Einheit bilden und durch das ACID-Konzept geschützt werden müssen.

Mit dem SQL-Befehl COMMIT werden die in der Transaktion vorgenommenen Änderungen festgeschrieben. Sie bleiben dauerhaft bis zu einer nächsten, erfolgreich abschließenden Transaktion. Kommt es während der Transaktion zu einem Fehler, kann die Transaktion mit dem SQL-Befehl ROLLBACK vollständig widerrufen werden.

Nach dem SQL-Standard kann der Grad an vom Datenbanksystem durchgesetzter Konsistenz durch die Einstellung einer Isolationsstufe (Isolation) mit folgendem Befehl konfiguriert werden:

```
SET TRANSACTION ISOLATION LEVEL <Isolationsstufe>
```

Es gibt vier Isolationsstufen:

- READ UNCOMMITTED (keine Konsistenzsicherung),
- READ COMMITTED (nur festgeschriebene Änderungen werden von anderen Transaktionen gelesen),
- REPEATABLE READ (Leseanfragen geben wiederholt dasselbe Resultat),
- SERIALIZABLE (die volle serialisierbare ACID-Konsistenz wird durchgesetzt).

Jede dieser Isolationsstufen bietet einen anderen Grad an Konsistenz. Nur SERIALIZABLE garantiert ACID-Konsistenz. Allerdings wird dazu ein umfangreiches Locking verwendet, welches die parallele Verarbeitung verlangsamt. Die Abb. 4.14 veranschaulicht mit Warndreiecken, welche der drei gängigen Versionskonflikte in welcher Isolationsstufe auftreten können.

„Schmutziges" Lesen (engl. „dirty read") bezeichnet Lesevorgänge von Daten, die von Transaktionen stammen, welche noch nicht erfolgreich abgeschlossen wurden. Von *nicht-wiederholbarem Lesen* (engl. „non-repeatable read") spricht man, wenn die Wiederholung der gleichen Leseoperation innerhalb einer Transaktion unterschiedliche Resultate ergibt. Und *Phantomlesen* (engl. „phantom read") bedeutet, dass die Leseoperation Daten zurückgibt, welche nicht mehr aktuell sind, weil sie von anderen Transaktionen verändert worden sind.

Isolation level	Dirty reads	Non-repeatable reads	Phantom reads
Read Uncommitted	▲	▲	▲
Read Committed		▲	▲
Repeatable Read			▲
Serializable			

Abb. 4.14 Risiken von Konsistenzfehlern bei unterschiedlichen Isolationsstufen

Schauen wir uns dies anhand eines Beispiels in Abb. 4.15 an. In einer Tabelle KONTO werden Konti mit ihren Saldi gespeichert. Es laufen zwei parallele Prozesse A und B gleichzeitig. Prozess B will in einer Transaktion 100 Währungseinheiten nach Konto 2 überweisen. Dazu sind zwei UPDATE-Befehle notwendig, welche als Gesamtheit atomar ausgeführt werden und im Fehlerfall rückabgewickelt werden können. Prozess A fügt in einer ersten Transaktion Beträge zu den Konti 1 (300 Währungseinheiten) und 2 (200 Währungseinheiten) ein. Dann startet er eine neue Transaktion mit Isolationsstufe REPEATABLE READ. Diese liest dreimal hintereinander den Saldo des Kontos 2 in den Teilschritten Nr. 4, 6 und 8, um zu testen, wann genau die Änderungen des parallel laufenden Prozesses B sichtbar werden. Nach Abschluss der Transaktion liest Prozess A diesen Saldo nochmal im Schritt 9. Welche Saldi liest Prozess A bei den Zeitpunkten 4, 6, 8 und 9?

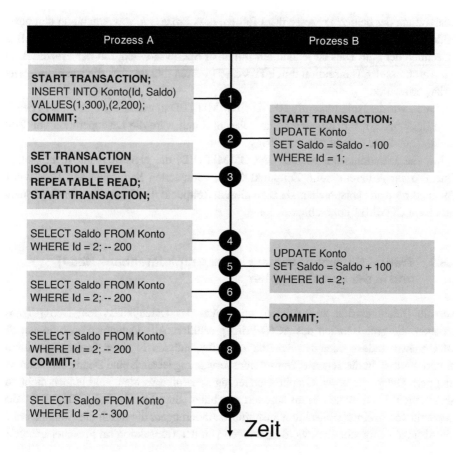

Abb. 4.15 Beispiel für parallele Transaktionen in SQL

Beim Zeitpunkt Nr. 4 ist der Saldo von Konto 2 unverändert bei 200, in Abb. 4.15 dargestellt durch den SQL-Kommentar – 200, was Prozess A auch so liest. Aufgrund der Isolationsstufe REPEATABLE READ werden nachfolgende Leseoperationen innerhalb der gleichen Transaktion weiter diesen Wert von 200 erhalten, also auch beim Zeitpunkt Nr. 8, als Prozess B die Änderung bereits festgeschrieben (COMMIT) hat. Erst nach Abschluss der Transaktion beim Zeitpunkt Nr. 9 sieht Prozess A die Veränderung auf dem Konto 2, nämlich den Saldo 300.

Diese Leseoperationen sind zwar wiederholbar, aber nicht serialisierbar, da das Resultat nicht dem entspricht, was eine serielle Ausführung ergeben hätte. Da Prozess B die Transaktion beim Zeitpunkt 2 noch vor dem Prozess A gestartet hat, wäre bei einer zeitlich korrekt serialisierten Ausführung zuerst Prozess B vollständig geführt worden. Erst dann wäre Prozess A gestartet worden. Prozess A hätte also zum Zeitpunkt 8 bereits den veränderten Saldo von 300 gelesen. Den Wert von 200 beim Zeitpunkt Nr. 8 im Prozess A kann man demnach als *Phantom* bezeichnen.

Da Prozess B die Transaktion zuerst gestartet hat, würde eine sequenzielle Abarbeitung der beiden Prozesse dazu führen, dass Prozess A von Anfang an den neuen Saldo von 300 von Konto 2 lesen würde. Dies ist mit Isolationsstufe SERIALIZABLE tatsächlich der Fall. Dies ist jedoch nur mit einer Sperre möglich, mit der Prozess A auf den Abschluss der Transaktion durch Prozess B warten müsste, was die Ausführungszeit verlängern würde.

Hätten wir die Isolationsstufe READ COMMITTED gewählt, hätte Prozess A bereits beim Zeitpunkt Nr. 8 den neuen Saldo gelesen. Somit wäre die Leseoperation von Zeitpunkten Nr. 4 und 6 nicht wiederholbar gewesen.

Mit der Isolationsstufe READ UNCOMMITTED, die eigentlich gar nicht isoliert, hätte Prozess A bereits beim Zeitpunkt 6 den veränderten Saldo gelesen. Dies würde einem „dirty read" entsprechen, da B zu diesem Zeitpunkt die Transaktion noch gar nicht mit einem COMMIT abgeschlossen hatte.

4.6.2   Transaktionsmanagement in der Graphdatenbank Neo4j und in der Sprache Cypher

Um die Datenintegrität zu schützen, unterstützt das Datenbanksystem Neo4j Transaktionen, die grundsätzlich das ACID-Prinzip erfüllen. Alle Datenbankoperationen, die auf Graphen, Indexe oder das Schema zugreifen, müssen in einer Transaktion durchgeführt werden. In die zentrale Transaktionsverwaltung ist auch eine Deadlockerkennung integriert. Daten, die durch Graphtraversierung abgerufen werden, sind jedoch nicht vor Änderungen durch andere Transaktionen geschützt. Einzelne Cypher-Abfragen werden innerhalb von je einer Transaktion ausgeführt. Änderungen, die durch die Aktualisierung von Abfragen vorgenommen werden, werden von der Transaktion im Speicher gehalten, bis sie festgeschrieben wird; zu diesem Zeitpunkt werden die Änderungen auf der Festplatte gespeichert und für andere Transaktionen sichtbar. Tritt ein Fehler auf, entweder während der Abfrageauswertung (z. B. Division durch Null) oder während der Übergabe, wird die Transaktion automatisch zurückgesetzt, und es werden keine Änderungen gespeichert. Jede aktualisierende Abfrage ist immer entweder vollständig erfolgreich oder überhaupt nicht erfolgreich. Eine Abfrage, die eine große Anzahl von Aktualisierungen vornimmt, verbraucht somit große Mengen an Speicher, da die Transaktion Änderungen im Speicher hält.

Isolation Levels

Transaktionen im Datenbanksystem Neo4j verwenden die Isolationsstufe READ COMMITED. Transaktionen sehen Datenveränderungen, sobald diese festgeschrieben wurden, und sie sehen keine Datenveränderungen, die noch nicht festgeschrieben worden sind. Diese Art der Isolierung ist schwächer als die Serialisierbarkeit, bietet aber erhebliche Leistungsvorteile. Sie ist für die überwiegende Mehrheit der Fälle ausreichend. Es können allerdings nicht-wiederholbare Lesevorgänge stattfinden, weil Sperren nur bis zum Ende einer Transaktion aufrechterhalten werden.

Sollte dies nicht genügen, ermöglicht die Neo4j Java API das explizite Sperren von Knoten und Beziehungen. Man kann manuell Schreibsperren auf Knoten und Beziehungen errichten, um die höhere Isolationsstufe der Serialisierbarkeit zu erreichen, indem Sperren explizit angefordert und freigegeben werden. Wenn z. B. eine Sperre auf einen gemeinsamen Knoten oder eine Beziehung gesetzt wird, werden alle Transaktionen auf diese Sperre serialisiert, solange die Sperre aufrechterhalten bleibt.

Transaktionen in Cypher

Cypher unterstützt keine expliziten Sprachelemente für Transaktionsmanagement. Standardmäßig läuft jedes einzelne Cypher-Statement als eine eigene Transaktion. Das bedeutet, dass z. B. UPDATE-Befehle in einer Transaktion mit dem ACID-Prinzip atomar laufen, auch wenn sie viele Knoten und Kanten gleichzeitig ändern. Es ist jedoch aktuell mit Cypher nicht direkt möglich, mehrere getrennte Statements als eine einzige Transaktion zu starten.

Um im Neo4J-Datenbankmanagementsystem mehrere Statements als eine Transaktion zu starten, gibt es verschiedene andere Möglichkeiten. Am einfachsten kann dies in der Regel über eine API wie z. B. via HTTP oder Java gemacht werden. Auch im Kommandozeilenprogramm Cypher-Shell ist es mit den Befehlen :begin, :commit und :rollback die Transaktionskontrolle möglich; die Befehle sind allerdings nicht Teil der Sprache Cypher. Folgendes Beispiel soll das erläutern. Nehmen wir an, die folgende Sequenz von Befehlen wird als Batchskript via Cypher-Shell ausgeführt. Was wird wohl das Resultat sein, welches die letzte Zeile zurückgibt?

```
CREATE (k:Konto {Id:1}) SET k.Saldo =  1;
CREATE (k:Konto {Id:2}) SET k.Saldo =  2;

MATCH (k:Konto {Id:1}) SET k.Saldo =  3;
MATCH (k:Konto {Id:2}) SET k.saldo =  4/0;

:begin
MATCH (k:Konto {Id:1}) SET k.Saldo =  5;
MATCH (k:Konto {Id:2}) SET k.Saldo =  6/0;
:commit
:rollback

MATCH(k:Konto) RETURN k;
```

Als Resultat wird Folgendes zurückgegeben: Konto mit Id 1 hat Saldo 3, und Konto mit Id 2 hat Saldo 2. Warum? Die ersten beiden Statements erschaffen zwei Knoten vom Typ Konto mit Id 1 und 2 und setzen den Saldo auf 1 bzw. 2. Das dritte Statement setzt bei Konto mit Id 1 den Saldo auf 3. Jedes dieser Statements wird als einzelne Transaktion erfolgreich durchgeführt. Das vierte Statement, welches wiederum eine eigene Transaktion darstellt, wird aufgrund der Division durch null nicht erfolgreich abgeschlossen. Daher wird der Saldo von Konto mit Id 2 nicht neu gesetzt.

Anschließend wird eine neue Transaktion in der Cypher-Shell mit :begin gestartet. Jetzt werden die nächsten Cypher-Statements bis zum Befehl :commit als eine atomare Transaktion durchgeführt. Aufgrund der Division durch null werden beide Statements nicht erfolgreich abgewickelt. Der Befehl :commit ergibt eine Fehlermeldung. Der Befehl :rollback wiederum macht alle Änderungen der beiden Statements rückgängig. Aufgrund der Transaktion über mehrere Statements wurde auch der Saldo des Kontos mit Id 1 nicht verändert. Daher kommen wir mit dem letzten Statement auf folgendes Ergebnis:

```
neo4j@neo4j> MATCH(k:Konto) RETURN k;
+-------------------------------+
| k                             |
+-------------------------------+
| (:Konto {id: 1, saldo: 3})    |
| (:Konto {id: 2, saldo: 2})    |
+-------------------------------+
```

Zusammengefasst bietet Cypher Unterstützung für Transaktionen im Isolationsmodus Read Commited. Allerdings bietet die Sprache weder verschiedene Isolationsstufen noch Sprachelemente für das Starten und Beenden von Transaktionen. Das ist eine Lücke, welche die aktuelle Entwicklung von Cypher zum Internationalen Standard GQL – Graph Query Language – ab 2023 schließen will. Im GQL-Entwurf wird die Serialisierbarkeit als Standardisolationsstufe gefordert und es sind Sprachbefehle für die Transaktionskontrolle wie START TRANSACTION, COMMIT und ROLLBACK geplant.

4.6.3 Transaktionsmanagement in MongoDB und MQL

Im Datenbanksystem MongoDB sind Änderungen an einem einzelnen Dokument immer atomar. Einzeldokumenttransaktionen sind sehr effizient in der Verarbeitung. Da alle relevanten Entitäten für einen Sachverhalt in einen einzigen Dokumenttyp aggregiert werden können (siehe Abschn. 2.5), erübrigt sich in vielen Anwendungsfällen die Notwendigkeit von Transaktionen mit mehreren Dokumenten. Falls atomare Lese- und Schreibvorgänge über mehrere Dokumente, in unterschiedlichen Kollektionen oder über verschiedene Rechner nötig sind, unterstützt MongoDB *verteilte Transaktionen* (engl. „distributed transactions"). Dies ist jedoch mit Performanceeinbußen verbunden.

Atomarität von Transaktionen
Wenn eine Transaktion festgeschrieben wird, werden alle in der Transaktion vorgenommenen Datenänderungen gespeichert und außerhalb der Transaktion sichtbar. Solange eine Transaktion nicht festgeschrieben ist, sind die in der Transaktion vorgenommenen Datenänderungen außerhalb der Transaktion nicht sichtbar. Wenn eine Transaktion abbricht, werden alle in der Transaktion vorgenommenen Änderungen verworfen, ohne jemals sichtbar zu werden. Wenn eine einzige Aktion in der Transaktion fehlschlägt, wird die gesamte Transaktion abgebrochen.

Transaktionen in der Mongo Shell
Die MongoDB Query Language (MQL) bietet folgende Sprachelemente für die Transaktionskontrolle:

- Starten einer neuen Transaktion mit startTransaction(),
- Festschreiben einer Transaktion mit .commitTransaction(),
- Abbruch einer Transaktion mit abortTransaction().

Schauen wir uns dies anhand eines Beispiels[3] an. Wenn wir annehmen, dass auf der Datenbank namens „db" die Kollektion namens „KONTO" noch leer ist, was wird wohl die Rückgabe des Befehls auf der letzten Zeile sein, und warum?

```
s = db.getMongo().startSession()
c = s.getDatabase('db').getCollection('KONTO')
c.createIndex( { "Key": 1 }, { "unique": true } )
c.insertMany([{"Key":1,"Val":1}, {"Key":1,"Val":2}])
s.startTransaction( )
c.insertMany([{"Key":3,"Val":3},{"Key":3,"Val":4} ])
s.commitTransaction( )
c.find({},{_id:0})
```

Gehen wir obiges Beispiel Schritt für Schritt durch:

- Die erste Zeile startet eine neue Session. Transaktionen sind in MongoDB an Sessions gebunden.
- Die zweite Zeile instanziiert die Kollektion KONTO innerhalb der Session, damit die folgenden Transaktionen damit verbunden werden. Falls die Kollektion noch nicht existiert, wird sie erstellt.
- Die dritte Zeile legt eine Eindeutigkeitsbedingung für das Feld „Key" fest, um das Transaktionsverhalten bei Abbruch zu testen.
- Die vierte Zeile versucht, zwei Dokumente mit dem gleichen Key einzufügen, was aufgrund der Eindeutigkeitsbedingung nicht geht. Da das außerhalb einer verteilten Transaktion geschieht, wird das Statement über zwei Dokumente nicht atomar ausgeführt. Daher wird das erste Dokument mit Key = 1 und Val = 1 erfolgreich festgeschrieben. Das zweite Dokument generiert aufgrund des doppelten Schlüssels „Key" einen Fehler und wird verworfen.
- Die fünfte Zeile startet eine Transaktion mit s.startTransaction().
- Die sechste Zeile möchte wieder zwei Dokumente mit gleicher Key einfügen, diesmal innerhalb der oben gestarteten Transaktion. Das Statement wird nun atomar nach dem Alles-oder-nichts-Prinzip durchgeführt. Es tritt ein Fehler auf, weil Duplikate im Feld Key aufgrund des Unique-Index nicht akzeptiert werden.
- Die siebte Zeile beendet die Transaktion mit s.commitTransaction().

---

[3]Transaktionen funktionieren in MongoDb nur innerhalb Replica Sets. Der Datenbankserver (mongod) muss also zuerst mit der entsprechenden Option –replSet <name> gestartet werden. Zudem muss anschließend in der Mongo-Shell (mongo) der Befehl rs.initiate() durchgeführt werden.

- Auf der achten Zeile fragen wir nach allen Dokumenten in der Kollektion, unter Ausschluss der Objekt-Id. Wir sehen anschließend folgende Ausgabe:

```
rs0:PRIMARY> c.find({},{_id:0})
{ "Key" : 1, "Val" : 1 }
```

Innerhalb der verteilten Transaktion wurden somit das Einfügen *beider* Dokumente auf der sechsten Zeile rückabgewickelt, obwohl nur das Dokument mit Key = 3 und Saldo = 4 aufgrund des Duplikats einen Fehler generierte. Das Beispiel zeigt, wie die Atomizität innerhalb einer Transaktion über mehre Dokumente gewährleistet wird.

Isolation von verteilten Transaktionen über mehrere Rechner

Die Isolationsstufe von Transaktionen in MongoDB auf einem einzelnen Rechner ist Read Committed, d. h., die Änderungen einer Transaktion werden genau dann für alle, auch bereits laufende, Transaktionen sichtbar, wenn sie festgeschrieben werden. Das kann zu Konsistenzproblemen führen aufgrund fehlender Isolation, wie z. B. nicht-wiederholbaren Lesezugriffen (vgl. Abschn. 4.6.1).

Um die Verfügbarkeit bei hoher Belastung zu gewährleisten, können MongoDB-Server repliziert werden. Dann kann ein Replikat einspringen, wenn ein Rechner überlastet ist. Das macht jedoch das Transaktionsmanagement komplexer, denn Änderungen auf einem Knoten im redundanten Rechnercluster müssen an alle Replikate weitergegeben werden. Aufgrund der Netzwerklatenz werden die Replikate für eine gewisse Zeit unterschiedliche, inkonsistente Datenstände aufweisen, so lange, bis die Änderungen überall nachvollzogen worden sind. Dies nennt sich *eventuelle Konsistenz* (engl. „eventual consistency") (vgl. Abschn. 4.5) und das ist das standardmäßige Verhalten von MongoDB. Wenn *kausale Konsistenz* (engl. „causal consistency") notwendig ist, kann das über die Parameter „read concern" beim Starten einer Transaktion eingestellt werden.

Transaktionen, deren „Read-concern"-Parameter auf Stufe „local" (Standardeinstellung) eingestellt ist, können das Ergebnis von Schreibvorgängen sehen, bevor sie auf allen Replikatservern nachvollzogen worden sind. Mit der Stufe „majority" kann sichergestellt werden, dass ausschließlich Daten gelesen werden, die auf einer Mehrheit der Replikatservern bereits festgeschrieben und bestätigt worden sind. Die Konsistenzstufen für Lese- und Schreiboperationen können folgendermaßen eingestellt werden:

```
session = db.getMongo().startSession()
session.startTransaction({
    "readConcern": { "level": "majority" },
    "writeConcern": { "w": "majority" } } )
```

Zusammengefasst bietet MQL ein Sprachwerkzeug für die Verwaltung von Transaktionen in verteilten Datenbanken an, welche auf weichen Konsistenzanforderungen nach dem BASE-Prinzip aufsetzen.

Bibliographie

Basta A., Zgola M.: Database Security. Cengage Learning (2011)

Bowman, A.: Protecting against Cypher injection. Neo4j Knowledge Base. https://neo4j.com/developer/kb/protecting-against-cypher-injection/. Zugegriffen: 4. Juli 2022

Brewer E.: Keynote – Towards robust distributed systems. In: 19th ACM Symposium on Principles of Distributed Computing, Portland, Oregon, July 16–19 2000

Dindoliwala, V.J., Morena, R.D.: Comparative study of integrity constraints, storage and profile management of relational and non-relational databases using mongoDB and oracle. Int. J. Comput. Sci. Eng. 6(7), 831–837 (2018). https://www.ijcseonline.org/pdf_paper_view.php?paper_id=2520&134-IJCSE-04376.pdf

Eswaran, K.P., Gray, J., Lorie, R.A., Traiger, I.L.: The notion of consistency and predicate locks in a data base system. Commun. ACM 19(11), 624–633 (1976)

Gilbert, S., Lynch, N.: Brewer's Conjecture and the Feasibility of Consistent, Available, Partition-Tolerant Web Services. Massachusetts Institute of Technology, Cambridge (2002)

Gray J., Reuter A.: Transaction Processing – Concepts and Techniques. Morgan Kaufmann (1993)

Härder, T., Reuter, A.: Principles of transaction-oriented database recovery. ACM Comput. Surv. 15(4), 287–317 (1983)

MongoDB, Inc.: MongoDB Documentation (2022). https://www.mongodb.com/docs/

Neo4J, Inc.: Neo4j Documentation. Neo4j Graph Data Platform (2022). https://neo4j.com/docs/

Onyancha, B.H.: Securing MongoDB from External Injection Attacks. Severalnines (2019, October 11). https://web.archive.org/web/20210618085021/https://severalnines.com/database-blog/securing-mongodb-external-injection-attacks

Papiernik, M.: How To Use Transactions in MongoDB. DigitalOean (2021, November 23). https://www.digitalocean.com/community/tutorials/how-to-use-transactions-in-mongodb

Riak: Open Source Distributed Database, siehe http://basho.com/riak/. Zugegriffen: 18. Dez. 2014

Redmond, E., Wilson, J.R.: Seven Databases in Seven Weeks – A Guide to Modern Databases and the NoSQL Movement. The Pragmatic Bookshelf (2012)

Spiegel, P.: NoSQL Injection – Fun with Objects and Arrays. German OWASP-Day, Darmstadt (2016). https://owasp.org/www-pdf-archive/GOD16-NOSQL.pdf

Vogels, W.: Eventually consistent. Commun. ACM 52(1), 40–44 (2009)

Weikum, G., Vossen G.: Transactional Information Systems – Theory, Algorithms, and the Practice of Concurrency Control and Recovery. Morgan Kaufmann (2002)

Systemarchitektur

5.1   Verarbeitung homogener und heterogener Daten

In den Fünfziger- und Sechzigerjahren des letzten Jahrhunderts wurden Dateisysteme auf Sekundärspeichern (Band, Magnettrommel, Magnetplatte) gehalten, bevor ab den Siebzigerjahren Datenbanksysteme auf den Markt kamen. Das Merkmal solcher Dateisysteme war der *wahlfreie* (engl. „random access") oder *direkte Zugriff* (engl. „direct access") auf das externe Speichermedium. Mit der Hilfe einer Adresse konnte ein bestimmter Datensatz selektiert werden, ohne dass alle Datensätze konsultiert werden mussten. Zur Ermittlung der Zugriffsadresse diente ein Index oder eine Hashfunktion (vgl. Abschn. 5.2.3).

Die Großrechner mit ihren Dateisystemen wurden vorwiegend für technisch-wissenschaftliche Anwendungen genutzt (Computer = Zahlenkalkulator). Mit dem Aufkommen von Datenbanksystemen eroberten die Rechner die Wirtschaft (Zahlen- und Wortkalkulator). Sie entwickelten sich zum Rückgrat administrativer und kommerzieller Anwendungen, da das Datenbanksystem den Mehrbenutzerbetrieb auf konsistente Art und Weise unterstützte (vgl. ACID, Abschn. 4.4.2). Nach wie vor basieren viele Informationssysteme auf der SQL-Datenbanktechnik, welche die früher eingesetzten hierarchischen oder netzwerkartigen Datenbanksysteme weitgehend ablöste. Mehr und mehr kommen für Big-Data-Anwendungen NoSQL-Datenbanksysteme wie z. B. Graphdatenbanken oder Dokumentdatenbanken zum Einsatz. Dies betrifft nicht nur große *Datenmengen* (engl. „volume"), sondern auch eine große *Vielfalt* unterschiedlichster strukturierter und unstrukturierter Daten (engl. „variety") und *schnelle* Datenströme (engl. „velocity").

Zur Aufbewahrung und Verarbeitung von Daten verwenden relationale Datenbanksysteme ein einziges Konstrukt, die Tabelle. Eine Tabelle ist eine Menge von Datensätzen, die strukturierte Daten flexibel verarbeiten lässt.

© Der/die Autor(en), exklusiv lizenziert an Springer-Verlag GmbH, DE, ein Teil von
Springer Nature 2023
M. Kaufmann und A. Meier, *SQL- & NoSQL-Datenbanken*,
https://doi.org/10.1007/978-3-662-67092-7_5

Strukturierte Daten (engl. „structured data") unterliegen einer fest vorgegebenen Datenstruktur, wobei folgende Eigenschaften im Vordergrund stehen:

- **Schema**: Die Struktur der Daten muss dem Datenbanksystem durch die Spezifikation eines Schemas mitgeteilt werden (vgl. den CREATE-TABLE-Befehl von SQL in Kap. 3). Neben der Spezifikation der Tabellen werden Integritätsbedingungen ebenfalls im Schema abgelegt (vgl. z. B. die Definition der referenziellen Integrität und die Festlegung entsprechender Verarbeitungsregeln).
- **Datentypen**: Das relationale Datenbankschema garantiert bei der Benutzung der Datenbank, dass die Datenausprägungen jederzeit den vereinbarten Datentypen (z. B. CHARACTER, INTEGER, DATE, TIMESTAMP etc.; vgl. Tutorium für SQL auf der Website www.sql-nosql.org) entsprechen. Dazu konsultiert das Datenbanksystem bei jedem SQL-Aufruf die Systemtabellen (Schemainformation). Insbesondere werden Autorisierungs- und Datenschutzbestimmungen mit der Hilfe des Systemkatalogs geprüft (vgl. das VIEW-Konzept resp. die Vergabe von Privilegien mit den GRANT- und REVOKE-Befehlen zum Beispiel im Abschn. 4.2.1).

Relationale Datenbanksysteme verarbeiten demnach vorwiegend strukturierte und formatierte Daten. Aufgrund spezifischer Anforderungen aus Büroautomation, Technik oder Webnutzung ist SQL um Datentypen und Funktionen für Buchstabenfolgen (CHARACTER VARYING), Bitfolgen (BIT VARYING, BINARY LARGE OBJECT) oder Textstücke (CHARACTER LARGE OBJECT) erweitert worden (siehe SQL-Tutorium). Zudem wird die Einbindung von XML (eXtensible Markup Language) unterstützt. Diese Erweiterungen führen zur Definition von semi-strukturierten und unstrukturierten Daten.

Semi-strukturierte Daten (engl. „semi-structured data") sind wie folgt charakterisiert:

- Sie bestehen aus einer Menge von Datenobjekten, deren Struktur und Inhalt laufenden Änderungen unterworfen sind.
- Die Datenobjekte sind entweder atomar oder aus weiteren Datenobjekten zusammengesetzt (komplexe Objekte).
- Die atomaren Datenobjekte enthalten Datenwerte eines vorgegebenen Datentyps.

Datenhaltungssysteme für semi-strukturierte Daten verzichten auf ein fixes Datenbankschema, da sich Struktur und Inhalt der Daten dauernd ändern. Ein Beispiel dazu wäre ein Content Management System für den Unterhalt einer Website, das Webseiten und Multimediaobjekte flexibel speichern und verarbeiten kann. Ein solches System verlangt nach erweiterter relationaler Datenbanktechnik (vgl. Kap. 6), XML- oder NoSQL-Datenbanken (vgl. Kap. 7).

Ein *Datenstrom* (engl. „data stream") ist ein kontinuierlicher Fluss von digitalen Daten, wobei die Datenrate (Datensätze pro Zeiteinheit) variieren kann. Die Daten eines Datenstroms sind zeitlich geordnet und werden oft mit einem Zeitstempel ver-

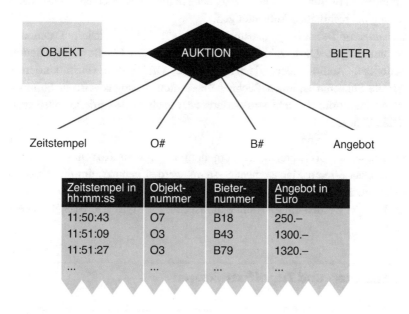

Abb. 5.1 Verarbeitung eines Datenstroms

sehen. Neben Audio- und Videodatenströmen kann es sich um Messreihen handeln, die mit Auswertungssprachen oder spezifischen Algorithmen (Sprachanalyse, Textanalyse, Mustererkennung u. a.) analysiert werden. Im Gegensatz zu strukturierten oder semi-strukturierten Daten lassen sich Datenströme nur sequentiell auswerten.

In Abb. 5.1 ist ein einfaches Anwendungsbeispiel eines Datenstroms aufgezeigt. Auf einer elektronischen Plattform soll eine englische *Auktion für mehrere Gegenstände* (engl. „multi-item auction") durchgeführt werden. Bei der englischen Auktion beginnt der Prozess des Bietens immer mit einem Mindestpreis. Jeder Teilnehmer kann mehr-fach bieten, falls er das aktuelle Angebot übertrifft. Da bei elektronischen Auktionen ein physischer Handelsort entfällt, werden im Vorfeld Zeitpunkt und Dauer der Auktion festgelegt. Der Gewinner einer englischen Auktion ist derjenige Bieter, der das höchste Angebot im Laufe der Auktion unterbreitet.

Eine AUKTION kann als Beziehungsmenge zwischen den beiden Entitätsmengen OBJEKT und BIETER aufgefasst werden. Die beiden Fremdschlüssel O# und B# werden um einen Zeitstempel und das eigentliche Angebot (z. B. in Euro) pro Bietvor-gang ergänzt. Der Datenstrom wird während der Auktion dazu genutzt, den einzelnen Bietenden das aktuelle Angebot aufzuzeigen. Nach Abschluss der Auktion werden die Höchstangebote publiziert und die Gewinner für die einzelnen Gegenstände über ihren Erfolg informiert. Zudem wird der Datenstrom nach Abschluss der Auktion für weitere

Auswertungen verwendet, beispielsweise zur Analyse des Bietverhaltens oder für die Offenlegung bei rechtlichen Anfechtungen.

Unstrukturierte Daten (engl. „unstructured data") sind digitalisierte Daten, die keiner Struktur unterliegen. Dazu zählen Multimediadaten wie Fließtext, Musikaufnahmen, Satellitenbilder, Audio- oder Videoaufnahmen. Oft werden unstrukturierte Daten über digitale Sensoren an einen Rechner übermittelt, beispielsweise in Form der oben erwähnten Datenströme, welche strukturierte oder auch unstrukturierte Daten sequenziell übermitteln können.

Die Verarbeitung von unstrukturierten Daten oder von Datenströmen muss mit speziell angepassten Softwarepaketen vorgenommen werden. NoSQL-Datenbanken oder spezifische Data Stream Management Systems werden genutzt, um die Anforderungen an Big Data zu erfüllen.

Im Folgenden werden einige Architekturaspekte für SQL- und NoSQL-Datenbanken behandelt.

5.2   Speicher- und Zugriffsstrukturen

Speicher- und Zugriffsstrukturen für relationale und nicht-relationale Datenbanksysteme müssen darauf ausgelegt sein, Daten in Sekundärspeichern effizient zu verwalten. Sind die Datenbestände umfangreich, so lassen sich Strukturen für Daten im Hauptspeicher nicht ohne Weiteres auf Hintergrundspeicher übertragen. Vielmehr müssen die Speicher- und Zugriffsstrukturen optimiert werden, um ein Schreiben und Lesen von Inhalten *auf externen Speichermedien mit möglichst wenigen Zugriffen* zu bewerkstelligen.

5.2.1   Indexe

Unter einem *Index* (engl. „index") eines Merkmals verstehen wir eine Zugriffstruktur, die in einer bestimmten Reihenfolge für jeden Merkmalswert effizient die internen Adressen der Datensätze liefert, die diesen Merkmalswert enthalten. Ein Index entspricht dem Stichwortverzeichnis eines Buches: Auf jedes Stichwort – in alphabetischer Reihenfolge aufgeführt – folgen die Zahlen der Seiten, auf denen es im Text vorkommt.

Schauen wir uns die SQL-Sprachelemente für die Erstellung von Index-Zugriffstrukturen an. Für die Tabelle MITARBEITENDE wünschen wir beispielsweise einen Index über das Merkmal Name. Mit folgendem SQL-Befehl kann ein solcher Index aufgebaut werden, der den gewöhnlichen Benutzenden allerdings verborgen bleibt:

```
CREATE INDEX IX1
ON MITARBEITENDE(NAME)
USING HASH;
```

Zu jedem Namen in der Tabelle MITARBEITENDE wird in alphabetischer Reihenfolge in der Indexstruktur entweder der Identifikationsschlüssel M# oder die interne Adresse der Mitarbeitertupel festgehalten. Das Datenbanksystem nutzt bei einer entsprechenden Abfrage oder bei einem Verbund diesen Index der Mitarbeiternamen für eine beschleunigte Abfrage. Das Merkmal Name wird in diesem Fall als *Zugriffsschlüssel* bezeichnet.

In diesem Beispiel wurde mit USING HASH angegeben, dass ein Hashindex (siehe Abschn. 5.2.3) erstellt werden soll, der für *Gleichheitsabfragen* (engl. „equality queries") optimiert ist.

Eine weitere Möglichkeit ist die Verwendung von balancierten Bäumen (B-Trees, siehe Abschn. 5.2.2) für Indexe. Diese sind beispielsweise für *Bereichsabfragen* (engl. „range queries") wie „größer als" oder „kleiner als" geeignet.

```
CREATE INDEX IX1
ON MITARBEITENDE(Jahrgang)
USIBG BTREE;
```

5.2.2 Baumstrukturen

Zur Speicherung von Datensätzen oder Zugriffsschlüsseln sowie zur *Indexierung* von Merkmalen können Baumstrukturen verwendet werden, um die Zugriffseffizienz zu steigern. Liegen umfangreiche Datenbestände vor, so ordnet man den Knoten (Wurzel- und Stammknoten) und den Blättern des Baumes nicht einzelne Schlüssel oder Datensätze, sondern ganze *Datenseiten* (engl. „data pages") zu. Zum Aufsuchen eines bestimmten Datensatzes muss dann der Baum durchsucht werden.

Bei der Hauptspeicherverwaltung verwendet das Datenbanksystem im Hintergrund normalerweise *Binärbäume*, bei denen *der Wurzelknoten sowie jeder Stammknoten zwei Teilbäume aufweist*. Solche Bäume können nicht unkontrolliert für die Speicherung von Zugriffsschlüsseln oder von Datensätzen bei umfangreichen Datenbanken verwendet werden, denn sie wachsen stark in die Tiefe, wenn größere Datenbestände abgespeichert werden müssen. Umfangreiche Bäume sind aber für das Suchen und Lesen von Dateninhalten auf externen Speichermedien unerwünscht, da zu viele Seitenzugriffe notwendig sind.

Die *Höhe eines Baumes* – der Abstand zwischen Wurzelknoten und Blättern – ist ein *Gradmesser für die Anzahl der Zugriffe* auf externe Speichermedien. Um die Zahl der externen Zugriffe möglichst gering zu halten, versucht man bei Datenbanksystemen, die baumartigen Speicherstrukturen nicht so sehr in die Tiefe, sondern eher in die Breite wachsen zu lassen. Ein wichtiger Vertreter solcher Baumstrukturen ist der *Mehrwegbaum* (vgl. Abb. 5.2).

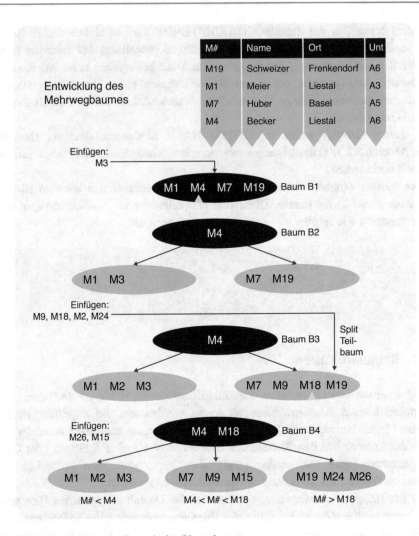

Abb. 5.2 Mehrwegbaum in dynamischer Veränderung

Ein Mehrwegbaum ist ein Baum, dessen *Wurzel- und Stammknoten im Allgemeinen mehr als zwei Teilbäume* aufweisen. Dabei sollten die durch die einzelnen Stammknoten oder Blätter repräsentierten Datenseiten nicht leer bleiben, sondern möglichst mit Schlüsselwerten oder ganzen Datensätzen gefüllt sein. Meistens wird deshalb verlangt, dass die Seiten mindestens zur Hälfte mit Datensätzen oder Schlüsseln besetzt sind (mit Ausnahme der zum Wurzelknoten gehörenden Seite).

Mehrwegbaum (engl. „B-tree")
Ein Baum ist ein Mehrwegbaum oder B-Baum der Ordnung n, falls

- er vollständig ausbalanciert ist (jeder Weg von der Wurzel zu einem beliebigen Blatt hat eine feste gleiche Länge), und
- jeder Knoten (außer dem Wurzelknoten) und jedes Blatt des Baumes mindestens n und höchstens 2*n Einträge in der entsprechenden Datenseite hat.

Die zweite Bedingung eines Mehrwegbaumes lässt sich auch anders interpretieren: Da jeder Knoten außer der Wurzel mindestens n Einträge aufweist, besitzt jeder Knoten mindestens n Teilbäume. Umgekehrt enthält jeder Knoten höchstens 2*n Einträge, d. h., jeder Knoten eines Mehrwegbaumes kann höchstens auf 2*n Teilbäume verweisen.

Betrachten wir dazu unsere Tabelle MITARBEITENDE mit dem zugehörigen Schlüssel Mitarbeiternummer. Wollen wir den Schlüssel M# in einem Mehrwegbaum der Ordnung n = 2 als Zugriffsstruktur ablegen, so erhalten wir das in Abb. 5.2 gezeigte Bild. Knoten und Blätter des Baumes können somit nicht mehr als vier Einträge enthalten. Neben den eigentlichen Schlüsseln nehmen wir stillschweigend an, dass die zu den Knoten und Blättern zählenden Seiten nicht nur Schlüsselwerte, sondern auch Zeiger auf Datenseiten aufweisen, die die eigentlichen Datensätze enthalten. Der Baum in Abb. 5.2 repräsentiert somit einen Zugriffsbaum und nicht die Datenverwaltung für die in der Tabelle MITARBEITENDE gezeigten Datensätze.

Der Wurzelknoten des Mehrwegbaumes enthält in unserem Beispiel die vier Schlüssel M1, M4, M7 und M19 in Sortierreihenfolge. Beim Einfügen eines zusätzlichen Schlüssels M3 muss der Wurzelknoten geteilt werden, da er keinen Eintrag mehr erlaubt. Die Teilung geschieht so, dass ein ausbalancierter Baum entsteht. Der Schlüssel M4 wird zum Wurzelknoten erklärt, da er die restliche Schlüsselmenge in zwei gleichgroße Hälften zerlegt. Der linke Teilbaum entspricht Schlüsselwerten mit der Bedingung „M# kleiner als M4" (d. h. in unserem Fall M1 und M3), der rechte entspricht „M# größer als M4" (d. h. M7 und M19). Auf analoge Art werden weitere Schlüssel eingefügt, unter Beibehaltung einer festen Baumhöhe.

Beim Suchen eines bestimmten Schlüssels geht das Datenbanksystem wie folgt vor: Wird der Schlüsselkandidat M15 im Mehrwegbaum B4 der Abb. 5.2 nachgefragt, so vergleicht es ihn mit den Einträgen des Wurzelknotens. M15 liegt zwischen den Schlüsseln M4 und M18, also wählt es den entsprechenden Teilbaum (hier ein Blatt) aus und setzt seine Suche fort. Schließlich findet es den Eintrag im Blatt. Der Aufwand für die Suche des Schlüssels M15 beträgt in diesem vereinfachten Beispiel lediglich zwei Seitenzugriffe, einen für den Wurzelknoten und einen für das Blatt.

Die Höhe des Mehrwegbaumes bestimmt die Zugriffzeit der Schlüssel und entsprechend auch der zu einem (Such-)Schlüssel gehörenden Daten. Eine Verbesserung der Zugriffzeiten wird erreicht, indem man beim Mehrwegbaum den Verzweigungsgrad weiter erhöht.

Eine andere Möglichkeit besteht beim sogenannten *blattorientierten Mehrwegbaum* (bekannt unter dem Namen B*-Baum). Bei diesem werden die eigentlichen Datensätze nie in inneren Knoten, sondern immer in den Blättern des Baumes gespeichert. Die

Knoten weisen allesamt nur Schlüsseleinträge auf, um den Baum möglichst niedrig zu halten.

5.2.3 Hashverfahren

Schlüsseltransformations- oder Adressberechnungsverfahren (engl. „key hashing" oder einfach „hashing") bilden die Grundlage von gestreuten Speicher- und Zugriffsstrukturen. Eine *Schlüsseltransformation* (engl. „hash function") ist eine Abbildung einer Menge von Schlüsseln in eine Menge von Adressen, die einen zusammenhängenden Adressraum bilden.

Eine einfache Schlüsseltransformation ordnet jedem Schlüssel eines Datensatzes eine natürliche Zahl von 1 bis n als Adresse zu. Diese Adresse wird als relative Seitennummer interpretiert, wobei die Seite eine fixe Anzahl von Schlüsselwerten aufnimmt, inklusive oder exklusive dazugehörende Datensätze.

An Schlüsseltransformationen werden die folgenden Anforderungen gestellt:

- Die Transformationsvorschrift muss mit einfacher Berechnung und ohne große Kosten eingehalten werden können.
- Die belegten Adressen müssen gleichmäßig über den Adressraum verteilt sein.
- Die Wahrscheinlichkeit für Mehrfachbelegungen, d. h. die Verwendung gleicher Adressen für mehrere Schlüssel, sollte für alle Schlüsselwerte gleich groß sein.

Es besteht eine beachtliche Anzahl von Hashfunktionen, die alle ihre Vor- und Nachteile haben. Als bekanntestes und einfachstes Verfahren gilt die Restklassenbildung, das Hashing mit Divisionsrest.

Hashing mit Divisionsrest

Jeder Schlüssel wird als natürliche Zahl interpretiert, indem die Bitdarstellung verwendet wird. Die Schlüsseltransformation oder *Hashfunktion H für einen Schlüssel k und eine Primzahl p* ist durch die Formel

$$H(k) := k \bmod p$$

gegeben. Der ganzzahlige Rest „k mod p" – der Division des Schlüsselwertes k durch die Primzahl p – bildet eine relative Adresse oder Seitennummer. Bei diesem Divisionsrestverfahren bestimmt die Wahl der Primzahl p die Speicherausnutzung und den Grad der Gleichverteilung.

In Abb. 5.3 zeigen wir die Tabelle MITARBEITENDE, die wir mit der obigen Restklassenbildung auf verschiedenen Seiten abbilden.

Dabei nehmen wir für unser Beispiel an, dass jede Seite vier Schlüsselwerte aufnehmen kann. Als Primzahl wählen wir die Ziffer 5. Jeder Schlüsselwert wird nun durch 5 dividiert, wobei der ganzzahlige Rest die Seitennummer bestimmt.

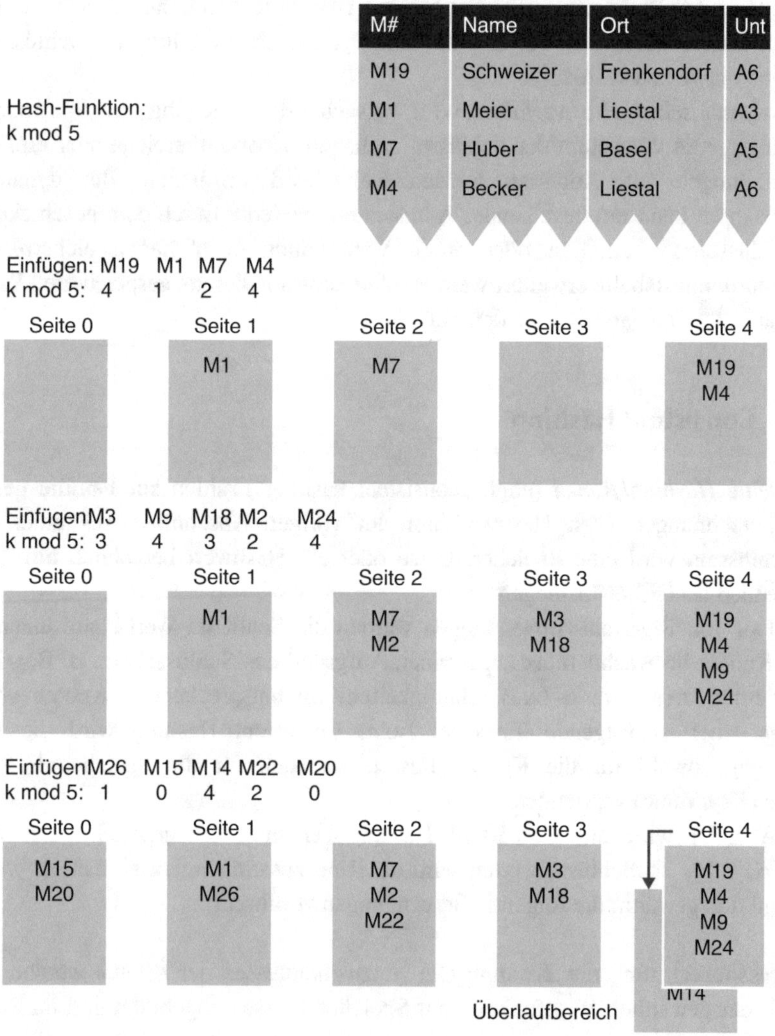

M#	Name	Ort	Unt
M19	Schweizer	Frenkendorf	A6
M1	Meier	Liestal	A3
M7	Huber	Basel	A5
M4	Becker	Liestal	A6

Hash-Funktion:
k mod 5

Einfügen: M19 M1 M7 M4
k mod 5:   4   1   2   4

Seite 0	Seite 1	Seite 2	Seite 3	Seite 4
	M1	M7		M19
M4

Einfügen M3 M9 M18 M2 M24
k mod 5: 3   4   3   2   4

Seite 0	Seite 1	Seite 2	Seite 3	Seite 4
	M1	M7
M2	M3
M18	M19
M4
M9
M24

Einfügen M26 M15 M14 M22 M20
k mod 5:   1   0   4   2   0

Seite 0	Seite 1	Seite 2	Seite 3	Seite 4
M15
M20	M1
M26	M7
M2
M22	M3
M18	M19
M4
M9
M24

M14

Überlaufbereich

Abb. 5.3 Schlüsseltransformation mit Restklassenbildung

Beim Einfügen des Schlüssels M14 kommt es zu einer Kollision, da die entsprechende Seite bereits gefüllt ist. Der Schlüssel M14 wird in einen *Überlaufbereich* gestellt. Ein Verweis von der Seite 4 auf den Überlaufbereich garantiert die Zugehörigkeit des Schlüssels M14 zur Restklasse 4.

Es existieren unterschiedliche Verfahren zur Behandlung von Überläufern. Anstelle eines Überlaufbereichs können für die Überläufer selbst wieder Schlüsseltransformationen angewendet werden. Bei stark anwachsenden Schlüsselbereichen oder bei größeren Löschoperationen treten bei der Überlaufbehandlung oft Schwierigkeiten auf. Um diese Probleme zu entschärfen, sind dynamische Verfahren zur Schlüsseltransformation entwickelt worden.

Bei *dynamischen Hashverfahren* wird versucht, die Belegung des Speicherplatzes unabhängig vom Wachstum der Schlüssel zu halten. Überlaufbereiche oder umfassende Neuverteilungen von Adressen werden weitgehend vermieden. Bei dynamischen Hashverfahren kann ein bestehender Adressraum entweder durch eine geschickte Wahl der Schlüsseltransformation oder durch Verwendung einer hauptspeicherresidenten Seitenzuordnungstabelle erweitert werden, ohne dass alle bereits gespeicherten Schlüssel oder Datensätze neu geladen werden müssen.

5.2.4   Consistent Hashing

Konsistente Hashfunktionen (engl. „consistent hashing") zählen zur Familie gestreuter Adressberechnungen (vgl. Hashverfahren im vorigen Abschnitt). Aus einer Menge von Schlüsseln wird eine Speicheradresse oder ein Hashwert berechnet, um den entsprechenden Datensatz abzulegen.

Im Fall von Big-Data-Anwendungen werden die Schlüssel-Wert-Paare unterschiedlichen Knoten im Rechnernetz zugeordnet. Aufgrund des Schlüssels (z. B. Begriff oder Tag) werden deren Werte (z. B. Häufigkeiten) im entsprechenden Knoten abgelegt. Wichtig dabei ist folgende Tatsache: Beim Consistent Hashing wird die Adressberechnung sowohl für die Knotenadressen als auch für die Speicheradressen der Objekte (Key/Value) verwendet.

In Abb. 5.4 wird das Consistent Hashing schematisch dargestellt. Der Adressraum von 0 bis 2^x Schlüsselwerten wird als Ring zusammengefasst, danach wird eine Hashfunktion gewählt, die folgende Berechnungen vornimmt:

- **Adressberechnung der Knoten**: Die Netzwerkadressen der Knoten werden mit der Hilfe der gewählten Hashfunktion auf Speicheradressen abgebildet und im Ring eingetragen.
- **Adressberechnung der Objekte**: Die Schlüssel der Key/Value-Paare werden mit dem Hashingalgorithmus zu Adressen transformiert und die Objekte werden auf dem Ring eingetragen.

Die Speicherung der Schlüssel-Wert-Paare zu den entsprechenden Speicherknoten erfolgt nach einer einfachen Zuordnungsregel: Die Objekte werden im Uhrzeigersinn dem nächsten verfügbaren Knoten zugeordnet und dort verwaltet.

Die Abb. 5.4 zeigt einen Adressraum mit drei Knoten und acht Objekten (Key/Value-Paaren). Die Lokalität der Knoten und der Objekte ergibt sich aufgrund der berechneten Adressen. Nach der Zuordnungsregel werden die Objekte O_{58}, O_1 und O_7 im Knoten K_1

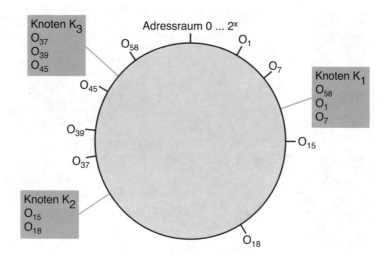

Abb. 5.4 Ring mit Zuordnung von Objekten zu Knoten

gespeichert, entsprechend fallen die beiden Objekte O_{15} und O_{18} in den Knoten K_2 und die restlichen drei Objekte in den Knoten K_3.

Die Stärke von Consistent Hashing zeigt sich bei flexiblen Rechnerstrukturen, bei welchen jederzeit Knoten hinzugefügt resp. Knoten entfernt werden. Solche Änderungen haben nur Auswirkungen auf die Objekte in unmittelbarer Nähe zu den veränderten Knoten im Ring. Dadurch wird vermieden, dass bei Umstellungen im Rechnernetz die Adressen vieler Key/Value-Paare neu berechnet und zugeordnet werden müssen.

In Abb. 5.5 werden zwei Umstellungen illustriert: Hier wird der Knoten K_2 entfernt und ein neuer Knoten K_4 hinzugefügt. Nach den lokalen Anpassungen liegt das ursprünglich im Knoten K_2 gespeicherte Objekt O_{18} nun im Knoten K_3. Das restliche Objekt O_{15} wird gemäß der Zuordnungsregel in den neu eingefügten Knoten K_4 überwiesen.

Consistent Hashing kann für replizierte Rechnernetzwerke verwendet werden. Dazu werden die gewünschten Kopien der Objekte mit einer Versionennummer versehen und auf dem Ring eingetragen. Damit wird die Ausfallsicherheit wie die Verfügbarkeit des Gesamtsystems erhöht.

Eine weitere Option besteht darin, virtuelle Knoten einzuführen, um die Objekte gleichmäßiger auf die Knoten verteilen zu können. Auch hier erhalten die Netzadressen der Knoten Versionennummern, damit sie auf dem Ring abgebildet werden können.

Konsistente Hashfunktionen werden für viele NoSQL-Systeme verwendet, vor allem bei der Implementierung von Key/Value-Speichersystemen.

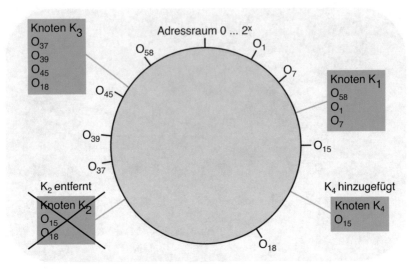

Abb. 5.5 Dynamische Veränderung des Rechnernetzes

5.2.5 Mehrdimensionale Datenstrukturen

Mehrdimensionale Datenstrukturen unterstützen den Zugriff auf Datensätze mit mehreren Zugriffsschlüsselwerten. Die Gesamtheit dieser Zugriffsschlüssel wird *mehrdimensionaler Schlüssel* genannt. Ein solcher ist immer eindeutig, braucht aber nicht in jedem Fall minimal zu sein.

Unter einer *mehrdimensionalen Datenstruktur* (engl. „multi-dimensional data structure) versteht man nun eine Datenstruktur, die einen mehrdimensionalen Schlüssel unterstützt. Beispielsweise lässt sich eine Tabelle MITARBEITENDE mit den beiden Schlüsselteilen Mitarbeiternummer und Jahrgang als zweidimensionale Datenstruktur auffassen. Die Mitarbeiternummer bildet einen Teil des zweidimensionalen Schlüssels und bleibt nach wie vor eindeutig. Das Merkmal Jahr bildet den zweiten Teil und dient als zusätzlicher Zugriffsschlüssel, wobei diese Angabe nicht eindeutig zu sein braucht.

Bei den mehrdimensionalen Datenstrukturen strebt man – im Gegensatz zu den Baumstrukturen – an, dass kein Schlüsselteil bei der Speicherung der physischen Datensätze die Reihenfolge bestimmt. Eine mehrdimensionale Datenstruktur ist *symmetrisch,* wenn sie den Zugriff über mehrere Zugriffsschlüssel ermöglicht, ohne einen bestimmten Schlüssel oder eine Schlüsselkombination zu bevorzugen. Für unsere Beispieltabelle MITARBEITENDE ist es wünschenswert, dass beide Schlüsselteile, Mitarbeiternummer und Jahrgang, gleichberechtigt sind und bei einer konkreten Abfrage den Zugriff effizient unterstützen.

Als bedeutende mehrdimensionale Datenstruktur ist die sogenannte Gitterdatei, bekannt unter dem englischen Namen „grid file", zu erwähnen:

Gitterdatei

Eine *Gitterdatei* (engl. „grid file") ist eine mehrdimensionale Datenstruktur mit folgenden Eigenschaften:

- Sie unterstützt den Zugriff bezüglich eines *mehrdimensionalen Zugriffsschlüssels* auf symmetrische Art, d. h., keine Dimension des Schlüssels ist dominant.
- Sie erlaubt das Lesen eines beliebigen Datensatzes mit *zwei Seitenzugriffen*, der erste auf das Gitterverzeichnis und der zweite auf die Datenseite selbst.

Eine Gitterdatei besteht aus einem Gitterverzeichnis und einer Datei mit den Datenseiten. Das Gitterverzeichnis stellt einen mehrdimensionalen Raum dar, wobei jede Dimension einem Teil des mehrdimensionalen Zugriffsschlüssels entspricht. Beim Einfügen von Datensätzen wird das Verzeichnis alternierend in den Dimensionen in Zellen unterteilt. Im Beispiel in Abb. 5.6 wechseln wir für den zweidimensionalen Zugriffsschlüssel alternierend nach Mitarbeiternummer und Jahrgang. Die entsprechenden Unterteilungsgrenzen werden als Skalen des Gitterverzeichnisses bezeichnet.

Eine *Zelle des Gitterverzeichnisses* entspricht einer Datenseite und enthält mindestens n Einträge und maximal 2*n Einträge, wobei n die Anzahl Dimensionen der Gitterdatei ist. Leere Zellen im Gitterverzeichnis müssen zu größeren Zellen zusammengefasst werden, damit die zugehörigen Datenseiten die Minimalzahl der Einträge aufnehmen können. In unserem Beispiel nehmen wir wiederum an, dass höchstens vier Einträge in den Datenseiten vorkommen können (n = 2).

Da das Gitterverzeichnis im Allgemeinen groß ist, muss es wie die Datensätze im Sekundärspeicher gehalten werden. Die Menge der Skalen hingegen ist klein und kann resident im Hauptspeicher liegen. Somit geschieht ein Zugriff auf einen spezifischen Datensatz wie folgt: Mit den k Schlüsselwerten einer k-dimensionalen Gitterdatei durchsucht das System die Skalen und stellt fest, in welchem Intervall der jeweilige Teil des Suchschlüssels liegt. Die so bestimmten Intervalle erlauben einen direkten Zugriff auf den entsprechenden Abschnitt des Gitterverzeichnisses. Jede Zelle des Verzeichnisses enthält die Nummer der Datenseite, in der die zugehörigen Datensätze abgespeichert sind. Mit einem weiteren Zugriff auf die Datenseite der Zelle kann schließlich festgestellt werden, ob sie den gesuchten Datensatz enthält oder nicht.

Beim Suchen eines beliebigen Datensatzes in einer Gitterdatei ist das *Zwei-Seiten-Zugriffsprinzip* immer gewährleistet, d. h., dass höchstens zwei Seitenzugriffe auf den Sekundärspeicher notwendig sind; der erste führt in den richtigen Abschnitt des Gitterverzeichnisses, der zweite zur richtigen Datenseite. Beispielsweise wird der Mitarbeitende mit der Nummer M18 und dem Jahrgang 1969 in der Gitterdatei G4 der Abb. 5.6 wie folgt gesucht: Die Mitarbeiternummer M18 liegt im Skalenbereich M15 bis M30, d. h. in der rechten Hälfte der Gitterdatei. Der Jahrgang 1969 liegt zwischen den Skalen 1960 und 1970 und somit in der oberen Hälfte. Das Datenbanksystem findet also anhand der Skalen mit einem ersten Zugriff die Adresse der Datenseite im Gitter-

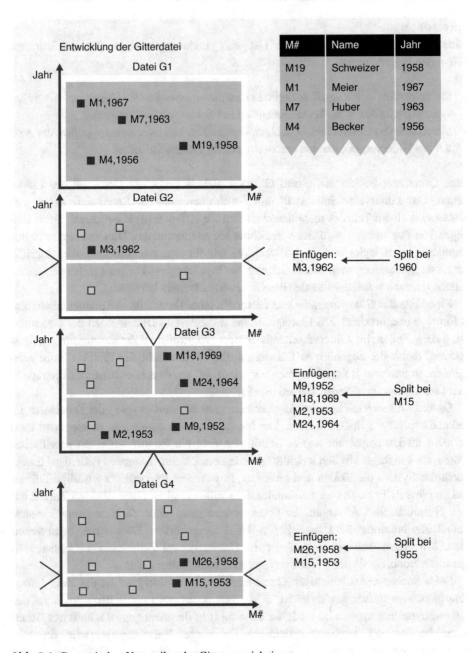

Abb. 5.6 Dynamisches Unterteilen des Gitterverzeichnisses

verzeichnis. Ein zweiter Zugriff auf die entsprechende Datenseite führt zu den gesuchten Datensätzen mit den Zugriffsschlüsseln (M18,1969) und (M24,1964).

Eine k-dimensionale Gitterdatei unterstützt die Anfrage nach einem einzelnen Datensatz oder nach einem Bereich von Datensätzen: Durch eine *Punktfrage* (engl. „point query") kann anhand von k Zugriffsschlüsseln der entsprechende Datensatz gesucht werden. Es ist auch möglich, mit einer Teilpunktfrage nur einen Teil des Schlüssels zu spezifizieren. Mittels einer *Bereichsfrage* (engl. „range query") kann für jeden der k Schlüsselteile ein Bereich untersucht werden. Sämtliche Datensätze werden bereitgestellt, für die ihre Schlüsselteile in den jeweiligen Bereichen liegen. Es kann auch hier nur für einen Teil der Schlüssel ein Bereich angegeben und ausgewertet werden (sogenannte Teilbereichsfrage).

Eine Punktfrage entspricht beispielsweise dem bereits dargelegten Aufsuchen des Datensatzes (M18,1969). Wissen wir lediglich den Jahrgang des Mitarbeitenden, so spezifizieren wir zur Suche das Jahr 1969 als Teilpunktfrage. Wir können auch (Teil-) Bereichsfragen stellen, indem wir sämtliche Mitarbeitende mit Jahrgang 1960 bis 1969 abfragen. Auf unser Beispiel der Abb. 5.6 bezogen, liegen wir damit in der oberen Hälfte des Gitterverzeichnisses G4 und müssen deshalb nur die beiden entsprechenden Datenseiten durchsuchen. Bei einer mehrdimensionalen Gitterdatei können auf diese Weise Bereichs- und Teilbereichsfragen beantwortet werden, ohne dass die gesamte Datei durchkämmt werden muss.

In den letzten Jahren sind verschiedene mehrdimensionale Datenstrukturen untersucht und beschrieben worden, die auf vorteilhafte Weise mehrere Zugriffsmerkmale symmetrisch unterstützen. Das Angebot mehrdimensionaler Datenstrukturen für SQL- oder NoSQL-Datenbanken ist noch bescheiden, doch verlangen webbasierte Suchvorgänge vermehrt nach solchen Speicherstrukturen. Insbesondere müssen geografische Informationssysteme sowohl topologische wie geometrische Anfragen (sogenannte „location based queries") effizient unterstützen können.

5.2.6 Binary JavaScript Object Notation BSON

Nun schauen wir uns eine Speicherstruktur für JSON-strukturierte Dokumentdatenbanken an. JSON-Dokumente sind eigentlich Textdateien. Sie enthalten Leerzeichen und Zeilenumbrüche und sind für die Speicherung von Datenbanken auf der Disk nicht kompakt genug. Für die Speicherung von strukturierten Dokumenten in Datenbanksystemen gibt es BSON oder Binary JSON: eine binäre Serialisierung von JSON-strukturierten Dokumenten. Wie JSON unterstützt BSON die Abbildung von komplexen Objekten. Jedoch wird BSON in Bytecode gespeichert. Zusätzlich bietet BSON Datentypen, die nicht Teil der JSON-Spezifikation sind, wie z. B. Datums- und Zeitwerte. BSON wurde 2009 erstmals im Dokumentdatenbanksystem MongoDB zur physischen Speicherung von Dokumenten eingesetzt. Heute gibt es über 50 Implementierungen in 30 Programmiersprachen.

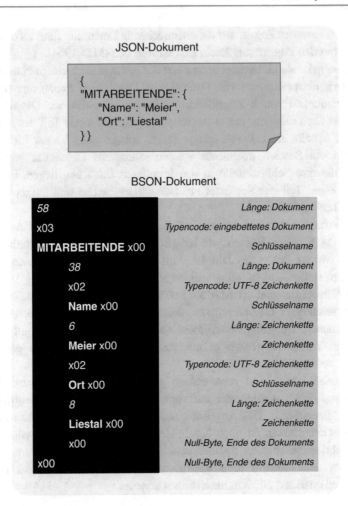

JSON-Dokument

```
{
"MITARBEITENDE": {
    "Name": "Meier",
    "Ort": "Liestal"
}}
```

BSON-Dokument

58	*Länge: Dokument*
x03	*Typencode: eingebettetes Dokument*
MITARBEITENDE x00	*Schlüsselname*
38	*Länge: Dokument*
x02	*Typencode: UTF-8 Zeichenkette*
Name x00	*Schlüsselname*
6	*Länge: Zeichenkette*
Meier x00	*Zeichenkette*
x02	*Typencode: UTF-8 Zeichenkette*
Ort x00	*Schlüsselname*
8	*Länge: Zeichenkette*
Liestal x00	*Zeichenkette*
x00	*Null-Byte, Ende des Dokuments*
x00	*Null-Byte, Ende des Dokuments*

Abb. 5.7   Vergleich von JSON-Daten mit binärer Speicherung in BSON

Zur Veranschaulichung des BSON-Formats beginnen wir mit einem Vergleich. In Abb. 5.7 oben sehen wir ein JSON-Dokument eines Mitarbeitenden mit Name Meier und Ort Liestal. In Abb. 5.7 unten sehen wir die gleiche Struktur im BSON-Format. Die lesbaren Zeichenketten (UTF-8) sind in Fettschrift dargestellt. Ganzzahlenwerte sind kursiv gedruckt. Zweistellige Hexadezimalwerte für die Codierung von Bytes beginnen mit dem Buchstaben x.

BSON ist ein Binärformat, in welchem Daten in *Dokument* genannten Einheiten gespeichert werden können. Diese Dokumente können rekursiv verschachtelt werden. Ein Dokument besteht aus einer Elementliste, welche zwischen einer Längenangabe und einem sogenannten Nullbyte eingebettet ist. Deshalb sehen wir auf der ersten Zeile im BSON-Dokument in Abb. 5.7 die Länge des Dokuments, und auf der letzten Zeile wird das Dokument mit einem Nullbyte abgeschlossen. Dazwischen befindet sich eine Elementliste.

Gemäß Zeile 1 im BSON-Dokument in Abb. 5.7 ist die Länge des Dokuments 58. Die *Länge* ist eine *Ganzzahl* (engl. „integer"), die in BSON in insgesamt vier Bytes abgebildet wird. Zur Vereinfachung werden alle Ganzzahlenwerte in diesem Beispiel als Dezimalzahlen dargestellt.

Auf Zeile 14 zeigt das Nullbyte ×00 das Ende des gesamten Dokuments an. Ein *Nullbyte* ist eine Folge von acht Bits, von denen jedes den Wert 0 speichert. In Hexadezimalschreibweise wird das mit ×00 dargestellt.

In Abb. 5.7 besteht die Elementliste des BSON-Gesamtdokuments aus Zeilen 2 bis 13. Eine *Elementliste* besteht aus einem *Element*, optional gefolgt von einer weiteren Elementliste.

Ein *Element* beginnt mit einem Typencode im ersten Byte. Beispielsweise sehen wir auf Zeile 2 im BSON-Dokument in Abb. 5.7 den Typencode ×03, der ein eingebettetes Dokument als Element ankündigt. Dann folgt eine *Schlüsselzeichenfolge* (engl. „key string"). Ein *Schlüsselname* ist eine Folge von nicht-leeren Bytes, gefolgt von einem Nullbyte. Beispielsweise ist auf Zeile 3 der Schlüssel MITARBEITENDE angegeben. Anschließend folgt der Wert des Elements, der dem Typencode entspricht.

In BSON gibt es verschiedene Elementtypen, z. B. *eingebettetes Dokument* (Typencode ×03), *Array* (Typencode ×04) oder *Zeichenkette* (Typencode ×02). Im BSON-Beispiel in Abb. 5.7 wird als erster Elementwert ein eingebettetes Dokument gespeichert, welches wie das übergeordnete Dokument wieder mit der Angabe der Länge (Zeile 4) beginnt, eine Elementliste aufweist und mit dem Nullbyte (Zeile 13) abgeschlossen wird.

Ein Zeichenkettenelement beginnt mit dem Typencode ×02. Im Beispiel in Abb. 5.7 sehen wir auf Zeile 5 den Beginn des Zeichenkettenelements für die Eigenschaft „Name", dessen Schlüsselname auf Zeile 6 angegeben wird. Der Wert dieses Elements beginnt auf Zeile 7 mit der Länge (6), gefolgt von der eigentlichen Zeichenkette auf Zeile 8 (Meier). Eine Zeichenkette in BSON ist eine Folge von UTF-8-zeichen, gefolgt von einem Nullbyte.

BSON erlaubt, JSON-Daten platzsparend und effizient auf der Disk binär zu speichern. Es wird von Dokumentdatenbanken zur Festschreibung von Dokumenten auf der Festplatte verwendet.

5.2.7 Indexfreie Nachbarschaft

Eine innovative Speicher- und Zugriffsstruktur, welche Graphdatenbanken für Netzwerkanalysen effizient macht, ist die indexfreie Nachbarschaft. Wie wir in Abschn. 5.2.1 bis 5.2.3 gesehen haben, speichern relationale Datenbanken Verknüpfungen zwischen Datensätzen, als Nachbarschaften, nicht explizit. Ein Schlüsselwert wird mit aufwendiger Suche in der referenzierten Tabelle aufgelöst. Ein Index erlaubt eine Beschleunigung dieses Suchvorgangs; doch auch indexierte Abfragen dauern länger, je mehr Daten durchsucht werden müssen.

Um dieses Problem zu lösen, bieten Graph-Datenbanksysteme die Auflösung einer Datensatzreferenz in konstanter Zeit. Das ist für die Traversierung von Netzwerken von großer Bedeutung. Dazu nutzen sie das Prinzip von Zeigern und Adressen auf der Ebene von Binärdateien, die vom Betriebssystem auf der Festplatte gespeichert und im Arbeitsspeicher bearbeitet werden. Mit Zeigern werden doppelt verknüpfte Listen aufgebaut, welche die Traversierung des Graphen ermöglichen. Zentral ist, dass die Kanten des Netzwerks als eigene Datensätze gespeichert werden (vgl. Theorie des Multigraphen in Abschn. 2.4.1). Im Folgenden schauen wir uns ein konkretes Beispiel dazu an.

In Abb. 5.8 ist oben ein einfacher Eigenschaftsgraph dargestellt. Eine mitarbeitende Person namens Meier ist im Team des Projekts mit Titel ITsec mit einem Pensum von 50 % vertreten. Zudem ist zur Veranschaulichung ein weiterer bisher unbenannter Knoten verknüpft. Die Elemente des Graphen sind nummeriert und beschriftet. Das Beispiel beinhaltet somit drei Knoten N1 bis N3, zwei Kanten A1 bis A2 und sieben Eigenschaften P1 bis P7. Der Einfachheit halber werden Knoten- und Kantentypen als Eigenschaften dargestellt.

In Abb. 5.8 unten sehen wir Illustrationen von drei Speicherdateien, eine für Knoten, eine für Kanten und eine für Eigenschaften. Im ersten Feld (@) ist die jeweilige Speicheradresse dargestellt. In den weiteren Feldern sind die effektiven Speicherdaten aufgezeigt.

In der Speicherdatei für Knoten enthält das zweite Feld (FirstArrow) Zeiger auf die erste Kante des Knotens. Das dritte Feld (FirstProperty) enthält Zeiger auf die erste Eigenschaft des Knotens. Beispielsweise ist die erste Kante des Knotens N1 die Kante A1, und die erste Eigenschaft ist P1.

Folgen wir dem Zeiger *P1 auf die zugehörige Eigenschaft, finden wir in der weiter unten dargestellten Speicherdatei für Eigenschaften mit der Adresse P1 die Eigenschaft, dass der Knoten den Typ PROJEKT aufweist. Diese Speicherdatei zeigt somit im zweiten und dritten Feld den Schlüssel (Key) und den Wert (Value) der jeweiligen Eigenschaft. Im vierten Feld finden wir einen Zeiger (NextProperty) auf allfällige weitere Eigenschaften. Im Beispiel von Knoten N1 finden wir dort den Zeiger auf Eigenschaft P2 eine Zeile weiter unten. Dort steht, dass das Projekt den Titel ITsec trägt. Zudem gibt es keine weiteren Eigenschaften zu diesem Knoten, sodass dieses Speicherfeld leer bleibt.

In der Speicherdatei für Knoten zeigt der Eintrag für Knoten N1 ebenfalls auf die erste Kante, die ihn mit dem Netzwerk verbindet, nämlich A1. Die rechts dargestellte Kantenspeicherdatei illustriert, dass durch Kante A1 zwei Knoten verbunden sind. Der erste Knoten (Node1) ist N1, und der zweite Knoten (Node2) ist N2. Zudem finden wir einen Zeiger auf eine weitere Kante: die nächste Kante aus der Perspektive des ersten Knotens (NextArrow1), in diesem Fall Kante A2. Die nächste Kante aus Sicht des zweiten Knotens (NextArrow2) ist in diesem Beispiel leer, da Knoten N3 keine weiteren Verbindungen aufweist. Weiter zeigt die Knotenspeicherdatei im Feld FirstProperty einen Zeiger auf Knotenattribute, genau gleich wie die Kanten-Speicherdatei (siehe oben).

Diese Zeigerstruktur führt zu einer doppelt verlinkten Liste von Kanten. Diese macht eine Traversierung im Graphen effizient und linear skalierbar. Tatsächlich braucht nicht einmal die Adresse von Knoten, Kanten und Eigenschaften gespeichert zu werden. Eine

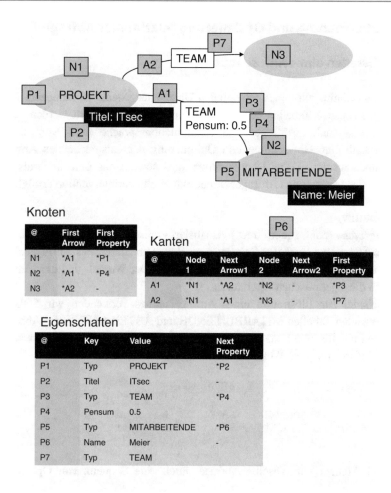

Abb. 5.8 Indexfreie Nachbarschaft durch doppelt verknüpfte Listen mit Zeigern

ganzzahlige Nummer, ein Offset, kanneinfach mit der Größe der Speicherdateieinträge multipliziert werden, um zur richtigen Stelle in der binären Speicherdatei zu gelangen. Der Aufruf einer Speicheradresse aufgrund eines Zeigers ist immer $O(1)$[1], egal wie viele Daten die Datenbank enthält. Diese Eigenschaft des effizienten Zugriffs auf Nacharknoten in nativen Graph-Datenbanksystemen nennt sich *indexfreie Nachbarschaft*.

---

[1] Das *Landau-Symbol* $O(f(x))$ (engl. „big O notation") wird in der Informatik bei der Analyse des Aufwands bzw. der Komplexität von Algorithmen verwendet. Es gibt ein Maß für das Wachstum $f(x)$ der Anzahl Rechenschritte oder Speichereinheiten in Abhängigkeit der Größe x eines gegebenen Problems an. Beispielsweise wächst der Aufwand eines Algorithmus mit Komplexität $O(n^2)$ quadratisch als Funktion eines Parameters n, z. B. der Anzahl Datensätze.

5.3   Übersetzung und Optimierung relationaler Abfragen

5.3.1   Erstellen eines Anfragebaums

Die Benutzerschnittstelle eines relationalen Datenbanksystems ist mengenorientiert, da den Benutzern ganze Tabellen oder Sichten zur Verfügung gestellt werden. Beim Einsatz einer relationalen Abfrage- und Manipulationssprache muss vom Datenbanksystem deshalb eine Übersetzung und Optimierung der entsprechenden Anweisungen vorgenommen werden. Dabei ist wesentlich, dass sowohl das Berechnen als auch das Optimieren des sogenannten Anfragebaumes ohne Benutzerintervention erfolgt.

Anfragebaum

Ein *Anfragebaum* (engl. „query tree") visualisiert grafisch eine relationale Abfrage durch den *äquivalenten Ausdruck der Relationenalgebra*. Die Blätter des Anfragebaumes entsprechen den für die Abfrage verwendeten Tabellen. Der Wurzel- und die Stammknoten bezeichnen die algebraischen Operatoren.

   Als Beispiel zur Illustration eines Anfragebaumes verwenden wir SQL und die bereits bekannten Tabellen MITARBEITENDE und ABTEILUNG (siehe Abb. 5.9). Wir interessieren uns für eine Liste derjenigen Ortschaften, in denen die Mitarbeitenden der Abteilung Informatik ihren Wohnsitz haben:

```
SELECT    Ort
FROM      MITARBEITENDE, ABTEILUNG
WHERE     Unt=A# AND Bezeichnung='Informatik'
```

Algebraisch können wir dieselbe Abfrage durch eine Sequenz von Operatoren ausdrücken:

$$\text{TABELLE} := \pi_{\text{Ort}}(\sigma_{\text{Bezeichnung=Informatik}}$$
$$(\text{MITARBEITENDE}|\times|_{\text{Unt} = \text{A\#}}\text{ABTEILUNG}))\overset{\cdot}{}$$

Der Ausdruck berechnet zuerst einen Verbund der Tabelle MITARBEITENDE mit der Tabelle ABTEILUNG über die gemeinsame Abteilungsnummer. Anschließend werden im Zwischenresultat diejenigen Mitarbeitenden selektiert, die in der Abteilung mit der Bezeichnung Informatik arbeiten. Zuletzt werden durch eine Projektion die gesuchten Ortschaften zusammengestellt. Die Abb. 5.9 zeigt den Ausdruck dieser algebraischen Operatoren in Form des zugehörigen Anfragebaumes.

   Der Anfragebaum in Abb. 5.9 kann wie folgt interpretiert werden: Die Blattknoten bilden die beiden Tabellen MITARBEITENDE und ABTEILUNG der entsprechenden Abfrage. Diese werden in einem ersten Stammknoten (Verbundoperator) zusammengehalten und anschließend durch einen weiteren Stammknoten (Selektionsoperator) auf

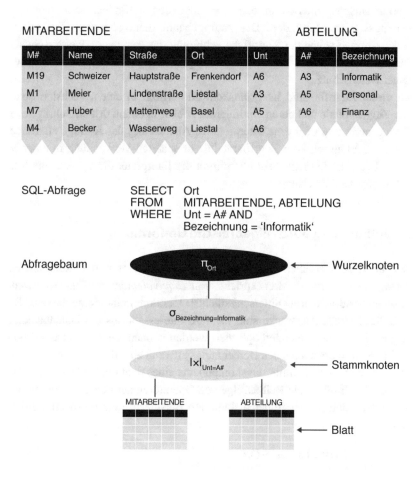

Abb. 5.9 Anfragebaum einer qualifizierten Abfrage über zwei Tabellen

diejenigen Einträge reduziert, die die Bezeichnung Informatik tragen. Der Wurzelknoten entspricht der Projektion, die die Resultattabelle mit den gesuchten Ortschaften erzeugt.

Wurzel- und Stammknoten eines Anfragebaumes verweisen entweder auf einen oder auf zwei Teilbäume. Je nachdem, ob die Operatoren, die die Knoten bilden, auf eine oder auf zwei Zwischentabellen (Teilbäume) einwirken, spricht man von unären oder binären Operatoren. *Unäre Operatoren,* die nur auf eine Tabelle wirken, sind der Projektions- und der Selektionsoperator (vgl. die früheren Abb. 3.2 und 3.3). *Binäre Operatoren* mit zwei Tabellen als Operanden sind die Vereinigung, der Durchschnitt, die Subtraktion, das kartesische Produkt, der Verbund und die Division.

Der Aufbau eines Anfragebaumes ist der erste Schritt bei der Übersetzung und Aus- führung einer relationalen Datenbankabfrage. Die vom Benutzer angegebenen Tabellen-

und Merkmalsnamen müssen in den Systemtabellen auffindbar sein, bevor weitere Verarbeitungsschritte stattfinden. Der Anfragebaum dient also der Überprüfung der Syntax der Abfrage sowie der Zugriffsberechtigung des Benutzers. Weitere Sicherheitsanforderungen können erst zur Laufzeit überprüft werden, wie beispielsweise wertabhängiger Datenschutz.

Nach dieser Zugriffs- und Integritätskontrolle erfolgt in einem nächsten Schritt die Wahl der Zugriffspfade und deren Optimierung, bevor in einem dritten Schritt die eigentliche Codegenerierung oder eine interpretative Ausführung der Abfrage stattfindet. Bei der Codegenerierung wird ein Zugriffsmodul zur späteren Verwendung in einer Modulbibliothek abgelegt; alternativ dazu übernimmt der Interpreter die dynamische Kontrolle zur Ausführung der Anweisung.

5.3.2 Optimierung durch algebraische Umformung

Wie wir in Kap. 3 gesehen haben, können die Operatoren der Relationenalgebra zusammengesetzt werden. Man spricht von *äquivalenten Ausdrücken,* wenn die algebraischen Ausdrücke trotz unterschiedlicher Operatorenreihenfolge dasselbe Resultat erzeugen. Äquivalente Ausdrücke sind insofern interessant, als die Datenbankabfragen durch algebraische Umformungen optimiert werden können, ohne dass das Resultat verändert wird. Sie erlauben also, den Berechnungsaufwand zu reduzieren, und bilden damit einen wichtigen Teil der Optimierungskomponente eines relationalen Datenbanksystems.

Welch großen Einfluss die Reihenfolge von Operatoren auf den Berechnungsaufwand haben kann, soll anhand der früher diskutierten Beispielabfrage illustriert werden: Den Ausdruck

$$\text{TABELLE} := \pi\,\text{Ort}$$
$$(\sigma_{\text{Bezeichnung}=\text{Informatik}}$$
$$(\text{MITARBEITENDE}|\times|_{\text{Unt}=\text{A\#}}\text{ABTEILUNG}))$$

können wir – wie in Abb. 5.10 dargestellt – durch folgenden äquivalenten Ausdruck ersetzen:

$$\text{TABELLE} := \pi\,\text{Ort}$$
$$\left(\pi_{\text{Unt,Ort}}(\text{MITARBEITENDE})\right.$$
$$|\times|_{\text{Unt}=\text{A\#}}$$
$$\pi_{\text{A\#}}\left(\sigma_{\text{Bezeichnung}=\text{Informatik}}(\text{ABTEILUNG})\right))$$

Dabei wird zuerst die Selektion $(\sigma_{\text{Bezeichnung}=\text{Informatik}})$ auf die Tabelle ABTEILUNG durchgeführt, da nur die Abteilung mit der Bezeichnung Informatik relevant ist. Anschließend werden zwei Projektionsoperationen berechnet, eine auf die Mitarbeitertabelle $(\pi_{\text{Unt,Ort}})$ und eine auf die bereits erzeugte Zwischentabelle $(\pi_{\text{A\#}})$ der Abteilung Informatik. Jetzt

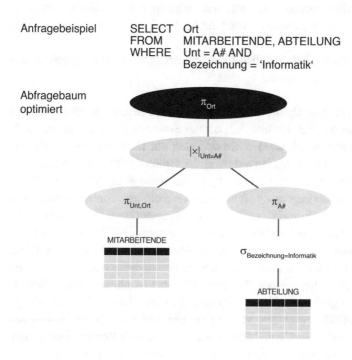

Abb. 5.10   Algebraisch optimierter Anfragebaum

erst wird die Verbundoperation ($|\times|_{Unt=A\#}$) über die Abteilungsnummer gebildet und
anschließend auf die Ortschaften projiziert (π_{Ort}). Obwohl wir dasselbe Resultat erhalten,
ist der Berechnungsaufwand auf diese Weise wesentlich geringer.

Allgemein lohnt es sich immer, *Projektions- und Selektionsoperatoren im Anfrage-*
baum möglichst in die Nähe der „Blätter" zu bringen. Dadurch können Zwischenresultate klein gehalten werden, bevor die zeitaufwendigen und deshalb teuren
Verbundoperatoren kalkuliert werden. Gelingt eine Umformung eines Anfragebaums
dank einer solchen Berechnungsstrategie, so spricht man von einer *algebraischen*
Optimierung; für sie gelten die folgenden Prinzipien:

- Mehrere Selektionen auf ein und dieselbe Tabelle lassen sich zu einer einzigen ver-
  schmelzen, sodass das Selektionsprädikat nur einmal geprüft werden muss.
- Selektionen sind so früh wie möglich auszuführen, damit die Zwischenresultattabellen
  klein bleiben. Dies wird erreicht, wenn die Selektionsoperatoren so nahe wie möglich
  beim „Blattwerk" (bzw. bei den Ursprungstabellen) des Anfragebaumes angesiedelt
  werden.

- Projektionen sind ebenfalls so früh wie möglich durchzuführen, jedoch nie vor Selektionen. Sie reduzieren die Anzahl der Spalten und meistens auch die Anzahl der Tupel.
- Verbundoperatoren sind möglichst im Wurzelbereich des Anfragebaumes zu berechnen, da sie kostenaufwendig sind.

Neben der algebraischen Optimierung können durch den Einsatz effizienter Speicher- und Zugriffsstrukturen (vgl. Abschn. 5.2) bei der Bearbeitung einer relationalen Abfrage wesentliche Gewinne erzielt werden. So optimiert ein Datenbanksystem die einzelnen Selektions- und Verbundoperatoren aufgrund der Größe der Tabellen, der Sortierreihen- folgen, der Indexstrukturen etc. Gleichzeitig ist ein vernünftiges Modell zur Berechnung der Zugriffskosten unabdingbar, da oft mehrere Abarbeitungsvarianten infrage kommen.

Man benötigt Kostenformeln, um den Berechnungsaufwand einer Datenbankabfrage kalkulieren zu können, beispielsweise für das sequenzielle Suchen innerhalb einer Tabelle, das Suchen über Indexstrukturen, das Sortieren von Tabellen oder Teiltabellen, das Ausnutzen von Indexstrukturen bezüglich der Verbundmerkmale oder das Berechnen von Gleichheitsverbundoperatoren über mehrere Tabellen hinweg. Eine solche Kosten- formel berücksichtigt die Anzahl der Zugriffe auf die *physischen Seiten* (engl. „physical pages") und bildet ein gewichtetes Maß für die Ein- und Ausgabeoperationen sowie für die CPU-Belastung (CPU = Central Processing Unit). Je nach Rechnerkonfiguration wird die Kostenformel wesentlich beeinflusst von der Zugriffszeit von externen Speicher- medien und von Puffer- oder Hauptspeichern sowie der internen Rechenleistung.

5.3.3   Berechnen des Verbundoperators

Ein relationales Datenbanksystem muss über verschiedene Algorithmen verfügen, die die Operationen der Relationenalgebra bzw. des Relationenkalküls ausführen können. Gegenüber der Selektion von Tupeln aus einer einzigen Tabelle ist die Selektion aus mehreren Tabellen kostenaufwendig. Deshalb gehen wir in diesem Abschnitt näher auf die verschiedenen Verbundstrategien ein, auch wenn gelegentliche Benutzer die Berechnungsvarianten kaum beeinflussen können.

Die Implementierung der Verbundoperation auf zwei Tabellen zielt darauf ab, jedes Tupel der einen Tabelle bezüglich des Verbundprädikats mit jedem Tupel der anderen Tabelle zu vergleichen und ggf. als zusammengesetztes Tupel in die Resultattabelle zu stellen. Konzentrieren wir uns auf die Berechnung eines Gleichheitsverbundes, so lassen sich im Wesentlichen zwei Verbundstrategien unterscheiden, nämlich der geschachtelte Verbund und der Sortier-Verschmelzungsverbund.

Geschachtelter Verbund

Bei einem *geschachtelten Verbund* (engl. „nested join") zwischen der Tabelle R mit Merkmal A und der Tabelle S mit Merkmal B vergleichen wir *jedes Tupel in R mit jedem*

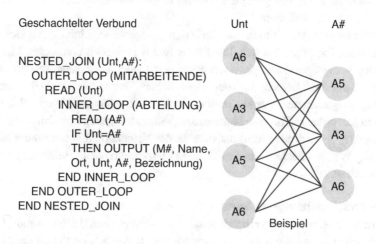

Abb. 5.11   Verbundberechnung durch Schachtelung

Tupel in S darauf hin, ob das Verbundprädikat R.A = S.B erfüllt ist oder nicht. Weisen die beiden Tabellen R und S je n und m Tupel auf, so sind n mal m Vergleiche aufzuwenden.

Der Algorithmus des geschachtelten Verbundes berechnet das kartesische Produkt und prüft dabei die Erfüllung des Verbundprädikats. Da wir in einer äußeren Schleife OUTER_LOOP alle Tupel aus R mit allen Tupeln aus S der inneren Schleife INNER_LOOP vergleichen, ist der Aufwand quadratisch. Falls für das Merkmal A oder B ein sogenannter Index existiert (siehe Abschn. 5.2.1), können wir den Aufwand für den geschachtelten Verbund reduzieren.

Die Abb. 5.11 zeigt anhand der Abfrage über Mitarbeiter- und Abteilungs-informationen einen stark vereinfachten Algorithmus des geschachtelten Verbundes. Klar erscheinen die beiden Schleifen OUTER_LOOP und INNER_LOOP und lassen erkennen, dass dieser Algorithmus alle Tupel aus der Tabelle MITARBEITENDE mit allen Tupeln aus der Tabelle ABTEILUNG vergleicht.

Bei der Verbundberechnung in Abb. 5.11 besteht für das Merkmal A# ein Index, da diese Nummer der Primärschlüssel[2]der Tabelle ABTEILUNG ist. Das Datenbanksystem nutzt die Indexstruktur der Abteilungsnummer aus, indem bei der inneren Schleife nicht jedes Mal sequenziell von Tupel zu Tupel die gesamte Tabelle ABTEILUNG abgesucht, sondern direkt über den Index gezielt zugegriffen wird. Im besten Fall besteht auch für das Merkmal „Unt" (Unterstellung) der Tabelle MITARBEITENDE ein Index, den das Datenbanksystem zu Optimierungszwecken verwenden kann. Dieses Beispiel zeigt,

---

[2]Das Datenbanksystem baut für jeden Primärschlüssel automatisch eine Indexstruktur auf; bei zusammengesetzten Schlüsseln werden erweiterte Indexstrukturen verwendet.

welche wichtige Rolle der geeigneten Auswahl von Indexstrukturen durch die Datenbankadministratoren zukommt.

Ein effizienterer Algorithmus als derjenige des geschachtelten Verbundes ist dann möglich, wenn die Tupel aus den Tabellen R und S bezüglich der beiden Merkmale A und B des Verbundprädikats physisch aufsteigend oder absteigend sortiert vorliegen. Dazu muss vor der Berechnung des eigentlichen Verbundes eventuell eine interne Sortierung vorgenommen werden, um die Tabelle R oder die Tabelle S oder beide zusammen zu ordnen. Zur Berechnung des Verbundes genügt es dann, die Tabellen nach auf- oder absteigenden Merkmalswerten des Verbundprädikats zu durchlaufen und gleichzeitig Wertvergleiche zwischen A und B vorzunehmen. Diese Strategie wird wie folgt charakterisiert:

Sortier-Verschmelzungsverbund

Der Sortier-Verschmelzungsverbund (engl. „sort-merge join") setzt voraus, dass die beiden Tabellen R und S mit dem Verbundprädikat R.A = S.B bezüglich der Merkmalswerte A aus R und B aus S sortiert vorliegen. Der Algorithmus berechnet den Verbund, indem er die *Vergleiche in der sortierten Reihenfolge* vornimmt. Sind die Merkmale A und B eindeutig definiert (z. B. als Primär- und als Fremdschlüssel), so ist der Aufwand linear.

Die Abb. 5.12 zeigt einen allgemeinen Algorithmus zum Sortier-Verschmelzungsverbund. Zuerst werden die beiden Tabellen anhand der im Verbundprädikat vorkommenden Merkmale sortiert und als CURSORs i und j verfügbar gemacht. Danach wird der CURSOR i in der Sortierreihenfolge durchlaufen und die Vergleiche ausgeführt.

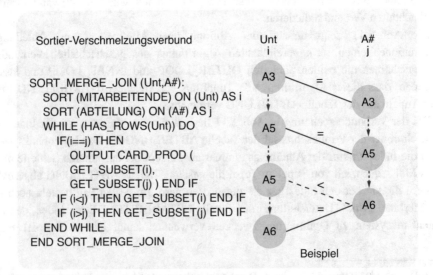

Abb. 5.12 Durchlaufen der Tabellen in Sortierreihenfolge

Wenn das Verbundprädikat i = j wahr ist, werden beide Datensätze an dieser Stelle vereinigt und ausgegeben. Dazu wird ein kartesisches Produkt der beiden Untermengen von Datensätzen mit gleichem Schlüssel, i und j, ausgegeben. Die Funktion GET_ SUBSET(x) holt alle Datensätze im CURSOR x, bei denen der Schlüssel x gleich ist, und setzt den Zeiger auf den unmittelbar nachfolgenden Datensatz mit nächstgrößeren Schlüsselwert.

Ist einer der beiden Schlüssel kleiner als der andere, wird ebenfalls die Funktion GET_SUBSET für den CURSOR mit kleinerem Wert durchlaufen, aber nicht ausgegeben, um den Zeiger des CURSORs auf den nächstgrößeren Schlüsselwert zu setzen.

Dies wird so lange in einer Schleife durchlaufen, bis für den ersten CURSOR keine Datensätze mehr vorhanden sind.

Mit diesem Algorithmus müssen beide Tabellen nur einmal durchlaufen werden. Das Kreuzprodukt wird nur lokal für kleine Untermengen von Datensätzen ausgeführt, was die Ausführungsgeschwindigkeit wesentlich erhöht.

In unserer Abfrage in den Tabellen MITARBEITENDE und ABTEILUNG stellen wir fest, dass der Sortier-Verschmelzungsschritt wegen des Schlüsselmerkmals A# linear von den Vorkommen der Tupel abhängt. Die beiden Tabellen MITARBEITENDE und ABTEILUNG müssen zur Berechnung des Verbundes lediglich einmal durchlaufen werden.

Grundsätzlich kann die Auswahl einer geeigneten Verbundstrategie – wie überhaupt jeder Zugriffsstrategie – durch das Datenbanksystem nicht a priori getroffen werden. Im Gegensatz zur algebraischen Optimierung hängt sie vom aktuellen inhaltlichen Zustand der Datenbank ab. Aus diesem Grund ist es wesentlich, dass die in den Systemtabellen enthaltenen statistischen Angaben entweder periodisch oder durch die Datenbankspezialisten ausgelöst regelmäßig aktualisiert werden. Dadurch ist eine kostenbasierte Optimierung möglich.

5.3.4 Kostenbasierte Optimierung von Zugriffspfaden

Eine weitere Möglichkeit zur Optimierung der Anfragen ist die statistische, kostenbasierte Optimierung. Ein *Optimizer* in einem Datenbankverwaltungssystem evaluiert für Anfragen die optimalen Zugriffsstrukturen und verfügbare Indexe. Aufgrund der Kosten, also der Anzahl Datensätze, die für die Erfüllung einer Anfrage durchsucht werden müssen, wählt der Optimizer mögliche Indexe aus, um diese Kosten zu minimieren. Dazu verwendet er Informationen über bestehende Indexe und Statistiken über die Anzahl Zeilen in den Tabellen. So kommt er auf Kostenschätzungen für verschiedene Varianten der Anfrageverarbeitung. Diese werden *Ausführungspläne* genannt. Anschließend wählt der Optimizer die optimale Variante.

In SQL-Datenbanken kann mit dem Keyword EXPLAIN für eine Anfrage der *Ausführungsplan* (engl. „execution plan") dargestellt werden. So sehen wir, welche Indexe verwendet werden und wo noch ineffiziente Suchvorgänge bestehen. Dieses Keyword wird häufig von Datenbankspezialist*innen angewendet, um Anfragen auf ihre Performance zu untersuchen und manuell zu verbessern.

Es gibt z. B. Situationen, in denen zwar ein Index auf eine Suchspalte existiert, dieser aber vom Optimizer nicht verwendet wird. Das ist unter anderem dann der Fall, wenn Funktionen auf die Suchspalte angewendet werden. Nehmen wir an, es gäbe einen Index IX1 auf die Spalte Geburtsdatum in der Tabelle Mitarbeitende:

```
CREATE INDEX IX1
ON MITARBEITENDE (Geburtsdatum)
```

Nun möchten wir die Liste der Mitarbeitenden ausgeben, welche vor 1960 geboren wurden. Wir können dies mit folgender SQL-Query versuchen:

```
SELECT * FROM MITARBEITENDE
WHERE YEAR(Geburtsdatum)<1960
```

Dabei werden wir feststellen, dass trotz bestehendem Index die Abfrage bei großen Datenmengen langsam ist.

Mit dem Schlüsselwort EXPLAIN können wir den *Ausführungsplan* (engl. „execution plan") des Optimierers beobachten, der festlegt, welche Abfragen in welcher Reihenfolge ausgeführt werden und welche Indizes für den Zugriff auf die Daten verwendet werden.

```
EXPLAIN
SELECT * FROM MITARBEITENDE
WHERE YEAR(Geburtsdatum)<1960
```

Dabei werden wir der Antwort des Datenbanksystems feststellen, dass der Optimizer den Index IX1 nicht als möglichen Zugriffspfad (POSSIBLE_KEY) erkannt hat und dass die Anfrage vom Typ „ALL" ist, also dass alle Datensätze der Tabelle durchsucht werden müssen. Das nennt sich „full table scan". Denn der Optimizer kann den Index nicht verwenden, wenn Funktionen auf die Suchspalten angewendet werden. Die Lösung dieses Problems besteht darin, diesen Funktionsaufruf zu entfernen:

```
EXPLAIN
SELECT * FROM MITARBEITENDE
WHERE Geburtsdatum < '1960-01-01'
```

Ein erneuter Aufruf des Ausführungsplans mit EXPLAIN zeigt nun, dass durch diese Änderung die Anfrage neu vom Typ „RANGE" ist, also eine Bereichsabfrage, und dass dazu der Index IX1 als effizienter Zugriffspfad verwendet werden kann. Somit wird die SQL-Query nun deutlich effizienter ablaufen.

5.4 Parallelisierung mit Map/Reduce

Für die Analyse von umfangreichen Datenvolumen strebt man eine Aufgabenteilung an, die Parallelität ausnutzt. Nur so kann ein Resultat in vernünftiger Zeit berechnet werden. Das Verfahren Map/Reduce kann sowohl für Rechnernetze als auch für Großrechner verwendet werden, wird hier aber für den verteilten Fall diskutiert.

In einem verteilten Rechnernetz, oft bestückt mit billigen und horizontal skalierten Komponenten, lassen sich Berechnungsvorgänge leichter verteilen als Datenbestände. Aus diesem Grund hat sich das Map/Reduce-Verfahren bei webbasierten Such- und Analysearbeiten durchgesetzt. Es nutzt Parallelität bei der Generierung von einfachen Datenextrakten und deren Sortierung aus, bevor die Resultate ausgegeben werden:

- **Mapphase:** Hier werden Teilaufgaben an diverse Knoten des Rechnernetzes verteilt, um Parallelität auszunutzen. In den einzelnen Knoten werden aufgrund einer Anfrage einfache Key/Value-Paare extrahiert, die danach (z. B. mit Hashing) sortiert und als Zwischenergebnisse ausgegeben werden.
- **Reducephase:** Für jeden Schlüssel resp. Schlüsselbereich fasst die Phase Reduce die obigen Zwischenergebnisse zusammen und gibt sie als Endresultat aus. Dieses besteht aus einer Liste von Schlüsseln mit den zugehörigen aggregierten Wertvorkommen.
- In der Abb. 5.13 ist ein einfaches Beispiel eines Map/Reduce-Verfahrens gegeben: Es sollen Dokumente oder Webseiten auf Begriffe wie Algorithmus, Datenbank, NoSQL, Schlüssel, SQL und Verteilung durchsucht werden. Gesucht werden die Häufigkeiten dieser Begriffe in verteilten Datenbeständen.

Die Mapphase besteht hier aus den beiden parallelen Mapfunktionen M1 und M2. M1 generiert eine Liste von Key/Value-Paaren, wobei als Key die Suchbegriffe und als Value deren Häufigkeiten aufgefasst werden. M2 führt zur selben Zeit wie M1 einen entsprechenden Suchvorgang auf einem anderen Rechnerknoten mit weiteren Dokumenten resp. Webseiten durch. Danach werden die Teilresultate mit der Hilfe eines Hashingalgorithmus alphabetisch sortiert. Im oberen Teil der Zwischenergebnisse dienen die Anfangsbuchstaben A bis N der Schlüssel (hier Suchbegriffe) als Sortierkriterium, im unteren Teil die Buchstaben O bis Z.

In der Reducephase werden in Abb. 5.13 die Zwischenergebnisse zusammengefasst. Die Reducefunktion R1 addiert die Häufigkeiten für die Begriffe mit Anfangsbuchstaben

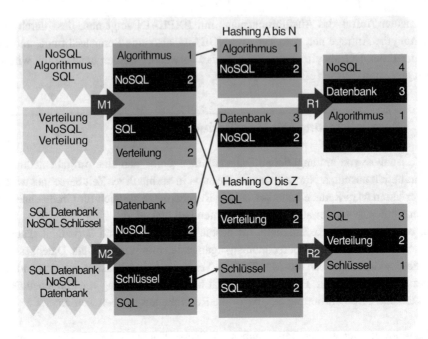

Abb. 5.13 Häufigkeiten von Suchbegriffen mit Map/Reduce

A bis N, R2 diejenigen von O bis Z. Als Antwort, nach Häufigkeiten der gesuchten
Begriffe sortiert, erhält man eine Liste mit NoSQL (4), Datenbank (3) und Algorithmus (1) sowie eine zweite mit SQL (3), Verteilung (2), und Schlüssel (1). Im Endresultat
werden die beiden Listen kombiniert und nach Häufigkeiten geordnet.

Das Map/Reduce-Verfahren basiert auf bekannten funktionalen Programmiersprachen
wie LISP (List Processing). Dort berechnet die Funktion map() für alle Elemente einer
Liste ein Zwischenergebnis als modifizierte Liste. Die Funktion reduce() aggregiert
einzelne Ergebnisse und reduziert diese zu einem Ausgabewert.

Map/Reduce ist von den Entwicklern bei Google für immense semi-strukturierte und
unstrukturierte Datenmengen verfeinert und patentiert worden. Diese Funktion ist aber
auch in vielen Open-Source-Werkzeugen verfügbar. Bei NoSQL-Datenbanken (siehe
Kap. 7) spielt dieses Verfahren eine wichtige Rolle; verschiedene Hersteller nutzen
den Ansatz zur Abfrage ihrer Datenbankeinträge. Dank der Parallelisierung eignet sich
das Map/Reduce-Verfahren nicht nur für die Datenanalyse, sondern auch für Lastver-
teilungen, Datentransfer, verteilte Suchvorgänge, Kategorisierungen oder Monitoring.

5.5   Schichtarchitektur

Bei der Systemarchitektur von Datenbanksystemen gilt als unabdingbares Prinzip, künftige Veränderungen oder Erweiterungen lokal begrenzen zu können. Wie beim Implementieren von Betriebssystemen oder von anderen Softwarekomponenten führt man auch bei relationalen wie bei nicht-relationalen Datenbanksystemen *voneinander unabhängige Systemebenen* ein, die über vordefinierte Schnittstellen miteinander kommunizieren.

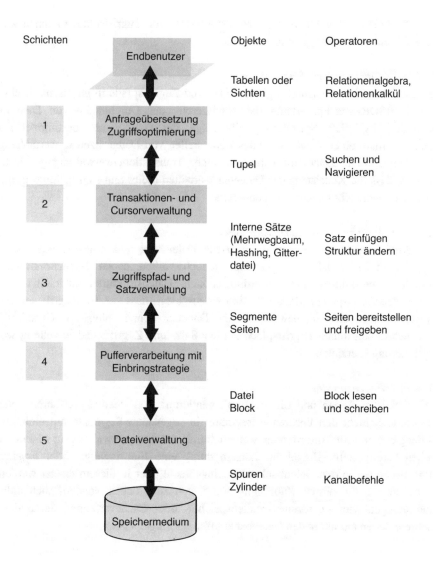

Abb. 5.14   Fünf-Schichten-Modell für relationale Datenbanksysteme

Die fünf Ebenen der Systemarchitektur, hier angelehnt an die relationale Datenbanktechnologie, erläutern wir im Überblick in Abb. 5.14. Gleichzeitig ordnen wir diesen Ebenen die wichtigsten Funktionen der vorangehenden Abschnitte der Kap. 4 und 5 zu:

Schicht 1: Mengenorientierte Schnittstelle
In der ersten Schicht werden Datenstrukturen beschrieben, Operationen auf Mengen bereitgestellt, Zugriffsbedingungen definiert und Konsistenzanforderungen geprüft (vgl. Kap. 4). Entweder bereits bei vorgezogener Übersetzung und Generierung von Zugriffsmodulen oder erst zur Laufzeit müssen die Syntax geprüft, Namen aufgelöst und Zugriffspfade ausgewählt werden. Bei der Auswahl von Zugriffspfaden können wesentliche Optimierungen vorgenommen werden.

Schicht 2: Satzorientierte Schnittstelle
Die zweite Schicht überführt logische Sätze und Zugriffspfade in physische Strukturen. Ein CURSOR-Konzept erlaubt das Navigieren oder Durchlaufen von Datensätzen nach der physischen Speicherungsreihenfolge, das Positionieren bestimmter Datensätze innerhalb einer Tabelle oder das Bereitstellen von Datensätzen in wertabhängiger Sortierreihenfolge. Dabei muss mithilfe einer Transaktionenverwaltung gewährleistet werden, dass die Konsistenz der Datenbank erhalten bleibt und sich mehrere Benutzeranforderungen nicht gleichzeitig behindern.

Schicht 3: Speicher- und Zugriffsstrukturen
Die dritte Schicht implementiert physische Datensätze und Zugriffspfade. Die Zahl der Seitenformate ist zwar begrenzt, jedoch sollten neben Baumstrukturen und Hashverfahren künftig auch mehrdimensionale Datenstrukturen unterstützt werden. Diese typischen Speicherstrukturen sind so ausgelegt, dass sie den Zugriff auf externe Speichermedien effizient bewerkstelligen. Daneben können physische Clusterbildung und mehrdimensionale Zugriffspfade bei der Satz- und Zugriffspfadverwaltung weitere Optimierungen erzielen.

Schicht 4: Seitenzuordnung
Aus Effizienzgründen und für die Implementierung von Recoveryverfahren unterteilt die vierte Schicht den linearen Adressraum in sogenannte Segmente mit einheitlichen Seitengrenzen. Auf Anforderung werden durch die Dateiverwaltung in einem Puffer Seiten bereitgestellt. Umgekehrt können durch eine Einbringungs- oder Ersetzungsstrategie Seiten in den Datenbankpuffer eingebracht oder in diesem ersetzt werden. Es gibt nicht nur die direkte Zuordnung von Seiten zu Blöcken, sondern auch indirekte Zuordnungen wie sogenannte Schattenspeicher- oder Cacheverfahren, durch die sich mehrere Seiten atomar in den Datenbankpuffer einbringen lassen.

Schicht 5: Speicherzuordnung
Die fünfte Schicht realisiert Speicherzuordnungsstrukturen und bietet der übergeordneten Schicht eine blockorientierte Dateiverwaltung. Dabei bleiben die Hardware-
eigenschaften den datei- und blockbezogenen Operationen verborgen. Normalerweise
unterstützt die Dateiverwaltung dynamisch wachsende Dateien mit definierbaren
Blockgrößen. Außerdem sollte die Clusterbildung von Blöcken möglich sein sowie die
Ein- und Ausgabe mehrerer Blöcke mithilfe einer einzigen Operation.

5.6   Nutzung unterschiedlicher Speicherstrukturen

Viele webbasierte Anwendungen setzen für die unterschiedlichen Dienste adäquate
Datenhaltungssysteme ein. Die Nutzung einer einzigen Datenbanktechnologie, bei-
spielsweise der relationalen, genügt nicht mehr: Die vielfältigen Anforderungen an
Konsistenz, Verfügbarkeit und Ausfalltoleranz verlangen nicht zuletzt aufgrund des
CAP-Theorems nach einem Mix von Datenhaltungssystemen.

In der Abb. 5.15 ist ein elektronischer Shop schematisch dargestellt. Um eine hohe
Verfügbarkeit und Ausfalltoleranz zu garantieren, wird ein Key/Value-Speichersystem
(siehe Kap. 6) für die Sessionverwaltung sowie den Betrieb der Einkaufswagen eingesetzt. Die Bestellungen selber werden im Dokumentenspeicher abgelegt (Kap. 7), die
Kunden- und Kontoverwaltung erfolgt mit einem relationalen Datenbanksystem.

Bedeutend für den erfolgreichen Betrieb eines Webshops ist das Performance
Management. Mit der Hilfe von Web Analytics werden wichtige *Kenngrößen* (engl.
„key performance indicators") der *Inhalte* (engl. „content") wie der Webbesucher

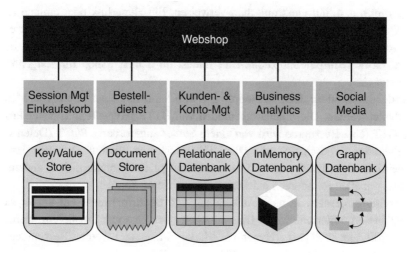

Abb. 5.15   Nutzung von SQL- und NoSQL-Datenbanken im Webshop

in einem Data Warehouse (Kap. 6) aufbewahrt. Mit spezifischen Werkzeugen (Data Mining, Predictive Business Analysis) werden die Geschäftsziele und der Erfolg der getroffenen Maßnahmen regelmäßig ausgewertet. Da die Analysearbeiten auf dem *mehrdimensionalen Datenwürfel* (engl. „data cube") zeitaufwendig sind, wird dieser „in memory" gehalten.

Die Verknüpfung des Webshops mit sozialen Medien drängt sich aus unterschiedlichen Gründen auf. Neben der Ankündigung von Produkten und Dienstleistungen kann analysiert werden, ob und wie die Angebote bei den Nutzern ankommen. Bei Schwierigkeiten oder Problemfällen kann mit gezielter Kommunikation und geeigneten Maßnahmen versucht werden, einen möglichen Schaden abzuwenden oder zu begrenzen. Darüber hinaus hilft die Analyse von Weblogs sowie aufschlussreicher Diskussionen in sozialen Netzen, Trends oder Innovationen für das eigene Geschäft zu erkennen. Falls die Beziehungen unterschiedlicher Bedarfsgruppen analysiert werden sollen, drängt sich der Einsatz von Graphdatenbanken auf (vgl. Abschn 7.6).

Die Dienste des Webshops und die Einbindung von heterogenen SQL- und NoSQL-Datenbanken werden mit dem Baukasten REST (REpresentational State Transfer) realisiert. Dieser besteht aus den folgenden fünf Bauelementen:

- **Adressierung:** Die Identifikation von Ressourcen im Web erfolgt mit dem Uniform Resource Identifier oder abgekürzt URI. Eine Ressource im Web stellt beispielsweise eine Webseite, eine Datei, ein Dienst oder ein E-Mail-Empfänger dar. Ein URI besteht aus den folgenden fünf Teilen: einem Schema (Typ des URI resp. Protokoll), einer Autorität (Anbieter oder Server), einem Pfad, einer Abfrage (Angaben zur Identifizierung der Ressource) und einem optionalen Fragment (Referenz innerhalb einer Ressource). Ein Beispiel wäre: http://eShop.com/customers/12345.
- **Verknüpfung:** Das Konzept für die Verknüpfungen von Ressourcen basiert auf Hyperlinks, d. h. auf elektronischen Verweisen. Ein Hyperlink oder einfach Link ist ein Querverweis in einem Hypertextdokument, der entweder auf eine andere Stelle im Dokument oder auf ein anderes elektronisches Dokument verweist. Ein Beispiel wäre: <a href=http://eShop.com>Hier findest du deinen eShop für zeitgenössische Literatur</a>.
- **Standardmethoden:** Jede Ressource im Web kann mit einem Satz von Methoden bearbeitet werden. Die Standardmethoden von HTTP (HyperText Transfer Protocol) wie GET (eine Ressource wird von einem Server angefordert), POST (Daten werden an einen Server geschickt) oder DELETE (löscht eine Ressource) dienen dazu, eine einheitliche Schnittstelle zu verwenden. Damit bleibt garantiert, dass andere Webdienste mit allen Ressourcen jederzeit kommunizieren können.
- **Darstellungsformen:** Je nach Anwendung und Bedürfnis muss ein Server, der auf REST basiert, unterschiedliche Darstellungen einer Ressource ausliefern. Neben dem Standardformat in HTML (HyperText Markup Language) werden Ressourcen oft in XML (eXentsible Markup Language) bereitgestellt oder angefordert.

- **Zustandslosigkeit:** Weder Anwendungen noch Server sollen Zustandsinformationen zwischen Nachrichten austauschen. Dies begünstigt die Skalierbarkeit von Diensten, wie beispielsweise die Lastverteilung auf unterschiedliche Rechnerknoten (vgl. Map/Reduce-Verfahren).

Der Baukasten REST liefert ein Entwurfsmuster für die Entwicklung von verteilten Anwendungen mit heterogenen SQL- und NoSQL-Komponenten. Er garantiert eine Skalierung in die Breite, falls das Geschäftsvolumen zunimmt oder neue Dienste notwendig werden.

5.7 Clouddatenbanken

Installation und Wartung von Datenbanksystemen in einem physischen Rechenzentrum sind bedeutende Aufgaben. Dazu muss nicht nur die Software, sondern auch die Hardware bereitgestellt, gepflegt und gesichert werden. Größere Unternehmen haben dafür ganze IT-Betriebsabteilungen geschaffen, deren Aufgabe die Zurverfügungstellung der Hardware und der Betriebssysteme ist, auf denen Datenbanksysteme und Anwendungen laufen. Diese Art der Organisation ist im Wandel, da mit Diensten in der sogenannten *Cloud* (zu Deutsch „Wolke") interne IT-Betriebsabteilungen bedroht sind, überflüssig zu werden.

Der Begriff der Wolke stammt daher, dass das Internet in Systemarchitekturdiagrammen manchmal mit einem Wolkensymbol dargestellt wird. Der Metapher der Wolke versinnbildlicht etwas Undurchsichtiges, Unfassbares. Im Zusammenhang mit der Netzwerktechnik bedeutet das, dass es für den Benutzer undurchsichtig und unfassbar ist, wo und wie ein IT-Dienst erbracht wird – wichtig ist, dass er funktioniert.

Cloudanbieter sind Unternehmen, die Rechnerressourcen, also *Speicher* (engl. „cloud storage"), Rechenleistung (engl. „cloud computing") bzw. allgemein *Dienste* (engl. „cloud services") über das Internet anbieten. Der Betrieb der Hardware und der Software wird durch den Drittanbieter automatisiert bereitgestellt, sodass Anwendungen die erforderlichen Dienste über das Internet beziehen können, ohne sich um die Grundlagen an Hard- und Software kümmern zu müssen.

▶ **Clouddatenbank** Eine Clouddatenbank ist eine Datenbank, die als Clouddienst betrieben wird. Der Zugriff auf die Datenbank wird durch Cloudanbieter als Internetanwendung bereitgestellt. Der Datenbankdienst wird über das Internet bezogen und erfordert keine aktive Installation oder Wartung durch den Nutzer. Ein Clouddatenbanksystem steht unmittelbar nach der Onlinebestellung zeitnah zur Verfügung. So wird die Installation, der Betrieb, das Backup, die Sicherheit und Verfügbarkeit des Datenbankdienstes automatisiert sichergestellt. Das nennt sich auch *Datenbank als Dienst* (engl. „Database as a Service", DBaaS).

Clouddatenbanken leisten einen höherwertigen Dienst. Die DBaaS-Angebote automatisieren die Aufgaben des Datenbankbetriebs. Dazu gehören neben der Bereitstellung der Grundlagen der Rechnerhardware, des Betriebssystems und des Computernetzwerks auch die Installation der Datenbanksoftware und ihre Wartung, die Gewährleistung der Sicherheit über alle Schichten sowie die effiziente Skalierung der Leistungsfähigkeit des gesamten Datenbanksystems:

- **Rechner:** Die Hardware, also die physischen Rechner mit Prozessor, Haupt- und Festspeicher von Clouddiensten, wird in hochautomatisierten Rechenzentren aufgebaut. Dazu werden Roboter eingesetzt, welche Einzelteile einbauen und austauschen können.
- **Netzwerk:** Die Rechner werden mit hochleistungsfähigen Datenkabeln in ein Netzwerk eingebunden, sodass alle Komponenten miteinander und mit der Außenwelt kommunizieren können.
- **Betriebssystem:** Auf dieser Grundlage werden virtuelle Maschinen betrieben, welche das Betriebssystem bereitstellen, auf dem das Datenbanksystem läuft.
- **Datenbanksoftware:** Das Datenbanksystem wird automatisch durch entsprechende Software auf den virtuellen Maschinen installiert, konfiguriert, betrieben und gewartet.
- **Sicherheit:** Das Datenbanksystem wird sicherheitstechnisch konfiguriert. Dazu gehört die Sicherung aller Schichten, von der Hardware, inklusive geographischer Redundanz, über die Sicherung des Netzwerks und der Firewall bis zur Sicherung des Betriebssystems und der Datenbanksoftware.
- **Big Data:** Ein Vorteil der Automation ist, dass kurzfristig und jederzeit neue Ressourcen wie Speicher und Prozessoren durch den Clouddienst selbstständig zugewiesen werden, wodurch die Skalierbarkeit in Big-Data-Anwendungen gegeben ist.

Durch diese Leistungen von Clouddatenbanksystemen entsteht ein deutlich spürbarer Mehrwert, der sich auch im Preis der Dienste niederschlägt. Diese Abwägung muss bei jeden Anwendungsfall gemacht und kalkuliert werden.

Bibliographie

BSON (binary JSON) Serialization. https://bsonspec.org/, aufgerufen am 24.08.2022

Bayer, R.: Symmetric Binary B-Trees: Data Structures and Maintenance Algorithms. Acta Informatica **1**(4), 290–306 (1992)

Celko J.: Joe Celko's Complete Guide to NoSQL – What every SQL professional needs to know about nonrelational databases. Morgan Kaufmann, 2014

Dean, J., Ghemawat, S.: MapReduce: Simplified data processing on large clusters. Commun. ACM **51**(1), 107–113 (2008). https://doi.org/10.1145/1327452.1327492

DeCandia G., Hastorun D., Jampani M., Kakulapati G., Lakshman A., Pilchin A., Sivasubramanian S., Vosshall P., Vogels W.: Dynamo – Amazon's Highly Available Key-value Store. Proc. of the 21st ACM Symposium on Operating Systems Principles (SOSP'07), Stevenson, Washington, October 14–17, 2007, S. 205–220

Deka, G.C.: A Survey of Cloud Database Systems. IT Professional 16(2) 50–57, 2014. https:// ieeexplore.ieee.org/document/6401099, aufgerufen am 29.08.2022

Edlich S., Friedland A., Hampe J., Brauer B., Brückner M.: NoSQL – Einstieg in die Welt nicht-relationaler Web 2.0 Datenbanken. Carl Hanser Verlag, 2011

Härder T., Rahm E.: Datenbanksysteme – Konzepte und Techniken der Implementierung. Springer, 2001

Karger D., Lehmann E., Leighton T., Levine M., Lewin D., Panigrahy R.: Consistent Hashing and Random Trees – Distributed Caching Protocols for Relieving Hot Spots on the World Wide Web. Proc. of the 29th Annual ACM Symposium on Theory of Computing, El Paso, Texas, 1997

Maier D.: The Theory of Relational Databases. Computer Science Press, 1983

Maurer, W.D., Lewis, T.G.: Hash Table Methods. ACM Comput. Surv. 7(1), 5–19 (1975)

Nievergelt, J., Hinterberger, H., Sevcik, K.C.: The Grid File: An Adaptable, Symmetric Multikey File Structure. ACM Trans. Database Syst. 9(1), 38–71 (1984)

Perkins, L., Redmond, E., Wilson, J.R.: Perkins, L: Seven Databases in Seven Weeks 2e: A Guide to Modern Databases and the Nosql Movement, 2. Aufl. O'Reilly UK Ltd., Raleigh, North Carolina (2018)

Robinson I, Webber J, Eifrem E.: Graph Database Internals. In: Graph Databases: New Opportunities for Connected Data, 2nd edition. O'Reilly Media 2015

Sadalage P.J., Fowler M.: NoSQL Distilled – A Brief Guide to the Emerging World of Polyglot Persistence. Addison-Wesley, 2013

Tilkov S.: REST und HTTP – Einsatz der Architektur des Web für Integrationsszenarien. dpunkt, 2011

Postrelationale Datenbanksysteme

6

6.1 Die Grenzen von SQL – und darüber hinaus

Die relationale Datenbanktechnologie und insbesondere SQL-basierte Datenbanken haben sich in den 1980er- und 1990er-Jahren breit im Markt durchgesetzt. Auch heute noch sind SQL-Datenbanken ein De-facto-Standard für die meisten betrieblichen Datenbankanwendungen. Diese bewährte und breit abgestützte Technologie wird voraussichtlich noch Dekaden im Einsatz bleiben. Dennoch stellt sich die Frage, wohin die Reise in der Datenbankwelt führt. Da ist die Rede von NoSQL-Datenbanken, Graphdatenbanken, Dokumentdatenbanken, verteilten Datenbanksystemen; von temporalen, deduktiven, semantischen, objektorientierten, unscharfen oder versionenbehafteten Datenbanksystemen etc. Was verbirgt sich hinter all diesen Begriffen? Das vorliegende Kapitel erläutert einige postrelationale Konzepte und zeigt Methoden und Entwicklungstendenzen auf, wobei die Auswahl subjektiv bleibt. Die NoSQL-Datenbanken werden in Kap. 7 beschrieben.

Beim klassischen Relationenmodell und bei den entsprechenden SQL-basierten Datenbanksystemen treten zugegebenermaßen einige Mängel in Erscheinung, die einerseits von erweiterten Anforderungen in neuen Anwendungsgebieten, andererseits von prinzipiellen Grenzen von SQL herrühren. Die relationale Datenbanktechnik ist breit einsetzbar und kann als Generalist unter den Datenbankmodellen angesehen werden. Es gibt allerdings Nischen und Anwendungsszenarien, in denen die Transaktions- und Konsistenzorientierung SQL-basierter Datenbanken im Weg ist, beispielsweise bei der Anforderung an hochperformante Verarbeitung umfangreicher Datenmengen. In diesen Fällen lohnt es sich, spezialisierte Werkzeuge zu verwenden, welche für diese Aufgabe effizienter sind, auch wenn eine SQL-Datenbank theoretisch einsetzbar wäre.

SQL ist und bleibt nach wie vor die wichtigste und am weitesten verbreitete Datenbanksprache. Heute gibt es eine große Auswahl kommerzieller Produkte mit erweiterter

© Der/die Autor(en), exklusiv lizenziert an Springer-Verlag GmbH, DE, ein Teil von Springer Nature 2023

M. Kaufmann und A. Meier, *SQL- & NoSQL-Datenbanken*,
https://doi.org/10.1007/978-3-662-67092-7_6

Datenbankfunktionalität, einige davon sind Open Source. Für Praktiker ist es nicht einfach, sich im Dschungel der Möglichkeiten zurechtzufinden. Auch sind oft der Umstellungsaufwand einerseits und der wirtschaftliche Nutzen andererseits zu wenig ersichtlich. Viele Unternehmen brauchen deshalb noch manche Kopfarbeit, um ihre Anwendungsarchitektur zukunftsgerichtet zu planen und eine sinnvolle Produktwahl zu treffen. Kurz gesagt, es fehlt an klaren Architekturkonzepten und Migrationsstrategien für den optimalen Einsatz postrelationaler Datenbanktechnologien.

In diesem und dem nächsten Kapitel geben wir eine Auswahl von Problemstellungen und Lösungsansätzen. Einige der in klassischen relationalen Datenbanken nicht abgedeckten Anforderungen können mit punktuellen Erweiterungen relationaler Datenbanksysteme befriedigt werden, andere müssen wir mit grundlegend neuen Konzepten und Methoden angehen. Beide Entwicklungstendenzen sind unter dem Begriff der postrelationalen Datenbanksysteme zusammengefasst. Unter den Begriff postrelational subsummieren wir auch NoSQL, aber wir geben diesen Datenbanken als Überblick ein eigenes Kap. 7.

6.2   Föderierte Datenbanken

Dezentrale oder *föderierte Datenbanken* (engl. „federated databases") finden überall dort Anwendung, wo Daten an verschiedenen Orten gesammelt, gepflegt und verarbeitet werden sollen. Eine Datenbank ist verteilt, wenn die Datenbasis auf verschiedenen räumlich getrennten Rechnern liegt. Wird die gesamte Datenbasis für den Lastausgleich redundant auf mehrere Rechner kopiert, spricht man von Replikation. Bei einer Fragmentierung wird die Datenbasis für erhöhtes Datenvolumen effektiv in verschiedene kleinere Teile, sogenannte Fragmente, aufgeteilt und auf mehrere Rechner verteilt. Fragmente werden heute oft auch Partitionen oder Shards (Scherben) genannt; das Konzept der Fragmentierung heißt analog dazu Partitionierung oder Sharding.

Eine verteilte Datenbank ist föderiert, wenn sie durch mehrere physische Datenfragmente auf örtlich verteilten Rechnern gehalten und gleichzeitig einem gemeinsamen logischen Datenbankschema unterliegt. Die Anwendenden einer föderierten Datenbank haben sich lediglich mit der logischen Sicht auf die Daten zu befassen, um die physischen Fragmente brauchen sie sich nicht zu kümmern. Das Datenbanksystem selbst übernimmt es, Datenbankoperationen lokal oder bei Bedarf verteilt auf verschiedenen Rechnern durchzuführen.

Ein einfaches Beispiel einer föderierten relationalen Datenbank zeigt Abb. 6.1 Das Zerlegen der Tabellen MITARBEITENDE und ABTEILUNG in verschiedene physische Fragmente ist eine wesentliche Aufgabe der Datenbankadministratoren, nicht der Anwendenden. Gemäß unserem Beispiel seien die Abteilungen Informatik und Personal geografisch in Basel und die Abteilung Finanz in Zürich lokalisiert.

Fragment F1 als Teiltabelle der Tabelle MITARBEITENDE enthält nur Mitarbeitende der Informatik- und der Personalabteilung. Fragment F2 aus der ursprünglichen Tabelle

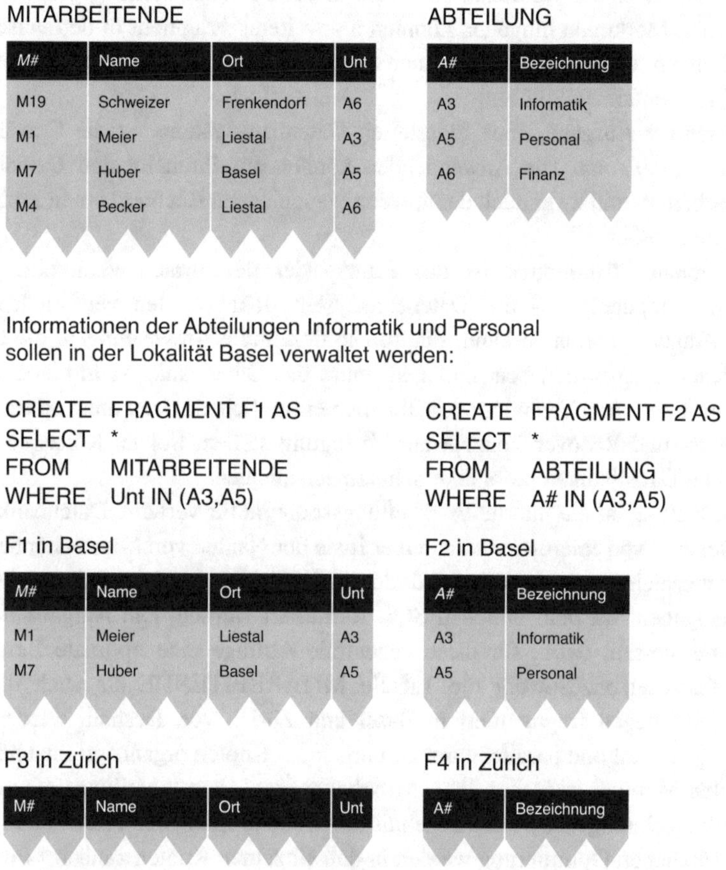

MITARBEITENDE   ABTEILUNG

M#	Name	Ort	Unt
M19	Schweizer	Frenkendorf	A6
M1	Meier	Liestal	A3
M7	Huber	Basel	A5
M4	Becker	Liestal	A6

A#	Bezeichnung
A3	Informatik
A5	Personal
A6	Finanz

Informationen der Abteilungen Informatik und Personal
sollen in der Lokalität Basel verwaltet werden:

```
CREATE  FRAGMENT F1 AS
SELECT  *
FROM    MITARBEITENDE
WHERE   Unt IN (A3,A5)
```

```
CREATE  FRAGMENT F2 AS
SELECT  *
FROM    ABTEILUNG
WHERE   A# IN (A3,A5)
```

F1 in Basel

M#	Name	Ort	Unt
M1	Meier	Liestal	A3
M7	Huber	Basel	A5

F2 in Basel

A#	Bezeichnung
A3	Informatik
A5	Personal

F3 in Zürich

M#	Name	Ort	Unt

F4 in Zürich

A#	Bezeichnung

Abb. 6.1 Horizontale Fragmentierung der Tabelle MITARBEITENDE und ABTEILUNG

ABTEILUNG beschreibt auf analoge Art diejenigen Abteilungen, die in Basel lokalisiert sind. Die beiden Fragmente F3 und F4 beziehen sich auf den Standort Zürich, und zwar hinsichtlich der Mitarbeitenden und der Abteilungen.

Man spricht von *horizontalen Fragmenten,* wenn eine bestimmte Tabelle horizontal zerlegt worden ist und so die ursprüngliche Form der Tabellenzeilen erhalten bleibt. Dabei sollten sich die verschiedenen Fragmente nicht gegenseitig überlappen, zusammen jedoch die ursprüngliche Tabelle bilden.

Anstelle einer horizontalen Zerlegung kann eine Tabelle in vertikale Fragmente unterteilt werden, indem mehrere Spalten mit dem Identifikationsschlüssel versehen zusammengefasst werden. Ein Beispiel dafür wäre eine Tabelle MITARBEITENDE, bei der Teile wie Lohn, Qualifikationsstufe, Entwicklungspotenzial etc. aus Gründen der Diskretion in einem vertikalen Fragment in der Personalabteilung gehalten würden. Die restlichen Merkmale hingegen könnten als weiteres Fragment in den verschiedenen Fachabteilungen vorliegen. Mischformen zwischen horizontalen und vertikalen Fragmenten sind ebenfalls möglich.

Eine wichtige Aufgabe eines föderierten Datenbanksystems ist die Gewährleistung der *lokalen Autonomie*. Die Anwendenden können auf ihren lokalen Datenbeständen autonom arbeiten, und zwar auch dann, wenn verschiedene Rechnerknoten im Netz nicht zur Verfügung stehen.[1]

Neben lokaler Autonomie ist das Prinzip der dezentralen Verarbeitung äußerst wichtig. Es bedeutet, dass das Datenbanksystem lokal in den verschiedenen Netzknoten Abfragen verarbeiten kann. Für solche dezentrale Anwendungen, die Daten aus verschiedenen Fragmenten beanspruchen, muss das Datenbanksystem einen entfernten Zugriff zum Lesen und Verändern von Tabellen ermöglichen. Dazu muss es ein verteiltes Transaktions- und Recoverykonzept zur Verfügung stellen. Solche Konzepte erfordern bei verteilten Datenbanken besondere Schutzmechanismen.

Von Bedeutung ist die interne Verarbeitungsstrategie für verteilte Datenbankabfragen, wie das Beispiel von Interessierten an einer Liste der Namen von Mitarbeitenden und der Abteilungsbezeichnungen in Abb. 6.2 darlegt. Die Abfrage kann ohne Einbeziehung von Fragmentangaben mit dem üblichen SQL formuliert werden. Die Aufgabe des Datenbanksystems besteht darin, für diese dezentrale Abfrage eine optimale Berechnungsstrategie festzusetzen. Sowohl die Tabelle MITARBEITENDE als auch die Tabelle ABTEILUNG liegen fragmentiert in Basel und Zürich vor. Deshalb werden gewisse Berechnungen lokal und parallel durchgeführt. Jeder Knoten organisiert unabhängig vom anderen den Verbund zwischen dem Mitarbeiter- und dem Abteilungsfragment. Nach diesen Teilberechnungen wird das Ergebnis durch Vereinigung der Teilresultate gebildet.

Zur zusätzlichen Optimierung werden in den einzelnen Knoten zunächst Projektionen auf die im Resultat gewünschten Merkmale Name und Bezeichnung realisiert. Sodann werden auf den reduzierten Tabellenfragmenten die Verbundoperatoren in Basel und in Zürich getrennt berechnet. Schließlich werden die beiden Zwischenresultate vor der Vereinigung ein weiteres Mal reduziert, indem sie auf die gewünschten Namen und Bezeichnungen projiziert werden.

Allgemein ist bei der Berechnung dezentraler Abfragen typisch, dass Vereinigungs- und Verbundoperatoren spät evaluiert werden. Dies unterstützt hohe Parallelität in der Verarbeitung und fördert die Performance bei verteilten Abfragen. Die Optimierungsmaxime lautet also, Vereinigungsoperatoren im Anfragebaum möglichst in die Nähe des Wurzelknotens zu bringen, hingegen Selektionen und Projektionen im Blattbereich des Anfragebaumes anzusetzen.

---

[1] Periodisch extrahierte Tabellenteile (sogenannte Snapshots) erhöhen diese lokale Autonomie.

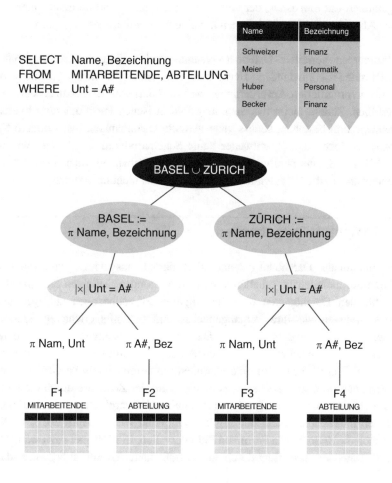

Abb. 6.2 Optimierter Anfragebaum für eine verteilte Verbundstrategie

Föderiertes Datenbanksystem

Ein föderiertes Datenbanksystem erfüllt folgende Bedingungen:

- Es unterstützt *ein einziges logisches Datenbankschema* und mehrere physische Fragmente auf örtlich verteilten Rechnern.
- Es garantiert *Transparenz bezüglich der Verteilung* von Datenbanken, sodass Ad-hoc-Abfragen oder Anwendungsprogramme auf die physische Verteilung der Daten, d. h. auf die Partitionierung, keine Rücksicht nehmen müssen.
- Es gewährleistet *lokale Autonomie,* d. h., es erlaubt das lokale Arbeiten auf seinen dezentralen Datenbeständen, selbst wenn einzelne Rechnerknoten nicht verfügbar sind.

- Es garantiert die *Konsistenz* der verteilten Datenbanken und optimiert intern die verteilten Abfragen und Manipulationen mit einem Koordinationsprogramm.[2]

Erste Prototypen verteilter Datenbanksysteme sind Anfang der Achtzigerjahre des letzten Jahrhunderts entstanden. Heute sind relationale Datenbanksysteme verfügbar, die die oben formulierten Anforderungen an ein föderiertes Datenbanksystem nur teilweise erfüllen. Zudem bleibt das Spannungsfeld zwischen Partitionierungstoleranz und Schemaintegration bestehen, sodass viele verteilte Datenbanken, insbesondere NoSQL-Datenbanken (siehe Kap. 7), entweder keine Schemaföderation anbieten, wie bei den Schlüssel-Wert-, Spaltenfamilien- oder Dokumentdatenbanken, oder aber, wie bei den Graphdatenbanken, die Fragmentierung der Datenbasis nicht unterstützen.

6.3   Temporale Datenbanken

Heutige relationale Datenbanksysteme sind darauf ausgelegt, gegenwartsbezogene (aktuelle) Informationen in Tabellen verwalten zu können. Möchten die Anwendenden ihre relationalen Datenbanken hingegen allgemeiner zeitbezogen abfragen und auswerten, so müssen sie ihre vergangenheits- und zukunftsgerichteten Sachbestände individuell verwalten und nachführen. Das Datenbanksystem unterstützt sie nämlich nicht direkt beim Abspeichern, Suchen oder Auswerten zeitbezogener Informationen.

Unter dem Begriff Zeit wird eine eindimensionale physikalische Größe verstanden, deren Werte geordnet sind, sodass je zwei Werte auf der Zeitachse durch die Ordnungsrelationen „kleiner als" oder „größer als" miteinander verglichen werden können. Als Zeitangaben interessieren nicht nur Tag und Zeitpunkt wie „1. April 2016, 14:00 Uhr", sondern auch die Zeitdauer in Form von Zeitintervallen. Ein Beispiel dazu wäre das Alter eines Mitarbeitenden, festgelegt durch eine Anzahl Jahre. Es gilt zu beachten, dass eine Zeitangabe je nach Auffassung der Anwendenden als Zeitpunkt oder als Zeitdauer interpretiert werden kann.

Bei *temporalen Datenbanken* (engl. „temporal databases") geht es darum, Datenwerte, einzelne Tupel oder ganze Tabellen mit der Zeitachse in Beziehung zu setzen. Die Zeitangabe selbst hat für ein bestimmtes Objekt in der Datenbank unterschiedliche Bedeutung, denn unter einer *Gültigkeitszeit* wird entweder die Angabe eines Zeitpunktes, zu dem ein bestimmtes Ereignis stattfindet, oder auch die Angabe eines Zeitintervalls verstanden, falls die entsprechenden Datenwerte während einer Zeitdauer gültig sind. So ist die Adresse eines Mitarbeitenden bis zur nächsten Adressänderung gültig.

Um eine andere Art von Zeitangabe handelt es sich bei der *Aufzeichnungszeit,* die festhält, zu welchem Zeitpunkt ein bestimmtes Objekt in die Datenbank eingefügt, dort

---

[2] Bei verteilten SQL-Ausdrücken garantiert das *Zwei-Phasen-Freigabeprotokoll* (engl. „two-phase commit protocol") Konsistenz.

MITARBEITENDE

M#	Name	Geb.datum	Ort	Ein.datum	Funktion
M19	Schweizer	1978-02-19	Frenkendorf	2009-10-01	Sachbearbeiter
M1	Meier	1988-07-09	Liestal	2014-07-01	Analytiker
M7	Huber	1999-03-28	Basel	2018-01-01	Personalchef
M4	Becker	1982-12-06	Liestal	2008-04-15	Revisor

Gesucht sind alle Mitarbeiter*innen, die vor dem zwanzigsten
Altersjahr in die Firma eingetreten sind:

```
SELECT   M#, Name
FROM     MITARBEITENDE
WHERE    (Ein.datum-Geb.datum)/365.25 < 20
```

M#	Name
M7	Huber

Abb. 6.3 Tabelle MITARBEITENDE mit Datentyp DATE

verändert oder gelöscht worden ist. Normalerweise verwaltet das Datenbanksystem die verschiedenen Aufzeichnungszeiten mithilfe eines Journals in eigener Regie, weshalb in den nun folgenden Ausführungen unter Zeit immer die Gültigkeitszeit verstanden wird.

Um Zeitpunkte der Gültigkeit erfassen zu können, werden von den meisten relationalen Datenbanksystemen bereits heute zwei Datentypen unterstützt: DATE dient der Angabe eines Datums in der Form Jahr, Monat und Tag, TIME der Angabe einer Uhrzeit durch Stunden, Minuten und Sekunden. Für die Angabe einer Zeitdauer muss kein spezieller Datentyp gewählt werden, ganze Zahlen und Dezimalzahlen genügen. Damit lässt sich auf natürliche Art mit Zeitangaben rechnen. Ein Beispiel ist die in Abb. 6.3 dargestellte Mitarbeitertabelle, deren Merkmalskategorien durch Geburtsdatum und Eintrittsdatum ergänzt sind. Somit sind diese Merkmale zeitbezogen, und vom System kann nun eine Liste aller Mitarbeitenden verlangt werden, die vor dem zwanzigsten Altersjahr in die Firma eingetreten sind.

Die Tabelle MITARBEITENDE bildet nach wie vor eine Momentaufnahme des aktuellen Datenbankbestandes. Wir können also weder Abfragen in die Vergangenheit noch Abfragen in die Zukunft stellen, da wir keinen Aufschluss über die Gültigkeitszeit der einzelnen Datenwerte erhalten. Wird in der Tabelle beispielsweise die Funktion der Mitarbeiterin Huber verändert, so überschreiben wir den jetzigen Datenwert und betrachten die neue Funktion als die aktuelle. Hingegen wissen wir nicht, ab wann und bis wann Mitarbeiterin Huber in einer bestimmten Funktion tätig gewesen ist.

Um die *Gültigkeit einer Entität* auszudrücken, werden oft zwei Merkmale verwendet. Der Zeitpunkt *gültig von* (engl. „valid from") gibt an, ab wann ein Tupel oder ein Datenwert gültig ist. Das Merkmal *gültig bis* (engl. „valid to") drückt durch den entsprechenden Zeitpunkt das Ende des Gültigkeitsintervalls aus. Anstelle der beiden Zeitpunkte VALID_FROM und VALID_TO kann auf der Zeitachse der Zeitpunkt VALID_FROM bereits genügen. Die Zeitpunkte VALID_TO sind implizit durch die jeweils nächstfolgenden Zeitpunkte VALID_FROM gegeben, da sich die Gültigkeitsintervalle einer bestimmten Entität nicht überlappen können.

Die in Abb. 6.4 dargestellte temporale Tabelle TEMP_MITARBEITENDE listet für die Mitarbeitertupel M1 (Meier) im Merkmal VALID_FROM sämtliche Gültigkeitsangaben auf. Dieses Merkmal muss zum Schlüssel gezählt werden, damit nicht nur die aktuellen Zustände, sondern auch Vergangenheitswerte und Zukunftsangaben eindeutig identifiziert werden können.

Die vier Tupeleinträge lassen sich wie folgt interpretieren: Mitarbeiter Meier wohnte vom 01.07.2014 bis zum 12.09.2016 in Basel, anschließend bis zum 31.03.2019 in Liestal und ab 01.04.2019 wieder in Basel. Seit Eintritt in die Firma bis zum 03.05.2017 war er als Programmierer tätig, vom 04.05.2017 bis zum 31.03.2019 als Programmiererana-

TEMP_MITARBEITENDE (Auszug)

M#	VALID_FROM	Name	Ort	Ein.datum	Funktion
M1	01.07.2014	Meier	Basel	2014-07-01	Programmierer
M1	13.09.2016	Meier	Liestal	2014-07-01	Programmierer
M1	04.05.2017	Meier	Liestal	2014-07-01	Progr.-Analyt.
M1	01.04.2019	Meier	Basel	2014-07-01	Analytiker

Gesucht ist die Funktion des Mitarbeitenden Meier am 01.01.2018

ursprüngliches SQL:

```
SELECT   Funktion
FROM     TEMP_MITARBEITENDE A
WHERE    A.M# = 'M1'
AND      A.VALID_FROM = (
   SELECT   MAX(VALID_FROM)
   FROM     TEMP_MITARBEITENDE B
   WHERE    B.M# = 'M1' AND
            B.VALID_FROM <= '01.01.2018' )
```

temporales SQL:

```
SELECT   Funktion
FROM     TEMP_MITARBEITENDE
WHERE    M# = 'M1' AND
         VALID_AT('01.01.2018')
```

Funktion
Progr.-Analyt.

Abb. 6.4   Auszug aus einer temporalen Tabelle TEMP_MITARBEITENDE

lytiker, seit 01.04.89 ist er Analytiker. Die Tabelle TEMP_MITARBEITENDE ist in der Tat temporal, da sie neben aktuellen Zuständen auch Angaben über vergangenheitsbezogene Datenwerte aufzeigt. Insbesondere kann sie Abfragen beantworten, die nicht nur aktuelle Zeitpunkte oder Zeitintervalle betreffen.

Als Beispiel interessieren wir uns in Abb. 6.4 für die Funktion des Mitarbeiters Meier am 1. Januar 2018. Anstelle des ursprünglichen SQL-Ausdrucks einer geschachtelten Abfrage mit der Funktion ALL (vgl. Abschn. 3.3.3) könnte man sich eine Sprache vorstellen, die temporale Abfragen direkt unterstützt. Mit dem Schlüsselwort VALID_AT wird ein Zeitpunkt festgelegt, zu dem alle gültigen Einträge gesucht werden sollen.

Temporales Datenbanksystem
Ein temporales Datenbankmanagementsystem (TDBMS)

- unterstützt als *Gültigkeitszeit* die Zeitachse, indem es Merkmalswerte oder Tupel nach der Zeit ordnet, und
- umfasst *temporale Sprachelemente* für Abfragen in die Zukunft, Gegenwart und Vergangenheit.

Auf dem Gebiet der temporalen Datenbanken liegen verschiedene Sprachmodelle vor, die das Arbeiten mit zeitbezogenen Informationen vereinfachen. Speziell müssen die Operatoren der Relationenalgebra bzw. des Relationenkalküls erweitert werden, um beispielsweise einen Verbund von temporalen Tabellen zu ermöglichen. Auch die Regeln der referenziellen Integrität müssen angepasst und zeitbezogen ausgelegt werden. Obwohl sich solche Verfahren und entsprechende Spracherweiterungen als Prototypen in Forschungs- und Entwicklungslabors bereits bewährt haben, unterstützen heute die wenigsten Datenbanksysteme temporale Konzepte. Der SQL-Standard sieht ebenfalls die Unterstützung von temporalen Datenbanken vor.

6.4 Multidimensionale Datenbanken

Bei operativen Datenbanken und Anwendungen konzentriert man sich auf einen klar definierten, funktionsorientierten Leistungsbereich. Transaktionen bezwecken, Daten für die Geschäftsabwicklung schnell und präzise bereitzustellen. Diese Art der Geschäftstätigkeit wird oft als *Online Transaction Processing* oder OLTP bezeichnet. Da die operativen Datenbestände täglich neu überschrieben werden, gehen für die Anwendenden wichtige Entscheidungsgrundlagen verloren. Zudem sind diese Datenbanken primär für das laufende Geschäft und nicht für Analyse und Auswertung konzipiert worden. Aus diesen Gründen werden seit einigen Jahren neben transaktionsorientierten Datenbeständen auch eigenständige Datenbanken und Anwendungen entwickelt, die der Datenanalyse und der Entscheidungsunterstützung dienen. Man spricht in diesem Zusammenhang von *Online Analytical Processing* oder OLAP.

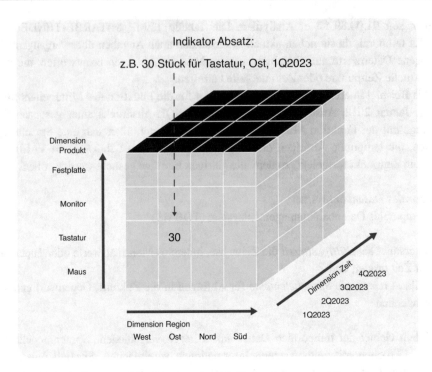

Abb. 6.5 Mehrdimensionaler Würfel mit unterschiedlichen Auswertungsdimensionen

Kernstück von OLAP ist eine *multidimensionale Datenbank* (engl. „multidimensional database"), in der alle entscheidungsrelevanten Sachverhalte nach beliebigen Auswertungsdimensionen abgelegt werden (mehrdimensionaler Datenwürfel oder Data Cube). Eine solche Datenbank kann recht umfangreich werden, da sie Entscheidungsgrößen zu unterschiedlichen Zeitpunkten enthält. Beispielsweise können in einer multidimensionalen Datenbank Absatzzahlen quartalsweise, nach Verkaufsregionen und Produkten abgelegt und ausgewertet werden.

Betrachten wir dazu ein Beispiel in Abb. 6.5, das zugleich den Entwurf einer multidimensionalen Datenbank illustrieren soll. In diesem Beispiel interessieren uns die drei Auswertungsdimensionen Produkt, Region und Zeit. Der Begriff *Dimension* (engl. „dimension") beschreibt die Achsen des mehrdimensionalen Würfels. Der Entwurf dieser Dimensionen ist bedeutend, werden doch entlang dieser Achsen Analysen und Auswertungen vorgenommen. Die Reihenfolge der Dimensionen spielt keine Rolle, jeder Anwendende kann und soll aus unterschiedlichen Blickwinkeln seine oder ihre gewünschten Auswertungen vornehmen können. Beispielsweise priorisieren Produktemanager*innen die Produktedimension oder Verkäufer*innen möchten Verkaufszahlen nach ihrer Region auflisten.

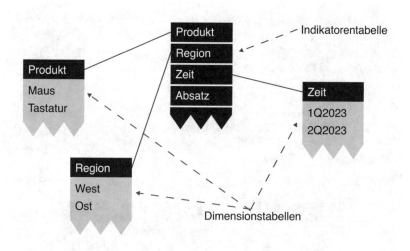

Abb. 6.6 Sternschema für eine mehrdimensionale Datenbank

Die Dimensionen selber können weiter strukturiert sein: Die Dimension Produkt kann Produktegruppen enthalten; die Dimension Zeit könnte neben Quartalsangaben auch Tage, Wochen und Monate pro Jahr abdecken. Eine Dimension beschreibt somit auch die gewünschten Aggregationsstufen, die für die Auswertung des mehrdimensionalen Würfels gelten.

Aus logischer Sicht müssen bei einer mehrdimensionalen Datenbank resp. beim Datenwürfel neben den Dimensionen auch die Indikatoren[3] spezifiziert werden. Unter einem *Indikator* (engl. „indicator") versteht man eine Kennzahl resp. Kenngröße, die für die Entscheidungsunterstützung gebraucht wird. Diese Kennzahlen werden durch Auswertung aggregiert und anhand der Dimensionswerte gruppiert. Indikatoren können quantitative wie qualitative Eigenschaften der Geschäftstätigkeit betreffen. Neben finanziellen Kenngrößen sind Indikatoren über Markt und Absatz, Kundenstamm und Kundenbewegung, Geschäftsprozesse, Innovationspotenzial oder Know-how der Belegschaft von Bedeutung. Die Indikatoren bilden neben den Dimensionen die Grundlage für die Entscheidungsunterstützung des Managements, für interne und externe Berichterstattung sowie für ein rechnergestütztes Performance Measurement System.

Hauptmerkmal eines *Sternschemas* (engl. „star schema") ist die Klassifikation der Daten in die zwei Gruppen Indikatorendaten und Dimensionsdaten. Beide Gruppen werden in Abb. 6.6 tabellarisch illustriert. Die Indikatorentabelle steht im Zentrum, um

---

[3] In der Literatur werden die Indikatoren oft als Fakten bezeichnet, vgl. dazu auch Abschn. 6.7 über Fakten und Regeln wissensbasierter Datenbanken.

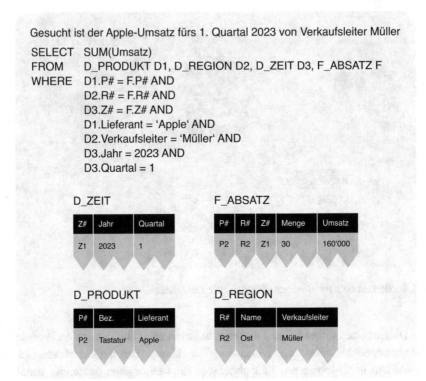

Abb. 6.7 Implementierung eines Sternschemas mit dem Relationenmodell

welches die deskriptiven Dimensionstabellen angesiedelt sind; pro Dimension je eine Tabelle. Die Dimensionstabellen hängen also sternartig an der Indikatorentabelle.

Falls einzelne Dimensionen strukturiert sind, können an der entsprechenden Dimensionstabelle weitere Dimensionstabellen angehängt werden. Dadurch entsteht ein *Schneeflockenschema* (engl. „snowflake schema"), das Aggregationsstufen einzelner Dimensionen zeigt. Beispielsweise könnte in der Abb. 6.6 an der Dimensionstabelle Zeit für das erste Quartal 2023 eine weitere Dimensionstabelle angeschlossen werden, die die Tage der Monate Januar bis März 2023 aufzählt. Falls die Dimension Monat ebenfalls für Analysezwecke gebraucht wird, würde man eine weitere Dimensionstabelle Monat definieren und mit der Dimensionstabelle Tag verbinden.

Für die Implementierung einer mehrdimensionalen Datenbank kann das klassische Relationenmodell verwendet werden. Die Abb. 6.7 zeigt, wie die Indikatoren- und Dimensionstabellen des Sternschemas umgesetzt werden. Die Indikatorentabelle wird mit der Relation F_ABSATZ dargestellt, wobei ein mehrdimensionaler Schlüssel resultiert. Dieser zusammengesetzte Schlüssel muss als Komponenten die jeweiligen

Schlüssel der Dimensionstabellen von D_PRODUKT, D_REGION und D_ZEIT enthalten. Möchte man nun den Umsatz des Verkaufsleiters Müller für das erste Quartal 2023 und für die Apple-Geräte ermitteln, so muss ein aufwendiger Verbund aller beteiligter Indikatoren- und Dimensionstabellen formuliert werden (vgl. SQL-Statement in Abb. 6.7).

Die Leistungsfähigkeit eines relationalen Datenbanksystems stößt bei umfangreichen multidimensionalen Datenbanken an Grenzen. Auch das Formulieren von Abfragen ist mit dem Sternschema aufwendig und fehleranfällig. Darüber hinaus gibt es eine weitere Anzahl von Nachteilen, falls mit dem klassischen Relationenmodell und dem herkömmlichen SQL gearbeitet wird: Für die Bildung von Aggregationsstufen muss das Sternschema zu einem Schneeflockenschema ausgebaut werden, die entsprechenden physischen Tabellen verschlechtern das Antwortzeitverhalten zusätzlich. Möchten die Anwendenden einer multidimensionalen Datenbank zu Analysezwecken Details nachfragen (sogenanntes *Drill-down*) oder weitere Aggregationsstufen auswerten (sogenanntes *Roll-up*), so hilft ihnen das klassische SQL nicht weiter. Auch das Herausschneiden oder Rotieren einzelner Teile aus dem mehrdimensionalen Würfel, was zu Analysezwecken gebräuchlich ist, muss mit spezifischer Software oder sogar Hardware erkauft werden. Wegen dieser Mängel haben sich einige Hersteller von Datenbankprodukten entschlossen, ihre Softwarepalette mit geeigneten Werkzeugen anzureichern. Zudem ist auf der Sprachebene der SQL-Standard erweitert worden, um Würfeloperationen inkl. Aggregationen einfach formulieren zu können.

Multidimensionales Datenbanksystem
Ein multidimensionales Datenbankmanagementsystem (MDBMS) unterstützt einen mehrdimensionalen Datenwürfel mit folgender Funktionalität:

- Für den Entwurf können unterschiedliche Dimensionstabellen mit beliebigen *Aggregationsstufen* definiert werden, insbesondere auch für die Dimension Zeit.
- Die Auswertungs- und Analysesprache stellt Funktionen für *Drill-down* und *Roll-up* zur Verfügung.
- Das Auswählen einer Scheibe aus dem mehrdimensionalen Würfel *(Slicing)* und ein Wechsel der Dimensionsreihenfolge *(Dicing, Rotation)* werden unterstützt.

Multidimensionale Datenbanken werden oft in einem Gesamtsystem eingesetzt, welches zusätzlich den Zusammenzug verschiedener Datenbanken als föderiertes Datenbanksystem und die Historisierung von Daten über die Zeit als temporales Datenbanksystem anbietet. Ein solches Informationssystem nennt sich ein Data Warehouse für strukturierte Daten bzw. Data Lake für unstrukturierte und semi-strukturierte Daten. Solche Systeme haben in der Praxis einen solchen Stellenwert, dass wir ihnen im Rahmen der postrelationalen Datenbanksysteme einen eigenen Abschnitt widmen.

6.5   Data Warehouse und Data Lake Systeme

Multidimensionale Datenbanken bilden oft das Kernstück im Gesamtsystem eines *Datenlagers* (Data Warehouse). Im Unterschied zur multidimensionalen Datenbank an und für sich vereinigt das Data Warehouse als verteiltes Datenbanksystem Aspekte von föderierten, temporalen und multidimensionalen Datenbanken. Es bietet Mechanismen zur Integration, Historisierung und Auswertung von Daten über viele Applikationen des Betriebs, zusammen mit Prozessen zur Entscheidungsunterstützung und zur Verwaltung und Weiterentwicklung des Datenflusses innerhalb der Organisation.

Mit der Verfügbarkeit von digitalen Daten steigt das Bedürfnis nach Auswertung dieser Daten zur Entscheidungsunterstützung. So soll das Management eines Unternehmens Entscheidungen auf Fakten basieren, welche durch Analyse der vorhandenen Daten hergestellt werden. Den Prozess der Datenaufbereitung und -analyse für die betriebliche Entscheidungsfindung nennt man *Business Intelligence.* Aufgrund der Heterogenität, Flüchtigkeit und Fragmentierung der Datenbasis ist die applikationsübergreifende Datenanalyse oft aufwendig: Daten in Organisationen sind heterogen in vielen verschiedenen Datenbanken gespeichert. Zudem sind sie oft nur in der aktuellen Version verfügbar. In den Quellsystemen sind Daten zu einem übergeordneten Themenbereich wie Kunden oder Verträge selten an einem Ort zu finden, sondern müssen über verschiedene Schnittstellen zusammengefasst, also integriert werden. Mit diesen Daten, die auf vielen Datenbanken verteilt sind, sollen zudem zu einem bestimmten Themenbereich Zeitreihen über mehrere Jahre gebildet werden können. Business Intelligence stellt also drei Anforderungen an die auszuwertenden Daten:

- Integration von heterogenen Datenbeständen,
- Historisierung von aktuellen und flüchtigen Datenbeständen,
- vollständige Verfügbarkeit von Daten zu bestimmten Themenbereichen.

Bisher wurden drei postrelationale Datenbanksysteme vorgestellt, welche im Prinzip je eine dieser drei Anforderungen abdecken würden: Die Integration von Daten kann mit föderierten Datenbanksystemen mit zentralem logischem Schema erreicht werden, die Historisierung von Daten wird mit temporalen Datenbanken durchgeführt und schließlich dienen multidimensionale Datenbanken der auswertungsorientierten Bereitstellung von Daten zu bestimmten Themenbereichen (Dimensionen).

Da sich in der Praxis die relationale Datenbanktechnologie so breit durchgesetzt hat, können die Eigenschaften verteilter, temporaler und multidimensionaler Datenbanken mit herkömmlichen relationalen Datenbanken und einigen softwaretechnischen Erweiterungen gut simuliert werden. Das Konzept des Data Warehousings setzt diese Aspekte von föderierten, temporalen und multidimensionalen Datenbanksystemen mit herkömmlichen Technologien um.

Zu diesen drei Aspekten kommt aber noch die Anforderung der Entscheidungsunter-stützung hinzu. In Organisationen besteht das Bedürfnis nach Auswertung von Daten als Zeitreihen, sodass zu Themenbereichen vollständige Datenbestände an einem Ort verfüg-bar sind. Da aber die Daten in größeren Organisationen über eine Vielzahl von einzelnen Datenbanken verstreut sind, braucht es ein Konzept,[4] welches die verstreuten Daten für die Analyse und Nutzung aufbereitet.

Data Warehouse
Das Data Warehouse oder DWH ist ein verteiltes Informationssystem mit folgenden Eigenschaften:

- **Integriert:** Daten aus verschiedenen Datenquellen und Applikationen (Quell-systemen) werden periodisch zusammengefasst[5] und in einem einheitlichen Schema abgelegt.
- **Read only:** Daten im Data Warehouse werden, sobald sie festgeschrieben sind, nicht mehr verändert.
- **Historisiert:** Daten können dank einer Zeitachse nach verschiedenen Zeitpunkten ausgewertet werden.
- **Auswertungsorientiert:** Alle Daten zu verschiedenen Themenbereichen (Subject Areas) wie Kunden, Verträge und Produkte sind an einem Ort vollständig verfügbar.
- **Entscheidungsunterstützend:** Die Fakten in mehrdimensionalen Datenwürfeln bilden die Grundlage von Managemententscheidungen.

Ein Data Warehouse bietet teilweise Funktionen von föderierten, temporalen und multi-dimensionalen Datenbanken an. Darüber hinaus existieren programmierbare Lade-prozesse (Skripts) sowie spezifische Auswertungs- und Aggregationsfunktionen. Ausgehend von verteilten und heterogenen Datenquellen sollen die geschäftsrelevanten Fakten in der Form vorliegen, dass sie effizient und effektiv für Entscheidungsunter-stützung und Steuerung der Geschäftstätigkeiten genutzt werden können.

Im Data Warehouse lassen sich unterschiedliche interne und externe Datenbestände (sogenannte Datenquellen) integrieren. Das Ziel bleibt, einen einheitlichen konsistenten und historisierten Datenbestand über alle in der Unternehmung verstreuten Daten für unterschiedliche betriebswirtschaftliche Sichten zu erhalten und auswerten zu können. Dazu werden Daten von vielen Quellen über Schnittstellen ins Data Warehouse integriert und oft über Jahre aufbewahrt. Darauf aufbauend können Datenanalysen erstellt werden, welche den Entscheidungsträgern präsentiert und in den Geschäftsabläufen genutzt werden können. Zudem muss Business Intelligence als Prozess im Management gesteuert werden.

---

[4]Vgl. den KDD-Prozess für das Knowledge Discovery in Databases.
[5]Vgl. den ETL-Prozess für Extract, Transform und Load weiter unten.

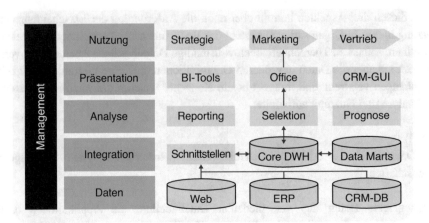

Abb. 6.8 Das Data Warehouse im Zusammenhang mit Business-Intelligence-Prozessen

Im Folgenden werden die einzelnen Schritte des Data Warehousings kurz beschrieben (vgl. Abb. 6.8).

Die Daten einer Organisation sind auf verschiedene Quellsysteme verteilt wie z. B. die Webplattform, die Buchhaltung (Enterprise Resource Planning, ERP) oder die Kundendatenbank (Customer Relationship Management, CRM). Damit diese Daten für die Auswertung genutzt und miteinander in Verbindung gebracht werden können, müssen sie zusammengezogen und integriert werden.

Für die *Integration* dieser Daten sind Extraktions-, Transformations- und Ladeschritte notwendig (ETL-Prozess mit Extract, Transform und Load). Diese Schnittstellen über-mitteln Daten meistens am Abend oder über das Wochenende, wenn die IT-Systeme nicht im Tagesgeschäft verwendet werden. Heute werden bei hochperformanten Systemen kontinuierliche Ladeprozesse eingesetzt, bei denen die Daten rund um die Uhr (7/24-Stundenbetrieb) nachgeführt werden (engl. „trickle feed"). Für die Nachführung eines Data Warehouses wird die Periodizität berücksichtigt, damit die Anwendenden über die Aktualität ihrer Auswertungsdaten Bescheid haben; d. h., je häufiger Daten über die Schnittstellen ins Data Warehouse geladen werden, desto aktueller sind die Aus-wertungsdaten. Ziel dieses Datenzusammenzugs ist die Historisierung, also der Aufbau einer Zeitreihe an einem logisch zentralen Speicherort. Der Kern des Data Warehouses *(Core DWH)* ist häufig in zweiter oder dritter Normalform modelliert. Die Historisierung erfolgt wie im Abschn. 6.3 zu temporalen Datenbanken beschrieben mit der Angabe von Gültigkeitszeiträumen (valid_from, valid_to) in zusätzlichen Spalten in den Tabellen. Um die Auswertungsdaten themenorientiert für die OLAP-Analyse zur Verfügung zu stellen, werden einzelne Themenbereiche in sogenannten Data Marts geladen, welche oft multidimensional mit Sternschemas realisiert werden.

Das Data Warehouse dient ausschließlich der Analyse von Daten. Die Dimension Zeit ist fester Bestandteil einer solchen Datensammlung, wodurch statistische Auswertungen an Aussagekraft gewinnen. Periodische Berichte (Reporting) produzieren Listen mit relevanten Informationen (Key Performance Indicators). Werkzeuge des *Data Minings* wie Klassifikation, Selektion, Prognose und Wissensakquisition verwenden die Daten aus dem Data Warehouse, um beispielsweise das Kunden- und Kaufverhalten zu analysieren und für Optimierungszwecke zu nutzen.

Damit die Daten einen Wert generieren, müssen die gewonnenen Erkenntnisse samt den Resultaten der Analysen den Entscheidungsträgern und Anspruchsgruppen vermittelt werden. Mit verschiedenen Oberflächen von Business-Intelligence-Werkzeugen (BI-Tools) oder mit grafischen Benutzungsschnittstellen (GUI = Graphical User Interface) für Büroautomation oder Customer Relationship Management werden Auswertungen oder Grafiken dazu verfügbar gemacht. Die Entscheidungsträger können die Resultate der Analysen aus dem Data Warehouse dann für die Nutzung in den Geschäftsabläufen sowie für Strategie, Marketing und Vertrieb anwenden.

Das Data Warehouse ist auf die Verarbeitung und Integration von strukturierten Daten ausgerichtet. Da heute im Rahmen von Big Data häufiger unstrukturierte und semi-strukturierte Daten analysiert werden (vgl. Abschn. 5.1), hat sich dazu ein neues Konzept des *Datensees* (Data Lake) etabliert. Dieses bietet für die Föderation, Historisierung und Auswertung von großen Mengen unstrukturierter und semi-strukturierten Daten einen alternativen *Extraktions-, Lade- und Transformations*-Ansatz (engl. „extract load transform", ELT). Der Datensee extrahiert und lädt periodisch Daten aus verschiedenen Quellsystemen so, *wie sie sind* (engl. „as is"), wodurch die aufwendige Integration vorerst wegfällt. Erst bei der allfälligen Nutzung der Daten durch Data Scientists werden die Daten für die gewünschte Auswertung transformiert.

Data Lake
Ein Data Lake ist ein verteiltes Informationssystem mit folgenden Eigenschaften:

- **Data Fusion:** Unstrukturierte und semi-strukturierte Daten aus verschiedenen Datenquellen und Applikationen (Quellsystemen) werden in der gegebenen Struktur extrahiert und zentral archiviert.
- **Schema-on-read:** Die föderierten Daten werden erst dann in einem einheitlichen Schema integriert, wenn sie für eine Auswertung benötigt werden.
- **Snapshots:** Daten können dank Zeitstempeln nach verschiedenen Zeitpunkten ausgewertet werden.
- **Datenbasierte Wertschöpfung:** Die Daten im Data Lake entfalten ihren Wert durch Data-Science-Analysen, welche durch die Optimierung von Entscheidungen einen Mehrwert generieren.

6.6 Objektrelationale Datenbanken

Wollen wir in eine relationale Datenbank Informationen über Bücher ablegen, so müssen wir mehrere Tabellen definieren, drei davon sind in Abb. 6.9 dargestellt: In der Tabelle BUCH versehen wir ein Buch mit dem Titel und dem Verlag.

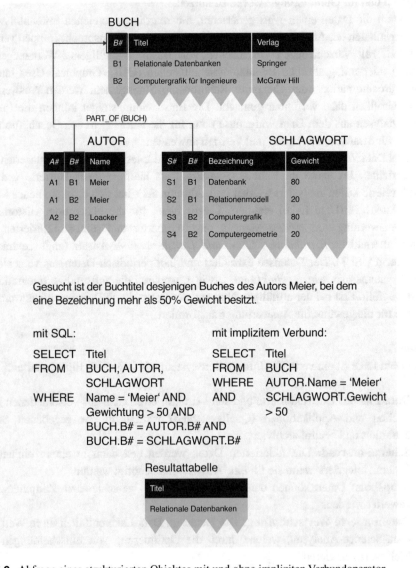

Abb. 6.9 Abfrage eines strukturierten Objektes mit und ohne impliziten Verbundoperator

Da an einem bestimmten Buch mehrere Autoren beteiligt sein können und umgekehrt ein Autor mehrere Bücher schreiben kann, reihen wir jede einzelne Urheberschaft an einem Buch in einer zusätzlichen Tabelle AUTOR auf.

Das Merkmal „Name" ist nicht voll funktional vom zusammengesetzten Schlüssel der Autoren- und Buchnummer abhängig, weshalb sich die Tabelle weder in zweiter noch in höherer Normalform befindet. Dasselbe gilt für die Tabelle SCHLAGWORT, da zwischen den Büchern und ihren Schlagwörtern ebenfalls eine komplex-komplexe Beziehung besteht. Die „Gewichtung" ist zwar ein typisches Beziehungsmerkmal, hingegen ist die „Bezeichnung" nicht voll funktional vom Schlüssel der Schlagwort- und Buchnummer abhängig. Für die Verwaltung von Büchern würden somit aus Gründen der Normalisierung mehrere Tabellen resultieren, da zusätzlich zu den Beziehungstabellen AUTOR und SCHLAGWORT eigenständige Tabellen für die Autoren- und Schlagwortmerkmale hinzukommen müssten. Sicher würden in einer relationalen Datenbank auch die Verlagsangaben in einer eigenständigen Tabelle VERLAG aufgenommen, idealerweise ergänzt mit einer Beziehungsrelation zwischen BUCH und VERLAG.

Es ist von Nachteil und aus Sicht der Anwendenden kaum verständlich, Buchinformationen auf mehrere Tabellen zu zerstreuen, möchten doch die Benutzer*innen die Eigenschaften eines bestimmten Buches strukturiert in einer einzigen Tabelle aufgelistet haben. Die relationale Abfrage- und Manipulationssprache wäre eigentlich dazu da, durch einfache Operatoren unterschiedliche Buchinformationen zu verwalten. Auch hinsichtlich der Leistung (Performance) ergeben sich Nachteile, wenn das Datenbanksystem mehrere Tabellen durchsuchen und zeitaufwendige Verbundoperatoren berechnen muss, um ein bestimmtes Buch aufzufinden. Wegen solcher Nachteile sind für das Relationenmodell Erweiterungen vorgeschlagen worden.

Eine erste Erweiterung relationaler Datenbanktechnologie besteht darin, dem Datenbanksystem Struktureigenschaften explizit bekanntzugeben. Dies kann durch die Vergabe sogenannter Surrogate geschehen. Ein Surrogat ist ein vom System definierter, fixer und unveränderbarer (invarianter) Schlüsselwert, der jedes Tupel in der Datenbank eindeutig identifiziert. Surrogate können als invariante Werte zur Definition systemkontrollierter Beziehungen benutzt werden, und zwar an verschiedenen Stellen innerhalb einer relationalen Datenbank. Solche Surrogate unterstützen die referenzielle Integrität, aber auch Generalisations- und Aggregationsstrukturen.

Kehren wir zurück zur Tabelle BUCH und zur Abb. 6.9. Dort ist die Buchnummer B# als Surrogat definiert. Zusätzlich wird diese Nummer in den beiden abhängigen Tabellen AUTOR und SCHLAGWORT unter dem Hinweis PART_OF(BUCH) nochmals verwendet. Diese Referenz sorgt dafür, dass das Datenbanksystem die Struktureigenschaft der Bücher-, Autoren- und Schlagwortangaben explizit kennt und diese bei Datenbankabfragen ausnutzen kann, sofern die relationale Abfrage- und Manipulationssprache entsprechend erweitert wird. Als Beispiel diene der implizite hierarchische Verbundoperator, der in der FROM-Klausel steht und die zur Tabelle BUCH gehörenden Teiltabellen AUTOR und SCHLAGWORT miteinander verknüpft. Die Verbundprädikate in

BUCHOBJEKT							
			Autor		Schlagwort		
B#	Titel	Verlag	A#	Name	S#	Bezeichnung	Gew.
B1	Relationale...	Springer	A1	Meier	S1	Datenbank	80
					S2	Rel.modell	20
B2	Computer...	McGraw Hill	A1	Meier	S3	Comp.grafik	50
			A2	Loacker	S4	C.geometrie	50

Abb. 6.10 Tabelle BUCHOBJEKT mit Merkmalen vom Typ Relation

der WHERE-Klausel anzugeben erübrigt sich, da diese mit der expliziten Definition der PART_OF-Struktur dem Datenbanksystem bereits bekannt sind.

Wird dem Datenbanksystem eine PART_OF- oder auf analoge Art eine IS_A-Struktur mitgeteilt, so lassen sich auch die Speicherstrukturen effizienter implementieren. Beispielsweise wird zwar die logische Sicht der drei Tabellen BUCH, AUTOR und SCHLAGWORT beibehalten, physisch hingegen werden die Buchinformationen als strukturierte Objekte[6] abgespeichert, sodass ein einziger Datenbankzugriff das Auffinden eines Buches bewerkstelligt. Die klassische Sicht der Tabellen bleibt erhalten und einzelne Tabellen der Aggregation können wie bisher abgefragt werden.

Eine andere Möglichkeit zur Verwaltung strukturierter Informationen liegt darin, die erste Normalform aufzugeben[7] und als Merkmale selbst Tabellen zuzulassen. Ein Beispiel dazu ist in Abb. 6.10 illustriert, wo Informationen über Bücher, Autoren und Schlagwörter in einer Tabelle untergebracht sind. Auch dieses zeigt einen objektrelationalen Ansatz, da ein Buch als ein Objekt in einer einzigen Tabelle BUCHOBJEKT verwaltet wird. Ein *objektrelationales Datenbanksystem* (engl. „object-relational database system") kann Struktureigenschaften explizit aufnehmen und Operatoren für Objekte und Teilobjekte anbieten.

Unterstützt ein Datenbanksystem strukturierte Objekttypen wie in der Darstellung in Abb. 6.10, so ist es strukturell objektrelational. Zusätzlich zur Objektidentifikation, zur Strukturbeschreibung und zum Angebot generischer Operatoren (Methoden wie impliziter Verbund etc.) sollte ein vollständig objektrelationales Datenbanksystem auch das Definieren neuer Objekttypen (Klassen) und Methoden anbieten. Die Anwendenden sollten dabei die für einen individuellen Objekttyp notwendigen Methoden selbst festlegen können. Auch sollten sie auf tatkräftige Unterstützung von „Vererbungseigenschaften" zählen können, damit sie nicht alle Objekttypen und Methoden von Grund

---

[6] Die Forschungsliteratur nennt diese auch „komplexe Objekte".

[7] Das sogenannte NF2-Modell (NF2 = Non First Normal Form) erlaubt geschachtelte Tabellen.

auf neu zu definieren brauchen, sondern auf bereits bestehende Konzepte zurückgreifen können.

Objektrelationale Datenbanksysteme machen es möglich, strukturierte Objekte als Einheiten zu behandeln und entsprechende generische Operatoren auf diese Objekte anzuwenden. Klassenbildung durch PART_OF- und IS_A-Strukturen ist erlaubt und wird durch Methoden zum Speichern, Abfragen und Manipulieren unterstützt.

Objektrelationales Datenbanksystem
Ein objektrelationales Datenbankmanagementsystem (ORDBMS) lässt sich wie folgt umschreiben:

* Es erlaubt die *Definition von Objekttypen* (in Anlehnung an die objektorientierte Programmierung oft Klassen genannt), die ihrerseits aus weiteren Objekttypen zusammengesetzt sein können.
* Jedes Datenbankobjekt kann aufgrund von *Surrogaten* strukturiert und identifiziert werden.
* Es unterstützt *generische Operatoren* (Methoden), die auf Objekte oder Teilobjekte wirken. Dabei bleibt die interne Darstellung der Objekte nach außen unsichtbar (Datenkapselung).
* Eigenschaften von Objekten lassen sich vererben. Diese *Vererbungseigenschaft* bezieht sich sowohl auf die Struktur als auch auf die zugehörigen Operatoren.

Der SQL-Standard unterstützt seit einigen Jahren gewisse objektrelationale Erweiterungen: Objektidentifikationen (Surrogate), vordefinierte Datentypen für Menge, Liste und Feld, allgemeine abstrakte Datentypen mit Kapselungsmöglichkeiten, parametrisierbare Typen, Typ- und Tabellenhierarchien mit Mehrfachvererbung sowie benutzungsdefinierte Funktionen (Methoden).

Objektrelationales Mapping
Die meisten modernen Programmiersprachen sind objektorientiert; gleichzeitig ist die Mehrheit der Datenbanksysteme, welche im Einsatz sind, relational. Anstatt auf objektrelationale oder gar auf objektorientierte Datenbanken zu migrieren, was mit großen Kosten verbunden wäre, kann bei der Softwareentwicklung eine Zuordnung (Mapping) von Objekten zu Relationen, hergestellt werden, wenn mit objektorientierten Sprachen auf relationale Daten zugegriffen wird. Dieses Konzept des objektrelationalen Mappings (ORM) wird in Abb. 6.11 dargestellt. In diesem Beispiel gibt es ein relationales Datenbankmanagementsystem (RDBMS) mit einer Tabelle AUTOR, einer Tabelle BUCH und einer Beziehungstabelle VERFASST, da zwischen Büchern und Autoren eine komplex-komplexe Beziehung (Abschn. 2.2.2) besteht. In einem Projekt mit objektorientierter Programmierung (OOP) möchte man die Daten in diesen Tabellen direkt als Klassen in der Softwareentwicklung verwenden.

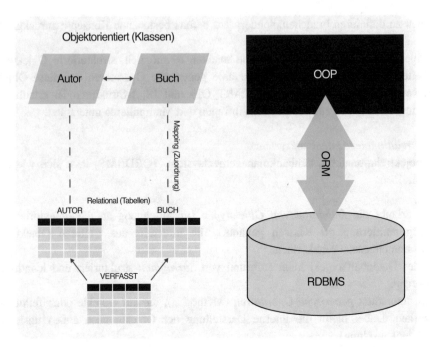

Abb. 6.11 Objektrelationales Mapping

Eine ORM-Software kann ein Mapping von Klassen zu Tabellen automatisch herstellen, sodass es für die Entwickler aussieht, als ob sie mit objektorientierten Klassen
arbeiten, obwohl die Daten im Hintergrund in Datenbanktabellen gespeichert werden.
Die Programmierobjekte, die sich im Arbeitsspeicher befinden, werden somit persistent,
also auf einen permanenten Speicher, festgeschrieben.

In Abb. 6.11 werden von der ORM-Software für die beiden Tabellen AUTOR und
BUCH zwei Klassen Autor und Buch zur Verfügung gestellt. Für jede Zeile in einer
Tabelle existiert ein Objekt als Instanz der entsprechenden Klasse. Die Beziehungs-
tabelle VERFASST wird nicht als Klasse abgebildet: Die Objektorientierung erlaubt die
Verwendung von nicht-atomaren Objektreferenzen; somit wird im Objekt Autor in einem
Vektorfeld bücher[] die Menge der Bücher gespeichert, die der Autor verfasst hat, und im
Objekt Buch wird im Feld autoren[] die Gruppe der Autoren abgebildet, welche dieses
Buch geschrieben haben.

Die Verwendung von ORM ist einfach zu bewerkstelligen. Die ORM-Software
kann die entsprechenden Klassen automatisch aufgrund von bestehenden Datenbanktabellen herleiten. Anschließend können Datensätze aus diesen Tabellen als Objekte in
der Softwareentwicklung verwendet werden. Somit ist ORM ein möglicher Weg zur
Objektorientierung, bei der die zugrunde liegende relationale Datenbanktechnologie beibehalten werden kann.

6.7   Wissensbasierte Datenbanken

Wissensbasierte Datenbanken (engl. „knowledge databases" oder „deductive data-bases") können nicht nur eigentliche Datenvorkommen – Fakten genannt –, sondern auch Regeln verwalten, mit deren Hilfe neue Tabelleninhalte oder Fakten hergeleitet werden.

Die Tabelle MITARBEITENDE ist in Abb. 6.12 der Einfachheit halber auf die Namen der Mitarbeitenden reduziert. Zu dieser Tabelle lassen sich nun Fakten oder Aussagen definieren, in diesem Fall über Mitarbeitende. Allgemein bezeichnet man diejenigen Aussagen als Fakten, die bedingungslos den Wahrheitsgehalt TRUE annehmen. So ist es Tatsache, dass Frau Huber eine Mitarbeiterin ist. Dieser Sachverhalt wird durch den Fakt „ist_mitarbeitend (Huber)" ausgedrückt. Für die direkten Vorgesetzten der Mit-arbeitenden kann eine neue Tabelle VORGESETZTE errichtet werden, die den Namen der direkten Vorgesetzten und der ihnen unterstellten Mitarbeitenden paarweise pro Tupel aufzeigt. Entsprechend werden Fakten „ist_vorgesetzt (A,B)" formuliert, um die Tatsache „A ist B direkt vorgesetzt" auszudrücken.

Die Vorgesetztenhierarchie spiegelt sich anschaulich im Baum von Abb. 6.13. Auf die Frage, wer der direkte Chef der Mitarbeiterin Meier sei, wertet die SQL-Abfrage die Tabelle VORGESETZTE aus und stößt auf Huber. Dasselbe Resultat zeigt die Aus-wertung mithilfe einer logischen Programmiersprache (angelehnt an Prolog).

Neben den eigentlichen Fakten können Regeln zur Herleitung unbekannter Tabellen-inhalte definiert werden. Beim Relationenmodell spricht man in diesem Fall von

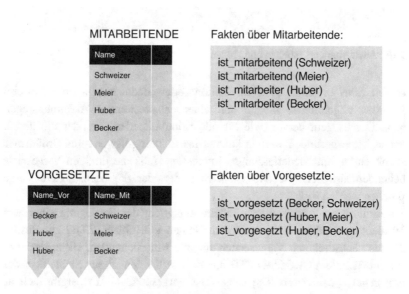

Abb. 6.12 Gegenüberstellung von Tabellen und Fakten

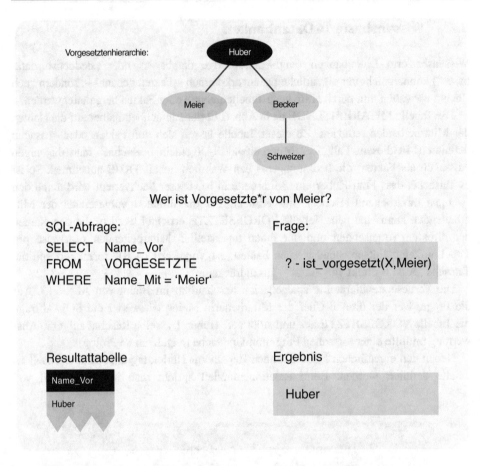

Abb. 6.13 Auswerten von Tabellen und Fakten

abgeleiteten Tabellen (engl. „derived relation" oder „deduced relation"). Ein einfaches Beispiel einer abgeleiteten Tabelle und einer entsprechenden Ableitungsregel zeigt Abb. 6.14. Daraus geht hervor, wie für alle Mitarbeitenden der oder die übernächste Vorgesetzte herausgefunden werden kann. Dies ist beispielsweise für Großfirmen oder Firmen mit entfernten Niederlassungen interessant, falls die direkten Vorgesetzten der Mitarbeitenden abwesend ist und via E-Mail der oder die nächsthöhere Vorgesetzte angesprochen werden soll.

Die Definition einer abgeleiteten Tabelle entspricht der Festlegung einer Sicht. Im Beispiel dient eine solche Sicht unter dem Namen VORGESETZTE2 zur Bestimmung der oder des nächsthöheren Vorgesetzten für alle Mitarbeitenden, sie entspricht einem Verbund der Tabelle VORGESETZTE auf sich selbst. Zu dieser Sicht lässt sich eine Ableitungsregel spezifizieren. Die Regel „ist_vorgesetzt2 (X,Y)" ergibt sich aus der Tatsache, dass es ein Z gibt, sodass X direkt vorgesetzt ist von Z und Z wiederum direkt vorgesetzt von Y. Damit drücken wir aus, dass X übernächste*r Vorgesetzte*r von Y ist, da Z dazwischenliegt.

Eine mit Fakten und Regeln bestückte Datenbank wird unvermittelt zu einer Methoden- oder Wissensbank, da sie nicht nur offenkundige Tatsachen wie „Huber ist Mitarbeiterin" oder „Huber ist direkte Vorgesetzte von Meier und Becker" enthält, sondern auch abgeleitete Feststellungen wie „Huber ist übergeordnete Chefin von Schweizer". Die übergeordneten Vorgesetzten aufzufinden, dazu dient die in Abb. 6.14 definierte Sicht VORGESETZTE2. Die SQL-Abfrage über diese Sicht liefert mit der Resultattabelle die Tatsache, dass im Beispiel nur eine einzige übergeordnete Vorgesetztenbeziehung existiert, und zwar Mitarbeiter Schweizer und seine übergeordnete Vorgesetzte Huber. Zu dieser Erkenntnis führt auch die Anwendung der entsprechenden Ableitungsregel „ist_vorgesetzt2".

Eine deduktive Datenbank als Gefäß für Fakten und Regeln unterstützt zusätzlich das Prinzip der Rekursion, das die Möglichkeit eröffnet, aufgrund der in der deduktiven Datenbank enthaltenen Regeln beliebig viele korrekte Schlussfolgerungen zu ziehen. Aus einer wahrheitsgetreuen Aussage ergeben sich jeweils neue Aussagen.

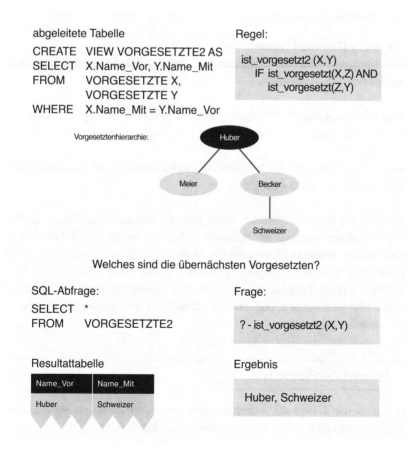

Abb. 6.14 Herleitung neuer Erkenntnisse

Das Prinzip der Rekursion kann sich entweder auf die Objekte der Datenbank oder auf die Ableitungsregeln beziehen. Unter rekursiv definierten Objekten werden Strukturen verstanden, die selbst wiederum aus Strukturen zusammengesetzt sind und wie die beiden Abstraktionskonzepte Generalisation und Aggregation als hierarchische oder netzwerkartige Objektstrukturen aufgefasst werden können. Überdies lassen sich auch Aussagen rekursiv berechnen, etwa im Beispiel der Vorgesetztenhierarchie aus den Fakten ist_mitarbeitend und ist_vorgesetzt alle direkten und indirekten Vorgesetztenbeziehungen.

Der Berechnungsvorgang, der aus einer bestimmten Tabelle alle transitiv abhängigen Tupel herleitet, bildet die transitive Hülle der Tabelle. Dieser Operator zählt nicht zu den ursprünglichen Operatoren der Relationenalgebra. Die transitive Hülle stellt vielmehr eine natürliche Erweiterung der relationalen Operatoren dar. Dabei kann sie nicht durch eine feste Anzahl von Berechnungsschritten, sondern nur durch eine nach dem jeweiligen Inhalt der Tabelle variierenden Anzahl von relationalen Verbund-, Projektions- und Vereinigungsoperatoren gebildet werden.

Diese Erläuterungen ergeben zusammengefasst die folgende Definition:

Wissensbasiertes Datenbanksystem
Ein wissensbasiertes Datenbankmanagementsystem   (WDBMS) unterstützt deduktive Datenbanken oder Wissensbanken,

- wenn es neben den eigentlichen Daten, also den Fakten, auch Regeln enthält,
- wenn die Ableitungskomponente es erlaubt, aus Fakten und Regeln weitere Fakten herzuleiten, und
- wenn es die Rekursion unterstützt, mit der unter anderem die transitive Hülle einer Tabelle berechnet werden kann.

Unter dem Begriff Expertensystem versteht man ein Informationssystem, das für einen abgegrenzten Anwendungsbereich fachspezifische Kenntnisse und Schlussfolgerungen verfügbar macht. Wichtige Komponenten bilden eine Wissensbank mit Fakten und Regeln und eine Ableitungskomponente zur Herleitung neuer Erkenntnisse. Die Fachgebiete Datenbanken, Programmiersprachen und künstliche Intelligenz werden sich mehr und mehr beeinflussen und künftig effiziente Problemlösungsverfahren für die Praxis bereitstellen.

6.8   Fuzzydatenbanken

Bei herkömmlichen Datenbanksystemen werden die Merkmalswerte als präzise, sicher und scharf vorausgesetzt und Abfragen ergeben klare Ergebnisse:

- Die Merkmalswerte in den Datenbanken sind *präzise,* d. h., sie sind eindeutig. Die erste Normalform verlangt, dass die Merkmalswerte atomar sind und aus einem wohldefinierten Wertebereich stammen. Vage Merkmalswerte wie „2 oder 3 oder 4 Tage" oder „ungefähr 3 Tage" beim Terminverzug eines Lieferanten sind nicht zugelassen.
- Die in einer relationalen Datenbank abgelegten Merkmalswerte sind *sicher,* d. h., die einzelnen Werte sind entweder bekannt und somit wahr, oder sie sind unbekannt. Eine Ausnahme bilden Nullwerte, d. h. Merkmalswerte, die nicht oder noch nicht bekannt sind. Darüber hinaus bieten die Datenbanksysteme keine Modellierungskomponente für vorhandene Unsicherheit an. So sind Wahrscheinlichkeitsverteilungen für Merkmalswerte ausgeschlossen; es bleibt schwierig auszudrücken, ob ein bestimmter Merkmalswert dem wahren Wert entspricht oder nicht.
- Abfragen an die Datenbank sind *scharf.* Sie haben immer einen dichotomischen Charakter, d. h., ein in der Abfrage vorgegebener Abfragewert muss mit den Merkmalswerten in der Datenbank entweder übereinstimmen oder nicht übereinstimmen. Eine Auswertung der Datenbank, bei der ein Abfragewert mit den gespeicherten Merkmalswerten „mehr oder weniger" übereinstimmt, ist nicht zulässig.

Seit einigen Jahren werden Erkenntnisse aus dem Gebiet der *unscharfen Logik* (engl. „fuzzy logic") auf Datenmodellierung und Datenbanken angewendet. Falls man unvollständige oder vage Sachverhalte zulässt, lässt sich ein größeres Anwendungsspektrum erschließen. Die meisten dieser Arbeiten sind theoretischer Natur; einige Forschungsgruppen versuchen allerdings, mit Implementierungen die Nützlichkeit unscharfer Datenbankmodelle und Datenbanksysteme aufzuzeigen.

Der hier aufgezeigte Forschungsansatz basiert auf einem *Kontextmodell,* um Klassen von Datensätzen im relationalen Datenbankschema festlegen zu können. Bei der Klassifikation kann man zwischen scharfen und unscharfen Verfahren unterscheiden. Bei einer scharfen Klassifikation wird eine dichotomische Zuweisung der Datenbankobjekte zur Klasse vorgenommen, d. h., die Mengenzugehörigkeitsfunktion des Objekts zur Klasse beträgt 0 für „nicht enthalten" oder 1 für „enthalten". Ein klassisches Verfahren würde daher einen Kunden entweder der Klasse „Kunden mit Umsatzproblemen" oder der Klasse „Kunden, zu denen die Geschäftsbeziehung ausgebaut werden soll" zuordnen. Ein unscharfes Verfahren dagegen lässt für die *Zugehörigkeitsfunktion* (engl. „membership function") Werte zwischen 0 und 1 zu: Ein Kunde kann mit einem Wert von 0.3 zur Klasse „Kunden mit Umsatzproblemen" gehören und gleichzeitig mit einer Zugehörigkeit von 0.7 zur Klasse der „Kunden, zu denen die Geschäftsbeziehung ausgebaut werden soll". Eine unscharfe Klassifikation ermöglicht daher eine differenziertere Interpretation der Klassenzugehörigkeit: Man kann bei Datenbankobjekten einer unscharfen Klasse zwischen Rand- oder Kernobjekten unterscheiden, zudem können Datenbankobjekte zu zwei oder mehreren unterschiedlichen Klassen gleichzeitig gehören.

Im fuzzyrelationalen Datenmodell mit Kontexten, kurz im Kontextmodell, ist jedem Attribut Aj definiert auf einem Wertebereich $D(A_j)$ ein Kontext zugeordnet. Ein Kontext $K(A_j)$ ist eine Partition von $D(A_j)$ in Äquivalenzklassen. Ein relationales Datenbankschema mit Kontexten besteht daher aus einer Menge von Attributen $A = (A_1,...,A_n)$ und einer weiteren Menge assoziierter Kontexte $K = (K_1(A_1),...,K_n(A_n))$.

Für eine Bewertung von Kunden dienen Umsatz und Treue als Beispiel. Zusätzlich werden die beiden qualifizierenden Attribute je in zwei Äquivalenzklassen zerlegt. Die entsprechenden Attribute und Kontexte für das Kundenbeziehungsmanagement lauten:

- **Umsatz in Euro pro Monat:** Der Wertebereich für den Umsatz in Euro soll durch [0..1000] definiert sein. Zudem werden die beiden Äquivalenzklassen [0..499] für kleinen Umsatz und [500..1000] für großen Umsatz gebildet.
- **Treue der Kunden:** Der Wertebereich {schlecht, schwach, gut, top} gilt für das Attribut der Kundentreue. Der Wertebereich wird in die beiden Äquivalenzklassen {schlecht, schwach} für negative Treue und {gut, top} für positive Treue zerlegt.

Die beiden vorgeschlagenen Merkmale mit ihren Äquivalenzklassen zeigen je ein Beispiel für ein numerisches und für ein qualitatives Attribut. Die entsprechenden Kontexte sind:

- $K(Umsatz) = \{\ [0..499], [500..1000]\ \}$
- $K(Treue) = \{\ \{schlecht, schwach\}, \{gut, top\}\ \}$

Die Partitionierung der Wertebereiche Umsatz und Treue ergibt in Abb. 6.15 die vier Äquivalenzklassen C1, C2, C3 und C4. Die inhaltliche Bedeutung der Klassen wird durch semantische Klassennamen ausgedrückt; so wird beispielsweise für Kunden mit kleinem Umsatz und schwacher Treue die Bezeichnung „Don't Invest" für die Klasse C4 gewählt; C1 könnte für „Retain Customer" stehen, C2 für „Improve Loyalty" und C3 für „Augment Turnover". Es gehört zu den Aufgaben der Datenbankadministratoren, in Zusammenarbeit mit den Marketingspezialisten sowohl die Attribute wie die Äquivalenzklassen festzulegen und diese als Erweiterung des Datenbankschemas zu spezifizieren.

Das Kundenbeziehungsmanagement bezweckt, anstelle produktbezogener Argumentationslisten und Anstrengungen, die kundenindividuellen Wünsche und das Kundenverhalten miteinzubeziehen. Sollen *Kunden als Vermögenswert* (engl. „customer value") aufgefasst werden, so müssen sie entsprechend ihrem Markt- und Ressourcenpotenzial behandelt werden. Mit scharfen Klassen, d. h. traditionellen Kundensegmenten, ist dies kaum möglich, da alle Kundinnen und Kunden in einer Klasse gleich behandelt werden. In Abb. 6.15 beispielsweise besitzen Becker und Huber einen ähnlichen Umsatz und zeigen ein ähnliches Treueverhalten. Trotzdem werden sie bei einer scharfen Segmentierung unterschiedlich klassifiziert: Becker gehört zur Premiumklasse C1 (Retain Customer) und Huber zur Verliererklasse C4 (Don't Invest). Zusätzlich wird

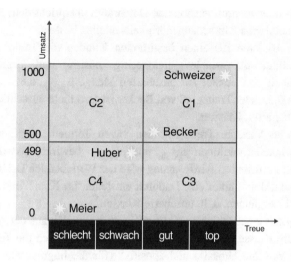

Abb. 6.15 Klassifikationsraum aufgespannt durch die Attribute Umsatz und Treue

der topgesetzte Kunde Schweizer gleich behandelt wie Becker, da beide zum Segment C1 gehören.

Gemäß Abb. 6.15 können bei einer scharfen Kundensegmentierung folgende Konfliktsituationen auftreten:

- Kunde Becker hat wenige Anreize, seinen Umsatz zu steigern oder die Kundenbindung und -treue zu verbessern. Er liegt in der Premiumklasse C1 und genießt die entsprechenden Vorteile.
- Kunde Becker kann überrascht werden, falls sein Umsatz ein wenig zurückgeht oder sein Treuebonus abnimmt. Plötzlich sieht er sich einem anderen Kundensegment zugeordnet; im Extremfall fällt er von der Premiumklasse C1 in die Verliererklasse C4.
- Kundin Huber verfügt über einen ordentlichen Umsatz und eine mittlere Kundentreue, wird aber als Verlierer behandelt. Es wird kaum überraschen, wenn sich Huber im Markt umsieht und abspringt.
- Eine scharfe Kundensegmentierung lässt auch für Kunde Schweizer eine kritische Situation entstehen. Er ist im Moment der profitabelste Kunde mit ausgezeichnetem Ruf, wird aber vom Unternehmen nicht entsprechend seinem Kundenwert wahrgenommen und behandelt.

Die hier exemplarisch aufgezeigten Konfliktsituationen können entschärft oder eliminiert werden, falls unscharfe Kundenklassen gebildet werden. Die Positionierung eines

Kunden im zwei- oder mehrdimensionalen Datenraum entspricht dem Kundenwert, der jetzt aus unterschiedlichen Klassenzugehörigkeitsanteilen besteht.

Gemäß Abb. 6.16 kann für einen bestimmten Kunden die Treue als *linguistische Variable* (engl. „linguistic variable") gleichzeitig „positiv" und „negativ" sein; z. B. ist die Zugehörigkeit von Becker zur unscharfen Menge $\mu_{positiv}$ 0,66 und diejenige zur Menge $\mu_{negativ}$ ist 0,33. Der Treuegrad von Becker ist also nicht ausschließlich stark oder schwach wie bei scharfen Klassen.

Die linguistische Variable Treue mit den vagen Termen „positiv" und „negativ" und den Zugehörigkeitsfunktionen $\mu_{positiv}$ und $\mu_{negativ}$ bewirkt, dass der Wertebereich D(Treue) unscharf partitioniert wird. Analog wird der Wertebereich D(Umsatz) durch die Terme „groß" und „klein" unterteilt. Dadurch entstehen im Kontextmodell Klassen mit kontinuierlichen Übergängen, d. h. unscharfe Klassen.

Die Zugehörigkeit eines Objekts zu einer Klasse ergibt sich aus der Aggregation über alle Terme, die die Klasse definieren. Die Klasse C1 wird durch die Terme „groß" (für die linguistische Variable Umsatz) und „positiv" (für die linguistische Variable Treue) beschrieben. Die Aggregation muss daher einer Konjunktion der einzelnen Zugehörigkeitswerte entsprechen. Dazu sind in der Theorie der unscharfen Mengen verschiedene Operatoren entwickelt worden.

Klassifikationsabfragen mit der Sprache fCQL (fuzzy Classification Query Language) operieren auf der linguistischen Ebene mit vagen Kontexten. Das hat den Vorteil, dass die Anwendenden keinen scharfen Zielwert und keinen Kontext kennen müssen, sondern lediglich den Spaltennamen des objektidentifizierenden Merkmals und die Tabelle oder

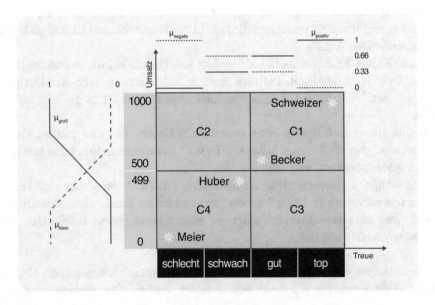

Abb. 6.16 Unscharfe Partitionierung der Wertebereiche mit Zugehörigkeitsfunktionen

Sicht, in der die Merkmalswerte enthalten sind. Für eine gezielte Betrachtung einzelner Klassen können die Anwendenden eine Klasse spezifizieren oder Merkmale mit einer verbalen Beschreibung ihrer Ausprägungen angeben. Klassifikationsabfragen arbeiten also mit verbalen Beschreibungen auf Merkmals- und Klassenebene:

```
CLASSIFY        Objekt
FROM            Tabelle
WITH            Klassifikationsbedingung
```

Die Sprache fCQL ist an SQL angelehnt, wobei anstelle des SELECT eine CLASSIFY-Klausel die Projektionsliste durch den Spaltennamen des zu klassifizierenden Objekts nennt. Während die WHERE-Klausel bei SQL eine Selektionsbedingung enthält, wird mit der WITH-Klausel die Klassifikationsbedingung festgelegt. Als Beispiel einer fCQL-Abfrage erzeugt

```
CLASSIFY        Kunde
FROM            Kundentabelle
```

die Klassifikation sämtlicher in der Tabelle vorhandener Kunden. Mit

```
CLASSIFY        Kunde
FROM            Kundentabelle
WITH            CLASS IS Augment Turnover
```

wird gezielt die Klasse C3 abgefragt. Verzichtet man auf die Definition der Klasse, so kann man mit den linguistischen Beschreibungen der Äquivalenzklassen eine bestimmte Objektmenge selektieren. Als Beispiel gilt die Abfrage

```
CLASSIFY        Kunde
FROM            Kundentabelle
WITH            Umsatz IS klein AND Treue IS stark
```

Diese Abfrage besteht aus dem Bezeichner des zu klassifizierenden Objekts (Kunde), dem Namen der Grundtabelle (Kundentabelle), den kritischen Merkmalsnamen (Umsatz und Treue) sowie dem Term „klein" der linguistischen Variablen Umsatz sowie dem Term „stark" der linguistischen Variablen Treue.

Aufgrund des obigen Beispiels und der gemachten Erläuterungen lassen sich unscharfe Datenbanken wie folgt charakterisieren:

Fuzzy-Datenbanksystem

Ein Fuzzy-Datenbankmanagementsystem (FDBMS) ist ein Datenbanksystem, das die folgenden Eigenschaften aufweist:

- Das Datenmodell ist unscharf relational, d. h., es lässt *graduelle, vage oder unsichere* Merkmalswerte zu.
- Abhängigkeiten zwischen den Attributen oder Merkmalen werden mit *unscharfen Normalformen* ausgedrückt.
- Sowohl der Relationenkalkül wie die Relationenalgebra können mithilfe der Fuzzy Logic zum unscharfen Relationenkalkül resp. zur *unscharfen Relationenalgebra* ausgebaut werden.
- Mit einer durch linguistische Variablen erweiterten Klassifikationssprache lassen sich *unscharfe Abfragen* formulieren.

Seit Jahren forschen vereinzelte Informatiker auf dem Gebiet der unscharfen Logik und relationaler Datenbanksysteme (vgl. „Bibliographie"). Diese Arbeiten werden vorwiegend auf dem Gebiet der Fuzzy Logic und weniger im Bereich der Datenbanken publiziert und entsprechend honoriert. Es ist zu hoffen, dass die beiden Forschungsgebiete sich in Zukunft nähern und die Exponenten der Datenbanktechnologie das Potenzial unscharfer Datenbanken und unscharfer Abfragesprachen erkennen.

Bibliographie

Bordogna, G., Pasi, G. (Hrsg.): Recent Issues on Fuzzy Databases. Physica (2000)

Bosc, P., Kacprzyk, J. (Hrsg.): Fuzzyness in Database Management Systems. Physica (1995)

Ceri, S., Pelagatti, G.: Distributed Databases – Principles and Systems. McGraw-Hill (1985)

Chen, G.: Design of Fuzzy Relational Databases Based on Fuzzy Functional Dependenciey. PhD Thesis Nr. 84, Leuven Belgium (1992)

Chen, G.: Fuzzy Logic in Data Modeling – Semantics, Constraints, and Database Design. Kluwer Academic (1998)

Clocksin, W.F., Mellish, C.S.: Programming in Prolog. Springer (1994)

Cremers, A.B., et al.: Deduktive Datenbanken – Eine Einführung aus der Sicht der logischen Programmierung. Vieweg (1994)

Dittrich, K.R. (Hrsg.): Advances in Object-Oriented Database Systems. Lecture Notes in Computer Science, Bd. 334. Springer (1988)

Etzion, O., Jajodia, S., Sripada, S. (Hrsg.): Temporal Databases – Research and Practice. Lecture Notes in Computer Science. Springer (1998)

Inmon, W.H.: Building the Data Warehouse. Wiley (2005)

Kimball, R., Ross, M., Thorntwaite, W., Mundy, J., Becker, B.: The Datawarehouse Lifecycle Toolkit. Wiley (2008)

Lorie, R.A., Kim, W., McNabb, D., Plouffe, W., Meier, A.: Supporting complex objects in a relational system for engineering databases. In: Kim, W., et al. (Hrsg.) Query Processing in Database Systems, S. 145–155. Springer (1985)

Meier, A., Wüst, T.: Objektorientierte und objektrelationale Datenbanken – Ein Kompass für die Praxis. dpunkt (2003)

Meier, A., Werro, N., Albrecht, M., Sarakinos, M.: Using a fuzzy classification query language for customer relationship management. In: Proc. 31st International Conference on Very Large Databases (VLDB), Trondheim, Norway, S. 1089–1096 (2005)

Meier, A., Schindler, G., Werro, N.: Fuzzy classification on relational databases (Chapter XXIII). In: Galindo, J. (Hrsg.) Handbook of Research on Fuzzy Information Processing in Databases, Bd. II, S. 586–614. IGI Global (2008)

Özsu, M.T., Valduriez, P.: Principles of Distributed Database Systems. Prentice Hall (1991)

Petra, F.E.: Fuzzy Databases – Principles and Applications. Kluwer Academic (1996)

Pons, O., Vila, M.A., Kacprzyk, J. (Hrsg.): Knowledge Management in Fuzzy Databases. Physica (2000)

Schindler, G.: Fuzzy Datenanalyse durch kontextbasierte Datenbankabfragen. Deutscher Universitäts (1998)

Snodgrass, R.T.: The temporal query language TQuel. ACM Trans. Database Syst. **12**(2), 247–298 (1987)

Snodgrass, R.T., et al.: A TSQL2 tutorial. SIGMOD-Record **23**(3), 27–33 (1994)

Stonebraker, M.: The Ingres Papers. Addison-Wesley (1986)

Stonebraker, M.: Object-Relational DBMS's – The Next Great Wave. Morgan Kaufmann (1996)

Werro, N.: Fuzzy Classification of Online Customers. Springer (2015)

Williams, R., et al.: R*: an overview of the architecture. In: Scheuermann, P. (Hrsg.) Improving Database Usability and Responsiveness, S. 1–27. Academic (1982)

Zadeh, L.A.: Fuzzy sets. Inf. Control **8**, 338–353 (1965)

NoSQL-Datenbanksysteme

7

7.1 Zur Entwicklung nicht-relationaler Technologien

In den Kap. 1 bis 5 wurden sämtliche Aspekte sowohl für SQL- als auch für Graph- und Dokumentdatenbanken im Detail beschrieben. Im Kap. 6 behandelten wir postrelationale Erweiterungen von SQL-Datenbanken. Das Kap. 7 gibt nun zum Abschluss einen abrundenden Überblick wichtiger NoSQL-Datenbanksysteme.

Der Begriff NoSQL wurde erstmals 1998 für eine (allerdings relationale) Datenbank verwendet, welche keine SQL-Schnittstelle aufwies. Der Aufstieg begann in den 2000er-Jahren, insbesondere mit der Entwicklung des Webs. Der Einsatz von sogenannten Web-Scale-Datenbanken wurde mit der wachsenden Popularität globaler Webdienste immer häufiger. Es bestand ein Bedarf an Datenhaltungssystemen, welche mit den enorm großen Datenmengen von Webdiensten (teilweise im Petabytebereich oder größer) umgehen können.

Die relationalen resp. SQL-Datenbanksysteme sind weit mehr als reine Datenspeicher. Sie bieten einen hohen Grad an Verarbeitungslogik:

- mächtige deklarative Sprachkonstrukte,
- Schemata, Metadaten,
- Konsistenzgewährung,
- referenzielle Integrität, Trigger,
- Recovery, Logging,
- Mehrbenutzerbetrieb, Synchronisierung,
- User, Rollen, Security,
- Indexierung.

© Der/die Autor(en), exklusiv lizenziert an Springer-Verlag GmbH, DE, ein Teil von Springer Nature 2023
M. Kaufmann und A. Meier, *SQL- & NoSQL-Datenbanken*,
https://doi.org/10.1007/978-3-662-67092-7_7

Diese Funktionalitäten von SQL bieten viele Vorteile bezüglich Konsistenz und Sicherheit der Daten. Dies zeigt, dass SQL-Datenbanken vor allem auf Integrität und Transaktionsschutz ausgerichtet sind, wie sie beispielsweise in Bankanwendungen oder Versicherungssoftware erforderlich sind. Da die Überprüfung von Datenintegrität aber mit viel Aufwand und Rechenleistung verbunden ist, stoßen relationale Datenbanken bei umfangreichen Datenmengen schneller an Grenzen. Die Mächtigkeit eines SQL-Datenbankverwaltungssystems bewirkt Nachteile hinsichtlich der Effizienz und Performanz, aber auch hinsichtlich der Flexibilität in der Datenverarbeitung.

In der Praxis stehen konsistenzorientierte Verarbeitungskomponenten einer effizienten Verarbeitung immenser Datenmengen oft im Weg; gerade auch in Anwendungsbereichen, bei denen die Performanz und nicht die Konsistenz im Vordergrund steht, wie beispielsweise bei sozialen Medien. Aus diesem Grund wurde in der Open-Source- und Web-Development-Community schon bald die Entwicklung massiv verteilter Datenbanksysteme vorangetrieben, welche diesen neuartigen Anforderungen standhalten kann.

NoSQL-Datenbank
Eine NoSQL-Datenbank weist folgende Eigenschaften auf (vgl. Abschn. 1.3.1):

- Das Datenbankmodell ist nicht relational.
- Ausrichtung auf verteilte und horizontale Skalierbarkeit.
- Schwache oder keine Schemarestriktionen.
- Einfache Datenreplikation.
- Einfacher Zugriff über eine Programmierschnittstelle (Application Programming Interface, API).
- Schwächeres Konsistenzmodell als ACID (z. B. BASE, siehe Abschn. 4.2.1).

Obwohl mit der Bezeichnung NoSQL ursprünglich Datenbankfunktionen gemeint waren, die nicht im SQL-Standard bzw. von der Sprache SQL abgedeckt sind, hat sich als Erklärung des Begriffs die Redewendung „not only SQL" resp. „nicht nur SQL" verbreitet. So bieten immer mehr typische NoSQL-Systeme eine SQL-Schnittstelle an, und klassische relationale Datenbanken bieten Zusatzfunktionen außerhalb von SQL, die als NoSQL-Funktionalitäten bezeichnet werden können.

Verschiedene Datenbankmodelle sind für verschiedene Zwecke geeignet, und der Einsatz von diversen Datenbankfamilien in einer Anwendung kann einen Mehrwert bringen, wenn jede ihre eigenen Stärken einbringen kann. Dieses Konzept wird mit dem Begriff Polyglot Persistence (wörtlich: mehrsprachige Persistenz) bezeichnet. So können in einer Anwendung sowohl SQL- als auch NoSQL-Technologien zum Zug kommen.

7.2   Schlüssel-Wert-Datenbanken

Die einfachste Art, Daten zu speichern, ist die Zuweisung eines Werts zu einer Variablen bzw. zu einem Schlüssel. Auf Hardwareebene arbeiten CPUs mit Registern, die auf diesem Modell aufgebaut sind; in Programmiersprachen gibt es dazu das Konstrukt der assoziativen Arrays. Das einfachste mögliche Datenbankmodell ist analog dazu ein Datenspeicher, welcher zu einem Datenobjekt als Schlüssel ein Datenobjekt als Wert speichert.

In einer *Schlüssel-Wert-Datenbank* (engl. „key value store") kann zu einem Schlüssel mit einem ganz einfachen Befehl, z. B. SET, ein bestimmter Wert gespeichert werden. Im Folgenden werden Daten zu einem Benutzer einer Webseite gespeichert: Vorname, Nachname, E-Mail und verschlüsseltes Passwort. Beispielsweise speichert der Schlüssel User:U17547:vorname den Wert Max.

```
SET User:U17547:vorname Max
SET User:U17547:nachname Müller
SET User:U17547:email max.müller@blue_planet.net
SET User:U17547:pwhash D75872C818DC63BC1D87EA12
SET User:U17548:vorname Mina
SET User:U17548:nachname Maier
...
```

Datenobjekte können mit einer einfachen Abfrage unter Verwendung des Schlüssels abgerufen werden:

```
GET User:U17547:email
> max.müller@blue_planet.net
```

Der Schlüsselraum kann allenfalls mit einem Sonderzeichen wie einem Doppelpunkt oder einem Schrägstrich strukturiert werden. So kann ein Namensraum definiert werden, der eine rudimentäre Datenstruktur abbilden kann. Ansonsten unterstützt ein Schlüssel-Wert-Speicher keine weiteren Arten von Struktur, weder Verschachtelungen noch Referenzen. Eine Schlüssel-Wert-Datenbank ist schemafrei; d. h., Datenobjekte können jederzeit in beliebiger Form gespeichert werden, ohne dass irgendwelche Metadatenobjekte wie Tabellen oder Spalten vorher definiert werden müssen. Aufgrund des Verzichts auf Schema und referenzieller Integrität wird der Schlüssel-Wert-Speicher performant in der Anfrage, einfach partitionierbar und flexibel in der Art der zu speichernden Daten.

Schlüssel-Wert-Datenbank

Eine Datenbank mit den folgenden Eigenschaften wird Schlüssel-Wert-Datenbank (Key/ Value Store) genannt:

- Es gibt eine Menge von identifizierenden Datenobjekten, die Schlüssel.
- Zu jedem Schlüssel gibt es genau ein assoziiertes deskriptives Datenobjekt, welches den Wert zum zugehörigen Schlüssel darstellt.
- Mit der Angabe des Schlüssels kann der zugehörige Wert aus der Datenbank abgefragt werden.

Key Value Stores erfahren im Zuge der NoSQL-Bewegung einen starken Aufschwung, weil sie für große Datenmengen skalierbar sind. Da die Anforderung der referenziellen Integrität bei Key/Value Stores nicht überprüft wird, können umfangreiche Datenmengen effizient geschrieben und wieder gelesen werden. Sind die Schlüssel-Wert-Paare im Hauptspeicher (Memory, RAM) der Datenbank zwischengespeichert, erhöht sich die Geschwindigkeit der Datenverarbeitung nochmal um ein Vielfaches. In diesem Fall spricht man von In-Memory-Datenbanken. Diese verwenden Technologien für das Caching von Werten im Hauptspeicher, wobei laufend mit den im Hintergrundspeicher längerfristig persistierten Daten abgeglichen wird.

Die Skalierbarkeit von Key/Value Stores kann mit Fragmentierung der Datenbasis bzw. Sharding quasi beliebig ausgebaut werden. Bei Schlüssel-Wert-Datenbanken ist die Partitionierung aufgrund des einfachen Modells leicht zu bewerkstelligen. Einzelne Rechner im Cluster, sogenannte Shards, nehmen dabei nur einen Teilraum der Schlüssel bei sich auf. So kann die Datenbank auf eine große Anzahl von einzelnen Rechnern verteilt werden. Die Verteilung der Schlüssel basiert oft auf dem Prinzip des Consistent Hashing (Abschn. 5.2.4).

Die Abb. 7.1 zeigt eine verteilte Architektur für eine Schlüssel-Wert-Datenbank: Aus dem Schlüssel wird ein Zahlenwert (Hash) generiert. Unter Anwendung des Moduloperators kann dieser Wert nun auf eine vorgegebene Anzahl von Adressräumen (Hash Slots) verteilt werden. So wird ermittelt, auf welchem Shard der Wert zum Schlüssel innerhalb der verteilten Architektur gespeichert wird. Um die Ausfallsicherheit zu erhöhen, kann die verteilte Datenbank auf andere Rechner kopiert und aktuell gehalten werden. In diesem Fall sprechen wir von Replikation. Die eigentliche Datenbasis, der Primary Cluster, wird dabei mit einer oder mehreren replizierten Datenbasen, den Replica Cluster, synchronisiert.

Die Abb. 7.1 zeigt exemplarisch eine mögliche hochperformante, massiv verteilte Architektur für eine Schlüssel-Wert-Datenbank. Der Primary Cluster enthält drei Rechner (Shards A bis C). Für kurze Antwortzeiten werden die Daten direkt im Hauptspeicher (RAM) gehalten. Für die Speicherung auf der Festplatte wird die Datenbasis auf

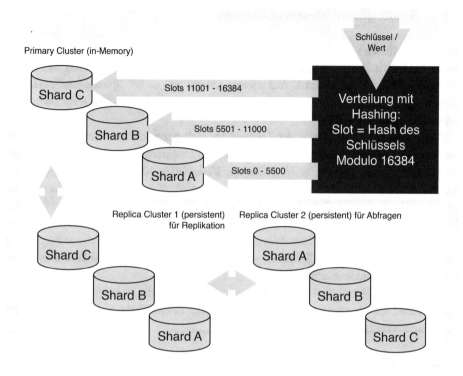

Abb. 7.1 Eine massiv verteilte Schlüssel-Wert-Datenbank mit Sharding und hashbasierter Schlüsselverteilung

einem Replica Cluster repliziert, wo die Daten auf die Festplatte geschrieben werden. Ein weiterer Replica Cluster erhöht die Performance weiter, indem für komplexe Abfragen und Analysen ein zusätzlicher replizierter Rechnercluster bereitgestellt wird.

Ein weiterer Vorteil von Daten-Wert-Speichern über das effiziente Sharding für große Datenmengen hinaus ist die Flexibilität im Datenschema. In einem relationalen Datenbanksystem muss zu jedem Datensatz, der zu speichern ist, im Voraus ein Schema in der Form einer Relation mit Attributen bestehen. Ist dies nicht der Fall, muss vor der Datenspeicherung eine Schemadefinition vorgenommen werden. Im Fall von Tabellen mit einer großen Menge von Datensätzen oder beim Arbeiten mit heterogenen Daten ist dies oft mit erheblichem Aufwand verbunden. Schlüssel-Wert-Datenbanken sind schemafrei und somit flexibel in der Art der zu speichernden Daten. Es muss also keine Tabelle mit Spalten und Datentypen spezifiziert werden – Daten können einfach unter einem beliebigen Schlüssel abgelegt werden. Allerdings bringt die Abwesenheit eines Datenbankschemas oft Unordnung in die Datenverwaltung.

7.3   Spaltenfamilien-Datenbanken

Obwohl Schlüssel-Wert-Datenbanken performant große Datenmengen verarbeiten, ist deren Struktur rudimentär. Oftmals ist eine Möglichkeit zur Strukturierung des Datenraums erforderlich; ein Schema. Aus diesem Grund gibt es bei *Spaltenfamilien*-Datenbanken (engl. „column family stores") eine Erweiterung des Schlüssel-Wert-Konzepts mit etwas mehr Struktur.

Bei der Speicherung relationaler Tabellen hat sich gezeigt, dass es effizienter ist, die Daten für die Optimierung des Lesezugriffs nicht zeilenweise, sondern spaltenweise zu speichern. Es ist nämlich so, dass für eine Zeile selten alle Spalten benötigt werden, aber es Gruppen von Spalten gibt, die häufig zusammen gelesen werden. Aus diesem Grund macht es für die Optimierung des Zugriffs Sinn, Daten in solchen Gruppen von Spalten – in Spaltenfamilien – als Speichereinheit zu strukturieren. Die danach benannten modernen Column Family Stores orientieren sich an diesem Modell; sie speichern Daten nicht in relationalen Tabellen, sondern in erweiterten und strukturierten mehrdimensionalen Schlüsselräumen.

Google hat 2008 mit Bigtable ein Datenbankmodell für die verteilte Speicherung von strukturierten Daten vorgestellt und hat damit die Entwicklung von Spaltenfamilien-Datenbanken maßgeblich beeinflusst.

Bigtable
Im Bigtable-Modell ist eine Tabelle eine dünnbesetzte, verteilte, multidimensionale, sortierte Map. Sie hat folgende Eigenschaften:

- Es handelt sich bei der Datenstruktur um eine Abbildung, welche Elemente aus einer Definitionsmenge Elementen einer Zielmenge zuordnet.
- Die Ausgabe der Abbildungsfunktion ist sortiert, d. h., es existiert eine Ordnungsrelation für die Schlüssel, welche die Zielelemente adressieren.
- Die Adressierung erfolgt mehrdimensional, d. h., die Funktion hat mehr als einen Parameter.
- Die Daten werden durch die Abbildung verteilt, d. h., sie können auf vielen verschiedenen Rechnern an räumlich unterschiedlichen Orten gespeichert sein.
- Die Abbildung ist dünnbesiedelt, muss also nicht für jeden möglichen Schlüssel einen Eintrag aufweisen.

In Bigtable hat eine Tabelle drei Dimensionen: Sie bildet für eine Zeile („row") und eine Spalte („column") zu einem bestimmten Zeitpunkt („time") einen Eintrag der Datenbank als String ab:

```
(row:string, column:string, time:int64) ·←string
```

Tabellen in Spaltenfamilien-Datenbanken sind mehrstufige aggregierte Strukturen. Der erste Schlüssel, der Zeilenschlüssel, ist analog zur Schlüssel-Wert-Datenbank eine Adressierung eines Datenobjekts. Innerhalb dieses Schlüssels befindet sich nun aber eine weitere Struktur, die Unterteilung der Zeile in verschiedene Spalten, welche selbst wiederum mit Schlüsseln adressiert wird. Einträge der Tabelle werden zusätzlich mittels Zeitstempel versioniert. Die Speichereinheit, die mit einer bestimmten Kombination aus Zeilenschlüssel, Spaltenschlüssel und Zeitstempel adressiert wird, heißt Zelle.

Spalten in einer Tabelle werden zu Spaltenfamilien gruppiert. Diese bilden die Einheit für die Zugriffskontrolle, d. h. für die Vergabe von Lese- und Schreibrechten für Benutzungskonti und Applikationen. Zudem dient die Einheit der Spaltenfamilie der Zuordnung von Arbeitsspeicher und Festplatte. Die Spaltenfamilien sind die einzigen festen Schemaregeln der Tabelle, deshalb müssen sie explizit durch Änderung des Schemas der Tabelle erstellt werden. Im Unterschied zu relationalen Tabellen können aber innerhalb einer Spaltenfamilie beliebige Spaltenschlüssel für die Speicherung von Daten verwendet werden. Die Spaltenfamilie dient somit als rudimentäres Schema mit einer reduzierten Menge an Metadaten.

Daten innerhalb einer Spaltenfamilie haben den gleichen Typ, denn es wird davon ausgegangen, dass sie zusammen gelesen werden. Die Datenbank speichert deshalb Daten zu einer Spaltenfamilie in einer Zeile der Tabelle immer auf dem gleichen Rechner. Dieser Mechanismus beschleunigt gemeinsame Lesezugriffe innerhalb der Spaltenfamilie. Zu diesem Zweck ordnet das Datenbankverwaltungssystem die Spaltenfamilien zu Lokalitätsgruppen. Diese definieren, auf welchem Rechner und in welchem Format die Daten gespeichert werden. Daten in einer Lokalitätsgruppe werden physisch auf dem gleichen Rechner gespeichert. Zudem können für Lokalitätsgruppen bestimmte Parameter gesetzt werden, beispielsweise kann für eine Lokalitätsgruppe definiert werden, dass sie im Arbeitsspeicher gehalten wird. Somit können Daten zu einer Spaltenfamilie schnell und ohne Festplattenzugriff gelesen werden.

Zusammengefasst zeigt Abb. 7.2, wie Daten im beschriebenen Bigtable-Modell gespeichert werden: Eine Datenzelle wird mit Zeilenschüssel und Spaltenschlüssel adressiert. In diesem Beispiel gibt es pro Benutzenden einen Zeilenschlüssel. Die Inhalte sind außerdem mit einem Zeitstempel historisiert. Verschiedene Spalten werden als Spaltenfamilie zusammengefasst: Die Spalten Mail, Name und Phone gehören zur Spaltenfamilie Contact. Zugangsdaten wie Benutzungskonto und Passwörter könnten in der Spaltenfamilie Access gespeichert werden. Die Spalten innerhalb einer Spaltenfamilie sind *dünnbesiedelt* (engl. „sparse"). Im Beispiel in Abb. 7.2 enthält die Zeile U17547 einen Wert für die Spalte Contact:Mail, aber nicht für die Spalte Contact:Phone. Ist kein Eintrag vorhanden, wird in der Zeile auch nichts gespeichert.

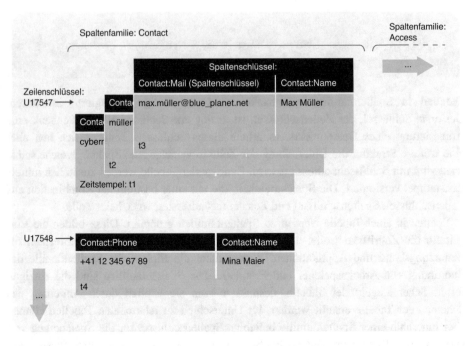

Abb. 7.2 Speicherung von Daten mit dem Bigtable-Modell

Spaltenfamilien-Datenbank

Datenbanken, welche ein dem Bigtable-Modell ähnliches Datenmodell verwenden, werden *Spaltenfamilien-Datenbank* (engl. „column family store") genannt. Darunter verstehen wir eine NoSQL-Datenbank mit folgenden Eigenschaften:

- Daten werden in mehrdimensionalen Tabellen gespeichert.
- Datenobjekte werden mit Zeilenschlüsseln adressiert.
- Objekteigenschaften werden mit Spaltenschlüsseln adressiert.
- Spalten der Tabelle werden zu Spaltenfamilien zusammengefasst.
- Das Schema einer Tabelle bezieht sich ausschließlich auf Spaltenfamilien; innerhalb einer Spaltenfamilie können beliebige Spaltenschlüssel verwendet werden.
- Bei verteilten, fragmentierten Architekturen werden Daten zu einer Spaltenfamilie physisch möglichst am gleichen Ort gespeichert (Ko-Lokation), um die Antwortzeiten zu optimieren.

Die Vorteile von Spaltenfamilien-Datenbanken sind hohe Skalierbarkeit und Verfügbarkeit durch massive Verteilung, gleich wie bei Key/Value Stores. Zudem bieten sie eine nützliche Struktur durch ein Schema mit Zugriffskontrolle und Lokalisation von verteilten Daten auf Ebene Spaltenfamilie; gleichwohl lassen sie innerhalb der

Spaltenfamilie genügend Freiraum mit der möglichen Verwendung von beliebigen Spaltenschlüsseln.

7.4   Dokumentdatenbanken

Eine dritte Variante von NoSQL-Datenbanken, die *Dokumentdatenbanken* (engl. „document databases"), vereinigen nun die Schemafreiheit von Schlüssel-Wert-Speichern mit der Möglichkeit zur Strukturierung der gespeicherten Daten. Anders, als der Name impliziert, speichern Dokumentdatenbanken nicht beliebige Dokumente wie Web-, Video- oder Audiodateien, sondern strukturierte Daten in Datensätzen, welche Dokumente genannt werden.

Die gängigen Dokumentdatenbanken wurden spezifisch für den Einsatz für Webdienste entwickelt. Dadurch sind sie mit Webtechnologien wie JavaScript oder HTTP[1]einfach integrierbar. Zudem sind sie auf einfache Weise horizontal skalierbar, indem verschiedene Rechner zu einem Gesamtsystem zusammengesetzt werden können, welche das Datenvolumen mit Splitterung bzw. Sharding verteilen. Somit liegt der Fokus eher auf der Verarbeitung von großen Mengen heterogener Daten, während bei vielen Webdaten, beispielsweise im Bereich Social Media, Suchmaschinen oder Newsportalen, die Konsistenz der Daten nicht jederzeit gewährleistet sein muss. Eine Ausnahme sind hier sicherheitsrelevante Webdienste wie E-Banking, welche stark auf Schemarestriktionen und garantierte Konsistenz angewiesen sind.

Dokumentdatenbanken sind völlig schemafrei, d. h., es ist nicht notwendig, vor dem Einfügen von Datenstrukturen ein Schema zu definieren. Die Schemaverantwortung wird somit der verarbeitenden Applikation übergeben. Der Nachteil, der sich aus der Schemafreiheit ergibt, ist der Verzicht auf referenzielle Integrität und Normalisierung. Durch die Schemafreiheit ist aber eine extreme Flexibilität in der Speicherung unterschiedlichster Daten möglich, welche sich auf die Vielfalt (Variety) von Big Data (vgl. Abschn. 1.3) bezieht. Auch kann so die Fragmentierung der Datenbasis auf einfache Art und Weise erfolgen.

Dokumentdatenbanken sind auf der ersten Ebene eine Art Schlüssel-Wert-Datenbank. Zu einem beliebigen Schlüssel (die Dokument-ID) kann ein Datensatz als Wert gespeichert werden. Diese Datensätze werden Dokumente genannt. Auf der zweiten Ebene haben diese Dokumente nun eine eigene interne Struktur. Der Begriff des Dokuments ist insofern nicht ganz treffend, als es sich hierbei explizit nicht um Multimedia oder andere unstrukturierte Dokumente handelt. Ein Dokument im Sinne der Dokumentdatenbanken ist eine Datei mit strukturierten Daten, beispielsweise im JSON[2]-Format. Diese Struktur stellt eine Liste von Attribut-Wert-Paaren dar. Alle Attributwerte

---

[1] HyperText Transfer Protocol.

[2] JavaScript Object Notation.

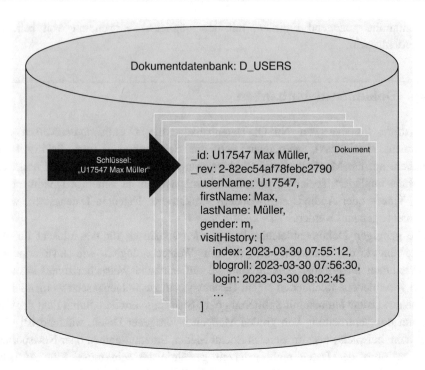

Abb. 7.3 Beispiel einer Dokumentdatenbank

in dieser Datenstruktur können rekursiv wiederum Listen von Attribut-Wert-Paare enthalten. Die Dokumente haben untereinander keine Beziehung, sondern enthalten eine in
sich abgeschlossene Sammlung von Daten.

In Abb. 7.3 wird als Beispiel eine Dokumentdatenbank D_USERS dargestellt, die
Daten zu Benutzungskonti einer Webseite speichert. Zu einem Benutzungsschlüssel
mit dem Attribut _id wird ein Dokument gespeichert, welches alle Daten zu einem
Benutzungskonto wie Benutzungsname (userName), Vorname (firstName), Nachname (lastName) und das Geschlecht (gender) speichert. Das Attribut visitHistory enthält einen verschachtelten Attributwert als assoziatives Array, welches selbst wieder
Schlüssel-Wert-Paare aufweist. In dieser verschachtelten Struktur wird zu einer Webseite
als zugehöriger Wert der Zeitpunkt des letzten Besuchs aufgelistet.

Neben dem Standard-Attribut _id enthält das Dokument ein Feld _rev (revision),
welches die Version des Dokuments indiziert. Eine Möglichkeit zur Auflösung
konkurrenzierender Anfragen ist die Multi-Version Concurrency Control: Die Datenbank
stellt sicher, dass jede Anfrage jeweils die Revision eines Dokuments mit der größten
Anzahl Änderungen erhält. Da dadurch jedoch nicht eine vollständige transaktionale

Sicherheit gewährleistet werden kann, spricht man in diesem Fall von *eventueller Konsistenz* (engl. „eventual consistency"): Erst nach einer gewissen Zeit wird die Konsistenz der Daten erreicht. Dadurch kann die Datenverarbeitung auf Kosten der transaktionalen Sicherheit stark beschleunigt werden.

Dokumentdatenbank
Zusammengefasst ist eine Dokumentdatenbank ein Datenbankverwaltungssystem mit folgenden Eigenschaften:

- Sie ist eine Schlüssel-Wert Datenbank.
- Die gespeicherten Datenobjekte als Werte zu den Schlüsseln werden Dokumente genannt; die Schlüssel dienen der Identifikation.
- Die Dokumente enthalten Datenstrukturen in der Form von rekursiv verschachtelten Attribut-Wert-Paaren ohne referenzielle Integrität.
- Diese Datenstrukturen sind schemafrei, d. h., in jedem Dokument können beliebige Attribute verwendet werden, ohne diese zuerst in einem Schema zu definieren.

Anfragen an eine Dokumentdatenbank können mit Map/Reduce- Verfahren (Abschn. 5.4) parallelisiert und somit beschleunigt werden. Solche Verfahren sind zweiphasig, wobei Map in etwa der Gruppierung („group by") und Reduce der Aggregierung (z. B. „count", „sum" etc.) in SQL entspricht.

In der ersten Phase wird eine Mapfunktion ausgeführt, welche für jedes Dokument eine vordefinierte Verarbeitung vornimmt, welche einen *Index* (Map) aufbaut und retourniert. Eine solche Map ist ein assoziatives Array mit einem oder mehreren Schlüssel-Wert-Paaren pro Dokument. Die Phase Map kann pro Dokument unabhängig vom Rest der Datenbasis berechnet werden, wodurch bei der Verteilung der Datenbank auf mehrere Rechner immer eine Parallelverarbeitung ohne Abhängigkeiten möglich ist.

In der zweiten optionalen Reducephase wird eine Funktion zur *Reduzierung* (Reduce) der Daten durchgeführt, welche pro Schlüssel im Index aus der Mapfunktion eine Zeile zurückgibt und deren zugehörige Werte aggregiert. Folgendes Beispiel zeigt, wie mit Map/Reduce die Anzahl Benutzngskonti, gruppiert nach Geschlecht, in der Datenbank aus Abb. 7.3 berechnet wird.

Für jedes Dokument wird wegen der Schemafreiheit in der Mapfunktion geprüft, ob das Attribut userName vorhanden ist. Falls dem so ist, wird mit der Funktion emit ein Schlüssel-Wert-Paar zurückgegeben: Als Schlüssel wird das Geschlecht der Benutzer*innen und als Wert die Zahl 1 retourniert. Die Reducefunktion erhält anschließend im Array „keys" drei verschiedene Schlüssel, m, f und nb, und als Werte im Array „values" für jedes Dokument pro Benutzer*in mit dem entsprechenden Geschlecht die Zahl 1. Die Reducefunktion retourniert die Summe der Einsen, gruppiert nach dem Schlüssel, was der jeweiligen Anzahl entspricht.

```
// map
function(doc){
  if(doc.userName) {
    emit(doc.gender, 1)
  }
}

// reduce
function(keys, values) {
return sum(values)
}

// >       key  value
// >       "f"  456
// >       "m"  567
```

Die Resultate von Map/Reduce-Berechnungen, sogenannte Views, sollten für eine optimale Performance als permanente Views mittels Designdokumenten vorberechnet und indexiert werden. Schlüssel-Wert-Paare werden in Dokumentdatenbanken in B-Bäumen (siehe Abschn. 5.2.1) gespeichert. Dadurch wird ein schneller Zugriff auf einzelne Schlüsselwerte gewährleistet. Die Reducefunktion macht sich die B-Baum-Struktur zu Nutze, indem Aggregate in balancierten Bäumen gespeichert werden, wobei in den Blättern nur wenige Detailwerte gelagert sind. Bei Aktualisierungen von Aggregaten sind daher nur Änderungen des jeweiligen Blattes und der (wenigen) Knoten mit Teilsummen bis zur Wurzel notwendig.

7.5   XML-Datenbanken

Die Auszeichnungssprache XML (eXtensible Markup Language) wurde vom World Wide Web Consortium (W3C) entwickelt. Die Inhalte von Hypertextdokumenten werden wie bei HTML durch Tags markiert. Ein XML-Dokument ist selbstbeschreibend, da es neben den eigentlichen Daten auch Informationen über die Datenstruktur mitführt:

```
<Adresse>
<Straße> Rue Faucigny </Straße>
<Nummer> 2 </Nummer>
<Postleitzahl> 1700 </Postleitzahl>
<Ort> Fribourg </Ort>
</Adresse>
```

Die Grundbausteine von XML-Dokumenten nennt man Elemente. Diese bestehen aus einem Start-Tag (in spitzen Klammern <Name>) und einem End-Tag (in spitzen Klammern mit Schrägstrich </Name>), dazwischen steht der Inhalt des Elementes. Die Bezeichner des Start- und End-Tags müssen übereinstimmen.

Die Tags liefern Informationen über die Bedeutung der konkreten Werte und sagen somit etwas über die Datensemantik aus. Elemente können in XML-Dokumenten beliebig geschachtelt werden. Zur Darstellung hierarchisch strukturierter Dokumente wird sinnvollerweise ein Graph verwendet; ein Beispiel ist in Abb. 7.4 gegeben.

Wie erwähnt, enthalten die XML-Dokumente implizit auch Informationen über die Struktur des Dokumentes. Da es für viele Anwendungen wichtig ist, die Struktur der XML-Dokumente zu kennen, sind explizite Darstellungen (DTD = Document Type Definition oder XML-Schema) von W3C vorgeschlagen worden. Mit einem expliziten Schema wird aufgezeigt, welche Tags im XML-Dokument auftreten und wie sie angeordnet sind. Damit lassen sich unter anderem Fehler in XML-Dokumenten lokalisieren und beheben. Da es für den Einsatz von Datenbanksystemen vorteilhaft ist, soll das XML-Schema hier illustriert werden.

Wir untersuchen nun die Frage, wie ein XML-Schema mit einem relationalen Datenbankschema zusammenhängt: Normalerweise können relationale Datenbankschemas durch eine dreistufige Verschachtelung von Elementen charakterisiert werden, und zwar der Bezeichnung der Datenbank, den Relationennamen sowie den Attributnamen. Damit können wir ein relationales Datenbankschema einem Ausschnitt eines XML-Schemas zuordnen und umgekehrt.

In Abb. 7.4 sehen wir die Zuordnung eines XML-Dokumentes zu einem relationalen Datenbankschema. Der Ausschnitt eines XML- Dokuments zeigt die beiden Relationennamen ABTEILUNG und ADRESSE, jeweils mit den zugehörigen Attributnamen resp. den konkreten Datenwerten. Die Verwendung von Schlüsseln und Fremdschlüsseln ist mithilfe eines XML-Schemas ebenfalls möglich, worauf wir kurz eingehen.

Das grundlegende Konzept von XML-Schemas ist, Datentypen zu definieren und über Deklarationen Namen zu den Datentypen zuordnen zu können. Dadurch lassen sich beliebige XML-Dokumente erstellen. Zudem besteht die Möglichkeit, Integritätsregeln für die Korrektheit von XML-Dokumenten zu beschreiben.

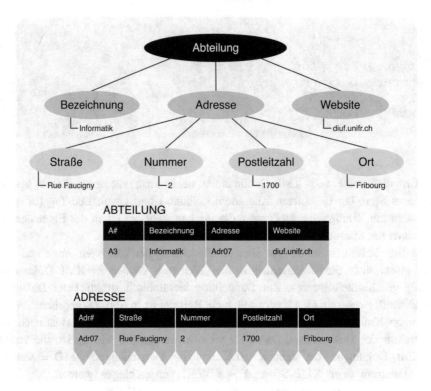

Abb. 7.4 Darstellung eines XML-Dokumentes in Tabellenform

Es gibt eine Vielzahl von Standarddatentypen wie String, Boolean, Integer, Date, Time etc., daneben können aber auch benutzungsdefinierte Datentypen eingeführt werden. Spezifische Eigenschaften der Datentypen lassen sich durch sogenannte Facets deklarieren. So kann die Ordnungseigenschaft eines Datentyps angegeben werden, beispielsweise die Beschränktheit der Werte durch Ober- und Untergrenzen, Längenbeschränkungen oder Aufzählung erlaubter Werte:

```
<xs:simpleType name="Ort">
<xs:restriction base="xs:string">
<xs:length value="20"/>
</xs:restriction>
</xs:simpleType>
```

Zur Darstellung der Ortschaften wird ein einfacher Datentyp vorgeschlagen, der auf dem vordefinierten Datentyp String basiert. Zudem wird verlangt, dass die Ortsnamen nicht mehr als 20 Zeichen umfassen sollen.

Es sind verschiedene XML-Editoren entwickelt worden, die eine grafische Darstellung eines XML-Dokumentes resp. eines XML-Schemas erlauben. Diese Editoren können sowohl für die Deklaration der Struktureigenschaften als auch für die Erfassung von Dateninhalten verwendet werden. Durch das Ein- und Ausblenden von Teilstrukturen lassen sich umfangreiche XML-Dokumente resp. XML-Schemas übersichtlich anordnen.

Es ist wünschenswert, dass XML-Dokumente oder XML-Datenbanken ausgewertet werden können. Im Gegensatz zu relationalen Abfragesprachen werden Selektionsbedingungen nicht nur an Werte geknüpft (Wertselektion), sondern auch an Elementstrukturen (Strukturselektion). Weitere Grundoperationen einer XML-Abfrage betreffen die Extraktion von Subelementen eines XML-Dokumentes resp. das Verändern ausgewählter Subelemente. Auch lassen sich durch das Zusammensetzen von einzelnen Elementen aus unterschiedlichen Quellstrukturen neue Elementstrukturen erzeugen. Zu guter Letzt muss eine geeignete Abfragesprache auch mit Hyperlinks resp. Referenzen umgehen können; sogenannte Pfadausdrücke sind deshalb unentbehrlich.

XQuery ist von W3C vorgeschlagen worden, beeinflusst durch die Sprachen SQL, unterschiedliche XML-Sprachen (z. B. XPath als Navigationssprache von XML-Dokumenten) sowie objektorientierte Abfragesprachen. XQuery ist eine Erweiterung von XPath, wobei sie zusätzlich zum Abrufen von Daten in XML-Dokumenten die Möglichkeit zur Formung neuer XML-Strukturen bietet. Die Grundelemente von XQuery bilden FOR-LET-WHERE-RETURN-Ausdrücke: FOR und LET binden eine oder mehrere Variablen an die Ergebnisse der Auswertung von Ausdrücken. Mit der WHERE-Klausel können analog zu SQL weitere Einschränkungen an der Ergebnismenge vorgenommen werden. Das Ergebnis der Abfrage wird durch RETURN angezeigt.

Ein einfaches Beispiel soll das Grundkonzept von XQuery skizzieren. Es wird eine Anfrage an das XML-Dokument „Abteilung" (siehe Abb. 7.4) gestellt, dabei interessieren die Straßennamen sämtlicher Abteilungen:

```
<StraßenNamen>
{FOR $Abteilung IN //Abteilung RETURN
$Abteilung/Adresse/Straße }
</StraßenNamen>
```

Die obige Abfrage bindet die Variable $Abteilung im Laufe der Bearbeitung jeweils an die Knoten vom Typ <Abteilung>. Für jede dieser Bindungen wird durch den RETURN-Ausdruck die jeweilige Adresse evaluiert und die Straße ausgegeben. Die Anfrage in XQuery produziert das folgende Ergebnis:

```
<StraßenNamen>
<Straße> Rue Faucigny </Straße>
<Straße> . . . . . . . . . . . </Straße>
<Straße> . . . . . . . . . . </Straße>
</StraßenNamen>
```

In XQuery werden Variablen mit einem durch das $-Zeichen ergänzten Namen eindeutig gekennzeichnet, um Namen von Elementen zu unterscheiden. Im Gegensatz zu einigen Programmiersprachen können Variablen in XQuery keine Werte zugewiesen werden. Vielmehr muss man Ausdrücke auswerten und das Ergebnis an die Variablen binden. Diese Variablenbindung erfolgt bei XQuery mit den FOR- und LET-Ausdrücken.

Im obigen Anfragebeispiel wird auf die Spezifikation des LET- Ausdrucks verzichtet. Mit der WHERE-Klausel ließe sich zudem die Ergebnismenge weiter einschränken. Die Auswertung der RETURN-Klausel erfolgt für jeden Schleifendurchlauf mit FOR, muss aber nicht zwingend ein Resultat liefern. Die einzelnen Resultate hingegen werden aneinandergereiht und bilden das Ergebnis des FOR-LET-WHERE-RETURN-Ausdrucks.

XQuery ist eine mächtige Abfragesprache für Hyperdokumente und wird sowohl für XML-Datenbanken wie auch für einige postrelationale Datenbanksysteme angeboten. Damit relationale Datenbanksysteme XML-Dokumente speichern können, müssen Erweiterungen in der Speicherungskomponente vorgenommen werden.

Viele relationale Datenbanksysteme verfügen heute über XML-Spaltendatentypen und somit über die Möglichkeit, mit XML direkt umzugehen: So können Daten in XML-Spalten strukturiert abgespeichert werden und mit XQuery oder XPath Elemente des XML-Baums direkt gesucht und verändert werden. Um die Jahrtausendwende waren XML-Dokumente für Datenspeicherung und -kommunikation stark im Aufwind und wurden für alles Mögliche, insbesondere auch für Webdienste, angewendet. Im Zuge dieser Entwicklung entstand eine Reihe von Datenbanken, welche Daten direkt in der Form von XML-Dokumenten verarbeiten können. Gerade im Open-Source-Bereich ist die Unterstützung von XQuery bei nativen XML-Datenbanken wesentlich mächtiger als bei relationalen Datenbanken.

Native XML-Datenbank

Eine native XML-Datenbank ist eine Datenbank, welche folgende Eigenschaften erfüllt:

- Die Daten werden in Dokumenten gespeichert. Sie ist also eine Dokumentdatenbank (siehe Abschn. 7.4).
- Die strukturierten Daten in den Dokumenten sind kompatibel mit dem XML-Standard.

- XML-Technologien wie XPath, XQuery und XSL/T können zur Abfrage und Manipulation der Daten angewendet werden.

Native XML-Datenbanken speichern Daten streng hierarchisch in einer Baumstruktur. Sie sind dann besonders gut geeignet, wenn hierarchische Daten in standardisiertem Format gespeichert werden sollen, beispielsweise bei Webservices in der serviceorientierten Architektur (SOA). Ein großer Vorteil ist der vereinfachte Datenimport in die Datenbank, der bei einigen Datenbanksystemen durch simples Drag-and-drop von XML-Dateien erreicht werden kann. Die Abb. 7.5 zeigt eine schematische Darstellung einer nativen XML-Datenbank. Sie vereinfacht es Benutzer*innen und Programmen, auf Daten in einer Sammlung von XML-Dokumenten sowohl lesend als auch schreibend zuzugreifen.

Eine XML-Datenbank kann keine Querverweise zwischen gleichen Knoten herstellen. Dies kann insbesondere bei multidimensional verknüpften Daten problematisch sein. Geeignet ist eine XML-Datenbank daher vor allem für Daten, welche in einer Baumstruktur als Folge von verschachtelten Generalisierungen oder Aggregationen dargestellt werden können.

7.6   Graphdatenbanken

Graphdatenbanken unterscheiden sich deutlich von den bisher besprochenen Datenmodellen der Schlüssel-Wert-Datenbanken, der Spaltenfamilien-Datenbanken und der Dokumentdatenbanken, inklusive der XML-Datenbanken. Diese drei Datenmodelle verzichten zugunsten von einfacher Fragmentierung (Sharding) auf komplexe Datenbankschemas und auf referenzielle Integrität.

In einer Graphdatenbank werden Daten in Eigenschaftsgraphen (vgl. Abschn. 2.4.1) in Form von Knoten und Kanten gespeichert, welche zu einem Knotentyp bzw. zu einem Kantentyp gehören, und Daten in Form von Attribut-Wert-Paaren enthalten. Bei der Graphdatenbanksprache Cypher (vgl. Abschn. 3.4) handelt es sich dabei um ein implizites Schema. Das heißt, dass Datenobjekte zu einem bisher nicht existierenden Knoten- oder Kantentyp direkt in die Datenbank eingefügt werden können, ohne diesen Typ vorher zu definieren. Das Datenbankverwaltungssystem vollzieht aus den vorhandenen Angaben implizit die entsprechende Schemaveränderung nach, d. h., es erstellt den entsprechenden Typ.

Als einführendes Beispiel zeigt Abb. 7.6 eine Graphdatenbank, G_USERS, welche Daten eines Webportals mit Benutzerkonti, Webseiten und Beziehungen untereinander abbildet. Wie in Abschn. 1.4.1 beschrieben, hat die Datenbank ein Schema mit Knoten- und Kantentypen. Es gibt zwei Knotentypen USER und WEBPAGE und drei Kantentypen FOLLOWS, VISITED und CREATED_BY. Der Knotentyp USER hat die Attribute userName, firstName und lastName; der Knotentyp WEBPAGE hat ein Attribut Name; und der Kantentyp VISITED hat ebenfalls ein Attribut, und zwar date mit dem Wertebereich Datum. Es handelt sich also um einen Eigenschaftsgraphen.

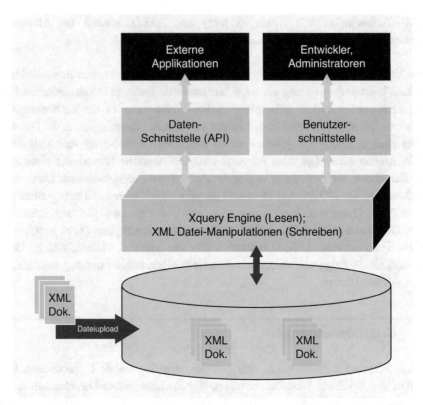

Abb. 7.5   Schema einer nativen XML-Datenbank

Im Prinzip speichert diese Graphdatenbank vom Typ ähnliche Daten wie die Dokument-
datenbank D_USERS in Abb. 7.3. Beispielsweise werden Benutzer*innen mit
Benutzungsnamen, Vornamen und Nachnamen sowie den besuchten Webseiten mit
Datum abgebildet. Es besteht jedoch ein wesentlicher Unterschied: Die Beziehungen
zwischen den Datenobjekten sind explizit als Kanten vorhanden, und die referenzielle
Integrität wird vom Datenbankverwaltungssystem sichergestellt.

Graphdatenbank
Eine Graphdatenbank (engl. „graph database") ist ein Datenbankverwaltungssystem mit
folgenden Eigenschaften:

• Die Daten und/oder das Schema werden als Graphen (siehe Abschn. 2.4) oder
  graphähnliche Strukturen abgebildet, welche das Konzept von Graphen generalisieren
  (z. B. Hypergraphen).

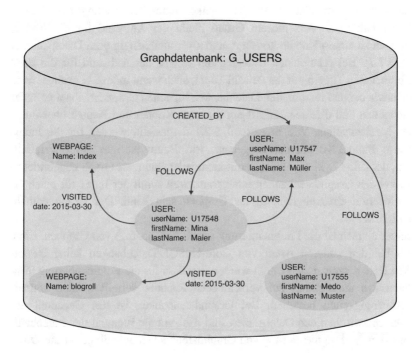

Abb. 7.6 Beispiel einer Graphdatenbank mit Benutzungsdaten einer Webseite

- Datenmanipulationen werden als Graphtransformationen ausgedrückt oder als Operationen, welche direkt typische Eigenschaften von Graphen ansprechen (z. B. Pfade, Nachbarschaften, Subgraphen, Zusammenhänge etc.).
- Die Datenbank unterstützt die Prüfung von Integritätsbedingungen, welche die Datenkonsistenz sicherstellt. Die Definition von Konsistenz bezieht sich direkt auf Graphstrukturen (z. B. Knoten- und Kantentypen Attribut-Wertebereiche und referenzielle Integrität der Kanten).
- Graphkanten werden in einem eigenen Datensatz gespeichert, ebenso wie die Knoten. Das macht Graphanalysen effizient.

Graphdatenbanken kommen überall dort zum Einsatz, wo Daten in Netzwerken organisiert sind. In diesen Fällen ist nicht der einzelne Datensatz wichtig, sondern die Verknüpfung der Datensätze untereinander, beispielsweise bei sozialen Medien, aber auch bei der Analyse von Infrastrukturnetzen (z. B. Wasser- oder Energieversorgung), beim Internetrouting oder bei der Analyse der Verlinkung von Webseiten untereinander. Der Vorteil der Graphdatenbank ist die Eigenschaft der *indexfreien Nachbarschaft* (engl. „index-free adjacency"): Zu jedem Knoten kann das Datenbanksystem die direkten Nachbarn finden, ohne irgendwelche anderen Kanten berücksichtigen zu müssen, wie

dies beispielsweise in relationalen Datenbanken unter Verwendung einer Beziehungstabelle der Fall wäre. Aus diesem Grund bleibt der Aufwand für die Abfrage von
Beziehungen zu einem Knoten konstant, und zwar unabhängig vom Datenvolumen (vgl.
Abschn. 5.2.7). Bei relationalen Datenbanken wächst der Aufwand für die Ermittlung
von referenzierten Tupeln mit der Anzahl Tupel, auch wenn Indexe verwendet werden.

Gleich wie bei den relationalen Datenbanken brauchen Graphdatenbanken Indexe, um
einen schnellen und direkten Zugriff auf einzelne Knoten und Kanten über ihre Eigenschaften bereitzustellen. Wie in Abschn. 5.2.1 dargestellt, werden für die Indexierung
balancierte Bäume (B-Bäume) aufgebaut. Ein Baum ist nun ein Spezialfall eines
Graphen, der keine Zyklen enthält; somit kann jeder Baum als Graph abgebildet werden.
Dies ist bei den Graphdatenbanken interessant, weil somit der Index für einen Graphen
selbst wiederum ein Subgraph dieses Graphen sein kann. Der Graph enthält seine
eigenen Indexe.

Weniger einfach ist die Fragmentierung (siehe Abschn. 6.2) von Graphen. Ein Grund,
weshalb bei den anderen Arten von Core-NoSQL-Datenbanken keine Beziehungen
zwischen Datensätzen sichergestellt werden, ist, dass für die Fragmentierung (Sharding)
die Datensätze unreflektiert auf verschiedene Rechner verteilt werden können, weil
keine Abhängigkeiten bestehen. Bei Graphdatenbanken ist das Gegenteil der Fall.
Beziehungen zwischen den Datensätzen sind das zentrale Element der Datenbank. Deshalb muss bei der Fragmentierung von Graphdatenbanken unbedingt auf die Zusammenhänge in den Daten Rücksicht genommen werden, wobei domänenspezifisches Wissen
gefragt ist. Es gibt jedoch keine effiziente Methode, nach der ein Graph optimal in Teilgraphen zerlegt werden kann. Die existierenden Algorithmen sind NP-komplett, d. h. mit
exponentiellem Aufwand verbunden. Als Heuristik können Clustering-Algorithmen stark
vernetzte Teilgraphen als Partitionen ermitteln. Heutige Graphdatenbanken unterstützen
daher das Sharding nicht.

7.7   Suchmaschinen-Datenbanken

Im Rahmen von Big Data (vgl. Variety, Abschn. 1.3 und 5.1) werden mehr und mehr
Textdaten wie z. B. Webseiten, E-Mails, Notizen, Kundenrückmeldungen, Verträge und Publikationen digital verarbeitet. Für die effiziente Abfrage großer Mengen
unstrukturierter und semi-strukturierter Daten eignen sich Suchmaschinen. Dies sind
Datenbanksysteme, welche die *Informationsabfrage* (engl. „information retrieval")
in Sammlungen von Texten ermöglichen. Durch die Verbreitung von Internetsuch-
maschinen ist dieses Konzept der breiten Öffentlichkeit bekannt. Suchmaschinen
werden auch als Datenbanksysteme in der IT-Praxis eingesetzt. Eine Suchmaschine ist
eine Spezialform der Dokumentdatenbank, die einen invertierten Index für die Volltextsuche aufweist, d. h., alle Felder sind automatisch indexiert, und jeder Begriff im Feldwert erhält automatisch einen Indexeintrag für die schnelle Rückgabe der relevanten
Dokumente zu Suchbegriffen.

Die grundlegenden Konzepte von Suchmaschinen sind Index, Dokument, Feld und Begriff. Ein *Index* beschreibt eine Menge von Dokumenten. Ein *Dokument* ist eine Folge von Feldern. Ein *Feld* besteht aus einem Schlüssel-Wert-Paar, wobei der Feldwert eine Folge von Begriffen darstellt. Ein *Begriff* ist eine Zeichenkette, nach dem Benutzende der Suchmaschine suchen können.

Nehmen wir als Beispiel eine digitale Bibliothek von Zeitschriftenartikeln. Diese Dokumente können in verschiedene Felder wie Titel, Autoren, Zusammenfassung, Schlüsselwörter, Text, Bibliografie und Anhänge unterteilt werden. Die Felder selbst bestehen aus unstrukturiertem und semi-strukturiertem Text. In diesem Text lassen sich Begriffe erkennen, die für die Abfrage relevant sind. Im einfachsten Fall unterteilen Leerzeichen, Satzzeichen und Zeilenumbrüche einen Text in Begriffe. Der Prozess des *Analysators* (engl. „analyzer") definiert, welche Begriffe auf welche Art indexiert werden. Beispielsweise können Wortkombinationen indexiert werden, und bestimmte Begriffe können gefiltert werden, so wie z. B. sehr häufige Wörter (sogenannte Stopwörter).

Intern baut eine Suchmaschine bei der sogenannten Indexierung von Dokumenten eine Indexstruktur auf. Ein *Begriffswörterbuch* (engl. „term dictionnary" enthält alle Begriffe, die in allen indizierten Feldern aller Dokumente verwendet werden. Dieses Wörterbuch enthält auch die Anzahl der Dokumente, in denen der Begriff vorkommt, sowie Zeiger auf die Häufigkeitsdaten des Begriffs, also die Document Frequency DF. Eine zweite wichtige Struktur ist der *invertierte Index*. Dieser speichert Statistiken über Begriffe, um die begriffsbasierte Suche effizient zu gestalten. Er kann für einen Begriff die Dokumente auflisten, die ihn enthalten. Dies ist die Umkehrung der natürlichen Beziehung, bei der Dokumente Begriffe auflisten. Für jeden Begriff im Wörterbuch speichert er die Schlüssel aller Dokumente, die diesen Begriff enthalten, und die Häufigkeit des Begriffs in diesem Dokument, also die Term Frequency TF.

Es gibt die Möglichkeit, die Struktur der Dokumente zu definieren, d. h. die Felder in den Dokumenten, den Datentyp der in jedem der Felder gespeicherten Werte und die mit dem Dokumententyp verbundenen Metadaten. Es ist vergleichbar mit dem Tabellenschema einer relationalen Datenbank. Diese Art der Schemadefinition wird in Suchmaschinen häufig *Abbildung* (engl. „mapping") genannt.

Ein *invertierter Index* (engl. „inverted index") ermöglicht die effiziente Abfrage der Datenbank mit Begriffen. Es braucht also keine Abfragesprache, sondern die Volltextsuche wird direkt durch Eingabe der gesuchten Begriffe definiert. Der invertierte Index kann sofort alle Dokumente zurückgeben, die den Begriff oder die Begriffskombination enthalten. Allerdings ist das bei großen Datenmengen nicht genügend. Wenn ein Begriff in tausenden Dokumenten vorkommt, soll die Suchmaschine die Dokumentliste nach Relevanz sortieren. Der invertierte Index und das Begriffswörterbuch erlauben eine statistische Bewertung der Relevanz mit einer einfachen Formel TF*IDF (TF = Term Frequency; IDF = Inverted Document Frequency). Die Relevanz eines Begriffs b für ein Dokument d kann folgendermaßen geschätzt werden:

$$\text{Relevanz}(b, d) = \text{TF}(b, d) * \text{IDF}(b)$$

Dies ist die Multiplikation der *Begriffshäufigkeit* (engl. „term frequency") TF(b,d) eines
Begriffs b im Dokument d, mit der *invertierten Dokumenthäufigkeit* (engl. „inverted
document frequency") IDF(b) des Begriffs b über alle Dokumente. Die Worthäufig-
keit TF wird durch eine einfache Zählung der Anzahl Vorkommnisse eines Begriffs im
Dokument berechnet. Die Suchmaschine kann sie direkt dem Begriffswörterbuch ent-
nehmen. Die invertierte Dokumenthäufigkeit IDF kann mit folgender Formel berechnet
werden:

$$IDF(B) = 1 + \log(n/(DF(B) + 1))$$

Hierbei ist DF(B) die Dokumenthäufigkeit des Begriffs B, also die Anzahl der
Dokumente, die B enthalten. Die Suchmaschine findet diese Kennzahl im invertierten
Index.

Diese Formel bevorzugt Dokumente mit häufiger Nennung des Suchbegriffs und
priorisiert seltenere Begriffe über häufigere Begriffe. Die einfache Formel funktioniert in
der Praxis erstaunlich gut. Interessanterweise lässt sich diese Formel auch umgekehrt für
die Suche nach Schlüsselwörtern in einem gegebenen Dokument verwenden, indem ein
Referenzkorpus zu diesem Zweck indexiert wird. Dies ist ein Prozess, der sich *Schlüssel-
wortextraktion* (engl. „keyword extraction") nennt.

Suchmaschinen-Datenbanksystem

Weil die Suchmaschinentechnologie für unstrukturierte Daten (z. B. Texte) und semi-
strukturierte Daten (z. B. JSON) erfolgreich ist, gibt es heute Datenbanksysteme, die
zusätzlich zur Indexierung und Suche eine vollständige Funktionalität eines Datenbankverwaltungssystems anbieten. Ein Anwendungsbeispiel ist die Auswertung von Server-
logfiles für Fehleranalysen. Diese *Suchmaschinen-Datenbanksysteme* oder abgekürzt
SDBS zeichnen sich durch folgende Eigenschaften aus:

- **Suchmaschine:** Das SDBS indexiert Begriffe in Feldern semi- und unstrukturierter
  Daten. Dies ermöglicht die Abfrage von nach Relevanz sortierte Listen von
  Dokumenten, welche Suchbegriffe im Volltext bestimmter Felder enthalten.
- **Datenanalyse:** Das SDBS bietet erweiterte Datenanalysewerkzeuge für Vorver-
  arbeitung, Auswertung und Visualisierung.
- **Schnittstellen:** Das SDBS unterstützt erweiterte Datenschnittstellen für die
  Integration der Datenbank mit Lese- und Schreibzugriffen.
- **Sicherheit:** Das SDBS unterstützt den Datenschutz mit Benutzerkonti, Rollen und
  Zugriffsrechten.
- **Skalierbarkeit:** Das SDBS kann mit dem Prinzip der Splitterung in einem Cluster
  von mehreren Rechnern auch für große Datenmengen kurze Antwortzeiten leisten.
- **Ausfallsicherheit:** Das SDBS kann mit dem Prinzip der Replikation mehrere
  redundante Datenbanken betreiben, sodass beim Ausfall einer Instanz weitere
  Instanzen den Betrieb weiterführen können.

7.8   Zeitreihen-Datenbanken

Eine Zeitreihe ist eine zeitlich geordnete Folge von Werten einer Variablen (z. B. des Luftrucks). Werden Werte in gleichmäßigen Zeitabständen (z. B. einmal pro Sekunde) registriert, spricht man von einer Messreihe. Es handelt sich um eine Folge von diskreten Daten. So liefern z. B. Sensormessungen Daten mit Zeitstempeln, welche Zeitreihen bilden. Die Messungen, aus denen eine Zeitreihe besteht, können auf einer Zeitachse angeordnet werden. Die zeitliche Ordnung der Daten ist zentral, da eine Abhängigkeit zwischen Zeit und Messungen besteht und eine Änderung der Reihenfolge die Bedeutung der Daten verzerrt. Zeitreihen werden in Datenanalysen unter anderem für folgende Zwecke verwendet:

- Die Zeitreihenanalyse untersucht, nach welchen Mustern sich eine Variable in Abhängigkeit der Zeitdauer verändert.
- Bei der Zeitreihenprognose werden die erkannten Muster verwendet, um zukünftige Aktivitäten vorherzusagen. Zum Beispiel: Wetterprognosen.

Zeitreihen-Datenbanksystem
Eine *Zeitreihen-Datenbank* (ZDBS) ist ein Datenbanktyp, der für Zeitreihen bzw. für Daten mit Zeitstempeln optimiert ist. Sie ist für die Verarbeitung von Sensordaten, Ereignissen oder Messungen mit Zeitangaben konzipiert. Sie ermöglicht, Zeitreihen auf skalierbare Weise zu speichern, zu lesen und zu manipulieren. Charakteristische Eigenschaften von Zeitreihen-Datenbanken sind die folgenden:

- **Zeitorientierte Fragmentierung:** Daten innerhalb desselben Zeitbereichs werden auf demselben physischen Teil des Datenbankclusters gespeichert, was einen schnellen Zugriff und effizientere Analysen ermöglicht.
- **Skalierbarkeit der Schreibleistung:** Zeitreihendaten, z. B. von IoT-Sensoren, werden in Echtzeit und hochfrequent aufgezeichnet, was skalierbare Schreibvorgänge erfordert. Zeitreihen-Datenbanken müssen daher eine hohe Verfügbarkeit und eine hohe Leistung sowohl für Lese- als auch für Schreibvorgänge bei Spitzenbelastungen bieten. Zeitreihen können schnell große Mengen an Daten generieren. So sendet beispielsweise ein Experiment im CERN 100 GB an Daten pro Sekunde an die Datenbank zur Speicherung. Herkömmliche Datenbanken sind für diese Skalierbarkeit nicht ausgelegt. ZDBS bieten höchsten Schreibdurchsatz, schnellere Abfragen bei Skalierung und bessere Datenkomprimierung.
- **Spezifische Lösungen für Zeitreihenmanagement:** Zeitreihen-Datenbanken enthalten Funktionen und Operationen, die bei der Analyse von Zeitreihendaten erforderlich sind. Sie verwenden z. B. Datenaufbewahrungsrichtlinien, kontinuierliche Abfragen, flexible Zeitaggregationen und Bereichsabfragen usw. Dies erhöht die

Benutzungsfreundlichkeit, indem es die Benutzungserfahrung beim Umgang mit zeitbezogenen Analysen verbessert.

- **Höchste Verfügbarkeit:** Bei der Sammlung von Zeitreihendaten ist oft die Ver-
  fügbarkeit zu jeder Zeit entscheidend. Die Architektur einer Datenbank, die für
  Zeitreihendaten ausgelegt ist, vermeidet jegliche Ausfallzeit für Daten, selbst bei
  Netzwerkpartitionen oder Hardwareausfällen.
- **Entscheidungsunterstützung:** Die Speicherung und Analyse von Echtzeit-Sensor-
  daten in Zeitreihen-Datenbanken ermöglicht schnellere und präzisere Anpassungen an
  Infrastrukturänderungen, Energieverbrauch, Gerätewartung oder andere wichtige Ent-
  scheidungen, die sich auf ein Unternehmen auswirken.

Mit dem Aufkommen des *Internets der Dinge* (engl. *Internet of Things*, IoT) fallen mehr
und mehr Sensordaten an. Das IoT ist ein Netzwerk aus physischen Geräten mit Inter-
netverbindung, über die Daten der Geräte über Sensoren übertragen und gesammelt
werden können. Das erzeugt große Datenmengen mit Zeitstempeln, also Zeitreihen.
Die Verbreitung des IoT hat zu einem wachsenden Interesse an Zeitreihen-Datenbanken
geführt, da diese zur effizienten Speicherung und Analyse von Sensordaten hervorragend
geeignet sind. Andere Anwendungsfälle für Zeitreihen-Datenbanken sind die Überwachung von Softwaresystemen wie z. B. virtuellen Maschinen, verschiedenen Diensten
oder Anwendungen; die Überwachung physischer Systeme wie z. B. Wetter, Immobilien,
Gesundheitsdaten; aber auch die Sammlung und Analyse von Daten von Finanzhandels-
systemen. Zeitreihen-Datenbanken können auch zur Analyse von Kundendaten und in
Business-Intelligence-Anwendungen zur Nachverfolgung von Schlüsselmetriken und des
allgemeinen Zustands des Unternehmens eingesetzt werden.

Die wichtigsten Konzepte in Zeitreihen-Datenbanken sind Zeitreihen, Zeitstempel,
Messwerte und Kategorien. Eine Zeitspalte ist in jeder Zeitreihe enthalten und speichert
diskrete Zeitstempel in Verbindung mit den Datensätzen. Mit dem Zeitstempel werden
weitere Attribute gespeichert. Messwerte speichern die effektive Größe der Zeitreihe,
wie z. B. eine Temperatur oder einen Gerätestatus. Die Messwerte können zudem mit
Kategorien (engl. „tags") qualifiziert werden, wie z. B. Standort oder Maschinentyp.
Diese Kategorien werden indiziert, um spätere aggregierte Abfragen zu beschleunigen.
Der Primärschlüssel einer Zeitreihe besteht aus dem Zeitstempel und den Kategorien. Es
gibt also pro Zeitstempel und Kombination von Kategorien genau ein Tupel von Mess-
werten. Mit den Zeitreihen können Aufbewahrungsrichtlinien definiert werden, z. B., wie
lange sie historiert wird und wie oft sie im Cluster für die Ausfallsicherheit repliziert
wird. Eine Zeitreihe in einem ZDBS ist somit eine Sammlung von bestimmten Mess-
werten zu definierten Kategoriekombinationen über die Zeit, die mit einer gemeinsamen
Aufbewahrungsrichtlinie gespeichert werden.

Unter *Splitterung* (engl. „sharding") versteht man die horizontale Partitionierung von
Daten in einer Datenbank. Jede Partition wird als *Splitter* (engl. „shard") bezeichnet.
ZDBS speichert Daten in sog. *Splittergruppen* (engl. „shard groups"), die den Auf-
bewahrungsrichtlinien entsprechend organisiert sind. Sie speichern Daten mit Zeit-

stempeln, die in ein bestimmtes Zeitintervall fallen. Das Zeitintervall der Splittergruppe ist wichtig für effiziente Lese- und Schreibvorgänge, bei denen die gesamten Daten eines Splitters hocheffizient ohne Durchsuchen selektiert werden können.

Bibliographie

Anderson, J.C., Lehnardt, J., Slater, N.: CouchDB: The Definitive Guide. O'Reilly (2010). http://guide.couchdb.org/editions/1/en/index.html. Zugegriffen: 23. März 2015

Angles, R., Gutierrez, C.: Survey of graph database models. ACM Comput. Surv. **40**(1), 1–39 (2008)

Chang, F., Dean, J., Ghemawat, S., Hsieh, W.C., Wallach, D.A., Burrows, M., Chandra, D., Fikes, A., Gruber, R.E.: Bigtable: A distributed storage system for structured data. ACM Trans. Comput. Syst. **26**(2):1–26, Article No. 4 (2008)

Charu, A., Haixun, W.: Managing and Mining Graph Data, Bd. 40. Springer (2010)

Edlich, S., Friedland, A., Hampe, J., Brauer, B., Brückner, M.: NoSQL – Einstieg in die Welt nicht-relationaler Web 2.0 Datenbanken. Hanser (2011)

Fawcett, J., Quin, L.R.E, Ayers, D.: Beginning XML. Wiley (2012)

McCreary, D., Kelly, A.: Making Sense of NoSQL – A Guide for Managers and the Rest of Us. Manning (2014)

Montag, D.: Understanding Neo4j Scalability. White Paper, Neo Technology (2013)

Naqvi, S. N. Z., Yfantidou, S.: Time Series Databases and InfluxDB. Seminar Thesis, Universite Libre de Bruxelles (2018). https://cs.ulb.ac.be/public/_media/teaching/influxdb_2017.pdf. Zugegriffen: 26. Aug. 2022

Perkins, L., Redmond, E., Wilson, J.R.: Seven Databases in Seven Weeks: A Guide to Modern Databases and the Nosql Movement, 2. Aufl. O'Reilly, Raleigh (2018)

Redis 2015: Redis Cluster Tutorial. http://redis.io/topics/cluster-tutorial. Zugegriffen: 2. März 2015

Robinson, I., Webber, J., Eifrem, E.: Graph Databases: New Opportunities for Connected Data, 2. Aufl. O'Reilly Media (2015)

Sadalage, P.J., Fowler, M.: NoSQL Distilled – A Brief Guide to the Emerging World of Polyglot Persistence. Addison-Wesley (2013)

Wegrzynek, A.: InfluxDB at CERN and Its Experiments. Case Study, Influxdata (2018). https://www.influxdata.com/customer/cern/. Zugegriffen: 26. Aug. 2022

Glossar

Abfragesprache Eine Abfragesprache erlaubt, → Datenbanken durch die Angabe von → Selektionsbedingungen eventuell mengenorientiert auszuwerten.

ACID ACID ist ein Kürzel und steht für Atomicity, Consistency, Isolation und Durability. Dieses Kürzel drückt aus, dass eine → Transaktion immer einen konsistenten Zustand in einen konsistenten Zustand in der Datenbank überführt.

Aggregation Aggregation ist das Zusammenfügen von → Entitätsmengen zu einem Ganzen. Die Aggregationsstruktur kann netzwerkartig oder hierarchisch (Stückliste) sein.

Anomalie Anomalien sind von der Realität abweichende Sachverhalte, die bei Einfüge-, Änderungs- und Löschoperationen in einer Datenbank entstehen können.

Assoziation Unter einer Assoziation von einer → Entitätsmenge zu einer zweiten versteht man die Bedeutung der Beziehung in dieser Richtung. Jede Assoziation kann durch einen Assoziationstyp gewichtet werden, der die Mächtigkeit der Beziehungsrichtung angibt.

BASE BASE steht für Basically Available, Soft State und Eventually Consistent und sagt aus, dass ein konsistenter Zustand in einem verteilten → Datenbanksystem eventuell verzögert erfolgt.

Baum Ein Baum ist eine Datenstruktur, bei der jeder Knoten außer dem Wurzelknoten genau einen Vorgängerknoten besitzt und bei dem zu jedem Blatt ein eindeutiger Weg zur Wurzel existiert.

Big Data Unter Big Data versteht man Datenbestände, die mindestens eines der folgenden Skalierbarkeitsprobleme aufweisen: umfangreicher Datenbestand (Volume), Vielfalt von strukturierten, semi-strukturierten, unstrukturierten Datentypen (Variety) sowie hohe Geschwindigkeit in der Verarbeitung von Data Streams (Velocity).

BSON BSON oder binary → JSON, ist ein binäres Datenformat für die Speicherung von → JSON-strukturierten Dateien auf einem Festspeicher.

© Der/die Herausgeber bzw. der/die Autor(en), exklusiv lizenziert an Springer-Verlag GmbH, DE, ein Teil von Springer Nature 2023
M. Kaufmann und A. Meier, *SQL- & NoSQL-Datenbanken,*
https://doi.org/10.1007/978-3-662-67092-7

Business Intelligence Business Intelligence oder BI ist ein unternehmensweites Konzept für die Analyse resp. das Reporting von relevanten Unternehmensdaten.

CAP-Theorem Das CAP-Theorem (C = Consistency, A = Availability, P = Partition Tolerance) sagt aus, dass in einem massiv verteilten Datenhaltungssystem jeweils nur zwei Eigenschaften aus den drei der Konsistenz (C), Verfügbarkeit (A) und Ausfalltoleranz (P) garantiert werden können.

Clouddatenbank Eine Clouddatenbank ist ein Informatikdienst über das Internet, der ein vollständiges → Datenbanksystem auf Knopfdruck zur Verfügung stellt. Dies nennt sich auch Database as a Service bzw. DBaaS.

Cursorverwaltung Die Cursorverwaltung ermöglicht, mithilfe eines Zeigers eine Menge von Datensätzen satzweise in einer prozeduralen Programmiersprache zu verarbeiten.

Cypher Cypher ist eine → Datenbanksprache für Graphdatenbanken, die ursprünglich von Neo4j stammt. Sie ist mit openCypher veröffentlicht worden und wird heute von mehreren Graphdatenbank-Systemen angeboten. Unter dem Projekt GQL (Graph Query Language) ist die ISO (International Organization for Standardization) daran, die Sprache als neuen internationalen Standard zu erweitern und zu etablieren.

Data Lake Ein Data Lake ist ein System von → Datenbanken und Ladeprogrammen, welches historisierte unstrukturierte und semi-strukturierte Daten verschiedener verteilter Datenbestände im ursprünglichen Rohformat für die Datenintegration und Datenanalyse zur Verfügung stellt.

Data Mining Data Mining bedeutet das Schürfen nach wertvollen Informationen in den Datenbeständen und bezweckt, noch nicht bekannte Datenmuster zu erkennen.

Data Scientist Ein Data Scientist ist eine Spezialistin oder ein Spezialist des Business Analytics und beherrscht die Methoden und Werkzeuge von SQL- und NoSQL-Datenbanken, des Data Minings sowie der Statistik und Visualisierung mehrdimensionaler Zusammenhänge innerhalb der Daten.

Data Stream Ein Datenstrom ist ein kontinuierlicher Fluss von digitalen Daten, wobei die Datenrate (Datensätze pro Zeiteinheit) variieren kann. Die Daten eines Data Streams sind zeitlich geordnet, wobei neben Audio- und Videodaten auch Messreihen darunter aufgefasst werden.

Data Warehouse Ein Data Warehouse ist ein System von → Datenbanken und Ladeprogrammen, welches historisierte Daten verschiedener verteilter Datenbestände via Integration für die Datenanalyse zur Verfügung stellt.

Database Management System Das Database Management System, kurz DBMS, ist die Software, welche elektronische → Datenbanken automatisiert. Sie bietet Funktionen für die Definition, Erstellung, Abfrage, Manipulation, Optimierung, Sicherung, Datenschutz, Skalierbarkeit und Ausfallsicherheit von Datenbanken.

Data Dictionary System Ein Data Dictionary System dient der Beschreibung, Speicherung und Dokumentation des → Datenbankschemas.

Datenbank Eine Datenbank ist eine organisierte und strukturierte Menge von → Datensätzen, die für einem gemeinsamen Zweck gespeichert und verwaltet wird.

Datenbankschema Unter einem Datenbankschema versteht man die formale Spezifikation der Struktur einer → Datenbank, wie z. B. Klassen von → Datensätzen, ihre Merkmale, Datentypen und → Integritätsbedingungen.

Datenbanksicherheit Die Datenbanksicherheit ist eine Unterkategorie der Informationssicherheit, welche sich auf die Aufrechterhaltung von Vertraulichkeit, Integrität und Verfügbarkeit von → Datenbanksystemen fokussiert.

Datenbanksprache Eine Datenbanksprache erlaubt, → Datenbanken durch die Angabe von Befehlen abzufragen, zu manipulieren, zu definieren, zu optimieren, zu skalieren und zu sichern. Sie beinhaltet zusätzlich zur → Abfragesprache umfassende Funktionalitäten für die Datenbankverwaltung.

Datenbanksystem Ein Datenbanksystem besteht aus einer Speicherungs- und einer Verwaltungskomponente. Die Speicherungskomponente, bzw. die eigentliche → Datenbank, erlaubt, Daten und Beziehungen abzulegen; die Verwaltungskomponente, auch genannt das → Database Management System oder DBMS, stellt Funktionen und Sprachmittel zur Pflege und Verwaltung der Daten zur Verfügung.

Datenbankverwaltungssystem Siehe → Database Management System

Datenmanagement Unter dem Datenmanagement fasst man alle betrieblichen, organisatorischen und technischen Funktionen der Datenarchitektur der Datenadministration und der Datentechnik zusammen, welche den Einsatz von Daten als Ressource organisieren.

Datenmodell Ein Datenmodell beschreibt auf strukturierte Art die für ein Informationssystem notwendigen Daten und Datenbeziehungen.

Datensatz Ein Datensatz ist ein Informationselement, welches als Einheit einen komplexen Sachverhalt beschreibt.

Datenschutz Unter Datenschutz versteht man den Schutz der Daten vor unbefugtem Zugriff und Gebrauch.

Datensicherheit Bei der Datensicherheit geht es um technische und programmäßige Vorkehrungen gegen Verfälschung, Zerstörung oder Verlust von Datenbeständen.

Datenunabhängigkeit Bei → Datenbanksystemen spricht man von Datenunabhängigkeit, wenn die Daten von den Anwendungsprogrammen mittels Systemfunktionen getrennt bleiben.

Dokumentdatenbank Eine Dokumentdatenbank ist eine → NoSQL-Datenbank, welche wie ein Schlüssel-Wert-Speicher zu jedem → Schlüssel einen → Datensatz speichert. Diese Datensätze beschreiben einen Sachverhalt vollständig und in sich geschlossen, d. h. ohne Abhängigkeiten und Beziehungen. Deshalb werden sie Dokumente genannt. Diese Eigenschaft ermöglicht eine effiziente → Splitterung und dadurch eine Skalierbarkeit für → Big Data.

Endbenutzer Ein Endbenutzer ist eine Anwenderin oder ein Anwender in der Fachabteilung des Unternehmens, die oder der Grundkenntnisse in Informatik besitzt.

Entität Entitäten entsprechen Objekten der realen Welt oder unserer Vorstellung. Sie werden durch Merkmale charakterisiert und zu Entitätsmengen zusammengefasst.

Entitäten-Beziehungsmodell Das Entitäten-Beziehungsmodell ist ein Datenmodell, das Datenklassen (Entitätsmengen) und Beziehungsmengen freilegt. → Entitätsmengen werden grafisch durch Rechtecke, Beziehungsmengen durch Rhomben und Attribute durch Ellipsen dargestellt.

Fuzzydatenbank Eine Fuzzydatenbank unterstützt unvollständige, vage oder unpräzise Sachverhalte durch Anwendung der unscharfen Logik.

Generalisation Unter Generalisation versteht man das Verallgemeinern von → Entitätsmengen zu einer übergeordneten Entitätsmenge; die Subentitätsmengen der Generalisationshierarchie werden Spezialisierungen genannt.

Graphdatenbank Eine Graphdatenbank verwaltet Graphen, d. h. Kanten (Objekte oder Konzepte) und Beziehungen (Beziehungen zwischen Objekten oder Konzepten), wobei Knoten wie Kanten attribuiert sein können.

Graphenmodell Ein Graphenmodell beschreibt die Sachverhalte der Realität oder unserer Vorstellung anhand von Knoten (Objekte) und Kanten (Beziehungen zwischen den Objekten). Knoten und Kanten können Eigenschaften aufweisen. Kanten können ungerichtet oder gerichtet sein.

Hashing Hashing ist eine gestreute Speicherorganisation, bei der aufgrund einer Transformation (Hashfunktion) aus den Schlüsseln direkt die zugehörigen Adressen der Datensätze berechnet werden.

Index Ein Index ist eine physische Datenstruktur, die für ausgewählte Merkmale die internen Adressen der → Datensätze liefert.

In-Memory-Datenbank Bei der In-Memory-Datenbank werden die → Datensätze im Hauptspeicher des Rechners gehalten.

Integritätsbedingung Integritätsbedingungen sind formale Spezifikationen über → Schlüssel, Merkmale und Wertebereiche. Sie dienen dazu, die Widerspruchsfreiheit der Daten zu gewährleisten.

JSON JSON, oder JavaScript Object Notation, ist ein Datenaustauschformat für die Übermittlung von komplexen Objekten in einer einfachen Syntax, die ursprünglich JavaScript entnommen wurde.

JSON-Schema JSON-Schema ist ein Muster für die Definition und Validierung von → Datenbankschemas im → JSON-Format.

Map/Reduce-Verfahren Das Map/Reduce-Verfahren besteht aus zwei Phasen: In der Mapphase werden Teilaufgaben an diverse Knoten des Rechnernetzes verteilt, um Parallelität für die Berechnung von Zwischenresultaten auszunutzen. Die Reducephase fasst die Zwischenresultate zusammen.

Normalform Normalformen sind Regeln, mit denen innerhalb von Tabellen Abhängigkeiten freigelegt werden können, zur Vermeidung redundanter Informationen und damit zusammenhängender Anomalien.

NoSQL NoSQL bedeutet „Not only SQL" und charakterisiert Datenbanktechnologien, die Big Data unterstützen und keinem fixen → Datenbankschema unterworfen sind. Zudem ist die → Datenbanksprache nicht (nur) SQL.

NoSQL-Injection NoSQL-Injection ist das Pendant zur → SQL-Injection bei nicht-relationalen Datenbanktechnologien. Diese potenzielle Sicherheitslücke in Informationssystemen mit → NoSQL-Datenbanken bezeichnet Benutzereingaben, welche Befehle in einer → Datenbanksprache einschleusen, die nicht auf SQL basiert. Die Befehle werden durch das → Datenbanksystem verarbeitet, und dadurch können unbefugt Daten verfügbarmacht oder verändert werden.

Nullwert Ein Nullwert ist ein Datenwert, der dem → Datenbanksystem zur Zeit noch unbekannt ist.

Objektorientierung Bei der Objektorientierung werden die Daten durch geeignete Methoden gekapselt. Zudem lassen sich Eigenschaften von Datenklassen vererben.

Optimierung Unter der Optimierung einer Datenbankabfrage versteht man das Umformen des entsprechenden Ausdrucks (z. B. algebraische Optimierung) sowie das Ausnutzen von Speicher- und Zugriffsstrukturen bzw. → Indexen zwecks Reduktion des Berechnungsaufwandes.

Recovery Recovery bedeutet das Wiederherstellen eines korrekten Datenbankzustandes nach einem Fehlerfall.

Redundanz Die mehrfache Speicherung desselben Sachverhaltes in einer → Datenbank wird als Redundanz bezeichnet.

Relationenalgebra Die Relationenalgebra bildet den formalen Rahmen für die relationalen → Abfragesprachen. Sie setzt sich aus den Operatoren Vereinigung, Subtraktion, kartesisches Produkt, Projektion und → Selektion zusammen.

Relationenmodell Das Relationenmodell ist eine Datenbankstukturierung, das sowohl Daten als auch Datenbeziehungen in Form von → Tabellen ausdrückt.

Replikation Die Replikaton oder Spiegelung von Datenbanken bedeutet die → redundante Mehrfachführung von identischen → Datenbanken mit dem Zweck der Ausfallsicherheit.

Schlüssel Ein Schlüssel ist eine minimale Merkmalskombination, die → Datensätze innerhalb einer → Datenbank eindeutig identifiziert.

Schlüssel-Wert-Datenbank Eine Schlüssel-Wert-Datenbank ist eine → NoSQL-Datenbank, welche die Daten als Schlüssel-Wert-Paare ablegt.

Selektion Die Selektion ist eine Datenbankoperation, die aufgrund einer benutzerspezifizierten Bedingung die entsprechenden → Datensätze einer → Datenbank bereitstellt.

Spaltenfamilien-Datenbank Eine Spaltenfamilien-Datenbank ist eine → NoSQL-Datenbank, bei welcher die Daten in Spalten und/oder Mengen von Spalten organisiert werden.

Splitterung Die Splitterung oder Sharding von → Datenbanken bedeutet die Aufteilung der Datenbank auf mehrere Rechner in einem Verbund. Dies wird häufig für → Big Data eingesetzt, um mehr Volumen mit höhere Geschwindigkeit zu verarbeiten.

SQL SQL (Structured Query Language) ist die heute nach wie vor wichtigste Datenbanksprache; die relationale Sprache wurde durch die ISO (International Organization for Standardization) normiert.

SQL-Injection SQL-Injection ist eine potenzielle Sicherheitslücke in Informationssystemen mit SQL-Datenbanken, bei der über die Benutzereingabe → SQL-Code eingeschleust wird, der durch die Datenbank verarbeitet wird und dadurch unbefugt Daten verfügbar macht oder verändert.

Suchmaschinen-Datenbank Eine Suchmaschine ist ein System zur → Indexierung, Abfrage und Relevanzsortierung von semi- und unstrukturierten Textdokumenten mit Suchbegriffen im Volltext. Ein Suchmaschinen-Datenbank ist ein → Datenbanksystem, das zusätzlich zur reinen Suchmaschine Mechanismen eines → Datenbankverwaltungssystems für Datenschnittstellen, Datenanalyse, Sicherheit, Skalierbarkeit und Ausfallsicherheit bietet.

Synchronisation Beim Mehrbenutzerbetrieb versteht man unter der Synchronisation die Koordination gleichzeitiger Zugriffe auf eine → Datenbank. Bei der pessimistischen Synchronisation werden Konflikte parallel ablaufender Transaktionen von vornherein verhindert, bei der optimistischen werden konfliktträchtige → Transaktionen im Nachhinein zurückgesetzt.

Tabelle Eine Tabelle (Relation) ist eine Menge von Tupeln (→ Datensätzen) bestimmter Merkmalskategorien, wobei ein Merkmal oder eine Merkmalskombination die Tupel innerhalb der Tabelle eindeutig identifiziert.

Transaktion Eine Transaktion ist eine Folge von Operationen, die atomar, konsistent, isoliert und dauerhaft ist. Die Transaktionenverwaltung dient dazu, mehreren Benutzern ein konfliktfreies Arbeiten zu ermöglichen.

Vektoruhr Vektoruhren sind keine Zeituhren, sondern Zählsysteme, die eine Halbordnung unter der zeitlichen Abfolge von Ereignissen bei konkurrierenden Prozessen ermöglichen.

Verbund Ein Verbund ist eine Datenbankoperation, die zwei Tabellen über ein gemeinsames Merkmal verbindet und eine Resultattabelle erzeugt.

XML Die Auszeichnungssprache XML (eXtensible Markup Language) beschreibt semi-strukturierte Daten, Inhalt und Form, auf hierarchische Art und Weise.

Zeitreihen-Datenbank Eine Zeitreihen-Datenbank ist ein → Datenbanksystem, welches auf die Verarbeitung von großen Mengen rasch anfallender zeitlich geordneter Datenpunkte optimiert ist.

Zweiphasen-Sperrprotokoll Das Zweiphasen-Sperrprotokoll untersagt es einer → Transaktion, nach dem ersten Entsperren eines Datenbankobjektes eine weitere Sperre anzufordern.

Stichwortverzeichnis

© Der/die Herausgeber bzw. der/die Autor(en), exklusiv lizenziert an Springer-Verlag
GmbH, DE, ein Teil von Springer Nature 2023
M. Kaufmann und A. Meier, *SQL- & NoSQL-Datenbanken*,
https://doi.org/10.1007/978-3-662-67092-7

Printed in the United States
by Baker & Taylor Publisher Services